ULRICH EGGERS

MIT THOMAS HÄRRY

Der Ideen-Entzünder

Von der Treue im Großen, mutigen Entscheidungen und dem Glauben am Montag

EINE BIOGRAFIE IM DIALOG

SCM
R.Brockhaus

SCM

Stiftung Christliche Medien

SCM R.Brockhaus ist ein Imprint der SCM Verlagsgruppe, die zur Stiftung Christliche Medien gehört,einer gemeinnützigen Stiftung, die sich für die Förderung und Verbreitung christlicher Bücher, Zeitschriften, Filme und Musik einsetzt.

Max-Eyth-Straße 41 · 71088 Holzgerlingen
Internet: www.scm-brockhaus.de; E-Mail: info@scm-brockhaus.de

Fotocredits:
S. 15, 18, 45, 48, 49, 83, 108, 109, 117, 123, 131, 195, 198, 208, 221, 250, 299, 302, 308, 322, 342, 351, 369, 377, 385, 393, 395, 398
© 2020 Tom Pingel Fotografie, www.tompingel.de

Außerdem:
S. 105: Hartmut Tobies
S. 128: Laura Steevens
S. 141, 144, 145, 191 (r.): Manfred Pagel
S. 155-157, 247: WdL Dünenhof
S. 164, 226, 236, 258, 296, 301, 306, 314, 338: SCM Bundes-Verlag
S. 217: Ina Dinnebier
S. 288, 347: Willow Creek Deutschland
S. 317: Friedhelm Loh Group / Rittal
S. 329: Till Eggers
S. 396: Thomas Härry

Alle weiteren Fotografien entstammen dem Privatarchiv von Christel und Ulrich Eggers.

S. 3: Manfred Hausmann, Kleiner Vorspruch.
Aus: ders., Nachtwache. Alte Musik. Füreinander. Gedichte aus den Jahren 1922-1946.
© S. Fischer Verlag GmbH, Frankfurt am Main 1983.

Die Bibelverse sind folgender Ausgabe entnommen:
Elberfelder Bibel 2006, © 2006 by SCM R.Brockhaus in der SCM Verlagsgruppe GmbH, Witten/Holzgerlingen.

Lektorat: Silke Gabrisch, Stuttgart
Umschlaggestaltung: Sybille Koschera, Stuttgart
Titelbild: © 2020 Tom Pingel Fotografie, www.tompingel.de
Innengestaltung: Erik Pabst, www.erikpabst.de
Druck und Bindung: Finidr s.r.o.
Gedruckt in Tschechien
ISBN 978-3-417-26902-4
Bestell-Nr. 226.902

Denn oft sind Worte wie Papierlaternen,
wohlfeiler Tand nur,
bis ein Licht sie sacht erhellt
und immer durchsichtiger macht.

Manfred Hausmann

Der Buchstabe tötet, der Geist aber macht lebendig.

2. Korinther 3,6

Ich liebe Biografien und habe immer gern von ihnen gelernt. Eigentlich geht es darin weniger um die Menschen, die dort beschrieben werden, als um das gute Leben und um unseren liebevollen Gott, der in ihnen wirkt. Mögen die Wortlaternen dieses Buchprojektes vom Geist Gottes durchleuchtet werden und Menschen segnen.

Ulrich Eggers
S. D. G.

INHALT

STIMMEN VON WEGGEFÄHRTEN

»Gott beruft Menschen. Sie alle sind wie Briefe, in denen wir lesen können. Ein solcher Brief ist diese inspirierende Gesprächsbiografie. Thomas Härry bringt den zuweilen moderaten und beobachtenden Uli Eggers mit seinen Fragen zum Leuchten. Da blitzen die ganzen Höhen und Tiefen einer Lebensgeschichte auf, die Gottes Handschrift zeigt. Es geht nicht darum, den bekannten christlichen Verleger, Vernetzer und Journalisten in ein gutes Licht zu bringen. Vielmehr bringen die ehrlichen Antworten und die wegweisenden Fragen von Uli Eggers eines zum Ausdruck: Jesus hat einen Menschen entzündet mit dem Feuer des Evangeliums! Man kann wohl kaum dieses Buch lesen, ohne nicht selbst von der feurigen Leidenschaft Christi entzündet zu werden.«

Dr. theol. Heinrich Christian Rust,
Dozent und Autor

»Was für ein Vorrecht, wenn Menschen uns auf so differenzierte, reflektierte und ehrliche Weise Einblick in ihr Leben gewähren! Bei aller Einmaligkeit – hier liegen auch für mein Leben viele Kostbarkeiten, Denkanstöße und Wachstumshilfen bereit.«

Tamara Hinz, *Autorin*

»Nachfragen, verstehen wollen, tiefer bohren, authentisch leben, Gemeinde lieben und an ihren Defiziten leiden, echt sein – hier gewährt ein Wortakrobat, der mit der Tastatur Welt und Herzen bewegt hat, tiefschürfende Einblicke in die vielfältigen Facetten seines unermüdlich initiativen Lebens. Ein echter Lesegewinn!«

Ekkehart Vetter, *Vorsitzender der Evangelischen Allianz Deutschland*

»So sehr ich mich auch auf die Biografie von Ulrich Eggers gefreut habe, als ich hörte, dass sie ein anderer schreibt und nicht er selbst, war ich zunächst enttäuscht. Aber das hat sich beim Lesen total geändert. Noch nie habe ich eine Lebensgeschichte gelesen, die so tiefgründig reflektierent ist. Das zu schreiben, setzt eine hohe Sensibilität und auch ein Vertrauen voraus, wie das wohl nur zwischen Freunden möglich ist. Hier schreibt auch nicht Thomas Härry über Ulrich Eggers, sondern das Buch entsteht im gemeinsamen Gespräch. Das Ergebnis ist ein tiefer Einblick in die Geschichte geistlicher Aufbrüche, Entwicklungen und Bewegungen in den letzten fünf Jahrzehnten. Und das alles so persönlich und offen, wie ich es bisher kaum für möglich hielt.«

Peter Strauch, *Autor und Liedermacher, ehem. Präses im Bund FeG und ehem. Vorsitzender der Ev. Allianz Deutschland*

»Wie, jetzt schon? Biografien über Weggefährten aus meiner Generation? Biografien können vieles sein: Rückblick, Bilanz, Ertrag. All das findet sich in diesem Buch: Der Blick zurück eines Zeitzeugen der missionarischen Bewegung, der an fast allen spannenden Entwicklungen der letzten Jahrzehnte beteiligt war. Die Bilanz eines Leiters, der nicht spalten, sondern versöhnen will. Und spannende Einsichten, was Gemeinden und missionarische Bewegungen zukunftsfähig machen kann. Wenn es so ist: meinetwegen auch Biografien über Menschen meiner Generation!«

***Prof. Dr. Michael Herbst**, Direktor des IEEG der Universität Greifswald*

»Eine außergewöhnliche Biografie, die eine großartige Person und Persönlichkeit vorstellt. Einen ehrlichen Visionär mit rebellischen Zügen, glaubensmutig, leidenschaftlich missionarisch, zweifelnd. Das Besondere: Die Autoren schaffen durch gute Fragen Raum, dass der Leser viele persönliche Entdeckungen machen kann. Entstanden ist eine eindrückliche Biografie, die nicht nur beim Autor bleibt, sondern dem Leser ermöglicht, über sich selbst nachzudenken. Hier sitze ich als Leser mit am Gesprächstisch, staune über Offenheit, Klarheit, Transparenz und Mut der Autoren und beginne dabei eine persönliche Reise zu mir selbst. Selten bin ich durch eine Biografie einer Person so nah gekommen. Außergewöhnlich!«

***Hansjörg Kopp**, Generalsekretär des CVJM Deutschland*

»Sehr persönlich, zutiefst ehrlich, wohltuend anspruchsvoll. Überraschende Innensicht eines Jesusnachfolgers, Brückenbauers, Ermutigers, Bewegers, Wahrheit-Sagers, Familienmenschen und Ehemannes, getrieben von der Sehnsucht nach dem Echten und dem Willen, sich dafür stark zu machen. Ein spannender biografischer Austausch über zentrale Lebensfragen.«

***Bianka Bleier**, Autorin*

»1987 las Ulrich Eggers einen kleinen Text von mir, bat mich ein Buch zu schreiben und bei der Zeitschrift Punkt mitzumachen. Mich, ein frisch bekehrter suchtkranker Schulabbrecher. Endlich erzählt er seine eigene Geschichte: davon, wie man ein Mensch wird, der gelernt hat, andere Menschen mit Gottes Augen zu sehen.«

***Uwe Heimowski**, politischer Beauftragter der Ev. Allianz Deutschland*

»In diesem sehr persönlichen Rückblick auf das Leben eines Pioniers und Gestalters, eines Ideen-Entzünders, bricht sich das Licht der Liebe Gottes zu seiner Gemeinde wie in einem Prisma. An der Spitze des Dreiecks steht Gott, unten sind Ulrich und Christel auf Augenhöhe. In den Brüchen und Aufbrüchen ihres Lebens wird in diesem Prisma aus dem Licht Gottes eine Vielzahl an Ideen und Initiativen. Hier gibt es kein Schwarz-weiß, auch kein Schönfärben. Das in diesem Lebensprisma gebrochene Licht, strahlt in allen Initiativen von Vernetzung, von Lebensgemeinschaft, in den Zeitschriften und den Impulsen zur missionarischen Arbeit auf. Dasselbe Licht blitzt auch in den Fragen und Kommentaren von Thomas Härry, der die aufgezeichneten Gespräche lenkt, bewertet und mit eigenen Erfahrungen ergänzt. Ein Licht, viele Farben!«

***Elke Werner**, Theologin, Referentin, Autorin*

MEHR ALS EIN GEÖFFNETES FENSTER – EINLEITUNG VON THOMAS HÄRRY

Wir kennen uns gut zwanzig Jahre. In Kontakt kamen wir kurz nach der Jahrtausendwende. Aus Ulrich Eggers' Büro in Cuxhaven erreichte mich eine Artikelanfrage für die Zeitschrift AUFATMEN. Es folgten weitere und so wurden wir vertraut miteinander. Bald entdeckten wir gemeinsame Interessen, die über Texte und Themen des Glaubens hinausgingen. Mails, Sprachnachrichten, Buch- und Filmtipps verschiedenster Genres gingen und gehen bis heute hin und her.

Darunter vor Jahren der Hinweis auf einen Gesprächsband von Jana Simon, der Enkelin von Christa und Gerhard Wolf, zwei großen Gestalten im Kulturbetrieb der DDR. Darin führt Simon ein ungezwungenes, aber gehaltvolles Gespräch mit ihren Großeltern über deren Leben, über Politik, über Literatur, über ihr weites Beziehungsnetz. Inspiriert von dieser Mischung aus starken Themen und persönlichem Erleben, dargeboten in anregender Gesprächsform, entstand die Idee eines ähnlich gearteten Gesprächs mit Uli.

Zu Beginn nicht mehr als ein spontaner Gedankenballon, begannen wir ernsthaft darüber zu reden. Schon früher hatten wir bei Redaktionsgesprächen für AUFATMEN ein Aufnahmegerät mitlaufen lassen und gemerkt, wie viel Gutes uns im Dialog zufloss. So nahm die Idee Form an. Bei diesem Lebensbild sollten sich nicht zwei Freunde gegenseitig auf die Schulter klopfen und ein Bild von Uli zusammenschustern, das einseitig und geschönt war. Wir wollten eine ehrliche Rückschau ohne Überhöhungen.

Ein Zweites: Wir wollten mehr als klassische Interviews, wir wollten ein Gespräch auf Augenhöhe – so, wie wir es so oft bei verschiedenen Themen miteinander pflegen. Trotz des klaren Fokus auf die Biografie von Uli wollten wir uns beide einbringen, wollten seinen Weg und Wirken im Dialog entwickeln.

Im Sommer 2020 fing unsere Arbeit in Cuxhaven hoch oben an der Nordsee an. An vier Tagen führten wir elf intensive Gespräche über die ersten Jahrzehnte in Ulis Leben. Unterbrochen nur von Essen, Schlafen und einem Termin mit dem Fotografen Tom Pingel, der unsere Zusammenarbeit während einiger Stunden begleitete und dokumentierte.

Zwei Monate später folgten zehn weitere Gespräche in Fleeth, einem verschlafenen Dorf im Süden von Mecklenburg-Vorpommern. Dieser Ort war uns wichtig, denn er verkörpert vieles, was uns beide interessiert und verbindet: die mecklenburgische Seenlandschaft mit ihrer intensiven Ausstrahlung – Wäldern, Wasser, Natur, Badestellen, Schleusen, Gutshäusern und viel DDR-Geschichte in Reichweite. Unweit zudem die Wirkungsstätten der Schriftsteller Hans Fallada sowie Erwin und Eva Strittmatter, über deren Leben und Schreiben wir uns seit Jahren austauschen.

Ich bin davon überzeugt, dass jede Umgebung auf unser menschliches Empfinden einwirkt. Dass sie unser Denken und Reden färbt und formt. Wenn es also einen solchen Einfluss auf unsere Gespräche geben sollte, dann aus diesen beiden Richtungen: von Ulis Heimat mit Strand und Hafen und Nordseeküste und von der Kultur und unberührten Natur der mecklenburgischen Seenlandschaft.

Das Ergebnis dieser Gespräche halten Sie nun in Ihren Händen. Es ist keine Schlussbilanz, eher ein Zwischenhalt. Es gibt Einblick in das aktive Leben eines Menschen, der sich Gott zur Verfügung stellt und eines will: hinter Jesus her in Bewegung bleiben und etwas für ihn tun! Dies eingebettet in das vorauseilende Wirken Gottes und in die Dynamik seines Reichs auf dieser Welt. Uli will dem spezifischen Ruf treu bleiben, den er für sich erkannt hat: Glauben erneuern, Brücken bauen, Menschen zusammenbringen, Gemeinde beleben, Menschen das Evangelium bringen, Führungsverantwortung übernehmen. Dabei eng verwoben bleiben mit der bunten Vielfalt des Lebens. Im gleichzeitigen Wissen nicht nur um großartige Möglichkeiten, sondern auch um Begrenzung, Verlust und Momente des Kampfes mit sich selbst. Berührt und betroffen von den Themen, die unser Menschsein da und dort begleiten: von schönen und schweren Kindheitserfahrungen, Krankheit, Sexualität, Lebensfreude, Begrenzung, Verunsicherung, Verlust, Konflikten. In allem gehalten und getragen von Gott, dem Vater, und dem Wagemut des Vertrauens in ihn, der alles zusammenhält.

Dieses Buch ist mehr als ein zu einem Menschenherzen hin geöffnetes Fenster. Es beinhaltet Inspiration und Ermutigung für uns alle.

PROLOG

»WENN DU EINMAL UNTER VERDACHT BIST … «

ULRICH EGGERS – EIN GEFÄHRLICHER?

Wenige Tage vor unserem ersten Gespräch stoße ich bei meinen Recherchen im Internet auf Verstörendes. In einigen Blogs und YouTube-Vorträgen wird mächtig über Uli hergezogen und vor ihm gewarnt. Für manche konservativen Repräsentanten der christlichen Szene scheint er etwas zu verkörpern, vor dem dringend gewarnt werden muss. Darüber müssen wir sprechen, und ich entscheide mich, damit zu beginnen.

Nicht von allen geliebt

Thomas: Uli, gestern habe ich auf YouTube einen offensichtlich bei einigen deutschen Christen bekannten Redner gesehen, der seine Zuhörer vor der Gefahr warnte, die von dir ausgeht. Schon vor vielen Jahren, als er dir das erste Mal begegnet sei, sei bei ihm eine innere Warnlampe aufgeleuchtet und er habe gemerkt: »Bei diesem Mann musst du vorsichtig sein!« Er hält dich unter anderem aufgrund deiner Einheitsbemühungen über Denominationsgrenzen hinweg für einen der ganz gefährlichen Exponenten der christlichen Szene in Deutschland. Sitze ich hier einem gefährlichen Mann gegenüber?

Uli: Das wirst du dann ja feststellen ... Solche Kritik begleitet mich seit vierzig Jahren besonders von sehr konservativer Seite. Ich frage mich, ob dieser Mann von mir wirklich je mehr als eine Momentaufnahme wahrgenommen hat. Oder trägt er vielleicht diese einmal aufgesetzte Brille, die danach nur noch Bestätigung für die eigene Sicht sucht? Wirklich geredet miteinander haben solche Kritiker und ich jedenfalls meist nie. Ich stehe wohl bei denen für eine Reihe von Themen, die Gegnerschaft hervorruft: Einheit und Zusammenarbeit zwischen Charismatikern und traditionellen Evangelikalen oder seit einiger Zeit vermehrt auch mit missionarischen Katholiken. In meinen frühen Jahren war ich stark in der Rüstungs- und Friedensthematik, in Richtung auf einen alternativen Lebensstil oder ganzheitlichen Glauben aktiv – das hat heute in dem Magazin andersLEBEN noch einmal eine Neuauflage gefunden. Ich bin von der Ganzheitlichkeit der Lausanner Bewegung geprägt – Evangelisation und diakonische Hilfe gehen Hand in Hand. Da hat es immer auch einen Widerstand der Besorgten gegeben, der mir fremd geblieben ist, weil ich mich selbst einfach nur als gutwilligen Inspirator und begeisterungsfähigen Menschen sehe, der auf den Spuren von Jesus Gutes will.

Thomas: Du suchst Gutes – und man unterstellt dir Böses?

Uli: Vielleicht wirkt gerade diese Absicht, Gutes weiterzugeben, für manche gefährlich: Da ist einer mit einer Mission unterwegs! Aber das ist ja eine reine Binnendiskussion unter Christen. Wenn wirklich irgendwo Gefahr für den Glauben besteht, dann doch eher draußen – und nicht drinnen. Solche Menschen sehen mich vermutlich als Wolf im Schafspelz: Da ist einer, der fromm redet und auf den ersten Blick fromm scheint – also ist der Typ besonders gefährlich! Natürlich befremdet mich das, weil ich tatsächlich in all meinen Aussagen Jesus-motiviert bin und voranbringen will, was von ihm her dran ist.

WEIL ICH MICH SELBST ALS GUTWILLIGEN INSPIRATOR UND BEGEISTERUNGSFÄHIGEN MENSCHEN SEHE, DER AUF DEN SPUREN VON JESUS GUTES WILL.

Ich kann nur staunen über die Schärfe und Fremdheit, mit der ich manchmal konfrontiert bin. Ich habe aber nach einigem Auf und Ab gelernt, mich bei solchen Angriffen nicht öffentlich zu rechtfertigen – obwohl es mich manchmal juckt. Vor zwanzig Jahren hätte ich noch große Leserbriefe geschrieben, das war mir eine Zeit lang wichtig. Was ich aber immer wieder versuche, gerade wo ich Kritik selbst besser verstehen will oder Hoffnung auf einen fruchtbaren Dialog habe, das ist der Kontakt mit den Kritikern selbst. Oft entsteht da etwas. Es gibt ja in jedem Menschen eine tiefe Sehnsucht, verstanden zu werden, erkannt zu werden in dem, was man wirklich will.

Zugleich merke ich: Bei bestimmten Leuten und in bestimmten Kreisen ist der Versuch, verstanden zu werden, ein Fass ohne Boden. Wenn du einmal unter Verdacht bist, kommst du da nicht mehr heraus. Du wirst nur als Warnfigur und Symbol für Sorgen oder Alarm benutzt.

Thomas: Weshalb lässt du solche Dinge stehen, auch wenn sie dir grundfalsch oder gar verleumderisch erscheinen?

Uli: Ich habe versucht zu lernen, geistlich gut damit umzugehen. Von einem Evangelisten habe ich mal gehört, er habe gelernt, sich nicht mehr öffentlich zu verteidigen, wenn er angegriffen wird. Das hat mir imponiert, weil ich damals gedacht habe: »Ja, aber es drängt mich doch, mich zu verteidigen, es drängt mich

doch, mich zu erklären, ich nehme den Kampf auf! Ich werde jeden überzeugen, ich habe doch Argumente, ich muss das zurechtrücken!«

Ich habe dann aber gemerkt, wann immer ich Meldungen oder Vorwürfe, Leserbriefe oder Antworten geschrieben habe: Das bindet enorme Kraft und fesselt mich – ich fokussiere mich auf das Falsche! Ich fange an, aus der Reaktion zu leben, werde unfrei und binde mich an ein falsches Spielfeld. Heute gelingt es mir eher, in Ruhe weiterzugehen, es auch mal an Gott abzugeben im Sinne von: »Herr, das musst du entscheiden, das ist deine Sache – du kennst meine Motive, dein Urteil zählt.«

Thomas: Mir hat an dieser Stelle der Satz des Schweizer Hochschulrektors Ruedi Nützi geholfen, der einmal sagte: »Der Normalfall ist das Missverständnis!« Es ist der Normalfall, nicht die Ausnahme. Und ich würde ergänzen: Manche verstehen dich falsch, ohne es zu wollen. Andere tun es mit Absicht, weil es sie bestätigt.

Uli: Ja, das ist wohl so. Auf der anderen Seite ist schon ein starkes Gen in mir, Menschen, die Dinge missverstehen oder kritisch hinterfragen, zu gewinnen. Persönliche Begegnung zu wagen, mutig und offen zu reden – unter vier Augen, nicht öffentlich. Und das habe ich oft getan und habe supergute Erfahrungen damit gemacht. Ich bin ja selbst ein kritischer Typ und schreibe schon mal sehr offen. Darin liegt die Chance, dass ein Gespräch entsteht, bei dem man sich besser zu verstehen beginnt.

Einige meiner besten Mitarbeiter und Freunde habe ich dadurch gewonnen, dass ich in ihrer Kritik Herzblut bemerkt habe. Ich habe einladend und gewinnend reagiert – und auf einmal kam man zueinander und hat gemerkt: Viel besser als Gleichgültigkeit ist eigentlich Reaktion – selbst wenn sie kritisch ist, denn das ist Beziehungsaufnahme. Kritik ist ja im Grunde ein Hoffnungssignal: Es lohnt sich, die Kritik anzubringen, mal gucken, was der andere sagt! David Neufeld, mein heutiger Verlegerfreund hier an meinem Heimatort Cuxhaven, war mal als junger Mann Autor eines kritischen Leserbriefs an unser Jugendmagazin. Wir begannen einen Dialog – und daraus ist eine schöne Beziehung gewachsen.

Thomas: Und dann gibt es ja auch immer wieder Lob ...

Uli: Ja, natürlich. Es ist schön, wenn du hörst, dass du hier oder da Türen öffnen konntest mit Ideen, die dich selbst begeistert haben. Das ist im Grunde mein Lebensmuster: Ich multipliziere Dinge, die mich selbst begeistern! Bei dem, was mich beeindruckt oder berührt, sitzt oft ein tiefer Impuls in mir: Das muss irgendwie auch zu anderen – ich kann nicht davon schweigen! Davon lebe ich ein Stück weit. Ich bin zutiefst ein Multiplikator, ein Antwortsucher, ein Finder und Verbreiter. Es bringt mir große Freude, gedankliche Bälle gegen die Wand zu werfen und zu hören: Wie kommt das zurück? Was macht das mit anderen? Geht es ihnen auch so, geht es ihnen ganz anders? Das ist spannendes Leben, Beziehung!

ICH MULTIPLIZIERE DINGE, DIE MICH SELBST BEGEISTERN!

Thomas: Ich will noch mal auf die Kritiker zurückkommen. Es ist das eine, Kritiker zu haben. Aber darunter sind eben auch solche wie der eingangs erwähnte Mann, der dich für einen Verführer der christlichen Gemeinden hält. Mir erscheint deine erste Reaktion darauf zu abgeklärt. Ganz ehrlich: Lässt dich das kalt? Ist es nicht ein wenig einfach zu sagen: »Ich beschäftige mich nicht groß damit!«?

Uli: Na ja, du triffst ja jetzt hier auf den Mittsechziger. Meine Reaktion heute ist: Ich kann und will mich von solchen Leuten nicht abhängig machen. Kritik ist etwas, das mir als Journalist und Ideengeber im Grunde mein ganzes erwachsenes Leben vertraut ist. Ein Horizont von Verantwortung und auch von Gewicht, der ständig mitläuft bei allem, was ich tue. Ich musste lernen, damit umzugehen.

Aber ich bin wohl auch ein Typ, der eine hohe Selbstdistanz hat, der sich selbst ständig reflektiert und beobachtend neben sich steht. Meine Frau sagt, ich kann extrem schnell reagieren und verarbeiten, sehr spontan den Punkt treffen und ein Bild entwerfen. Im Grunde läuft bei mir parallel zu allem Reden und Handeln immer eine Reflexionsebene mit: Was könnten Kritiker dazu sagen? Wie nehme ich möglicher Kritik Wind aus den Segeln? Wie baue ich Vertrauensbrücken? Wie sichere ich mich gegen Missverständnisse ab? Ganz klar: Ein Multiplikator und Medienmensch wie ich, der will vor allem verstanden werden! Ich möchte, dass das, was ich sage, richtig ankommt. Man muss mir nicht zustimmen – aber man sollte zumindest verstehen, was ich meine oder will! Und deswegen rede ich oft schon so, dass ich nach links und rechts absichernd Gedanken einflechte.

Für die wirklichen Hardcore-Kritiker reicht das natürlich nicht aus. Zugleich: Wir reden hier über eine zugespitzte Binnenkritik in der frommen Szene. Vielen in der großen evangelischen und katholischen Welt bin ich kaum bekannt. Wir reden über diese evangelikale-charismatische-pietistische Blase von vielleicht ein, zwei Millionen Christen. Diese Jesusbewegung, das ist meine Welt, in der ich mich bewege. Und die ich extrem schätze, weil sie enorm engagiert ist, vieles bewegt, es wirklich ernst meint mit der Nachfolge von Jesus.

In dieser Jesusbewegung gibt es einen sehr konservativen Flügel, den ich wohl irritiere mit meiner offensichtlich vorhandenen Frömmigkeit, die man mir nicht absprechen kann – und doch einer unberechenbaren Fähigkeit, Dinge gegen den Strich zu bürsten und an überraschenden Stellen offen zu sein. Ich glaube, das macht für manche diese Gefahr aus, dieses Gefühl: »Der Typ ist kein ganz offensichtlich Böser – und deswegen muss man besonders vor ihm warnen.«

Ich denke dann manchmal: »Probiert es doch mal mit der Arbeitsthese, dass das vielleicht gar kein Böser ist, sondern dass der Gutes will und vorher nachgedacht hat!« Aber es ist wohl so: Wer einmal auf dem Misstrauenstrip ist, der deutet alles durch diese Brille. Man dringt bei manchen dieser Leute, die auf dem kritischen Rechtsaußenflügel sind, nicht durch ein einmal gefasstes Bild. Das geht mir und anderen mit anderen Brillen wahrscheinlich genauso. Viele Konservative erleben sich heute in einer Kampfsituation gegen liberale Tendenzen – und da zählt nur, wer hilft. Bist du Freund oder Feind? Differenzierte Töne haben es schwer. Ich sage heute: »Ja, ich weiß, dass es Kritik gibt. Ich will sie hören, speise sie ein, möchte gewinnen, gute Argumente bringen, Brücken bauen, die beiden Seiten einander erklären – möchte mich aber auch nicht in einem Binnenkampf verbeißen.

Von Lob und Kritik

Thomas: Was ist charakterlich und geistlich für dich schwieriger zu verarbeiten: wenn man dich mit Lob überhäuft oder wenn man dich in die Ecke der Verführer stellt?

Uli: Beides hat ganz eigene Gefahren ...

Thomas: Die da sind?

Uli: Bei Lob gibt es natürlich immer die Gefahr, dass du eingebildet wirst, dich davon abhängig machst, dafür arbeitest. Oder dich manipulieren lässt. Es gibt ein funktionalisierendes, instrumentalisierendes Lob, das dich für ein Anliegen öffnen soll. Da wirst du natürlich sehr schnell vorsichtig. Wenn Lob einen dankbaren Charakter hat, dann merkst du: »Das ist echt, das tut gut.« Das kostbarste Lob kommt für mich von Leuten, die mir einigermaßen nahe sind, die es beurteilen können und mir irgendwann zusprechen: »Das kannst du gut!«, oder: »Da bist du besonders!« Die mir aber auch kritische Sachen sagen.

Rückblickend wundere ich mich zum Beispiel, dass ich erst so spät gemerkt habe, dass ich manche Dinge außergewöhnlich gut kann: Situationen erklären, Unausgesprochenes verbalisieren, Begeisterung wecken, eine treffsichere Analyse machen, Brücken bauen und gegensätzliche Sichten einander verständlich machen. Oder auch diese Fülle an Ideen, die da ständig in mir sprudeln, diese »Da müsste man was machen«-Gedanken. Meine persönliche Selbstunterstellung war lange Zeit: »Das, was ich bin und kann, das kann jeder! Ich mach's halt nur – aber eigentlich könnte es jeder!«

JEDER BRAUCHT KRITIK, MUSS SIE AN SICH HERANLASSEN, MUSS LERNEN, SIE NICHT EINFACH NUR ABZUWEHREN ODER ERHABEN DARÜBER ZU SEIN.

Im Nachhinein sehe ich, dass es gut gewesen wäre, wenn mir jemand früher zugesprochen hätte, dass ich da besondere Gaben habe. Ich habe gar nicht verstanden, wer ich bin, weil ich intuitiv dachte, dass jeder so ist! Und das führte sowohl dazu, dass ich mein Potenzial nicht voll nutzte, als auch dazu, dass ich Leute überforderte, weil ich in meiner Selbstunterstellung zu viel von ihnen erwartet habe. Und zugleich ist das ja sowieso eine der ganz großen Lebensfragen: Wer bin ich eigentlich?

Thomas: Interessant, dass du das sagst. Ich beobachte dasselbe bei jungen Menschen, die ich begleite. Einige verfügen über herausragende und augenfällige Stärken. Sie selbst nehmen das aber oft nicht wahr. Sie schauen sich verwundert um und sagen: »Das ist doch nichts Besonderes!« Man muss jungen Menschen zusprechen: »Nein, diese Stärke ist außergewöhnlich, das musst du ernst nehmen.«

Heute verstehe ich: Die betroffene Person nimmt es selbst oft nicht wahr. Sie kennt nichts anderes; sie kann es ja einfach. Das ist wie beim Fisch im Wasser, für den Schwimmen eine Selbstverständlichkeit ist. Logisch kann er es und macht er es. Für alle anderen aber ist es das nicht ...

Uli: Das ist wohl eines der vielen Lebensgeheimnisse: Menschen zu helfen, sich selbst zu entdecken in ihrer Besonderheit, in ihrer Einzigartigkeit. Das ist ein Dienst, den wir füreinander tun können: die oder den anderen ansehen und herausheben, was besonders ist. »Du, mach da was draus! Das hat nicht jeder! Du musst das entwickeln!« Und ich frage mich: Wer nimmt diesen Dienst wahr? Eltern können das oft gar nicht. Da ist häufig eine zu große Nähe, eine Überlagerung und Sichtbehinderung durch den Alltag. Ein Kind, das besonders ist, aber nie sein Zimmer aufräumt, für das finde ich vielleicht nicht den richtigen Ton und die richtige Botschaft. Wo ist die Person mit einer gewissen Halbdistanz, die so reinblicken kann, dass sie dir etwas zuspricht? Wäre eine spannende Aufgabe für Gemeinde, Freunde, Jugendgruppen.

Thomas: Ja, ich glaube auch, das gehört dorthin.

Uli: Es ist die Frage, ob es dort gemacht wird. Ob es überhaupt als Aufgabe wahrgenommen wird, einander etwas zuzusprechen – letztlich Gutes und Kritisches. Beides ist ein Liebesdienst, eine Fürsorge.

Thomas: Und die Kritik?

Uli: Kritik tut immer weh – aber das ist sicher nicht die große Gefahr. Sie hat ja auch einen reinigenden Charakter, sie läutert. Jeder braucht Kritik, muss sie an sich heranlassen, muss lernen, sie nicht einfach nur abzuwehren oder erhaben darüber zu sein. Dieses Unterscheidungsvermögen muss wachsen. Wenn Kritik gut ist, dann hält sie dir einen Spiegel vor und lädt dich zur Veränderung ein. Es heißt ja, Kritik ist kostenlose Beratung – und wer etwas tut, der kriegt zu Recht natürlich auch Rückmeldungen und sehr viel »Beratung« ...

Ganz oft ist Kritik ja berechtigt und lässt uns lernen. Am leichtesten hören wir sie, wenn sie aus reinem, freundschaftlichen Herzen kommt. Unberechtigte Kritik dagegen tut besonders weh – dieses Gefühl, verkannt zu werden. Auch wenn die Motive nicht sauber sind, ist es schmerzhaft. Und klar: Kritik kann defensiv machen, gerade wenn man sich davon abhängig macht oder überfordert ist. Du lebst dann nur noch in ängstlicher Reaktion oder mit einem »Ich werde es euch beweisen!«. Das Wichtigste ist wohl, sich nicht zu verhärten, nicht defensiv zu werden oder verbittert.

Mir hat ein Lied von Greg Ferguson von Willow Creek sehr geholfen, eine gute Einstellung zu bekommen, von der ich mich immer wieder hinterfragen und motivieren lassen will. In »Audience of One« geht es darum, was am Ende wirklich zählt, wenn der Applaus oder eben auch die Kritik verhallt ist. Wirklich wichtig ist mir, was Jesus über mich denkt: »Es ist eine so große Versuchung, für den Applaus der Menschen zu leben. Ich aber will zufrieden sein damit, einem Einzigen zu dienen – nur seine Anerkennung und Zustimmung zählt, wenn einmal alles gesagt und getan ist«, singt Greg. Ein superschönes, nahegehendes Lied. Das ist wirklich auch mein Gebet und erinnert mich immer wieder daran, was entscheidend ist.

Ich muss an den Apostel Paulus denken. Er spricht davon, dass er sich weder dem Urteil anderer noch seinem eigenen unterwerfen will (1. Korinther 4,3-5), weil am Ende nur das Urteil Gottes zählt. Eine wichtige Hilfe im Umgang mit von außen und von innen (dem eigenen Herzen) kommender Kritik. Aber auch eine Gratwanderung, weil dies manchen Menschen zum Vorwand gereicht, sich nichts sagen zu lassen. Unser Gesprächseinstieg hat gezeigt, wie wichtig es ist, bei diesem Thema die Balance zu halten.

Ein Anfang ist gemacht, der Teppich ausgerollt. Wir sind bereit, uns den Wurzeln von Uli anzunähern.

1

»IM GRUNDE WAREN WIR EINE UNTERNEHMER-FAMILIE«

ELTERN, GESCHWISTER UND FRÜHE KINDHEIT

Auf diesen Gesprächsteil war ich im Vorfeld besonders gespannt. Ich kenne Uli als Pionier, Redakteur, Verleger, SCM-Geschäftsführer und Verleger, Willow-Vorsitzenden und vieles mehr. Ich meine im Wesentlichen zu verstehen, wie er tickt, was ihm wichtig ist und was nicht. Über seine Kindheit und Jugend hingegen weiß ich fast nichts. Dabei, so sagen Entwicklungspsychologen, sind das die prägendsten aller Lebensjahre. Was mich besonders interessiert: Bestätigt sich bei Uli die These, dass sich viele Lebensthemen und Anliegen eines Menschen aus seiner Kindheit und Jugend erklären lassen? Welche Spuren werden sich bei ihm zeigen?

Es ist Spätsommer 2020. Wir sitzen in Cuxhaven im Wohnzimmer. Vor uns laufen inklusive Handy Sechs (!) Aufnahmegeräte (»Dass da nur nichts schiefläuft!«) und wir legen los …

Das Erbe der Eltern

Thomas: Du bist der jüngste von drei Brüdern. Dein Vater war im Krieg. Wer waren deine Eltern? Wie haben sie dein Leben geformt?

Uli: Erst mal: Aus der Metaebene heruntergebeamt in das Kleine würde ich sagen, dass ich eine superglückliche Kindheit und eine tolle Familie hatte. Wunderbare Eltern, denen ich enorm viel verdanke. Zugleich waren sie Menschen, die sich selbst immer als »kleine Leute«, als »am Rand der großen Welt« empfunden haben. Dieses Gen habe ich aufgesogen, es zieht sich in meinem Leben durch. »Wir sind kleine Leute vom Rand« – gesellschaftlich, von der christlichen Szene her.

Mein Vater Wilhelm Eggers war Prediger im Bund Freier evangelischer Gemeinden in Norddeutschland. Und er legte Wert darauf, dass er »Prediger« war, nicht Pastor oder gar Pfarrer, was typisch für die evangelische Landeskirche wäre, von der sich die norddeutschen FeG-Gemeinden im Zuge einer missionarischen Erweckung gelöst hatten.

Das hat uns als Kinder geärgert. »Pastor« klang ein bisschen vorzeigbarer, beim »Prediger« hat man sich eher geschämt. Ich kann mich an Schulsituationen erinnern, wo es um den Beruf des Vaters ging. Ich fand es peinlich zu sagen:

»Mein Vater ist Prediger.« Die Hälfte der Klasse wusste wahrscheinlich gar nicht, was das war, und die anderen fanden es vielleicht doof. Einmal habe ich ganz erfinderisch gesagt: »Der ist Angestellter der Stiftung Elim!« Das stimmte juristisch – und kam viel harmloser rüber. Aber das Lebensgefühl war: »Wir sind irgendwie kleine Leute, wir gehören nicht zur großen Gesellschaft, wir sind nicht wichtig.« Zugleich aber auch: »Wir haben eine wichtige Aufgabe! Und das ist die Gemeinde. Dafür leben wir! Wir tun das zusammen, Vater und Mutter als Pastorenehepaar – und ihr Kinder gehört auch dazu!«

Thomas: Was für eine Persönlichkeit war dein Vater?

Uli: Er war der Leiter, die unbestrittene und gute Autorität. Er hatte vor dem Studium Zimmermann gelernt und dann mit den Gemeindeleuten ganz handfest mehrere neue Gemeindehäuser gebaut. Er war ein Unternehmer mit Ideen und Bewegungsenergie. Auch ein kluger Prediger. Ein guter Bibelausleger, mitten im Leben. Ich habe von seiner Art, Beispiele zu erzählen und Lebensgeschichten zu nutzen, viel gelernt. Aber er war auch ein Typ in Halbdistanz, ein bisschen scheu. Klug zwar, als Leiter auch vorneweg und sattelfest, sehr mutig – aber persönlich manchmal fast ein bisschen unbeholfen und scheu. Davon habe ich auch was mitgekriegt …

Thomas: Und die Mutter?

Uli: Meine Mutter Erika war das Gegenteil, die optimale Ergänzung: eine musisch-kreative, warmherzige Gemeindemutter, die extrem gut mit ihrem Mann zusammengespielt hat. Sie hat all das eingebracht, was er nicht so hatte – gemeinsam waren sie wie Eltern für die Gemeinde. Meine Mutter war eine sehr kluge Frau, belesen und gebildet. Sie hat mein Interesse am Lesen geweckt, an den Künsten und am Schönen. Mutter hatte ein großes Herz, war im besten Sinne die anschmiegsame Zuflucht. Das hat mir extrem gutgetan. Ich hatte ein sehr enges Verhältnis zu ihr – und sie, glaube ich, auch zu mir, weil ich so ein Krankheits-Sorgenkind war und sie vielleicht in mir auch etwas erkannte. Was sie natürlich nicht so laut sagen durfte, weil man die Kinder ja nicht verwöhnen darf …

FÜR MICH IST EINES DER SCHÖNSTEN DINGE IM LEBEN, JEMANDEN ZU HABEN, DEM ICH MICH ANVERTRAUEN KANN, DEM ICH WAS ERZÄHLEN KANN, DER SICH MITFREUT!

Die Eltern als junges Paar, 1938

Das Wichtigste an meiner Mutter war: Sie war jemand, der Anteil nehmen und sich mitfreuen konnte – eine wunderbare Resonanzquelle, sie war wissbegierig und empathisch. Das hat in mir etwas Optimales angespielt. Ich habe mich schon immer gern anvertraut, davon gelebt: Wie reagiert jemand? Wie geht er mit? Für mich ist eines der schönsten Dinge im Leben, jemanden zu haben, dem ich mich anvertrauen kann, dem ich was erzählen kann, der sich mitfreut! Der mit mir dankbar ist, einfach Anteil nimmt.

Thomas: Das heißt: Du warst in deiner Familie der Kommunikative? Als Kind war ich das auch, als Jugendlicher dann innerhalb meiner Familie eher verschlossen. Du aber hast dich mitgeteilt, deine Eltern wussten, wie es dir geht und was in dir vorgeht?

Uli: Na ja, ich war der Jüngste, das Nesthäkchen, von allen geliebt. Ich war kommunikativ, ich war frech, ich war spritzig – und zugleich schüchtern, wie das irgendwie in meiner Familie so ist: mutig im Amt, privat zurückhaltend ... Und ich war von Anfang an aufgrund meiner Asthmaerkrankung ein Sorgenkind.

Im Grunde waren wir eine Unternehmerfamilie – das Unternehmen war die Gemeinde. Alle arbeiteten in irgendeiner Form mit. Meine Eltern haben 1940 geheiratet. Das erste Kind, mein ältester Bruder Otto, kam noch während des Krieges 1941 zur Welt – er ist leider vor einigen Jahren gestorben.

Vater war in Russland. Nach seiner Rückkehr 1948 – acht Jahre später! – wurde mein Bruder Dieter 1949 geboren, der mittlere. Und nach weiteren sechs Jahren kam ich Meine Eltern lebten ihre Ehe unter dem Schatten der Kriegssituation – ich war der Nachzügler, wurde erst 1955 geboren, meine Mutter war schon 42 bei meiner Geburt. Ich war der »kleine Bruder« dieser Familie, der junge Sohn, offensichtlich irgendwie, obwohl ich so spät kam, Wunschkind. Alle waren alt genug, um den kleinen Kerl irgendwie zu mögen. Aber »der Lütte« war auch eine Nervbacke ...

Thomas: Ich bin bei euch Deutschen immer wieder fasziniert und betroffen davon, wie sehr eure Lebens- und Familiengeschichten mit dem Zweiten Weltkrieg verwoben sind. Du bist zehn Jahre nach diesem Krieg auf die Welt gekommen. Wenn du jetzt zurückblickst: Wie sehr hat die Kriegsgefangenschaft deines Vaters, aber auch die Nähe zu dieser dunklen Stunde Deutschlands in dir Spuren hinterlassen? War das ein mitlaufender Schatten in deiner Familie und Kindheit? Gab es Nebenwirkungen, Spätwirkungen – auch durch seine Gefangenschaft?

Uli: Das ist insofern eine spannende Frage, als dass man sie im Grunde in Jahrzehntschritten beantworten müsste. Bis ich zwanzig war, war das für mich ein selbstverständlicher Horizont ohne politische Dimension. Ich hatte einen Vater, der eben – wie viele andere – im Krieg gewesen war. Deutschland befand sich im Aufbau, es ging ständig vorwärts. Gleichzeitig war da auch die Sache mit der Teilung Deutschlands in BRD und DDR – und einem dritten Teil in Russland. Die Mauer und Grenze war da, dort drüben waren die »bösen« Russen, bei denen Vater in Gefangenschaft gewesen war – eine schlimme Zeit! Erst drei Jahre nach dem Krieg ist er nach Hause gekommen. Was für eine lange Zeit!

Wir haben unsere Mutter immer gefragt: »War das nicht sehr schwer für dich?« Sie meinte: »Natürlich war das schwer, aber zugleich ... «, und das fand ich eine spannende Beobachtung, die mir heute noch viel mitgibt, » ... es ging ja vielen so!« Wenn es vielen so geht, macht das die Situation etwas einfacher. Bei manchen kam der Partner gar nicht wieder – Mutters Mann aber lebte! Zwar in Gefangenschaft, aber sie hatte Hoffnung und Hilfe durch die Familie.

Dann kam der Vater nach Hause. Er brachte eine Zeltbahn aus Russland mit – ich sehe sie heute noch vor mir liegen –, eine geflickte, gelblich-braune Plane, ein Paar Galoschen, eine Wärmflasche. Und dann gab es da diese geheimnisvolle Holzkiste, die er sich gebastelt hatte – voll mit Kriegsfotos. Er war drei Jahre lag in Gefangenenlagern als Zimmermann, hatte vor Hunger manchmal Gras und Rinde gegessen. Dennoch war er ganz gut durchgekommen, konnte raus aus dem Lager, da er Bäume fällen musste. Als gelernter Zimmermann gehörte er im Krieg zu einer Einheit von Eisenbahnpionieren, musste aus Holzstämmen riesige Brücken neu aufbauen. Da gab es tolle Fotos, wo die halb nackten Arbeitsmänner stolz vor der neuen Brücke standen – obendrauf mehrere Dampflokomotiven zur Belastungsprobe und Abnahme. Krieg war also auch Arbeit, vielleicht sogar ein bisschen Berufsabenteuer.

Thomas: Dein Vater hat Krieg und Gefangenschaft also vergleichsweise mild erlebt?

Uli: Letztlich kann ich das nicht beurteilen. Wir haben ihn als Familie Jahre später oft gefragt: »Wie war es denn wirklich?« Er erzählte, wie die Russen ihn aus dem Lager ins Dorf zu Zimmermannsarbeiten gebracht hatten. Da haben sie ihm manchmal ein Stück Brot dafür gegeben. Dann erzählte er aber auch widerstrebend von den schlimmen Dingen. Wir merkten: Er wollte sich gar nicht in diese Erinnerungen einlassen, verdrängte das – und mit ihm unsere ganze Gesellschaft.

Einmal erzählte er davon, dass er von der Front überrollt worden war und sich dann ganz allein im gegnerischen, im russischen Hinterland befunden hatte. Umgeben vom Feind war er während mehrerer Nächte zurückgewandert, um durch die Front zu den eigenen Leuten durchzubrechen. Er hat sich an Mond und Sternen orientiert, erzählte von der extremen Gefahr. Irgendwann fand er wieder zurück – pure Bewahrung.

Bei solchen Geschichten spürten wir, was für eine traumatische Situation das gewesen war: Ganz allein! Jede Begegnung konnte den Tod bedeuten. Er konnte sich nur nachts bewegen. Ich empfinde ein total wehes Gefühl für ihn, möchte ihn da am liebsten noch heute herausretten, kann das als Albtraum nachempfinden. Damals dachte ich: Was hat das mit meinem Vater gemacht? Wie kam er darüber hinweg? Es war schon 40 Jahre nach diesen Ereignissen, als meine Mutter nach einer solchen Erzählzeit sagte: »Fragt ihn nicht mehr, er konnte wieder nicht schlafen!« Erst da habe ich verstanden, wie viel mein Vater und seine ganze Generation aus absolut nachvollziehbaren Gründen verdrängt haben.

Thomas: Mir scheint, die politische Aufarbeitung des Krieges, des Nationalsozialismus und der Judenverfolgung geschah in Deutschland vorbildhaft. Gleichzeitig fällt auf, dass die Auseinandersetzung mit den traumatischen Auswirkungen auf Kinder und Enkel der Kriegsgeneration erst in den letzten zwei Jahrzehnten Fahrt aufgenommen hat. Ich denke zum Beispiel an die Bücher von Sabine Bode, in denen Betroffene vom großen Schweigen der Eltern und dem sorgfältigen Hüten von Geheimnissen erzählen. Deine Familiengeschichte scheint das zu bestätigen.

Uli: Ich glaube, das ist alles sehr ambivalent. Für meine Generation mag das stimmen – wir leben mit der Verpflichtung, die dem großen Unrecht entstammt, das von Deutschland ausging. Das war großes Schulthema, immer wieder. Zugleich gab es die 68er-Bewegung und die damit verbundenen Unruhen – das waren Nachgeborene, Ältere als ich, die sahen, dass zu vieles nahtlos weiterging, dass die Elterngeneration Schuld und Auseinandersetzung auch verdrängte.

Ich war damals zwischen zehn und vierzehn Jahre alt und bekam es nur am Rand mit. Ich habe lange gedacht: »Das sind ganz böse linke Studenten, die sind gegen die Gesellschaft, was ist da bloß los?« Noch mit vierzig habe ich – gut konservativ und verteidigend geprägt – so empfunden. Heute weiß ich, dass diese 68er-Studentengeneration zu Recht ein Thema hatte. Ihre Eltern hatten einfach nur mit Tempo weitergemacht, wiederaufgebaut – und diese ganzen Kriegserfahrungen weggedrückt. Man wollte nichts mehr davon wissen, keine Rechenschaft darüber abgeben. Nicht preisgeben, was man gewusst hatte. Wie bei meinem Vater, der im Grunde sagte: »Lasst mich nach vorne schauen! Ich möchte nicht mehr an dieses Trauma denken, ich kann dann nicht schlafen! Das alles war schrecklich, kein Zweifel! Ich wollte das doch nie! Wir mussten aber ... Es bedeutete Unglück für meine Ehe. Ich konnte mein Kind jahrelang nicht sehen, meine Frau nicht. Wie gut, dass das vorbei ist, warum soll ich noch mal darüber nachdenken?«

Heute verstehe ich das total! Ich kann es absolut nachempfinden – so etwas kostet enorme emotionale Kraft, das will man nicht! Aber ich verstehe auch, dass es gesellschaftlich richtig und nötig war, sich der Vergangenheit zu stellen.

Thomas: Was ist das Wertvollste, dass dir dein Vater für dein Leben mitgegeben hat?

Uli: Sein klares Denken. Mein Vater war analytisch, ein sehr guter, strukturierter Prediger mit lebensnahen Anwendungen und guten Beispielen. Er bemühte sich darum, dass die Leute wirklich etwas mitnehmen konnten. Mein Vater war nüchtern, mit großer Klarheit und weitem Blick auf die Dinge. Und er war bekannt als unangepasster Typ mit Mut.

Peter Strauch erzählte mir einmal, wie mein Vater an der Mitarbeiterkonferenz der FeG Norddeutschland einen Vortragenden nach der Bedeutung eines Fremdwortes gefragt hat, nach dem sich sonst niemand zu fragen traute. Er wies auf Dinge hin, die er als unehrlich und unwahr empfand – auch wenn es sich mal gegen den großen Direktor Friedrich Heitmüller richtete, der die norddeutsche Arbeit gegründet hatte. Nach dem Motto: »Da muss man doch was sagen!« Diese sehr gerade und manchmal vielleicht auch kantige Art hat mich geprägt.

Von seinen Predigten habe ich enorm viel Biblisches mitgenommen. Sodass ich heute sage: Es geht mir wie Obelix. Ich bin das Kind, das in den Zaubertrank gefallen ist, in den biblischen Riesentopf. Ich bin gesotten mit Bibel, das prägt mich bis heute tief. Zugleich steckt darin auch eine gewisse Interesselosigkeit oder mangelnde Erwartung beim eigenen Bibellesen, weil ich immer denke: »Ach, ich kenn das doch alles schon! Habe es als Kind über Jahre in den Gottesdiensten meines Vaters aufgenommen.«

ES GEHT MIR WIE OBELIX. ICH BIN DAS KIND, DAS IN DEN ZAUBERTRANK GEFALLEN IST, IN DEN BIBLISCHEN RIESENTOPF. ICH BIN GESOTTEN MIT BIBEL, DAS PRÄGT MICH BIS HEUTE TIEF.

Mein Vater hat mich immer wieder an seine Hobelbank und zu den Holzvorräten mitgenommen, wo ich helfen konnte. Er hat im Haus ständig etwas gebaut – Regale, neue Türen, irgendwas am Dach. Du warst als Kind einbezogen. Vater war ein guter Pädagoge, aber nicht der große Lobestyp. Man fühlte sich geliebt und hatte Erfolgserlebnisse beim Helfen, die dann vor Mutter positiv erwähnt wurden – indirektes Lob. Aber er hat keine großen Worte gemacht.

Thomas: Auch das ein Merkmal, das für die Mehrheit der Väter seiner Generation gilt. Die meisten waren von der sogenannten »schwarzen Pädagogik« geprägt: Zu viel loben verweichlicht und verwöhnt. Man muss die Kinder fürs Leben (in Deutschland: und für den Krieg) stählen usw.

Unsere Väter sind in diesem Klima aufgewachsen – sie haben von ihren eigenen Vätern kaum Zärtlichkeiten und Lob erhalten und taten es ihnen gleich. Ich kenne Dutzende von Männern in unserem Alter, die genau das an ihren Vätern vermissten: den bestätigenden Zuspruch, das Lob: »Ich bin stolz auf dich!«

Uli: Ich fühlte schon eine zärtliche Liebe, ich war für ihn der »Emmels«, mein Kosename. Aber man war verbal wohl viel zurückhaltender als heute. Es gibt ein einziges richtig großes Lob, an das ich mich erinnern kann. Ich bin bis heute stolz darauf, weil ich merkte, dass es spontan kam – wie gegen die eigene Überzeugung, dass man Kinder nicht mit zu viel Lob verwöhnen darf. Irgendwann brach es unvermittelt verwundert aus ihm heraus: »Der Junge hat mehr Ideen als ein Hund Flöhe!« Das begleitet mich bis heute. Was für ein schöner Ausdruck! Und tatsächlich, da ist ja was dran – und war wohl schon immer irgendwie so! Da ist so ein kleiner Stolz in mir: Wie schön, dass Papa das gesagt hat!

Thomas: Diesen Satz hättest du auch als Kritik hören können: »Der hat so viele Ideen, vergiss es, da wird ja nie was draus ...«

Uli: Nein, das war klar als Lob gemeint, aber vielleicht auch ein bisschen aufseufzend nach dem Motto: »Was muss ich da immer alles mitmachen?! Was will er jetzt schon wieder von mir?«

Thomas: Du hast deine Mutter als warmherzige Person beschrieben. Was ist das Wichtigste, was sie in dich hineingelegt hat?

Uli: Das Interesse für Lesen und Bildung. Die Herzenswärme, Anteilnahme und Fürsorge. Mutter hatte viele Bücher, leitete den Büchertisch der Gemeinde. Bei den Bestellungen hat sie immer etwas für uns mitgeordert. Lesen war ihr enorm wichtig und sie wollte, dass auch wir lesen. Meine große Liebe zu Büchern ist durch sie entstanden.

Frühe Lesebegeisterung

Thomas: Was für Bücher hat sie für euch bestellt?

Uli: Alles, was du so als Junge kriegen solltest – altersgerecht. Reader's-Digest-Jugendbücher, Franck'sche Jugendbücher. Mein Vater hat die Bibel und theologische Kommentare gelesen. Das hätte mich nicht entflammt, aber Mutter hat mir die kleinen Brockhaus-Taschenbücher gegeben und all die christlichen Jugendbü-

Hochzeit der Eltern, 1940

Mit den Brüdern in der Sandburg

Familie mit Bruder Dieter

Auf Mamas Arm bei der Oma in Buxtehude Ostmoor

Sonntagsausflug mit dem PW, dem Predigerwagen

Weihnachten Mitte der Sechzigerjahre mit Bruder Otto

Im Strandkorb

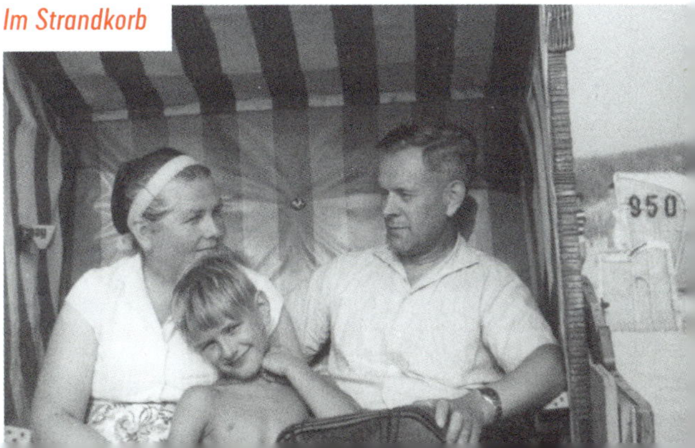

cher. Ich habe noch heute ganze Regale voll davon – »Flucht Kurs Ararat!«, »Theo und sein Düsenjäger«, »In der Wildnis verschollen« – manches, das weiß ich heute, war ganz schön schwarz-weiß und knackfromm moralisch oder gesetzlich.

Weil ich viel krank war, haben beide Eltern darum gebangt, dass ich mein Leben bewältige. Wenn ich wieder mal krank war oder Vater sonntags weg über Land in einer der zu betreuenden Bibelstunden, dann ist Mutter mit mir und einem Buch an die Elbe auf den Schiffsanleger losgezogen. Ich erinnere mich an eine schöne Situation, wo wir stundenlang die Dampfer kommen und gehen sahen und auf einer Bank gesessen haben. Dort hat sie mir ein Brockhaus-Taschenbuch vorgelesen. Das war schön – sie mit mir ganz allein, weil die Brüder schon älter waren. Das war ein besonderer Beziehungsmoment.

Dann hatte sie selbst eine Reihe von Büchern, die ich ebenfalls verschlungen habe: Else Hueck-Dehio »Liebe Renata« – eine tragisch schöne Liebesgeschichte aus dem Baltikum, die mich tief geprägt hat und auch meine eigenen Kinder gelesen haben. Vieles aus dieser baltischen Region aus dem Salzer-Verlag, Familien- und Liebesgeschichten, wo aber auch das Drama des Krieges mit drin war – also Tod und Liebe. Sachen mit Gewicht und Herz, die sie sehr mochte und die sie mir oft gegeben hat, wenn ich krank war und beschäftigt werden musste.

Ein weiteres Buch, das mich sehr geprägt hat: »Gottfried Kämpfer« von Herman Anders Krüger, der Entwicklungsroman eines Jungen: Es geht um einen Predigersohn aus der Gemeinde in Herrnhut – ein Bestseller in den 20er-, 30er-Jahren in vielen christlichen Familien. Dieser kleine Kerl rieb sich an den steilen Vorschriften der Gemeinde. Damit konnte ich mich gut identifizieren. Er war auch Sohn eines Pastors und hatte Rollenfindungsprobleme.

Überhaupt diese Entwicklungsromane, in denen Kinder und Jugendliche Vorbilder finden und sich messen können – superwichtige Bücher, die ich heute im Buchmarkt vermisse! Etwa die Pfäfflings-Geschichten von Agnes Sapper. Solche Bücher haben mich geprägt und Gutes angelegt: Menschen finden ihren Weg, wachsen an Widerständen, scheitern, halten durch, kommen weiter, lernen etwas fürs Leben. Daraus habe ich viel mitgenommen.

Auch später haben meine Mutter und ich viele Bücher gemeinsam gelesen. Erst ich, dann sie oder umgekehrt. Da war ich dann schon ein junger Erwachsener. Als Flohmarktgänger habe ich viel für die Mutter mitgekauft: »Ach, das würde sie interessieren!« Ich brachte ihr die Sachen und sagte: »Schreib mir vorne unbedingt rein, wie du das Buch findest!« Da gibt es heute noch viele kleine Zettel: »Brauchst du nicht zu lesen, nicht wertvoll!«, oder: »Gutes Buch«. So haben wir auch gemeinsam den wunderbar tiefen und dramatischen Fluchtbericht von Hans Graf Lehndorff entdeckt, das »Ostpreußische Tagebuch«. Wer etwas von Krieg und Flucht und Haltung und Barmherzigkeit und Menschsein verstehen möchte, der sollte diesen Klassiker lesen – Lehndorff war Christ, lebte mit den Herrnhuter Losungen, schildert seine Zeit dort rund um das Kriegsende 1945.

Thomas: Ja, Bücher haben auf mich auch eine sehr tiefe Wirkung gehabt. Die Abenteuerbücher meiner Kindheit waren Romane, in denen die Lebensgeschichte historischer Indianerhäuptlinge und Wildwestfiguren nacherzählt wurde. Sie hatten eine enorme Wirkung auf mich und verpassten mir zeitweise eine zweite Identität. Manchmal fühlte ich mich tagelang wie Red Cloud oder Sitting Bull. Ich pirschte ums Haus, stets auf der Hut vor einem Hinterhalt. Oder ich versuchte, genauso geräuschlos durch den Wald zu schleichen wie einer meiner Helden. Mich unsichtbar zu machen oder den Schrei einer Eule nachzumachen und so geheime Signale zu senden. Ich lebte sozusagen die Geschichte weiter und meinte so zu denken, zu fühlen und zu handeln, wie es meine Helden taten. War das bei dir auch so? Lebtest du dein Leben auch ein Stück weit aus dem jeweiligen Buch heraus, als eine Art Verlängerung davon?

Uli: Ja und nein – ich habe die Handlung nicht direkt nachgespielt, aber ich habe sicher viel gutes Verhalten gelernt. Mehr im Sinne eines »Ich fühle mich verstanden, ich kriege einen Kompass, den ich ganz selbstverständlich in mein Leben einbaue«. Wobei ich heute weiß, dass manches an diesen Kinderbüchern geistlich schon auch arg eng und moralisierend war – aber das hat ja für das Finden einer Grobrichtung auf dem Lebenskompass auch etwas Gutes.

ICH BIN BIS HEUTE EIN VON ROMANTISCHEM IDEALISMUS GESTEUERTER TYP MIT HOHER AMBITION, DIE DINGE GUT ZU MACHEN, EINEM IDEAL ZU FOLGEN, MICH EINER SACHE MIT LEIDENSCHAFT HINZUGEBEN.

Thomas: Also hatten deine Bücher in erster Linie eine pädagogische und geistliche Wirkung auf dich?

Uli: Eine ganz starke sogar. Ich bin bis heute ein von romantischem Idealismus gesteuerter Typ mit hoher Ambition, die Dinge gut zu machen, einem Ideal zu folgen, mich einer Sache mit Leidenschaft hinzugeben. Jesus Freude zu machen, Rechenschaft zu geben, einen geraden, guten Weg zu gehen. Das Richtige zu tun, sich in Not und Gefahr zu be-

DIE JAHRE 1955–1968

Persönliche Daten

Geboren in Bremervörde (zwischen Hamburg und Bremen) **1955**

Umzug nach Stade an der Niederelbe – der Papa-Pastor wechselt die Gemeinde. **1960**

Kur in St. Peter-Ording **1967**

Umzug nach Cuxhaven – Vaters letzte Stelle (bis 1979) an Nordsee und Elbmündung **1968**

Weltgeschehen

1955 Gründung der Bundeswehr.
Deutschland tritt der Nato bei.

1960 Kalter Krieg. »Dreigeteilt niemals!« – Ich sehe noch das Schild am Straßenrand auf dem Weg zur Oma.

1962 Sturmflut-Katastrophe an der Küste – 340 Tote.
Helmut Schmidt profiliert sich als Macher. Wir bestaunen die gebrochenen Deiche und zerstörten Häuser.
Kuba-Krise – der Kalte Krieg droht heiß zu werden.

1963 Bundeskanzler Konrad Adenauer tritt ab – die Nachkriegsära endet.
Ludwig Erhardt wird Nachfolger.

1966 Kurt Georg Kiesinger führt die erste Große Koalition. Rund um Rudi Dutschke gründet sich die außerparlamentarische Opposition (APO). Studentenunruhen beginnen.

FUNDAMENT DER KINDHEIT

währen und durchzuhalten. All das sind Prägungen, die viel mit diesen Büchern damals zu tun haben – und dem dazu absolut stimmigen Vorbild der Eltern. Hätte jemand zu mir gesagt: »Hey, du lässt dich aber stark davon prägen!«, dann hätte ich geantwortet: »Genau so muss das Leben doch sein!« Das war ein selbstverständlicher Maßstab.

Thomas: Das war bei mir anders. Meine Bücher und die damit verbundene Traumwelt hatte nicht viel mit meiner Realität zu tun. Dort ging es nicht um Lebensorientierung für das Hier und Jetzt, für meine Kindheit oder den christlichen Glauben ...

Uli: Bei mir kam dazu, dass ich merkte, wie wichtig das meinen Eltern war. Klar habe ich später auch die ganzen Karl-May-Bücher gelesen. Das kam aber stärker über meine Brüder, von denen ich ja als Jüngster viel gelernt habe – Geschwister sind einfach eine großartige Sache!

Bei Eggers am Mittagstisch

Thomas: Wenn du die Art und Weise, wie du erzogen und geprägt wurdest, mit der Erziehung deiner eigenen Kinder vergleichst: Was haben du und Christel anders gemacht?

Uli: Wir haben versucht, es auf etwas modernere Art ähnlich zu machen. Das Vorbild von Eltern, Familie und Gemeinde ergab für uns ein Lebensmodell, nach dem auch wir leben wollten. Natürlich ohne manche Kanten und Ecken. Zum Beispiel wenn es um dieses übertriebene Gucken auf Menschen geht: »Das tut man nicht! Das gehört sich nicht! Was denken die anderen?« Das kam in meiner Kindheit stark durch das Leben mitten in der Gemeinde – da musste man immer Vorbild sein. »Was sollen sonst die Leute sagen?!«

Auch diese Sicht auf uns selbst als die »kleinen Leute« am Rande der Gesellschaft wollten wir als Eltern lockerer handhaben. Also nicht: wir als Freikirchler, die nicht zur großen Amtskirche gehören, also zu denen, die oft nicht richtig fromm sind im Gegensatz zu uns, der kleinen, frommen Truppe.

Heute sehen wir und freuen uns, dass wir da wohl vieles intuitiv richtig gemacht haben. Wichtig war uns immer: »Wärme und Liebe über alles.« Wobei ich heute rückblickend sage: Hier oder da hätten wir noch freier sein können. Zum Beispiel Kinder in den Fußballverein schicken, weil es ihnen gutgetan hätte. Aber der Fußballverein kollidierte natürlich mit Gemeindeterminen. Alles, was gesellschaftlich am Wochenende lief, war Konkurrenz zur Gemeindearbeit und blieb deshalb auf Sparflamme – war mir also ein Stück fremd.

Familie Eggers am Mittagstisch, 1970er

Thomas: Wenn ich damals, als du Kind warst, bei euch am Mittagstisch gesessen hätte, was hätte ich gesehen und gehört?

Uli: Neben den normalen Familiendingen natürlich besonders stark Gemeindethemen: Was oder wer gestern Abend in der Bibelstunde war. »Ach, Papa hat da wieder Obst und Gemüse von einer Stunde auf dem Land mitgekriegt« – oder manchmal so ein merkwürdiges Einweckglas mit einem todesblass aussehenden Huhn. Wie der Gottesdienst war. Wer krank war. Wer was und von wem gehört hat. Vieles sollten wir Kinder natürlich eigentlich nicht mitbekommen. Und so habe ich nebenbei gelernt, Menschen einzuschätzen, Verhalten zu hinterfragen, die Doppelbödigkeit mancher Dinge zu sehen. Nicht jede Oberfläche so zu nehmen, wie sie ist. Das war »Volkshochschule« in Menschenkenntnis und Einschätzungsvermögen – auch durch die älteren Brüder, die ja manches mit einbrachten.

Thomas: War dieser Filter vor allem von der Wahrnehmung deiner Eltern geprägt oder hast du manches, was sie sagten, auch kritisch interpretiert?

Uli: Beides. Die Eltern waren im internen Gespräch schon recht offen. Ich habe viel mitgenommen, zugleich manches auch kritisch gehört und gesagt: »Das überzeugt mich jetzt nicht!« Was wir als Kinder nicht mitgekriegt haben, waren die Kämpfe, die sie als Pastorenpaar hatten mit schwierigen Menschen in ihrer Gemeinde, mit Verwandten oder mit Vaters Vorgesetztem, dem großen Friedrich Heitmüller aus Hamburg.

Vater war dieser kritische Pastor, der manchmal nur deshalb vom Verband mitgetragen wurde, weil er die liebe Erika Zöllner geheiratet hatte, die Tochter einer verdienstvollen Gemeindegründerin in Buxtehude, dem Nachbarstädtchen hier an der Unterelbe. Meine Oma war eine Ikone im Norddeutschen Bund. Und ihre Tochter hatte nun diesen »aus der Welt« bekehrten jungen Zimmermann Wilhelm Eggers geheiratet, der ein feuriger Evangelist und Prediger, aber offensichtlich auch widerständig war. Da gab es schon einige Auseinandersetzungen – auch mit zwei alten Tanten, die in der Gemeinde in Bremervörde ein strenges Regiment führten.

Als Kind war man natürlich solidarisch mit den Eltern – und es bildete sich auch so ein Grundgefühl: Du gehst einen Weg, du hast Gutes vor – aber es gibt am Rande immer auch Strukturen oder Menschen, die das kritisch sehen oder sogar gegen dich kämpfen. So hörte ich immer wieder Menschen sagen: »Ich kannte deinen Vater. Das war ein mutiger Mann! Der ist aufgestanden!«

Thomas: Gab es Tabuthemen in eurer Familie, bei denen du dachtest: »Ich würde gern, aber ich kann nicht«?

Uli: Nichts wurde bewusst vermieden. Es war sicherlich spröde und prüde in Bezug auf Sexualität wie in den meisten frommen Haushalten damals. Aufklärung geschah unpersönlich: Mein Vater hat mir eine Broschüre vom Gemeindebüchertisch gegeben, so ein kleines 40-Seiten-Heft, wo man dann über die Bienen und die Befruchtung hin zu den Dingen kam. Ich war eher befremdet – »was soll mir das jetzt?«. Man hat nicht über diese Themen gesprochen. Ich kann mich an eine Szene erinnern, wo ich im Alter von ungefähr acht, neun Jahren über die »Vorbeuler« einer Frau geredet habe. Alle lachten. Ich wusste nicht, dass das »Brüste« oder »Busen« heißt. Und so erfand ich das Wort »Vorbeuler« – der junge Publizist halt. Niemand sprach mit mir darüber, es war kein Thema.

Thomas: Dass deine Eltern miteinander Sex hatten, das hast du erst spät mitbekommen ...

Uli: Da hatte ich keine Vorstellung, nein. Sie waren durchaus zärtlich miteinander. Aber was Sex ist und wie wir entstanden sind – keine Ahnung. Sie waren Jahrgang 1913 und 1914 – sie hatten es sicher auch nicht anders erlebt.

Thomas: Wer hat dich schlussendlich aufgeklärt?

Uli: Diese Broschüre gab manches her. Erst in der späteren Pubertät gab es dann auch christliche Bücher über Sex und Liebe ...

Thomas: Die Zeitschrift BRAVO war kein Thema?

Uli: Vielleicht mal mit 15, 16. Doch da wusste ich eigentlich bereits alles – auch die Schule bildet ja fort. Aber es gab auch Dunkelheit und Schweigen. Selbstbefriedigung war für mich Fantasiebegabten ein großes Thema. Ich war viel krank, da hatte ich Zeit, mich mit mir selbst zu beschäftigen. Das war in meiner Jugendphase eine Not. Auch die geistliche Selbstverurteilung: »Ach, bist du ein Böser! Das ist eine Sünde, das weißt du ja von deinen Eltern.«

Einmal sagte mein Vater zu mir nach einer langen Badezimmerphase: »Aber du spielst auch nicht an dir rum!« – »Nein, nein!« Im Nachhinein denke ich: »Au Backe, geballte Hilflosigkeit auf allen Seiten.« Da war Not und Einsamkeit, Selbstverurteilung. Daher kommt auch eine Beauftragung bis heute in manche von mir gegründete Zeitschriften hinein, weil ich bewusst machen will: »Leute, es gibt so viel Einsamkeitsnot rund um Sexualität. Die Hilflosigkeit der alleingelassenen Menschen, die denken, nur ich bin so! Nur ich bin so ein Schlimmer – oder eine Schlimme! Nur ich bin so speziell!« Da bin ich auch ein Stück zornig auf die christliche Szene, die viel erwartet und wenig Hilfestellung gibt – und bis heute ja bei vielen dieser Themen vor allem groß im Ausmalen des Missbrauchs und der Gefahren und wortlos oder hilflos beim Gebrauch ist.

Thomas: Die sexuelle Revolution und auch die damit positiven Öffnungen haben daran nichts geändert?

Uli: Die Not ist da, bis heute. Viel Verurteilung, viel Zeigefinger, viel hohe Moral und wenig Hilfe, wenig Freiheit, Freude und Gelassenheit. Es war für mich immer eine Verpflichtung, dagegen etwas zu tun – auch aus meinem eigenen Erleben.

Kinderglaube

Thomas: Wie muss ich mir den Kinderglauben des 11-jährigen Uli vorstellen? War der Glaube ein durchgehend natürlicher Teil deines Lebens? Oder »musstest« du dich bekehren?

Uli: Ich wusste immer, was richtig ist, woran »wir« glauben. Und ich habe mich in einer Kinderevangelisation im Alter von neun oder zehn Jahren bekehrt. Ich habe »mein schwarzes Herz« aus Pappe ausgeschnitten und in einem Briefumschlag an unsere Gemeindehelferin abgegeben. Ich weiß nicht mehr, ob ich ein weißes Herz dafür gekriegt habe oder was der Deal war. Auf jeden Fall habe ich es gemacht und wahrgenommen, dass es Wohlwollen um mich herum auslöste. Alle haben sich gefreut.

In gewisser Weise war das wie ein Initiationsritus: Danach wurdest du ernst genommen. Als Bekehrter konntest du mitarbeiten: in der Kindergruppe, im Kindergottesdienst. Eine Kindermitarbeiterin wollte unbedingt, dass ich Xylophon spiele – immer mit gutem Beispiel voran, der kleine Uli. Ich hatte davon keine Ahnung, stand hilflos vorne und habe an jeder Melodie vorbeigeklimpert. Ich fühlte mich völlig überfordert und ausgesetzt …

ICH WURDE OFT INS KALTE WASSER GEWORFEN, HABE ABER DADURCH AUCH SCHNELL SCHWIMMEN GELERNT.

Ich sehe das heute ein Stück archetypisch: Da ist ein Pastorenkind und es ist ja fromm und offensichtlich auch ganz pfiffig – ein kleiner frecher Wusel mit lockerem Mundwerk. Der muss das ja können! So wurde ich oft ins kalte Wasser geworfen, habe aber dadurch auch schnell Schwimmen gelernt.

Thomas: Dein Kinderglaube äußerte sich vor allem durch das Eingebundensein und Mitmachen-Können oder -Dürfen und weniger als eine Innerlichkeit und Frömmigkeit nach dem Motto: »Ich spreche mit Jesus über alles und ich lese die Bibel mit dem Kinderbibelleseplan …«

Uli: Au backe, der Bibelleseplan – ich hatte immer Riesenprobleme mit solchen regelmäßigen Übungen. Ich fand sie langweilig und den Lebensfluss hindernd. Ich war überfordert, wenn es um selbstständiges Bibellesen ging. Ich war unterfordert, wenn es um Bibelleseplane ging. Ich wusste immer: Das ist gut, das solltest du machen – aber am Ende war es langweilig, vielleicht auch zu moralisch. Allerdings hatte ich diesen guten Kontext als Pastorenkind. Von sechs bis achtzehn oder zwanzig war ich im Gottesdienst und habe die Predigten meines Vaters gehört. Das war eine extrem gute Ausbildung. Und ich hatte ganz viel Übungsfeld in der Gemeinde, klar.

Thomas: Wenn die Predigten so gut waren, dann wundert es mich, dass du eine Art Bibelüberdruss bekommen hast.

Uli: Aufgrund der vielen Predigten und der vielen Bücher hatte ich immer den Eindruck: Ich weiß das schon alles! Ich kann bis heute viele Bibelverse aus den Predigten meines Vaters in ihrem Zusammenhang zitieren – manchmal bis in den Ton und Ausdruck hinein. Ich hatte ein extrem evangelikales, auf Richtig-Falsch, Schwarz-Weiß angelegtes Glaubens- und Gottesbild, verbunden mit einer starken Verhaltensfokussierung. Das Wesentliche des Glaubens war: »Lebe richtig, mach es gut!«

Vor rund zwanzig Jahren traf ich im Willow-Kontext einige lutherische Pastoren, die mit großer Barmherzigkeit und Freiheit darüber sprachen, dass natürlich auch Leute mit gebrochenen Lebensläufen oder zerbrochenen Ehen weiterhin Christen sind. Und ich dachte: »Das ist aber schön zu hören – die haben so viel verkehrt gemacht und sind trotzdem gut dabei! Lutherische Freiheit, richtig gut!«

Im Nachvollziehen meines inneren Staunens merke ich, wie moralisch die Bilder manchmal waren, aus denen ich komme: »Die haben aber was verkehrt gemacht! Die haben Eheprobleme! Der ist nicht mehr in der Gemeinde. Der ist auf dem falschen Weg!« Falsch und richtig waren starke Treiber meines Lebens, wie ja oft auch noch heute in der evangelikalen Szene. Man redet über Gottes Barmherzigkeit, weiß aber vor allem viel darüber, wie man es selbst richtig machen sollte – und möglichst ohne Barmherzigkeit durchkommt. Da musste ich mich über Jahrzehnte hinweg von manchem freischwimmen: hin zu einem Gott als Beziehungsgegenüber, der mich annimmt in all dem, wie ich war und bin, mit all meinen schwierigen oder ambivalenten Seiten.

Meine Eltern haben es nicht besser gewusst, ihre Erziehung war sicher auch von einer gewissen Pädagogik und dem Wunsch nach gelingendem Leben überformt. Ich habe unheimlich viel Gutes mitgenommen – aber die Essenz eines reformatorisch-barmherzigen, beziehungsorientierten Glaubens habe ich dort nicht gelernt. Alles war stark verhaltensorientiert, auch die Predigten. Das hatte seinen Ursprung vielleicht auch darin, dass sich dieser erweckliche Gnadauer Flügel, aus der die FeG Nord hervorgegangen war, ein Gegenüber zur Kirche war, die alles ein bisschen zu locker sah. Und Vater hatte sich bewusst wegbekehrt von der Welt, von den rauen, saufenden Zimmermannsgesellen, die er auf den Baustellen erlebt hatte. Ich glaube, dass er auch sehr klar Gnade und Barmherzigkeit gepredigt hat, aber hängen geblieben ist vor allem dieses »Mach es richtig!«. Das war die Essenz des Glaubens – und Gott insofern der verlängerte Arm des elterlichen Erziehungswunsches. Da musste man manches Problem und manche Dunkelheit verborgen halten.

Diese heuchelnde Doppelgesichtigkeit des Glaubens ist bis heute für mich ein großes Thema. Die Ehrlichkeit meiner Eltern hat andererseits auch wieder großen Raum ermöglicht, damit klar umzugehen, sich nichts vorzumachen. Ein bisschen mehr Luther und Reformation, ein bisschen weniger Erweckung und Pietismus hätte es sein dürfen ...

Thomas: Erwartungsdruck kann lähmen oder anspornen. Was überwog bei dir?

Uli: Insgesamt war das alles eher Ansporn für ganz viel Engagement – und die Gemeinde mit ihren Kinder- und Jugendgruppen war ein enormes Übungsfeld und hat hohe soziale Kompetenz vermittelt. Man lernt Leitung. »Etwas tun, wenn man ein Problem erkennt« – das war das Paradigma.

Ich war als Jugendlicher eine Zeit lang Mitglied in der Jungen Union der CDU, weil ich Klassenkameraden hatte, die politisch aktiv waren. Mit 16 ging es um den Wahlkampf Rainer Barzel gegen Willy Brandt. Ich glaube, ich bin ein- oder zweimal bei einer Parteiversammlung in einer Gaststätte dabei gewesen. Man rauchte und trank ordentlich – und alles ging irgendwie an mir vorbei. Ich habe schnell gemerkt: »Das ist hier ja gar nicht wie Gemeinde, da machst du doch nicht mit!« Und bin wieder ausgetreten.

In dieser Zeit gehörte ich zu einer Gruppe für den Gustav-Heinemann-Geschichtswettbewerb. Mein Freund damals war Geschichtsfreak und wir haben mit drei Leuten zweimal daran teilgenommen – einmal ging es um eine Arbeit über die Revolution 1848 und das zweite Mal um die Revolution 1918 in Cuxhaven. Da konntest du richtig was rausholen.

Ich habe damals das Titelblatt für diese Arbeit gezeichnet, die alte Reichsfahne im Übergang zur neuen deutschen Fahne flatternd. Zweimal haben wir deutschlandweit den dritten Preis gewonnen. Ich wurde dann ins norddeutsche Regionalfernsehen eingeladen, wo ich – hübsch mit langen Haaren – über unsere

Gruppe erzählt habe. Ich hatte Respekt, habe es aber wohl gut gemacht. Immer, wenn ich ein Mandat habe, kann ich meine Schüchternheit vergessen und mutig sein. In der Gemeinde wussten sie von diesem TV-Termin und unsere Kindermitarbeiterin hatte hohe Erwartungen, ich könnte in diesem Interview irgendwie meinen Glauben, »unseren Jesus«, einbauen. Ich weiß nicht mehr, ob ich das wirklich geschafft habe, aber ich wusste immer um diesen Erwartungshorizont, »dass der Junge ein Zeugnis ist« in dem, was er da macht.

Der Außenseiter

Thomas: Deine Asthmaerkrankung ist ein anderes Thema, das dich durch dein Leben begleitet. Wann fing das an?

Uli: Ein großes Thema wurde es, als ich zehn oder elf war. Da schlug das Asthma durch – offensichtlich mit allergischem Auslöser, Hausstaub. Ich war zu Besuch bei meiner Oma und schlief in den frisch aufgeschüttelten Federbetten ihres Gästezimmers. Nach einer Stunde kriegte ich keine Luft mehr. Nur mit Mühe bin ich durch diese Nacht gekommen. Für mich war es die Begegnung mit einer fremden Macht, die ich nicht verstand. Es hat lange Jahre gedauert, ehe man die konkreteren Auslöser kannte und verstand. Aber ich war wohl durch meinen Vater familiär vorbelastet.

Von da an gab es immer wieder mal einen Krankheitsschub. In der Pubertät wohl auch sehr bedrohlich mit akuter Atemnot bis hin zu Szenen, die meine Eltern sehr belastet haben müssen, wo ich mehrfach verzweifelt gerufen haben muss, dass ich nicht mehr kann und keine Luft kriege und lieber sterben will. Schließlich gab es irgendwann diese Sprays, das war hilfreich. Mit sechzehn oder siebzehn hat es sich nach und nach etwas verloren und spielte nicht mehr eine so große Rolle.

Aber an dieser Asthmageschichte ist auch vieles gescheitert. Ich fehlte öfter in der Schule. In den ersten beiden Gymnasialklassen war ich ein richtig guter Schüler, motiviert, unproblematisch. Dann zog die Familie von Stade an der Unterelbe 70 Kilometer weiter nach Cuxhaven an die Elbmündung. Ich kam auf eine neue Schule, und die waren dort mit dem Stoff an anderen Stellen. Ich kriegte Französisch. In Mathe begannen diese ganzen binomischen Sachen, a^2, b^2, x, y. Ich hatte offensichtlich bei der Einführung mal wieder gefehlt und so war mir das Ganze völlig fremd. Ich hatte keine Ahnung: Was ist ein x, was ein y? Ich kriegte Nachhilfe, aber die nette Studentin hat nie mein Systemproblem verstanden – diese Unkenntnis darüber, dass hier auf einmal Buchstaben für Zahlen stehen. Dann fehlte ich wieder drei, vier Tage in der Schule und irgendwann kriegte ich das nicht mehr aufgeholt.

Französischarbeit – Uli Eggers 60 Fehler. Warum? Keine Ahnung von den Akzenten und Vokabeln – das mir unbekannte französische Wort »Komma« (»virgule«) habe ich immer schön mitgeschrieben, statt gesetzt.

Dann der Deutschunterricht, Schillers Glocke, 60 Strophen. Die Klasse schlug sich tapfer Woche für Woche durch, addierte immer mehr gelernte Strophen – ich kam nie über die ersten drei Strophen hinaus. Als die anderen bei Strophe 40 waren, bot es sich für mich an, lieber wieder krank zu sein. Mit Distanz kann ich lächeln, damals war es traumatisch: ein wachsendes Verhängnis – wie sollte ich das je aufholen?

Witzigerweise hatte ich aber zu Hause meine Schule. Da habe ich extrem viel gelesen. Das war ja superschön: Ich im Bett, Mama versorgte mich. Schulfunk hören vormittags, spannende Allgemeinbildung, die mir Spaß machte. Gleichzeitig wuchs aber die Gefahr, dass ich mich mit meiner Krankheit unangenehmen Schulsituationen entzog. Ich war ja so ein »armer« Junge, da hatte man Verständnis. Die Folge: Ich habe mich selbst als jemand wahrgenommen, der auch durch sein häufiges Fehlen ein Stück Außenseiter ist. Im Sportunterricht saß ich am Rand, obwohl ich nicht unsportlich war.

Eine dramatische Szene gab es damals, als der Kinderarzt sagte: »Der Junge muss in die Kur!« Das war wie ein Todesurteil für mich – ich sollte aus meiner sicheren Familie ausgestoßen werden! Ich habe mich auf die Erde geschmissen, habe geheult und geschrien: »Ich will das nicht!« Ich fühlte mich verraten und verkauft. Von zu Hause weg! Die wollten mich loswerden! Ich gehörte nicht mehr dazu!

Thomas: Wann kam der Wendepunkt?

Uli: Ich sollte vom Gymnasium runter, weil »der Junge das mit so viel Sechsen nicht schafft!« Mein Vater ging mit mir zur Realschule ins Direktorenzimmer und wollte mich dort anmelden. Der Schuldirektor meinte gut preußisch: »So einen Schrott nehmen wir hier nicht!« Gemeint war: Wer so schlecht ist, hat auch auf

der Realschule keine Chance. Mein Vater ging mit mir nach Hause und – seltener Fall, dass man gegen die Obrigkeit kritisch war – empörte sich vor meiner Mutter flammend darüber, wie dieser Direktor so etwas sagen konnte. Das wiederum hat mich stolz auf meine Eltern gemacht, dass sie mich so verteidigten und zu mir standen.

Ich kam dann in die 8. Klasse der Hauptschule – und dort platzte der Knoten. Ich war ja nicht blöd! Ich war nur hoffnungslos hinterher. Auf einmal konnte ich was, war richtig gut und ganz schnell mit Abstand der Beste. Ich konnte eine Klasse überspringen, habe den Hauptschulabschluss gemacht und mich hochgeangelt über die Handelsschule und das Wirtschaftsgymnasium zu einem schließlich sehr guten Abitur mit Auszeichnung.

Thomas: Ist von diesem Gefühl, ein Außenseiter zu sein und nicht richtig reinzukommen, etwas hängen geblieben?

Uli: Nicht von diesem traumatischen Empfinden. Aber ein Gefühl dafür, was es heißt, am Rande zu stehen oder Außenseiter und Minderheit zu sein, das ist tief in mir eingewachsen. Eine Sensibilität dafür, wie es Menschen geht, wenn sie einer wie auch immer empfundenen Mehrheit oder einem System gegenüberstehen, begleitet mich mein ganzes Leben. Ich bin vertraut damit, mich am Rand einzurichten – bis hin zu meinem Lebensort. Ich lebe ja am Meeresrand Deutschlands und habe an zwei Seiten Wasser. Ich kann mir gar nicht vorstellen, irgendwo mittendrin zu leben, in alle Richtungen fahren zu können.

Thomas: Das Leben am Rand als Lebensmotto, wesentlich mitgeformt durch die Kindheit, die Familie, die Frömmigkeit …

Uli: In großer Geborgenheit.

Von Weite und dem Leben am Rand

Thomas: Du hast vom Rand her immer wieder den Weg in die Mitte gefunden, dich aber auch erneut zurück an den Rand bewegt. Gilt das auch inhaltlich, bei den Themen, die dir wichtig sind?

Uli: Es ist tatsächlich so: Ich lebe gern am Rand in einer sicheren Burg. Mit meiner Frau, mit meiner Familie. Der Rand hat zwei große Vorteile. Er gibt Blick in die Weite. Das ist für mich das Meer. Wenn ich hier in Cuxhaven bin, bin ich fast jeden Tag am Wasser – frühmorgens oder spätabends. Der weite Himmel, die einlaufenden Schiffe, ihre Lichter und Geräusche, die riesigen Wolken. Das tut mir extrem gut. Gucken, was da hinten kommt. Erkenne ich das Schiff? Ich entziffere die Weite …

JOURNALISTEN, CHRISTLICHE MEDIEN, PASTOREN, ALLE, DIE MIT INHALTEN ARBEITEN, HABEN FÜR MICH EINE BRÜCKENFUNKTION. WIR BAUEN BRÜCKEN ZWISCHEN MENSCHEN, ZWISCHEN VERSCHIEDENEN VERSTÄNDNISSEN.

Aber dann geht es auch immer wieder um dieses Reingehen in die Mitte – sehr bewusst und programmatisch. Auch die Mitte an den Rand zu bringen. In dem Sinne also ein Stück Übersetzungsarbeit zu leisten von der Mitte zum Rand, vom Rand zur Mitte. Von Weite zu sicherer Burg und von dort wieder raus. Das ist ja auch meine Philosophie für Zeitschriften und christliches Engagement: Journalisten, christliche Medien, Pastoren, alle, die mit Inhalten arbeiten, haben für mich eine Brückenfunktion. Wir bauen Brücken zwischen Menschen, zwischen verschiedenen Verständnissen. Wir führen Dinge zueinander, sorgen dafür, dass niemand im Ghetto seiner Isolation bleibt – das ist ja gerade für Freikirchler wichtig und ein Problem!

Und dann vor allem diese Brücke zwischen »Soll« und »Ist«. Das biblische Soll, der Anspruch, das Soll des Ideals. Und das ehrliche Ist – mein ganz normales, oft ambivalentes Leben. Ich sehe meine Lebensaufgabe darin, an dieser Stelle Brücken zu bauen, immer wieder. In meiner Jugend war dieses hohe Soll verpflichtend, denn ich wusste ja, was richtig war und wo man danebenlag. Und zugleich gab es bei uns die klare Fixierung darauf, dass das nur mit Ehrlichkeit geht – keine Heuchelei, keine übertünchten Gräber, kein frommes So-tun-als-ob! Dick aufgetragene Frömmigkeit und große Worte oder allzu emotional-inbrünstige Gebete, das war ein Gräuel bei uns zu Hause, da war man sofort skeptisch und sehr nüchtern veranlagt. Das zeigte sich auch an der Prägung meines Vaters mit diesem kleinen Spruch über seinem Schreibtisch: »Lieber arm und echt als reich im Schein.« Das war so eine Art Wahlspruch – und deswegen war stets »der untere Weg« der bessere für ihn.

Der Spruch hängt jetzt in meinem Büro. Ich verbinde ihn mit dem Gefühl: Ich bin der arme Prediger, ich bin lieber arm und predige an der Außenseite, dafür aber echt! Manchmal war das vielleicht auch ein kleiner Trost: Die Reichen in unserer Verwandtschaft, die hatten immer gut Geld, und wir hatten es nicht, aber wir waren dafür auf dem richtigen Weg. So ist das nun mal im Reich Gottes …

Thomas: Ein so verstandenes Armsein gibt dir ja auch ein Gefühl der Überlegenheit …

Uli: Ja, das schwang vielleicht mit. Ein hohes Berufungsgefühl. Du hast zwar kein Geld, aber dafür bist du auf dem richtigen Kurs und weißt um Gottes Liebe. Insofern kann ich mit beidem, Soll und Ist, auch wirklich etwas anfangen – oft wird es unter Christen ja gegeneinander ausgespielt: Nur auf das idealistische Soll schauen – und das schnöde Ist verdrängen und abspalten. Ergebnis ist Heuchelei und viel Zerbruch! Oder umgekehrt: Sich nur am Ist orientieren und traurig alle Ambitionen und die kleinen Brötchen zum schönen Ideal verklären. Genauso verkehrt – beides kann man auch ohne Glauben, ohne Jesus, ohne die revolutionäre Kraft und Botschaft des Evangeliums. Wenn das Evangelium aber wahr ist – dann müssen Ambition und Wahrheit miteinander leben können, dann gehören Soll und Ist versöhnt und sind aufeinander bezogen. Was für eine superstarke Botschaft: Wo gibt es denn so etwas, dass sich diese beiden Werte versöhnt leben lassen?! Eben deswegen bin ich vom christlichen Glauben so begeistert, das ist revolutionär!

WENN DAS EVANGELIUM WAHR IST – DANN MÜSSEN AMBITION UND WAHRHEIT MITEINANDER LEBEN KÖNNEN, DANN GEHÖREN SOLL UND IST VERSÖHNT UND SIND AUFEINANDER BEZOGEN.

Also: Ein hohes Empfinden fürs Soll und ein ambitioniertes Ideal sind mir nicht fremd. Menschen brauchen hohe Ziele! Ich will sehr gern das Richtige tun! Aber ich nehme bei mir selbst auch das andere wahr: das Scheitern an meinen Vorsätzen, Sünde, das Verfehlen dessen, was ich will. Das sind diese berühmten zwei biblischen Wirklichkeiten in mir: Das Gute, das ich will, das tue ich nicht – oh, ich elender Mensch! Aber doch auch: Ich will das Gute, ich kann es erkennen, ich bin nur wenig niedriger gemacht als Gott, bin ein Geliebter Gottes!

Dieser Brückenbau zwischen Soll und Ist gehört für mich zu den zentralen Aufgaben des Glaubens. Ich nenne es »das Nord auf dem Kompass«. Es bedeutet: Diesem guten Nord verpflichtet zu sein, aber mit großer Ehrlichkeit und Barmherzigkeit auf dem Weg in seinem jeweiligen Ist sein zu dürfen. In unserer bunten Wirklichkeit mühen wir uns, da ist es widerspenstig und es gibt auch Umwege und Rückschritte. Und so habe ich im Laufe meiner Glaubensbiografie gelernt: Jesus kam ja gerade deswegen, um mich in meinem Ist zu beglücken und mir einen Weg vom Ist zum Soll zu eröffnen. Fantastisch! Wow! Was ist das für eine tolle Nachricht – pures Evangelium! Sich dem verpflichtet zu fühlen, so laufe ich im Grunde durch die Gegend. Das empfinde ich als zutiefst beglückend, weil ich mich ja immer wieder selbst auf diesem Weg und in diesen beiden Wirklichkeiten entdecke.

Thomas: Deine Kindheit, mit allen schönen Seiten, mit allen Zumutungen, war ein Ort, an dem Gott dich geformt hat. Inmitten einer spezifischen Zeit, in dieser Familie, diesen Umständen und dem damit verbundenen Lebensgefühl. Das Gute wie auch das Problematische hat Wesentliches zu dem beigetragen, wer du heute bist und was du bis heute zu geben hast. Sie ist etwas dir Anvertrautes, auch Zugemutetes, klar: Außenseiter sein, dich in die Mitte kämpfen müssen. Aber daraus ist eine Kompetenz gewachsen, die dich bis heute begleitet und die möglicherweise ohne diese Geschichte so nicht vorhanden wäre.

Uli: So verstehe ich es heute und bin deswegen wirklich versöhnt mit der Vergangenheit. Bin superdankbar, trauere nicht nach. Das verbindet uns beide übrigens auch stark: »Wunden als Aufgabe und Chance« ist das Thema eines deiner Bücher. Genau das ist es: Widerstand ist nicht schön, aber du wächst an ihm! Und ganz klar: Das Schwere und Belastende ist nicht gut – das sollte keiner behaupten! Aber es kann etwas Gutes mit dir machen! Du kannst daraus eine besondere, nämlich gewachsene und durchlebte Kompetenz gewinnen. Eine, die in deinem Leben verankert ist und dir ein Mandat eröffnet und dich sensibel macht. Ein Auftrag, den du begeistert weitergeben kannst.

Thomas: Ich erinnere mich, dass du mal gesagt hast: »Das Meiste habe ich nicht auf dem formalen Weg erlernt.«

Uli: Genau. Das Meiste, was ich kann und weiß, habe ich irgendwie nebenbei gelernt und unterwegs empfangen, nicht akademisch oder aus Lehrbüchern erworben. Deswegen ist es so tief verankert. In meinen inneren Schatzkammern habe ich mittlerweile unheimlich viel. Manchmal denke ich heute: »Mensch, was du in der Schule damals gehabt hast – das ging so oft über deinen Kopf hinweg! Literaturunterricht – das würdest du gern noch mal haben! Biologie – keine Ahnung davon! Das müsste ja richtig interessant sein!«

Thomas: Französisch!

Uli: Ach ja, können würde ich es gern, lernen eher nicht mehr …

Man kann nicht anders, als es mit der eigenen Geschichte zu vergleichen, wenn das Gegenüber so intensiv aus seiner Kindheit erzählt. Es gibt Parallelen: Hausstauballergie, Asthma – bei mir allerdings erst mit 20. Dann die zugängliche Mutter, der eher spröde Vater. Doch Ulis Lebenswelt als Kind spielte sich in einem ganz anderen Kosmos ab: Pastorenhaus, Freikirche, Frömmigkeit, die alles durchdrang, aus allen Ritzen des Lebens quoll. Herzensbildung durch Stapel christlicher Jugendbücher.

Das alles kenne ich nicht. Bei uns zu Hause roch es nach Kühen, Schweinen, Schafen und Heu. Glaube kam vor, aber landeskirchlich zurückhaltend – abgesehen vom Tischgebet selten ein Thema. Etwas mehr davon hätte mir gutgetan. Am Tisch ging es stattdessen um die lahmende Kuh, die nächste Hofschlachtung oder die Maisernte. Aufgaben, bei denen wir vier Jungs uns nützlich zu machen hatten. Es manchmal gerne, manchmal unter Protest taten. Auch hier entsprechende Erwartungen der Eltern – auf einem ganz anderen Spielfeld des Lebens.

Dann die Entdeckungen zur Sexualität. Unser Haus war so hellhörig, dass wir von unseren Eltern mehr mitbekamen, als beabsichtigt war. Wir fanden Präservative, füllten sie mit Wasser. Der älteste Bruder, stolz auf sein Geheimwissen, erklärte, wozu sie eigentlich gedacht waren. Brachte BRAVOs und auch mal ein Schmuddelheft mit, die wir auf der Heubühne im fahlen Licht und mit pochendem Herzen studierten.

Eines deutet sich bereits an, nämlich, dass es auch bei Uli diesen Zusammenhang gibt zwischen Kindheitserfahrung und späteren Lebensthemen. Noch deutlicher zeigt sich das bei unserem nächsten Gespräch …

2

»IRGENDWIE WAREN WIR IMMER SEHR ENGAGIERT«

TEENAGER- UND JUGENDJAHRE

Wie sehr unsere Eltern uns geprägt haben, darüber herrscht ein breiter Konsens. Wie aber ist es mit Geschwistern? Ich hatte drei Brüder, keine Schwester. Auch Uli hatte nur Brüder. Wie beeinflusst das unsere Sicht des anderen Geschlechts?

Fachleute aus der Entwicklungspsychologie weisen zudem darauf hin, dass ein unter mehreren Geschwistern aufwachsendes Kind sich immer seinen eigenen Platz suchen und erkämpfen muss. Ist mein Bruder ein Lauter – dann bin ich besser leiser, um in meiner Eigenständigkeit wahrgenommen zu werden. Ist er künstlerisch begabt? Dann suche ich meine Nische vielleicht eher in einem Handwerk. Natürlich, es kann auch anders sein – dass man den Geschwistern nacheifert, sein will wie sie. Letztlich aber suchen und beschreiten wir, spätestens als Erwachsene, wohl doch unseren ganz eigenen, individuellen Weg. Dasselbe vermute ich bei Uli …

Die Brüder als Wegbereiter

Thomas: Waren deine Brüder Vorbilder für dich?

Uli: Ja, automatisch, klar. Ich empfand ihnen gegenüber Loyalität, wollte die Dinge so tun, wie sie es taten. Mit sechs und vierzehn Jahren Altersabstand war ich natürlich der kleine Kerl. Sie waren die Leuchttürme, die vor mir hergingen und an denen ich mich wie selbstverständlich orientierte. Wenn sie in der Gemeinde mitarbeiteten, auf Jugendfreizeiten waren, dann wollte ich das auch – so schnell wie möglich. Im Einholeifer habe ich manches gar nicht verstanden und teilweise Wörter gebraucht, die über mein Wissen hinausgingen.

In den Sechzigerjahren war ja der Atomkrieg ein großes Thema. Als ich in einem Buch das Wort »Atmosphäre« las, erzählte ich anschließend von der »Atomsphäre«, weil für mich klar war: Atom ist das Thema, worüber alle reden! »Nein, das heißt Atmosphäre!«, wurde ich aufgeklärt. Die Brüder haben mich an die Hand genommen. Man darf ihre Rolle nicht unterschätzen, sodass ich heute manchmal denke: Was macht das mit Familien, wenn Kinder keine Geschwister mehr haben, die ihnen auch Vorbild sein können?

Thomas: Wart ihr als Brüdertrio Vorzeigekinder – alle aktiv in die Gemeindearbeit der Eltern eingebunden?

Uli: Ja, aber mit Brüchen. Wir waren sehr unterschiedlich. Otto, der Älteste, hat am meisten vom Krieg und seinen Folgen miterlebt. Er war sieben Jahre alt, als er seinen Vater zurückbekam. In gewisser Weise ist sein Lebenslauf dem meines Vaters sehr ähnlich. Zuerst Zimmermann, ist er später Pastor geworden. Er ist am stärksten in einem alten System aufgewachsen, hat aber seinen Weg darin gefunden.

Dieter, mein zweitältester Bruder, litt in der Schule unter der preußischen Disziplin und verschwieg bis zur zehnten Klasse, dass er extrem kurzsichtig war – elf Dioptrien –, was dazu führte, dass er die Aufgaben an der Tafel nicht lesen konnte. Folglich war er oft im Konflikt mit Schule und Eltern. Er war für mich immer ein bisschen ein schuldbeladener Schüler, der froh war, dass er nach der zehnten Klasse gehen durfte. Dabei ist er ein ganz treuer, lieber, begeisterungsfähiger Kerl, der mich oft geschützt und an die Hand genommen hat, am Anfang auch als Babysitter. Er ist nach seiner mittelmäßigen Schulkarriere aus lauter Ungewissheit, was er werden sollte, zum Finanzamt gegangen. Danach mit Begabtenprüfung an die Universität und wurde schließlich ein hervorragender Pädagoge – genau sein Ding. Einer, der gerne unterrichtet und väterlich an die Hand nimmt. Seine Schüler liebten ihn.

Auch ich habe davon profitiert – er hat mich beschützt, gefördert und mit in die Welt hineingenommen. Er hatte eine Kunstphase, wo er Emil Nolde und die Expressionisten entdeckte. Also habe auch ich einen intensiven Zugang zur Kunst gefunden. Beide Brüder liebten unsere Küstenregion und die Schifffahrt und all das Maritime bei uns – also lernte auch ich das als wertvoll kennen. Mit Dieter bin ich heute ja weiter ganz eng durch die Arbeit mit dem Dünenhof oder sein großes Engagement in der Gemeinde unterwegs.

Ich war für beide Brüder sicher auch eine absolute Nervensäge – der kleine, freche Fips, der sich an die netten jungen Mädchen aus ihrem Jugendkreis anschmiegte und bei allen hoch im Kurs war.

Thomas: Die Orientierung an deinen Brüdern war für dich nie beengend oder bevormundend, sondern ...

Uli: ... einladend nach dem Motto: »Interessant, was macht ihr da? Aha, das ist anscheinend was Gutes, was Wichtiges!« Was sie mit einer gewissen freudigen Lässigkeit in ihr Leben genommen haben, habe ich oft mit fokussierter Leidenschaft vertieft. Heute habe ich Regalmeter voller Kunstbücher, besuche gern, wo immer ich bin, Museen. Manche meiner Hobbys kann ich auf meine Brüder zurückführen.

Thomas: Weil du sie beeindrucken wolltest?

Uli: Nein, weil ich davon fasziniert und begeistert war. Ich mache vieles nicht – aber was ich mache, da kann ich mich richtig reinbohren und entwickle ordentlich Betriebswärme. Eben ganz oder gar nicht! Das Leben ist extrem spannend, finde ich – es gibt so viele tolle Sachen! Wenn man sich reinkniet, ist so vieles interessant.

Thomas: Das ist bis heute so ...

Uli: Ja, wahrscheinlich! Ich war ziemlich gut im Kopfrechnen. In Krankheitszeiten habe ich das kleine und große Einmaleins in ein dickes Buch geschrieben, seitenlang. Oder ich habe bei meiner Oma Haselnüsse gesammelt – ich war und bin ein großer Sammler. Als ich wieder einmal asthmakrank war, habe ich meinen Sack genommen, mit einer Briefwaage von Papa jede Nuss gewogen und ins Heft eingetragen. Von 300 Nüssen fand ich so heraus, welches die schwerste war. Ich liebe Zahlen und Listen und den Durchblick durch etwas ...

ICH MACHE VIELES NICHT – ABER WAS ICH MACHE, DA KANN ICH MICH RICHTIG REINBOHREN UND ENTWICKLE ORDENTLICH BETRIEBSWÄRME.

Thomas: Hatte das auch mit Langeweile zu tun? Oder war es ein Spiel für dich?

Uli: Ich denke mal, es war spielerische Kreativität, ich wollte mir eine Welt vorstellen. Ich hatte immer viele Ideen, was man machen könnte. Hatte Drive, das dann auch zu tun: Hütten und Höhlen bauen bei uns auf dem Gelände, irgendwas starten – gern auch mit den Brüdern zusammen.

Thomas: Da kam die Inspiration ursprünglich her.

Uli: Ja, mancher Start, mancher Horizont. Ich müsste ihnen eigentlich Danke sagen. So vieles ist durch sie in mein Leben gekommen in einer sehr zufälligen Auswahl, die sie mitbestimmt haben. Durch sie bin ich auch in die Gemeinde gekommen.

Thomas: Das bedeutete: Du kamst in die Bereiche hinein, wo du mitarbeiten konntest. Waren das vor allem Jugendstunde, Kindergottesdienst, Jungschar? Dort, wo eben die Brüder schon aktiv waren?

Uli: Genau. Und natürlich auch andere Leitende. Darüber hinaus traf man sich sonntags mit jungen Leuten, es gab Unternehmungen. Zur Eisdiele gehen, ans Wasser fahren. Eine Jungscharfahrt mit Zelt und Lagerfeuer. Richtig ist der Knoten zur Mitarbeit dann hier in Cuxhaven geplatzt. Ich war um die 13, als ich unter Wilfrid Haubeck, späterer Professor an der Theologischen Hochschule Ewersbach, Jungscharmitarbeiter wurde. Da wurde ich auf gute Weise ins Wasser geschmissen: musste Geschichten vorlesen oder erzählen, Spiele veranstalten – gut Norddeutsch: »Feudelkampf« zum Beispiel, der Klassiker. Ich habe dadurch automatisch Leiten gelernt – es war mir ja ohnehin durch die Eltern vertraut, Menschen anzuleiten.

Es ging dann immer weiter in die Jugendkreisarbeit, Teestubenarbeit, Freizeitarbeit. All das mit einem starken missionarischen Gen, das war immer sehr klar: Wir wollen Leute zu Jesus und in unsere Gemeinde einladen. Und natürlich ist jeder Christ ein Gitarrist – Dieter spielte Gitarre, also habe auch ich Gitarre gelernt. Irgendwann hatte ich einen eigenen Jugendchor – die »Wegweiser« – oder habe bei Klaus Vollmer im Vorprogramm Manfred-Siebald-mäßig zur Gitarre gesungen.

Arno (Backhaus) und Andreas (Malessa) waren tolle Vorbilder für viele von uns. Die beiden machten hochprofessionell christliche Popmusik und wurden zum großen Katalysator für die gesamte fromme Musikszene. Ich war ja nur ein ganz kleines Licht, hatte dadurch aber ein Zugangstor für mein späteres Engagement bei den großen christlichen Musikfestivals in Hamburg.

Aus diesem intensiven Engagement im Bereich der Jugendarbeit ist dann später vieles gewachsen, was mein Leben bestimmt hat. 1972 war ich erstmals Co-Leiter einer Kinderfreizeit, lernte von »Mühlchen«, unserer Gemeindehelferin Magdalene Zurmühl, ein Kinderprogramm für eine ganze Woche durchzuziehen, vorne zu stehen. Natürlich angebetet von den Teenies: Uli mit Jeans und Gitarre am Kaminfeuer.

Und dann die klassischen Silvesterfreizeiten – anfangs noch unter Otto Buchholz, unserem Jugendleiter, der Vater von Sänger und Journalist Martin Buchholz, der als kleiner Junge mit auf unseren Norwegenfreizeiten war und später mal als Volontär im Bundes-Verlag. Hui, was waren wir fromm – über den Jahreswechsel wurde grundsätzlich durchgebetet, bloß keine Raketen steigen las-

Uli mittlere Reihe 2. v. r.

Mitarbeiter auf einer Kinderfreizeit 1972 mit Gitarre – Uli (r.) mit seinem Freund Dieter Tost (l.)

sen oder Spaß machen, sondern tiefe Innerlichkeit. Wir fanden das radikal und gut – schließlich waren wir ja nicht weltlich! Heute schüttele ich ein bisschen den Kopf darüber, das war schon auch eine etwas verbohrte Engführung. Kann man machen – muss man aber nicht zwanghaft um 23.55 Uhr starten …

Bei solchen Freizeiten habe ich natürlich auch romantische Beziehungen geknüpft und etwa stundenlang mit der süßen Petra auf der nächtlichen Fensterbank gesessen und zarte Gespräche geführt – was für eine reizvolle neue Dimension des Lebens!

Erste Liebe

Thomas: Deine erste Liebe?

Uli: Na ja, das war eine Freizeitfreundschaft mit dem ersten heftigen Zusatzprickeln – schon richtig intensiv mit Briefeschreiben, aber immer auch mit dem Wissen: »Ach, ich bin 17 und sie ist erst 14, das kann wohl nichts werden.« Aber es war nett, wir mochten uns – und man hat so schöne Gespräche geführt.

In der Hauptschule gab es eine Bärbel, die ich nett fand, mit der ich bei einer Klassenfahrt tatsächlich irgendwann in unserem Jungszimmer im Bett gelegen habe – rechts daneben in den Betten Gert und Wolfgang, mit interessiertem Radar-Blick in die Dunkelheit. Heute denke ich: »Au Backe, wenn uns da jemand erwischt hätte!« Ich hatte ja überhaupt keine Ahnung von Sex. Ich habe neben dem Mädchen gelegen, das war schön warm und weich und rund, vielleicht hat man sich auch gestreichelt, aber alles noch sehr harmlos und ungezielt. Und da waren ja auch noch die beiden Klassenkameraden!

Dann gab es eine Anke, die bei uns im Jugendkreis und bei mir in der Handelsschule war. Das war ein nettes Mädchen, sie interessierte sich für den Glauben – und für mich. Ich war »funktional« mit ihr befreundet, weil ich sie ja »zum Herrn« führen wollte. Ich merkte, es brauchte die persönliche Komponente, damit sie auch in der Gruppe blieb. Aber ich hatte immer das Gefühl: »Du darfst nicht übers Händchenhalten hinausgehen, weil sie ja kein Christ ist, nicht so richtig fromm ist, und das würden die Eltern nicht gut finden – also finde ich das auch nicht gut.«

Ach, und dann gab es da die große platonische Liebe: Rutli, aus dem Familienclan meiner Mutter. Sie hatte ein nettes, harmonisches, weiches Gesicht und ich fühlte mich zu ihr hingezogen. Sie hatte aber schon einen Freund im bewunderten Hamburger Jugendchor, der so cool Bass dort spielte – nichts zu machen!

Thomas: Du hast gerade mehrmals das Wort »nett« gebraucht – was ja nett ist, aber warst du denn nie in eines dieser Mädchen so richtig verliebt, dass du nicht mehr wusstest, wo dir der Kopf stand?

Uli: Doch, ich war schon richtig verliebt, aber noch in der Suchbewegung. Ich hatte ein idealistisches Bild von meiner zukünftigen Ehefrau. Wie sie aussehen sollte, was sie ausmachen sollte, wofür sie sich interessieren sollte, was sie glauben sollte. Schönheit, gewisse persönliche Tugenden, Glaube waren immer zentrale Themen. Meine Mutter war eine sehr schöne Frau und von daher wollte ich auch so ein schönes, harmonisch und sanft aussehendes Mädchen mit großem Herzen. Ich finde es wichtig, da eine Leitvorstellung zu haben – auch so ein Nord auf dem Kompass. Insofern wusste ich, dass es noch nicht »richtig« geklingelt hatte.

Es war eine typische, sicher von jugendlichem Hormonüberschuss beförderte Übungsphase. Irgendwie war klar: Ich muss noch warten, das ist es noch nicht. Eben Suchbewegung. Erfahrungsübung. Ich hatte über mein Bett ein Plakat aus einem Jugendkalender gepinnt mit einem Pärchen und einem großen Satz: »Wer liebt, hat Geduld!« Das war mir wichtig – und so habe ich es täglich vor Augen gehabt. Es hat mich auch wirklich geführt und bewahrt. Aber ich war reif, überfällig, sehnsüchtig, suchend – zum Glück auch heftig engagiert mit allem Möglichen. Und dann läuteten die ganz großen Glocken, dann kam 1976 Christel, da war ich 21.

Freundeskreis

Thomas: Mir fällt auf, wie werteorientiert das alles war: Mädchen, Liebe, aber auch deine Rolle in der Jugendarbeit. Oder idealorientiert? Eine solche Steilheit kenne ich aus meiner eigenen Jugendzeit nicht. Waren alle in deinem Gemeindeumkreis so? Oder waren du und deine Brüder vielleicht als Pastorenkinder stärker engagiert als andere? Wart ihr die treibenden Kräfte? Die Macher, die mehr investierten als alle anderen?

Uli: Ja, sicher. Man hatte ja diesen Startvorteil als Pastorenkind, wusste um Stolz und Wohlwollen der Eltern, wenn auch unausgesprochen. Man war angedockt im Gemeindesystem, hatte offene Türen. Gleichzeitig waren die Eltern wahrscheinlich saufroh, dass ihre Kinder auf einem guten Weg waren und man sie für alles mögliche Gute einsetzen konnte. Musik, Spiele, Organisation, Um- oder Neubau des Gemeindehauses: Wir waren dabei, alles war willkommen! Gemeinde war unser Ding, unser System. Deswegen bin ich manchmal heute noch ein bisschen unbeholfen und gesellschaftsfremd – das war eben nicht unser System.

Ich war höchst identifiziert und sicher auch Vorbild für andere. Habe dann bald tolle Freunde gefunden – Manfred Pagel, meinen besten Jugendfreund, heute geistlicher Leiter des Dünenhofes. Wir haben viele Freizeiten zusammen gemacht, gemeinsam im Zelt gelegen, Bücher gelesen, Pläne entwickelt. Dazu kam Renate Schaper, Lehrerin und Älteste in der FeG Cuxhaven und gute Freundin aus unserer Gemeinschaft. Gemeinsam bauten wir einen tollen Teenkreis mit wilden Ideen und wirklich vielen Leuten auf. Waren sehr missionarisch, sehr engagiert. Ganz offen, breit, unkonventionell – und dennoch ein bisschen eng und überevangelikal. Wir waren wohl deutlich ungeduldiger, als Jesus es gewesen wäre. Aus heutiger Sicht würde ich sagen: Wir hätten missionarisch gesehen vieles nachhaltiger gestalten können, wenn bei uns ein paar kluge, fromme Landeskirchler dabei gewesen wären. Ich meine Leute, die ein ganz ähnliches Feuer, aber ein etwas weiteres Herz als wir und ein etwas gesellschaftsmittigeres Bild des Glaubens gehabt hätten.

Thomas: Wie meinst du das?

Uli: Wir haben wirklich viele erreicht, haben Leute aus unseren Klassen eingeladen, waren oft 50 Leute oder mehr – viele von außen. Das Tragische aber war, dass viele nach ein paar Jahren wieder weg waren. Die Gemeinde konnte sie oft nicht halten. Die dabeiblieben, waren Teil dieses hochidealistischen, sehr engagierten, viel Zugehörigkeit bietenden, aber auch manchmal ein bisschen schwarzweißen Systems. Wer dazugehören wollte, musste Teil davon sein, sich engagieren und letztlich auch in gewisser Weise ein vorbildliches Leben führen: kein Rumgeknutsche, kein Rauchen, keine Tändelei, vernünftiges Verhalten.

WIR WAREN WOHL DEUTLICH UNGEDULDIGER, ALS JESUS ES GEWESEN WÄRE.

Wer nicht aus einer vorgeprägten Gemeindefamilie kam, die so ein Wertesystem mittrug, hatte es nicht leicht. Wir haben Menschen zwar Nestwärme gegeben, aber sie konnten in vielem nicht so mitgehen – und wir waren dann manchmal zu ungeduldig und verloren das Interesse, wenn sie diese heiße Identifikation nicht mehr aufbringen konnten. Heute würde ich sagen: Wir hätten ihnen mit viel mehr Liebe nachgehen müssen. Wir hätten die Türen und Herzen weiter machen müssen. Wir haben das damals nicht erkannt – und wurden wohl auch ein bisschen alleingelassen.

Thomas: Hast du in all diesen Zeiten auch mal richtig pubertiert? Dich aufgelehnt gegen die Eltern, gegen die Gemeinde? Mal gesagt: »Ach, ich will den Quatsch nicht mehr mitmachen«? Oder warst du rundweg angepasst?

Uli: Das frage ich mich manchmal. Klar gab es kritische Phasen. Aber irgendwie waren wir immer sehr engagiert, haben für irgendwas gekämpft – zum Teil natürlich auch in Abgrenzung zur vorhergehenden Generation. Aber man ließ uns ja den Raum dafür! Auflehnung gegen die Eltern gab es höchstens mal bei Einzelthemen.

Etwas, das meine Frau Christel sehr erstaunt hat, als sie in unsere Familie kam: Am eggersschen Mittagstisch wurde heftigst diskutiert: über Vaters Predigt. Über die Gemeinde. Wie Gemeindearbeit sein müsste. Da schlugen die hellen Flammen, weil wir als Kinder die Dinge oft anders sahen. Ich selbst war oft besonders radikal, stärker noch als mein Bruder Dieter, der immer etwas milder und eben älter war. Es gab also durchaus Zoff und Auseinandersetzung und Kampf um den richtigen Weg, aber nicht in Abgrenzung zu den Eltern – unser gemeinsames Arbeitsgebiet lag ja da draußen in der Gemeinde. Und man fühlte sich von ihnen immer geliebt, gewollt, gebraucht.

Natürlich gab es Abnabelungsprozesse bei Stilfragen oder bei Musik, aber die Eltern ließen mir sehr viel Liebesleine, sie hatten ja schon zweimal geübt ... Und man wusste, was sie nicht gut fanden: Rauchen, Trinken, zu Weltliches. Aber vermutlich waren wir auch einfach ein Glücksfall für ein Pastorenehepaar in seinen letzten Dienstjahren: Wir als »Jugendbrigade« ergänzten ihren Dienst – ein tolles Komplettangebot für die Gemeinde!

Thomas: Das heißt, es gab für dich keine Glaubensbrüche an der Schwelle zum Erwachsenwerden, keine Verunsicherung, kein »Ach, will ich das wirklich?«.

Uli: Dazu waren wir wohl zu engagiert. Klar, ich habe mich immer mit Fragen und Zweifeln herumgeschlagen – Glauben ist nicht Wissen. Aber eine größere Krise kam erst später beim Tod unseres ersten Kindes. Wenn man sich so identifiziert, dann blendet man größere Fragen wohl aus. Wir waren zum Eigenen immer solidarisch und hatten das Bewusstsein: Damit tun wir dem System etwas Gutes.

Der erste große Konflikt

Thomas: Aber gab es bei deinem ältesten Bruder Otto nicht eine Absetzbewegung und auch einen Bruch mit dem Bisherigen – mit Folgen für euch als Familie?

Uli: Ja, aber das hat wieder mit dieser Grundspannung zwischen Soll und Ist des Glaubens zu tun. Otto war in den Siebzigerjahren Pastor in einer FeG hier in Norddeutschland. Er und seine Frau Margret lebten in diesem klassischen Pastorenkon-

DIE JAHRE 1968 – 1979

Persönliche Daten

Einstieg in die Jungschar-, Teenkreis- und Freizeitarbeit.	**1969**
Mitarbeit beim »Jugend-Info« – meine erste »Redakteurs-Stelle«, begleitet von Mentor Erhard Diehl.	**1972**
Mit langen Haaren flott zum Führerschein – und beim Ausparken in Hamburg gleich der erste Unfall. Papa ist enorm barmherzig. Kauf des ersten Familien-Golfs, nach heftigem Drängeln der Söhne.	**1973**
Jugendfreizeiten in Norwegen – 1976 treffe ich in Heggenes auf Christel, meine Frau.	**1973 – 79**
Einstieg bei der Zeitschrift PFLÜGER.	**1976 – 77**
Start an der Universität Hamburg – Theologie und Geografie.	**1977**
Gründung des Jugendmagazins Punkt.	**1978**
Heirat mit Christel (geborene Pannen).	**1979**

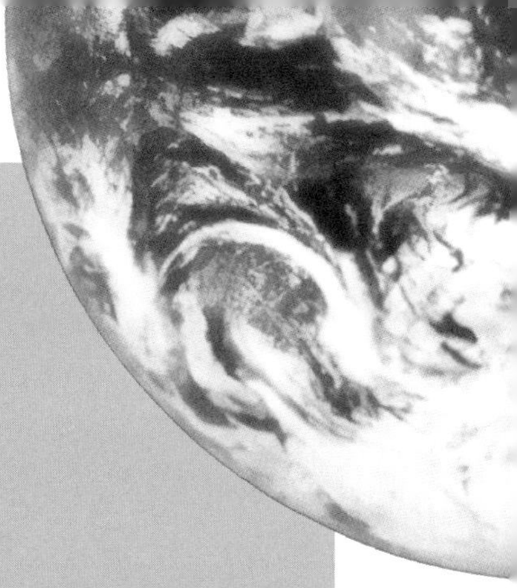

Weltgeschehen

1968 Truppen des Ostblocks besetzen die Tschechoslowakei – Ende des »Prager Frühlings« für den Sozialismus.

1969 Erste bemannte Mondlandung mit Apollo 11 – und wir immer noch ohne Fernseher! Willy Brandt wird Bundeskanzler – erstmals regiert die SPD, eine neue Ostpolitik entwickelt sich.

1970 Kniefall von Willy Brandt – demütiges Zeichen der Bitte um Vergebung im Warschauer Ghetto.

1972 Jetzt aber – die Olympiade in München ab jetzt mit TV-Genuss in unserer Familie.

1975 Der Vietnamkrieg endet – grausamer Stellvertreterkrieg um die Vorherrschaft zweier Systeme.

1977 Höhepunkt des Terrors der RAF-Gruppe (»Rote-Armee-Fraktion«) rund um Andreas Baader und Ulrike Meinhof.

ERWACHEN FÜR MEIN ICH

flikt, Glauben als Hauptamtliche auf der Langstrecke leben zu müssen, performen zu sollen für eine Gemeinde – und selbst gleichzeitig Gott gern mehr erfahren zu wollen, verstärkt aus ihm zu leben. Sie merkten, im Umfeld, aus dem sie kamen, fand dieser Wunsch nach Mehr – mehr Gotteserfahrung, tieferer Hingabe – nicht viel Resonanz.

Schließlich begegneten sie charismatischen Christen – die typische Geschichte eigentlich. Sie befreundeten sich, machten gute Erfahrungen, Impulse flossen in die Gemeinde, wahrscheinlich war man auch ein bisschen naiv und unklug – und schon bald wuchsen parallel Sorgen und Ängste im Ältestenkreis und Teilen der Gemeinde. Es bildete sich Gegnerschaft und das Ganze wurde zu einem Riesenthema. Es gab Krisensitzungen, es drohte Gemeindespaltung – und das in genau dem Gemeindeverbund, wo ja auch der – eher sehr nüchterne – Vater angestellter Pastor (nein, natürlich Prediger!) war.

AUSGRENZUNG VERHINDERN, BRÜCKEN ZUEINANDER BAUEN, GEFÜHLE UND HALTUNGEN ÜBERSETZEN, MISSVERSTÄNDNISSE KLÄREN, ZUEINANDERFÜHREN, KONFLIKTE LÖSEN, VERTRAUEN INVESTIEREN – DAS SETZT SICH BEI MIR BIS HEUTE IN ALLEN MÖGLICHEN VARIANTEN FORT.

Das brachte große Sorgen auch für meine Eltern, eine Zerreißprobe. Die ganze Entwicklung stand im Kontext der ohnehin starken Spannung zum charismatischen Aufbruch im Norden – Wolfram Kopfermann wirkte in der Hamburger Petrikirche, es gab eine große Zugspannung auf alle. Der FeG-Bund im Norden wollte all diese »charismatischen Verirrungen« wohl möglichst im Keim ersticken – und so gerieten mein Bruder und seine Frau in ein größeres Kampfszenario, in dem man vonseiten der Leitung wohl gerne entschiedene Zeichen setzen wollte: Wehret den Anfängen!

Heute sage ich: Die Verantwortlichen haben sich nicht weise benommen – vermutlich wuchs aber auch die Dimension des Konfliktes allen Seiten über den Kopf. Otto und seine Frau waren aufrichtige, engagierte Gemeindeleute, treu und loyal, keine gewieften Kirchenpolitiker. Schließlich sollten sie der ganzen Sache abschwören – aber hatten sie nicht in unserer Familie gelernt, zu dem zu stehen, was man erkannt hatte? Seinen Glauben verrät man nicht! Also standen sich zwei von Überzeugung getriebene Seiten gegenüber und es kam zu einer formellen Kündigung.

Für meine Eltern brach ein Stück Welt zusammen. Ich sehe noch vor mir, wie sie mit den beiden in großer Betroffenheit am Tisch saßen. Ich blickte damals noch kaum durch, merkte aber: Da war großer Schmerz und das lief nicht gut. Aber ich konnte nichts machen! Als Sechzehnjähriger spürte ich, dass man meinen Bruder nicht gut behandelte – und dass man aneinander vorbeiagierte. Daraus ist für mich später ein starkes Mandat gewachsen: So etwas darf unter Christen nicht passieren! Die beiden wollten ja niemanden verführen, sie hatten einfach nur Hunger nach Gott, wollten mehr! Ja, sie haben vielleicht nicht alles richtig gemacht, aber die Leitung agierte mindestens genauso unbeholfen und starr.

Hier habe ich zum ersten Mal erfahren, dass dieses System Gemeinde und Kirche, zu dem ich gehörte, auch verbohrt sein kann und Fehler macht. Das hat mir unheimlich leidgetan. Du stehst daneben und bist hilflos! In der Folge ist das fast etwas Archetypisches für mein Leben geworden: Ausgrenzung verhindern, Brücken zueinander bauen, Gefühle und Haltungen übersetzen, Missverständnisse klären, zueinander-führen, Konflikte lösen, Vertrauen investieren – das setzt sich bei mir bis heute in allen möglichen Varianten fort. Dass ich ab dem Jahr 2000 gemeinsam mit der Evangelischen Allianz und dem AUFATMEN-Magazin zwei Begegnungsforen zwischen traditionellen und charismatischen Evangelikalen anstoßen konnte, hat wohl – rückblickend verstanden – hier eine Wurzel.

Thomas: Hat diese Sache euch als Familie auseinandergebracht?

Die drei Brüder 2011, Dieter (l.), Otto (Mitte), Uli (r.)

Uli: Das Verhältnis meiner Eltern zu meinem ältesten Bruder war danach sicher eine Zeit lang von diesem Schmerz belastet. Beide waren ja nicht auf solch eine Situation vorbereitet, waren überfordert und unbeholfen. Natürlich stand man weiter zueinander – aber man gehörte am Ende zu zwei verschiedenen Kirchenbünden. Otto fand nach einiger Zeit eine Anstellung im Baptistenbund und die beiden waren dort weitere Jahrzehnte gut als Pastorenpaar unterwegs. Ja, es war ein Schatten für beide Seiten, eine Phase der Befangenheit, die sich aber über die Jahre hinweg gegeben hat.

Es war für mich auch irgendwie seltsam: Als Jüngster war ich immer fein raus. Ich habe absolut coole, erfahrene Eltern mitgekriegt, weil sie vor mir schon für alle möglichen Krisen und Reaktionen zweimal üben konnten. Und ich habe absolut coole Geschwister gehabt, die alles schon mal gemacht hatten, was ich noch lernen musste. Jüngster sein hat Vorteile …

Vorbilder

Thomas: Gab es neben deiner Familie andere Personen, die dich in dieser Lebensphase begleitet und geprägt haben?

Uli: Peter Strauch war eine wichtige Person für mich. Er war zu dieser Zeit in Hamburg Pastor, war zu Evangelisationen bei uns in Cuxhaven und bei uns zu Hause Gast am Mittagstisch. Ich habe mit Peter viel diskutiert, wir sind am Wasser spazieren gegangen, haben über den Glauben geredet. Das hat mir gutgetan. Und zugleich hat er mich auch mal korrigiert. Wir saßen in unserem neu gekauften Familiengolf vor dem Gemeindehaus und irgendwann sagte er: »Uli, du sagst immer, ich hasse das, ich hasse das! Da musst du vorsichtiger werden! Sag doch: Du findest das nicht gut.« Mir war meine Vehemenz gar nicht aufgefallen: »Ja, ja, du hast ja recht. Ich hasse das auch nicht. Ich finde das nur nicht gut!«

Thomas: Was war nicht gut?

Uli: Wahrscheinlich ging es um die Gemeinde, um fromme Fassaden oder mangelndes Engagement. Ich weiß, dass ich starke Kritik an der Gemeinde hatte. Und Ideen, was man alles anders machen könnte …

Thomas: Das klingt für mich wie ein Widerspruch zu dem, was du früher gesagt hast. Du warst ja voll engagiert drin und Teil dieses Systems.

Uli: Ja, aber als kleiner Revolutionär oder Reformer, ein Erneuerer des Systems – und zwar aus Loyalität und dem Wunsch, die beste Version dessen zu vertreten, das ich liebte. Das ist übrigens auch so ein Lebensthema für mich geworden: Glauben erneuern, das System reformieren, Gemeinde so gestalten, dass sie wirklich Jesus reflektiert. Und mich an denen reiben, die mir vorauslaufen. Peter war ein superguter Exponent des Gemeindesystems, weil er einerseits aufgeschlossen, musikalisch und jung war. Andererseits aber auch das System vertrat, aber eben nicht so wie meine Eltern. Deswegen habe ich viel mit ihm diskutiert.

Thomas: Also war er Korrektiv und Vorbild?

Uli: Peter war Korrektiv, Vorbild, auch ein Stück Mentor. Er war ja selbst als Veränderer unterwegs – er brachte später ein Buch zu den Inkongruenzen, die er in seiner Zeit als Bundesjugendpastor sah: »Warum leben wir eigentlich nicht?«. Da ging es durchaus um Kritik am Leben des Glaubens und um geistlichen Neuaufbruch – das waren auch unsere Themen miteinander. Und sind es bis heute – wir sind ja seit vielen Jahrzehnten als Freunde unterwegs.

Parallel zu ihm war auch Erhard Diehl ein wichtiger Mentor für mich. Erhard, auch einer der FeG-Jugendpastoren, kam aus einer engagierten, innovativen Teestubenarbeit in Nürnberg. Dort hat er schon früh neue Elemente aus England aufgenommen. Er hat die »Herolds«, eine Musikgruppe aus Schottland, nach Deutschland geholt und mit ihnen eine Tournee gemacht. Das war eine der ersten christlichen Musikgruppen, die Beatles-mäßig unterwegs waren. Erhard führte den Trinity College Choir aus den USA hier ein, machte ein Fenster auf Richtung englischsprachiger Gemeindeszene, auch später in seinen vielen Jahren als ERF-Chefredakteur. Als er hier im Nordbund Jugendpastor war, gehörte ich als Cuxhavener Jugendvertreter zu einem Jugendarbeitskreis des Nordens – ein wichtiges Sprungbrett in andere Jugendbereiche für mich.

Thomas: Peter und Erhard waren für dich auch Wegbereiter und haben dir später manche Türe geöffnet.

Uli: Ja, ich bewegte mich so ein bisschen in ihrer Staubwolke.

Thomas: Was haben sie richtig gemacht? Wie gelang es ihnen, den jungen Uli abzuholen? Weil sie nach vorne dachten, Neues ausprobierten?

Uli: Beide waren hörbereit, investierten Vertrauen und nahmen an die Hand. Natürlich suchten sie auch junge Leute, die mitzogen. Sie hatten innovative Ideen und waren gute Vorbilder: Peter als Liederdichter und mit seiner Musikarbeit, ein herzlicher, überzeugender und auch mal selbstkritischer Christ, mit guten Predigten, einfach eine ehrliche Haut. Da fühlte ich: So würde ich wohl auch mal werden wollen!

Erhard genauso, ein ganz anderer Typ, sehr offen für Medien, Musik, Technologie. Auch er suchte natürlich nach Mitbewegern – und gab Leuten ein Sprungbrett durch sein Vertrauen und seine Begleitung. Als norddeutscher Jugendpastor in unserer Freikirche hat er immer Kreativität und Talente gefördert, Neues versucht. Er führte am großen Hamburger Gemeindehaus, dem Holstenwall, die sogenannten »Gospel Nights« ein – Musikveranstaltungen mit evangelistischer Predigt, die damals im Norden eine weite Ausstrahlung hatten. Er organisierte die jährlichen Jugendtreffen, wo wir mitarbeiteten.

Peter Strauch, von Anfang an Mentor und Begleiter – Interview beim G-Kongress in Kassel, 1992

Bundesjugendpastor Dieter Martschinke (l.) und Erhard Diehl (r.) als Verlagsleiter – Vorbilder und Freunde

1973 etwa gab es eines dieser »Jugendjahresfestivals« des norddeutschen Bundes in Cuxhaven bei uns in der Kugelbake-Halle, »CUX 73« genannt. Mein Bruder Dieter und ich waren engagiert und brachten unter anderem Vorschläge für das Werbeplakat ein. Ich hatte eine Idee für das Logo in Fischform – CUX: Das könnte man doch mit Auge im C und Fischschwanz gestalten. Dieter hatte eine andere Idee, was ich als richtige Konkurrenzsituation empfand – der Kleine gegen den Großen, irgendwie auch schmerzlich für mich. Aber natürlich auch ein Ansporn zum Wettkampf. Ich hatte ein gutes Gefühl für meine Idee – nach dem Motto: »… Tut mir leid, dass du mein Bruder bist, aber meine Idee ist besser!«

Erhard hat sich dann tatsächlich für meinen Entwurf entschieden – was für ein Egobooster! Dieter blieb gut brüderlich solidarisch, was ihm sicher nicht leichtfiel. Dann haben wir das Festival mit Programmheft und allem Drum und Dran organisiert. Irgendwann sagte ich: »Könnte man nicht eine Jugendzeitschrift für uns im Norden machen?« Ich hatte da schon den »Pflüger« gelesen – den PUNKT-Vorläufer. Meine Mutter als Pastorenfrau leitete die »Blätterarbeit« der Gemeinde. Wieder war Erhard derjenige, der sagte: »Ja, wir haben doch in der Stiftung Elim eine kleine Druckwerkstatt, machen wir!« So erschien die erste »Jugendinfo«, die ich schließlich viermal im Jahr mit ihm zusammen gemacht habe – mit am Ende gut tausend Exemplaren Auflage.

Erste Zeitschriftenerfahrung

Thomas: Was für Inhalte waren da drin?

Uli: Predigten, Artikel, Witze, norddeutsche Jugendarbeit, Konzertberichte, die neueste LP von »Arno und Andreas« – alles noch sehr einfach. Es konnte auch Erhard nur recht sein, weil es unter ihm als Jugendpastor in Norddeutschland Bewegung entfaltete. Letztlich sind wir ja alle auf solche Teamarbeit zwischen Alt und Jung angewiesen, das ist eine Art von Symbiose. Das sah ich aber damals nicht, sondern war nur dankbar für die Chance, dass ich gestalten konnte, Ideen umsetzen durfte, Hilfe, Rahmen, Finanzen dafür fand. Genau das war Erhards Stärke – er musste nicht immer selbst als der große Macher rauskommen, sondern ließ Leute laufen.

LETZTLICH SIND WIR ALLE AUF SOLCHE TEAMARBEIT ZWISCHEN ALT UND JUNG ANGEWIESEN, DAS IST EINE ART VON SYMBIOSE.

Ich fuhr dann oft mit 16 oder 17 allein im Zug nach Hamburg und werkelte mit ihm an dem Magazin. Das war ein Stück freischwimmen, erste eigene Projekte. Abends fuhr er mich in seinem Opel Ascona zum Hauptbahnhof und begleitete mich runter auf den Bahnsteig, weil er wollte, dass ich gut im Gewusel der Millionenstadt in den Zug einstieg. Ich dachte: »Ist das denn nötig, ich bin doch erwachsen!« Ich fand es aber irgendwie auch gut, dass er mich so begleitete, Fürsorge wahrnahm. Dieses Zusammenspiel, Einführen in die Arbeit, Leute an die Hand nehmen, Talente und Gaben einsetzen, da habe ich bei Peter und Erhard viel gelernt.

Thomas: Ist in dieser Zeit der Gedanke aufgekommen: »Ich will so was mal machen, ich habe dafür Begabung und Leidenschaft« – oder hast du diese Dinge einfach gemacht, weil die Möglichkeiten dazu da waren?

Uli: Es war meine natürliche Lebenswelt, das, was mir wichtig war – es ging um das Ziel, etwas zu bewegen. Das war das, was ich von meiner Familie her kannte, was mich selbst begeisterte, wo ich mich auch ausprobieren konnte. Irgendwann kam dann die Frage auf, was ich mal beruflich werden wollte. Ich spürte eine Spannung: »Ja, Pastor, das wäre schon was – aber ehrlich, du bist ja so ein großer Sünder! Kommst nicht klar mit Selbstbefriedigung – oder was da sonst noch alles ist.«

Thomas: Wenn dieser Vorbehalt nicht gewesen wäre, dann …

Uli: … dann wäre ich vielleicht als Pastor durchmarschiert. Am Ende habe ich dann den für mich angenehmen Weg gewählt: Ich wollte Lehrer werden. Dieter war ja bereits Lehrer und konnte parallel viel für die Gemeinde tun. Warum? Lehrer hatten Ferien und freie Nachmittage – stellte ich mir vor –, so was war optimal für Gemeindearbeit! Klar, ich weiß natürlich heute, dass auch Lehrer einen Haufen zu tun haben. Aber irgendwie lockte mich das, dazu das gute Gehalt als Beamter – war das alles nicht optimal fürs Ehrenamt in der Gemeinde? Das Beste beider Welten – nicht ganz auf das fromme Pastorenpferd setzen, für das ich mich nicht heilig genug fühlte, sondern als Lehrer von der Seite zuspielen.

Thomas: Gab es denn niemanden, mit dem du über den Sünder Uli sprechen konntest, der dich entlastet hätte?

PUNKT-Stand mit Kathrin Schaeder und David Neufeld

Uli: Unkonkret natürlich. Aber konkret schämte ich mich ja, da war die große Einsamkeit. Themen wie Selbstbefriedigung und Sexualität und überhaupt alles, wo es irgendwie konkret wurde – darüber sprach man besser nicht. Da hat man Bücher gelesen.

Thomas: Die gab es?

Uli: Schon, aber vor allem bezogen auf Freundschaft und Partnerschaft, wie du den richtigen Partner findest oder so was – »bloß nicht zu früh anfangen!« Auch über den Umgang mit Sexualität, aber natürlich lief es immer auf Sünde hinaus und du bliebst allein mit deinem »Immer wieder«-Versagen. Da war keiner, der entlastete oder relativierte oder einfach mal zur Entwarnung blies. Auch dieses Herumschlagen mit verheimlichter Sünde ist so eine typische Wunde vieler Christen, die mir zum Mandat geworden ist, weil ich weiß, dass dieses starke Selbstverurteilungsgefühl in vielen Menschen ist: »Ich bin nicht heilig genug. Ich möchte in diesem Gemeindesystem leben, aber ich werde dem gar nicht gerecht.«

JESUS IST JA GERADE GEKOMMEN, UM DAS SOLL UND DAS IST MITEINANDER ZU VERSÖHNEN, UM BEIDES LEBBAR ZU MACHEN!

Das gilt für ganz viele Themen und Lebensbereiche – es ist eines der großen Menschheitsthemen quer durch alle Kirchen. Viele schlagen sich mit ihrer Selbstverurteilung herum – mit all den dunklen Ecken im Leben, die man nicht vorzeigen mag. Jeder hat da etwas – und wir bringen zu wenig befreiendes Licht des Evangeliums dort hinein, sondern zwängen die Leute eher in diesen Zwiespalt zwischen Soll und Ist: Das ideale Soll kennen und das brüchige Ist verbergen, um den anderen Heiligen gerecht zu werden, die das alles ja wohl besser hinkriegen als man selbst.

Jeder hat seine ganz eigene Färbung von Schuldgefühlen oder Bereichen, für die er Scham erlernt hat und die er im Dunkel hält. Zum Glück habe ich unterwegs gelernt: Jesus ist ja gerade gekommen, um Soll und Ist zu versöhnen, lebbar zu machen! Mit einem guten biblischen Kompass-Nord für die Richtung meines Lebens – und einem bedingungslosen Liebes-Ja zu mir, wie ich nun mal heute bin. Das ist einfach revolutionär! Aber es steht in Spannung zueinander – und wird leider von der Kirche nicht immer gut verwaltet. Sie fällt allzu leicht links oder rechts vom Pferd, verliert die Spannung zum Ideal oder verhärtet sich zur Gesetzlichkeit …

Thomas: Dein Lebensthema »Ehrlichkeit« hat unter anderem hier seine Wurzeln?

Uli: Absolut! Zu hundert Prozent. Dieses Ringen darum, wie du gut funktionierend, mit Leidenschaft und Freude Teil eines Systems sein kannst, für das du dich letztlich aber nicht voll tauglich fühlst. In dem du dich schuldig fühlst und trotzdem munter vorwärtsgehst. Aber mit Last im Rucksack. Mit Selbstverurteilung, Schuldgefühlen, unendlichen Neuanfängen: »Jetzt lass ich das aber wirklich mal! Jetzt wird alles anders!« … und dann schafft man es doch wieder nicht. Wie es ja mit all unseren Untugenden oft ist …

Spannungsthema Sexualität

Thomas: Eine innere Spannung, die wahrscheinlich jeder junge Mann und Christ durchmacht und durchgemacht hat! Sicher sind Jugendliche heute entspannter als damals. Ich kann aus meiner Geschichte Ähnliches erzählen, wenn auch mit weniger Schuldgefühlen. Aber mit den endlosen Entschlüssen: Jetzt ist mal Schluss mit der Selbstbefriedigung! Gleichzeitig wusste ich: Es ist gar nicht möglich, dass Schluss ist. Diese Kraft ist viel zu vital!

Uli: Deswegen empfinde ich bis heute, dass die christliche Szene mit dem Thema Sexualität nicht gut umgeht, und spüre ein Mandat dafür. Die Kirche verkennt diese Kraft und Macht, die das gerade in jungen Männern hat, diese beherrschende Rolle, die es als ein Hungergefühl hat …

Thomas: Was ja gut ist, weil es ein Geschenk Gottes ist. In der Jugend ist es nur so, dass du noch nicht den Menschen hast, mit dem du das fröhlich leben kannst.

Uli: Ja, und du kriegst es nicht so einfach beherrscht. Du hörst immer, wie gut das mit der Sexualität ist, denn Gott hat das alles doch erfunden – und die Betriebsanleitung dafür steht in der Bibel. Blöderweise stehen da aber eher Grenzbestimmungen und Warnhinweise. Und wer Grenzen und Gefahren – vermeintlich fürsorglich – gepredigt bekommt, vernabelt sich schnell mal dort und entdeckt die Schönheit unter dem Schatten der Belastung manchmal gar nicht recht. Da hätte mir wieder das gut Reformatorische geholfen. Jemand, der gesagt hätte: »Weißt du was? Das ist doch alles geborgen in Christus! Der weiß das doch alles – warum musste er denn sonst kommen, wenn nicht dafür, dass wir es an allen möglichen Stellen nicht hinkriegen?! Entspann dich, je mehr du dich verkrampfst, umso schwieriger wird es. Behalt das Ziel im Auge, Stolpern gehört dazu – Sexualität und Lust sind so starke Sachen, das geht nicht immer gut!«

Thomas: Du hast als junger Erwachsener ein Buch über Sexualität von Tim Stafford übersetzt. Ich habe es als Jugendlicher gelesen und fand es richtig gut. Was hat dich damals bewogen, dich dafür starkzumachen?

Uli: Ich hatte die Zeitschrift »Campus Life« aus den USA entdeckt. Darin gab es eine Serie von Tim Stafford: »Love, Sex and the Whole Person« (deutscher Titel: »Liebe, Sex und Du«). Parallel wurde ich von der FeG-Jugendzeitschrift »Der Pflüger« zur Mitarbeit eingeladen. Ich hatte vorher einige kritische Leserbriefe geschrieben. Hans Jürgen Schmidt, der Redakteur, und Peter Strauch holten mich dann ins Team. Sie haben wohl gedacht: »Wenn einer kritisch schreibt, dann will er was bewegen!« – und ich habe meine Ideen eingebracht und unter anderem diese Serie übersetzt.

Wie Stafford über Sex schrieb, war ein großer Gegensatz zu allem, was ich von Deutschland her kannte. Da wurde offen geredet! In unserer deutschen Jugendzeitschrift kam der Begriff »Sexualität« gar nicht vor. Vielleicht ging es mal um Ehe oder Reinheit, aber nicht um Sexualität oder Partnersuche.

Ich erinnere mich mit Schmunzeln an eines unserer damaligen Jugendkreisthemen: »Wir reden mal ganz offen über gewisse Dinge« – jeder wusste, was gemeint war –, aber was für ein Krampf! Und bei Stafford merktest du, dass die Gemeindelandschaft in den USA schon weiter war. Das hat mich begeistert – und was mich selbst begeistert, das will ich immer auch anderen weitergeben. Dabei hatte ich gar nicht so viel Ahnung von Englisch, war aber eben flüssig in jugendlichem Deutsch.

Thomas: Und was sagten deine Eltern dazu, dass du so was »Offenes« übersetzt und unter die Leute bringst?

Uli: Sie waren positiv, war ja für die Gemeinde gut – und die engen Freunde Peter Strauch und Erhard Diehl hielten die Hand darüber. Aber Mutter hatte natürlich immer so ihre Ängste, manchmal reagierte sie mit Entsetzen: »Junge, muss das denn jetzt auch noch sein?«, oder »Junge, was machst du denn da bloß schon wieder?« Mamas wollen einen ja immer ein bisschen vor der großen Welt beschützen.

Thomas: Aber sie haben dich nicht zurückgepfiffen oder zurückgehalten?

Uli: Nein, ich wusste um ihre Sorge, aber sie ließen mich gehen – und ich war mir immer auch sicher, dass da ein staunend-kopfschüttelndes Wohlwollen war. Natürlich heimlich. Aber sie freuten sich auch mit, wenn etwas am Ende lief. Allerdings haben sie mich nicht aktiv nach vorne gepuscht. Das hätte ich mir manchmal durchaus gewünscht: Jetzt könnten sie aber auch mal sagen: »Mensch, Junge, was aus dir geworden ist! Dass du das auch noch geschafft hast!« Aber so was kam nicht – immer eher: »Pass auf, dass es nicht zu viel wird!«

Thomas: Ermutigung und Voranschieben kamen von außen, von deinen Mentoren.

Uli: Ja, eher. Das Zuhause hat den sicheren Hafen geboten, einen Raum des Entwickelns und ein positives Akzeptiertsein, aber das motivierende Element: »Jetzt mal los!« ist durch die Außenreaktionen und das positive Feedback gekommen.

Lebensstränge

Thomas: Von außen betrachtet würde ich sagen, dass man diese Zeit als Doppelpunkt in deinem Leben sehen könnte. Was sich von hier aus in den nächsten dreißig Jahren entwickelt hat, wurzelt hier. Ist angelegt im noch jugendlichen Uli, der an der Schwelle zum Erwachsenwerden steht. Es ging ums Schreiben, um Zeitschriften, um bestimmte Themen, um Ehrlichkeit, um Sexualität, um Musik, um Festivals – all das sollte dann ja noch eine wichtige Rolle spielen. Es sind Stränge, die sich dort zu entwickeln begannen und die du dann – viele gleichzeitig, so scheint mir –, selbst weitergetrieben hast.

Uli: Im Grunde gab es drei Lebensstränge zwischen 14 und 20: Es gab eine Pflicht, das war Schule. Es gab Gemeinde, ein Riesenfeld voller Möglichkeiten. Und es gab meine individuelle Persönlichkeit, wo ich manches neu entdeckt habe. Zum Beispiel die Theaterwelt.

Es gab ein Theater in Cuxhaven, wo pro Jahr um die zwanzig Tourneeschauspiele aufgeführt wurden. Durch einen Kumpel vom Wirtschaftsgymnasium fand ich dort einen Job als Kulissenschieber – nachmittags und spätabends. Die Ensembles kamen mit einem großen Laster und wir schleppten die Kulissen anderthalb Geschosse rauf in die Schulaula, die als Theater diente. Das gab Geld und man durfte natürlich während der Vorstellung dabei sein. Ich habe mich immer darum gerissen, am Schluss den Vorhang zu ziehen, oder habe manchmal oben auf der Beleuchterbrücke gelegen und Fotos gemacht. Ruth Maria Kubitschek oder Elisabeth Flickenschildt – ganz nah. Ich saß in der Schulbibliothek und wälzte die Jahrgänge von »Theater heute«. Damals hätte ich mir auch vorstellen können, Regisseur zu werden. Das war dann wieder die kreative Ader …

Dann habe ich zwei Sommer lang in einer der vielen Strandgaststätten als Tellerwäscher gearbeitet und Fischreste von den Platten geputzt. Das gab ordentlich Geld für mein erstes Auto. Und hier in der Fischfabrik im Hafen habe ich als Beifahrer auf einem Laster Aludosen verladen. In dieser bunten Dreiteilung »Schule, Gemeindewelt und Selbsterprobung« war das eine superspannende Zeit und hat vieles angelegt.

MEINE WESENTLICHE GLAUBENSSCHIENE WAR, DASS ICH ZU GOTTES AKTIVTEAM IN DIESER WELT GEHÖRTE.

Thomas: Du hast beschrieben, wie dein Bruder Otto seine neue Gotteserfahrung gemacht hat, wie er ein Stück weit auch aus seinem bisherigen Frömmigkeitsstil ausgebrochen ist, weil sich ihm eine neue Tür geöffnet hat. Wie hast du in der Lebensphase von 18, 20 Jahren selbst Gott erfahren? Hast du ihn vor allem im Kontext deines Tuns erlebt, in dem er dabei war und segnete und gute Ideen gab? Oder gab es darüber hinaus andere persönliche oder emotionale Gottesmomente, Gegenwartsmomente? Hast du in Zungen gesprochen oder so?

Uli: Nein, da war nicht viel – keine großen Gotteserfahrungen im klassischen Sinne. Meine wesentliche Glaubensschiene war, dass ich zu Gottes Aktivteam in dieser Welt gehörte. Wir haben für ihn geschuftet, waren busy – und wir wussten, wo es langgeht und wo wir hinwollten! Meine Ebene von Gotteserfahrung war dieses Aktivsein für ihn. Wenn es schöne Lieder auf der Bühne gab, weil mein Jugendchor da war, oder Peter Strauch eine tolle Predigt gehalten hat – das hat mich überzeugt, das hat mich neu gefüllt, aber es war nicht Gotteserfahrung in einem tiefen persönlichen Sinn. Das ist ja auch später ein gewisses Problem geworden. Ich hätte gar nicht gewusst, wie ich …

Thomas: … zum Beispiel auf die Knie gehen und Gott suchen und beten sollst, dass du berührt wirst?

Uli: Ja, vielleicht. Bei mir lief alles über mein Engagement, mein Unternehmer-Gen – und das ist vielleicht auch mit ein Grund, warum ich immer wieder mit Zweifeln ringe. Ich bin ja eher ein intellektueller Typ, der sich die Welt denkend zurechtlegt. Ein Grübler mit Fantasie, der große Gedankengebäude spinnen kann, sich selbst unendlich hinterfragt. Sich zugleich aber auch aufputschen und motivieren kann zu einer Leidenschaft und Aktion, zu Ideen. Aber weil das alles aus mir selbst, aus meiner Power, meiner Leidenschaft, meiner Begeisterung kommt, ist es dann an entscheidenden Stellen auch wieder hinterfragbar: »Na ja, das bist ja alles du selbst!«

Mit meinem langjährigen Jugendfreund Manfred Pagel (r.)

Thomas: Du bist der Macher! Das ist Uli, der kann's auch ohne Gott!

Uli: Ja, vielleicht. Gleichzeitig war immer klar: Gott war heilig! Ich fühlte mich Jesus absolut verpflichtet! Das war für mich unangefochten: Für ihn arbeite ich, ihm will ich hinterher, möglichst radikal, möglichst umfassend, bestmöglich! Aber er hat nicht nachts zu mir gesprochen – ich habe ihn nicht unhinterfragbar erfahren. Ich habe nicht auf Knien gelegen, das kam später. Bis in die Dünenhof-Phase hinein lief alles extrem idealismusgesteuert und über Leidenschaft. Ziele haben, sie verfolgen, kämpfen für etwas gutes Neues, für Durchdachtes. Daraus lebte es stark, und das hatte eben auch diese Tendenz zur Leistungsbetonung.

Deswegen ist in unserer Lebensgemeinschaft später das Buch »Gott braucht keine Helden« von Magnus Malm so eingeschlagen. Ich war mit meiner Rolle und meiner Arbeit so überidentifiziert und dann hörte ich von Malm: »Gott braucht dich nicht. Er will nicht deine Arbeit – er will dich!« Das war eine Revolution – gerade für uns Männer.

Ich bin überzeugt, dass es in Menschen eine rein systemische Leidenschaft und Überzeugung und hohe ideologische Power gibt, die per se erst mal gar nichts Transzendentes hat. Ein überzeugter Pietist, ein evangelikaler Gemeindekämpfer oder ein Vollblut-Sozialist – alle haben dieselbe Antriebspower des Idealismus! Da muss null Gott drin sein. Es ist nur ein Zielsystem mit einer jeweils anderen Farbe.

Thomas: Also hat dich damals im Wesentlichen nichts von einem glühenden Sozialisten der Fünfziger- und Sechzigerjahre in der DDR unterschieden, der ganz für sein sozialistisches System lebte und kämpfte?

Uli: Genau darüber denke ich nach, wenn wir gemeinsam den DDR-Sozialismus entdecken, wo idealismusgesteuerte Leute eigentlich alles besser machen wollten. Ich würde tatsächlich sagen: Der objektive Unterschied ist da, der subjektive eigentlich nicht! Ich war in ein Gemeindesystem gepurzelt, das mich überzeugt und menschlich gebunden hat und dem ich mich verpflichtet gefühlt habe. Für das ich gerne und mit Begeisterung gelebt habe, das mich geprägt hat. Ähnlich wie jemand, der aus dem Krieg kam, zufällig in die DDR »gefallen« war und dort sein »nie wieder Krieg, nie wieder Nazi-Terror!« gelebt hat, alles besser machen wollte und sich diesem neuen System mit großer Überzeugung verpflichtet hat. Der dort seine Beziehungen, Freundschaften, Ziele und Niederlagen erlebt hat – so wie ich eben im Gemeindekosmos.

Wir beide sinnen ja viel darüber nach, wie sehr man sich aus guten Motiven am Ende auch in ein schlechtes System verstricken und überloyal die schlimmsten Sachen mitmachen kann. Der Unterschied, das Transzendente an meinem und unserem Weg besteht darin, dass ich weiß: »Das, woran ich arbeite, ist letztlich unverfügbar. Und es gibt einen Gott, der es hält, und es gibt einen Gott, der mein Leben durchwirkt, auch wenn ich es manchmal nicht glaube! Es gibt viel mehr als mich – auch wenn ich mein Bestes gebe!«

Das ist das, was Kirche wirklich anders macht – der wirksame, gegenwärtige, unverfügbare Gott, an dessen Segen und Wirken alles gelegen ist. Wenn sie das nicht ist, ist Kirche zu wenig, dann wird sie genau daran zugrunde gehen.

Thomas: Aus dieser Perspektive ist es ein großes Stück Gnade, dass du mit deiner Antriebskraft und deinem Gestaltungswillen in dieses System gefallen bist, bei dem es um Gott und sein Reich geht ...

Uli: Gnade, ja. Und eine Bevorzugung! Der Zweifler und Skeptiker in mir sagt: »Und falls es Gott nicht gibt, ist es auch ein Stück Zufälligkeit gewesen, in der ich die mir gegebenen Gaben und mein Gewordensein mit Leidenschaft ausgelebt habe. So wie es andere in anderen Systemen getan haben. Aber dann war es zum Nutzen von Menschen und hat Gutes bewirkt und scheint mir unendlich wertvoll.« Aber es ist ja mehr – ich will glauben und mich dem Transzendenten, diesem unseren Gott, anvertrauen. Den ich nicht beweisen kann, in dem ich aufgehoben bin, der mich selbst weit übersteigt. Und damit übersteige ich die Reduktion auf ein rein weltliches System.

Unser zweites Gespräch legt die Spuren frei, auf die zu stoßen ich im Stillen gehofft hatte: Es zeigen sich die Wurzelgründe dieses beispiellosen Bewegers in der deutschsprachigen christlichen Szene. Im Grunde genommen lebt Uli ungebrochen, was schon in seiner Jugend Programm war: ambitioniertes Engagement für Gemeinde und Reich Gottes. Auf der Suche nach Inspiration und Innovation, damit der Glaube lebendig, ansprechend, relevant durch alle Lebensräume hallt. Da sind die Spuren, die sich später verstärken und verdichten: Musik, Festivals, Schreiben, Fördern. Klares Ansprechen von Unehrlichkeiten und frommer Überhöhung. Mutiges Aufbrechen von Tabus und schambehafteten Themen. Suche nach Gnade, Freiheit und Annahme. Noch manches zeigt sich erst im Ansatz, ist da und dort von zweifelhaften Kräften angetrieben. Aber sie ist da: die Sehnsucht nach dem Echten. Und der Wille, sich dafür starkzumachen. Noch etwas anderes hat sich mit diesem zweiten Gespräch geöffnet: die Türe zu einem tabufreien Dialog. Mir fällt der deutsche Schriftsteller Christoph Hein ein, der behauptete, dass auf die Erinnerung älter gewordener Männer kein Verlass sei, da sie nichts anderes als der Versuch seien, ein missglücktes Leben zu korrigieren. Eines ist sicher – und der Rest dieses Buches wird es bestätigen: Zu beschönigen liegt Ulrich Eggers fern.

3

»MEIN LEBENSVOLLTREFFER!«

LEBEN ALS JUNGER ERWACHSENER

Bereit für die nächste Gesprächsrunde sitzen wir im geräumigen Wohnzimmer von Uli und Christel. Die Lämpchen unserer Aufnahmegeräte leuchten, es kann losgehen. Ich habe ein gutes Gefühl, wir sind warmgelaufen und in Gesprächsform. So sehr, dass es uns fast nicht gelingt, Pausen zu machen. Wenn doch, sprudelt das Gespräch dennoch ungebremst weiter. Ich muss mehrmals unterbrechen: »Bitte warte damit, das muss in die Aufnahme!«

Beim inneren Sortieren ahne ich die Fülle der Themen und Bezüge, die noch auf uns warten. Das stachelt mein Interesse an, und es formen sich viele neue Fragen, die ich unbedingt einbringen will. Eine Sache allerdings bereitet mir Bauchschmerzen. Uli schafft es nur selten, kurze Antworten zu geben. Er holt aus, schlägt weite Bögen und arbeitet unter einer Frage gleich mehrere Themen ab. Und dies in einem Tempo, dass es mich einiges an Kraft kostet, dazwischenzufahren.

Deshalb bitte ich ihn vor diesem nächsten Gespräch: »Kannst du versuchen, kurze Antworten zu geben? Einfach nur das, wonach ich gefragt habe?« Er: »Ja, ich gebe mir Mühe.« Es klappt dann tatsächlich – zwanzig Minuten lang. Dann kommt der Mann wieder so in Fahrt, dass ich immer wieder schräg reingrätschen muss. Das kostet mich Kraft, ich unterbreche nicht gerne, aber wir sollten vorankommen …

Ehrenamtliches Engagement

Thomas: Im Alter von 18 Jahren musstest du zur Musterung.

Uli: Musterung mit Begabungsprüfung, ob ich zum Funker geeignet bin – beim Mitschreibtest völliger Versager. Mathe ging gut. Parallel dazu habe ich den Antrag auf Kriegsdienstverweigerung aus Glaubensgründen gestellt.

Thomas: Was hat dich dazu bewogen?

Uli: Ich war in den frühen Siebzigerjahren zweimal in Polen, auch auf den Spuren deutscher Gräueltaten: Warschauer Ghetto, Posen, KZ Stutthof bei Danzig. Es ist ein Land, das die Schuld- und Schleifspuren der deutschen Geschichte trägt. Dabei lernte ich Menschen persönlich kennen, was bei mir unter anderem zu dem Denken geführt hat: Ich kann als Christ und Deutscher nicht Feind dieser Leute sein, die ich da kennengelernt habe. Ich kann nicht auf Befehl Gegner sein …

Thomas: War das deine erste bewusste Auseinandersetzung mit dem Nationalsozialismus und dem Zweiten Weltkrieg?

Uli: Die erste persönliche jenseits von Büchern. Als Schulklasse standen wir in den Baracken im KZ Stutthof, man sah die Berge von Haaren, Koffern, Kleidern, die da von Menschenleben übrig geblieben waren. Und das hatte mein Land veranlasst – was für eine Schuld und Scham! Zugleich war ich christlich-pazifistisch geprägt: Ich konnte doch nicht auf jemanden schießen, den Jesus genauso liebte wie mich, für den er genauso gestorben war. Natürlich war mir auch dieses ganze Militärische fremd, dieser Gruppendruck, diese soldatische Struktur.

Thomas: Und so gab es nie einen Soldaten Eggers.

Uli: Ich wurde Zivildienstleistender und habe mir eine Stelle in Cuxhaven gesucht – das war natürlich bequem. Zwei Straßen weiter im »Deutschen Paritätischen Wohlfahrtsverband«, Essen auf Rädern, Kinder- und Jugendarbeit. Das war super, da konnte ich weiter mit Gemeinde und Freunden aktiv sein.

Thomas: Was kam danach?

Uli: Der Zivildienst ging 1977 zu Ende. In dieser Phase war ich parallel auch schon überregional in der Jugendarbeit mit Freizeiten und Festivals aktiv. Und dann war ich ja Mitarbeiter beim Pflüger, der Jugendzeitschrift unseres FeG-Bundes in Witten.

Thomas: Wie muss ich mir diesen Pflüger vorstellen?

Uli: 24 Seiten, schwarz-weiß, Glanzpapier. Bibelarbeiten, Artikel, Besinnungen mit Fotos, die etwas kitschig waren. Vielleicht auch mal was über irgendein Lied. Im Grunde eine Gemeindezeitschrift für Jüngere, brav und staatstragend.

Thomas: Das ging am Lebensgefühl von dir und deinen Freunden vorbei.

Uli: Hans Jürgen Schmidt gab sein Bestes, aber er war eben auch schon älter. Er war allerdings sehr hörbereit und willig – sie hatten ja bisher gar keine Jungen an Bord. 1977 wollte man dann etwas Neues ins Leben rufen. Es kam ein ganzes Team Ehrenamtlicher zusammen, die irgendwie in der Jugendarbeit kreativ aufgefallen waren: ein begabter Grafikstudent, Andreas Junge, der später noch viele Jahre lang Family oder AUFATMEN mit seinem Büro gestaltet hat. Engagierte junge Autoren wie Stephan Propach oder Detlev Katzwinkel, der heute als Arzt bei ProVita tätig ist.

Hans Jürgen Schmidt hatte die Leitung und Peter Strauch als Bundesjugendpastor war auch dabei. Die neu gegründete Zeitschrift hieß »PUNKT« – der Name gefiel uns. Es gab noch den »Contrapunkt« vom MBK-Jugendwerk (»Mädels-Bibel-Kreis«), auch eine gute Jugendzeitschrift, die Namensnähe war aber rein zufällig. Andreas Junge erfand eine punktförmig hüpfende Comicfigur für die Werbung – er hat sich mit seiner kreativen Ader enorm engagiert und war ganz wichtig für diesen Neuanfang.

DER BUNDES-VERLAG DAMALS WAR NOCH SO EIN BISSCHEN FROMME BEHÖRDE, ALLES SEHR STEIF UND FÖRMLICH.

Nur unser Werbespruch ging mir gegen den Strich, das war Diktion und Lebensgefühl Hans Jürgen Schmidts: »Der Punkt ist eine runde Sache – und eckt nicht an.« Wie brav! Anecken – warum denn nicht? Der Bundes-Verlag damals war noch so ein bisschen fromme Behörde, alles sehr steif und förmlich. Wie auch immer: Es war ein großer Aufschwung. Meine Rolle war ehrenamtlich und querbeet: Bericht vom Cliff-Richard-Konzert, Musiknachrichten, Artikel – sogar Comics habe ich gezeichnet.

Thomas: Ein großer Neustart …

Uli: Ja, und zwar als Teamprojekt. Das war ein enorm wichtiger Ansatz und es war visionär von Hans Jürgen Schmidt, vieles aus der Hand zu geben. Freie Redaktionsteams sind seitdem für unsere Zeitschriften im Bundes-Verlag eine feste Einrichtung.

Auf diesem Weg habe ich den Bundes-Verlag kennengelernt, ein fast hundert Jahre altes Unternehmen mit freikirchlicher Tradition und einer großen Geschichte. Friedrich Fries, der Gründer, hatte in Witten damals eine Seifenfabrik gegründet, um Finanzen für »christliches Schrifttum« zu generieren. Daraus entstand später eine ganze Familie von Zeitschriften: Samenkörner, Pflüger, Sämann, Gärtner.

Thomas: Das gefällt mir: lauter landwirtschaftliche Namen! Aber klingt für Zeitschriften altbacken. Wer es nicht kennt, kommt nie darauf, worum es darin in Wirklichkeit geht ...

Uli: Na ja, Wachstumsdiktion – den Samen ausstreuen, geistliches Wachstum fördern. Das war schon gut durchdacht, aber für die 1980er-Jahre etwas arg frommlyrisch. Samenkörner für Kinder und der Gärtner für die Gemeinde. Der hat nach dem Verbot durch die Nazis nach dem Krieg sehr früh eine Zulassung von den Amerikanern bekommen und wurde so etwas wie das Allianz-Blatt, eine Art idea, die es damals noch nicht gab.

Thomas: Also nicht auf den Dunstkreis FeG beschränkt.

Uli: Es ging weit darüber hinaus. Es war zwar schon die Gemeindezeitschrift des Bundes, aber auch ein pietistischer Sammelpunkt – noch heute sieht sich die SCM ja als klassischer Allianz-Verlag: missionarische Jesusbewegung von traditionell bis charismatisch, Landes- bis Freikirche.

In diesen Verlag also kam ich als junger Spund rein. Es gab eine eigene Druckerei, die von der Anzahl der Mitarbeitenden her den Betrieb dominierte. Alles war sehr gesetzt, formal, ein bisschen starr.

Thomas: Ging es irgendwann darum, dass du Schmidt ersetzen solltest?

Uli: Die ehrenamtliche Mitarbeit machte mir viel Spaß! Es wurde immer mehr, irgendwann kamen auch Werbung und Standeinsätze dazu. Da war mein Multiplikator-Gen angesprochen. Ich habe das alles viel lieber gemacht als die eigentliche Hauptsache, das nebenherlaufende Lehramtsstudium, das mir schwerfiel.

Christel

Thomas: Und dazu kam ja mittlerweile deine Beziehung zu Christel. Ihr wart da frisch verheiratet. Wie habt ihr euch kennengelernt – und was war anders als bei den »netten« Mädchen von früher?

Uli: Es war auf eine besondere Weise Liebe auf den ersten Blick. 1976 war ich mit Manfred Pagel Mitarbeiter bei einer Norwegenfreizeit. 14 Tage vor dem Start bekamen wir eine Liste aller Teilnehmenden. Manfred und ich sind penibel genau alle Namen »infrage kommender« Mädchen durchgegangen: »Aha, wer ist das, wo kommt die her, wann ist die geboren? Ach, viel zu jung für mich; ne, viel zu alt …« und so weiter. Am Ende hatten wir ein paar potenzielle Kandidatinnen. Eine Christel Pannen aus Moers stand auch auf dieser Liste, aber die hatte ich schon durchgestrichen, weil sie knapp vier Jahre jünger war, Jahrgang 59. Viel zu jung, vermutlich noch richtiges Grünzeug!

Auf der Fähre Richtung Norwegen stand ein wunderschönes Mädchen an der Reling und schaute sehnsüchtig in den Sonnenuntergang. Dann sah ich sie wieder auf dem Achterdeck – und sie entsprach ganz meinem Ideal: braune Augen, ein harmonisch schönes Gesicht, lange Haare, sportlich mit Turnschuhen und gelber Regenjacke.

Jugendfreizeit in Norwegen, Christel in der Gruppe (unten r.)

»Blöd!«, dachte ich. »Warum fahren solche Mädchen nicht auf unsere Freizeiten mit?« Ich hatte sie nicht als eine aus unserer Gruppe erkannt – ich fuhr ja getrennt vom Bus im Küchenpassat! Und dann, o Wunder, als wir am nächsten Tag ankamen, war sie doch dabei! Ich habe sie die ersten Tage über intensiv beobachtet, jede kleine Bemerkung aufgeschnappt und mit Manfred über sie geredet. Der fand sie nicht so aufregend – und außerdem war das doch die, die auf der Fähre gleich mit einem jungen Schweden gesprochen hatte …! Auf einer Tageswanderung bin ich dann unter dem Vorwand der Vorbereitung eines Quizabends, bei dem es um die Teilnehmenden ging, neben ihr hergegangen und habe sie viel gefragt, zu ihrer Familie, zur Gemeindearbeit – und sie war sehr informativ und leidenschaftlich und hat mir ihre große Liebe zu ihrem Papa erklärt. Ich hatte höchstes Interesse.

Thomas: Und Christel selbst?

Uli: Ihre Zimmergenossinnen haben ihr bald gesteckt, dass dieser Uli Eggers hinter ihr her wäre – der Gitarrenspieler und Mitarbeiter. Sie hatte das noch nicht gemerkt und wurde dann vorsichtig. Manfred und ich waren große Fotografen … Ich wollte unbedingt Fotos von ihr machen, natürlich möglichst unbemerkt. Sie hat sich ständig bewusst umgedreht und ist mir weggelaufen – so etwas stachelt ja den Jagdeifer erst recht an. Immerhin haben wir dann manchmal abends nach den Gruppentreffen diskutiert. Und sie spielte Gitarre, sang im Jugendchor, liebte Ulrich Schaffer-Lyrik – ich auch. Wir merkten schnell, dass da viel Gleichklang war. Nach einer Woche Freizeit habe ich sie eingeladen, abends noch mal gemeinsam zum See runterzugehen.

WIR MERKTEN SCHNELL, DASS DA VIEL GLEICHKLANG WAR.

Thomas: Und sie sagte zu …

Uli: Genau. Dann saßen wir schließlich unten im Boot und ich habe ihr meine Liebe gestanden – und sie war offen und klar und alles war wunderbar. Mein Lebensvolltreffer!

Thomas: Gut, sie war hübsch und las Ulrich Schaffer, aber das alleine trägt ja nicht weit.

Uli: Sie war wunderschön und zugleich reif für ihr Alter – das Älteste von fünf Kindern. Sie kam aus einer guten christlichen Familie, war engagiert, ein bisschen frech und mutig: Sie hat im Mittelgang des Busses gesessen und Witze erzählt, hat Liedtexte auswendig aufgeschrieben, hat eifrig Gitarre gespielt und alles Mögliche. Sie war eine gute Gesprächspartnerin, beherzt und idealistisch wie ich. Als meine Stimme beim Spieleabend heiser wurde, bot sie mir ein Minzbonbon an, als jemand zum Putzen gesucht wurde, meldete sie sich freiwillig. Gleiche Ziele, gleiche Werte, gleiche Ideale, das merkt man ja, wenn man gemeinsam über Bücher oder Lieder redet. Wir kamen aus der gleichen Welt, hatten viel Gemeinsames.

Heute würde ich ergänzen: Christel ist herrlich begeisterungsfähig und kann meine Begeisterung teilen. Sie geht mit, lässt sich für alles Mögliche erwärmen, kann aber auch Nein sagen, ist ein echtes Gegenüber für mich. Und zugleich ist sie romantisch, pragmatisch, spontan und unproblematisch flexibel – ich schwärme also noch heute ...

Thomas: Gab es keine Startschwierigkeiten, Irritationen in der Zeit danach? Man lernt sich ja in der ganzen Bandbreite kennen und sieht manche Illusion platzen ...

Kennenlernen in Norwegen – hier ist die Liebe acht Tage alt

Uli: Es gab eine schwierige Phase in der Freundschaft. Der erste große Schock war, als ich in ihre ganz andere Familiensituation kam. Ich als Jüngster von alten, coolen Eltern – sie als Älteste einer Fünf-Kinder-Familie mit starkem Regiment und etwas steif-frommer Verhaltensnorm. Am Tisch wurde schon mal eine Ohrfeige ausgeteilt, der Kalenderzettel gelesen, die Kinder mussten auf Ansage beten. Uff – was war das denn? Ich fühlte mich unfrei und unwohl. Wie sollte ich mich da gut verhalten?

Irgendwie bin ich in einer Mischung aus unbeholfener Schüchternheit und Arroganz herumgestolpert.

Ich hatte immer Magenprobleme, bevor ich nach Moers kam. Der Schwiegervater Friedhelm Pannen war ein ganz feiner Christ vom Niederrhein, dort der Kreisvorsteher. Er hatte wohl die Sorge, dass ich als Intellektueller seine kleine Christel verantwortungslos abschleppe – nur mal so als nettes Mädchen während des Studiums, das man hinterher entsorgt. Was mich natürlich empört hat, als mir Christel davon erzählte. Das hat sich irgendwann alles gelegt und normalisiert …

Eineinhalb Jahre später hatte ich eine Krise, als es darum ging, mich nun wirklich festzulegen. Da sah ich im Jugendchor ein nettes blondes Mädchen und woanders noch eine andere Hübsche – und das hat mich angefochten, nach dem Motto: »Mmh, die ist eigentlich auch ganz nett – und die andere auch …« Das habe ich Christel dummerweise erzählt, was sie natürlich verletzt hat und schwer für sie war – sie hatte vor mir eine Erfahrung mit einem Jungen gemacht, der sie dann »abserviert« hatte.

Ich deute es heute von meiner Seite her als Festlegungskrise – es ging nicht ernsthaft um diese anderen Mädchen, es ging um das Einlassen auf eine endgültige Entscheidung. Aber das war nach zwei, drei Monaten überwunden. Danach war alles sehr klar. Wir haben uns verlobt und im Juli 1979, ein Jahr später, geheiratet.

Thomas: Du hast mal erzählt, die Sache mit Christel sei für dich ein Gottesbeweis. Was meinst du damit?

Uli: Gott hat mir in Christel ein wunderbares Gegenüber anvertraut – genau den Menschen, den mein Herz braucht. Natürlich hat jeder von uns Fehler und Schwächen. Aber ich staune ganz naiv: Sie ist ein pures Geschenk – Gott hat sie mich zielsicher finden lassen. Sie passte einfach supergenau in meine Lebenssehnsucht – und das ist noch heute so. Ich kann nur sagen: »Wow, da hat mich einer derartig gut gekannt und meine Sehnsucht und mein Warten gesehen – und meinte es so gut mit mir! Volltreffer!«

GOTT HAT MIR IN CHRISTEL EIN WUNDERBARES GEGENÜBER ANVERTRAUT – GENAU DEN MENSCHEN, DEN MEIN HERZ BRAUCHT.

Christel ist meine sichere Burg – gerade für mich als starken Mann; ich weiß was ich will, kann vieles bewegen. Aber ich arbeite aus der Geborgenheit dieser beinahe vollkommenen Einheit mit ihr. So gut ich es sehe und kann, ehre und stütze und fördere ich sie – und sie macht das genauso mit mir. Klar bin ich für sie auch oft eine Zumutung mit allem, was ich mache.

Ich empfinde mich wie ein kompliziertes Persönlichkeits-Puzzleteil – und Gott hat in Christel ein extrem passgenaues Puzzle-Gegenüber für mich gebaut. Ich fühle mich nachhaltig beschenkt – das war ja nichts, was ich als Macher selbst schaffen konnte, sondern das musste gegeben werden. So etwas kann nur Gott tun, deshalb sehe ich darin seine große Liebe. Das hindert mich nicht, hin und wieder an seiner Existenz zu zweifeln – aber wenn es für mich so etwas wie eine dankbare Sicherheit über ihn gibt, dann unter anderem wegen Christel. Nur Gott kann solch einen Volltreffer arrangieren ...

Thomas: Das klingt etwas überromantisiert, als wäre mit euch beiden alles nur schön und harmonisch gewesen, als hättet ihr euch nie gezofft und als hättest du nach deiner Festlegungskrise nie mehr den Gedanken gehabt: »Ach, Mensch, will ich das wirklich durchziehen?«

Uli: Ja und nein. Nein, weil ich im Grundsätzlichen und im großen Danke gegenüber Gott nie gezweifelt habe. Aber es gab nach der Verlobung und danach immer wieder Zeiten, die für Christel schwer waren, weil ich mich manchmal schwertat, mich ganz zu ihr zu stellen. Das hatte auch mit ihrer Spontanität und einer gewissen kindlichen Arglosigkeit zu tun. Damit war sie für meine Freundesclique nicht leicht zu schlucken. Manfred, Renate, Dieter, mein Jugendkreis, wir waren alle irgendwie die großen Durchdenker und Hinterfrager und extrem problembewusst. Wir haben wildeste Themen bewegt, fanden uns schon gewaltig lebenserfahren und wussten natürlich alles besser – da passte sie nicht so recht rein.

Thomas: Das hat nicht dich gestört, sondern die anderen?

Uli: Das fiel vor allem den anderen auf – hatte aber Auswirkungen auf mich, denn ich fragte mich dann natürlich: »Oh, reicht mir das, haben sie vielleicht recht?«

Thomas: Hast du sie damit unter Druck gesetzt?

Uli: Ich war selbst auch in einer Orientierungsphase und unsicher – wo muss man sich fremdschämen, was darf man nicht gut finden, was für Standards sind wichtig oder gelten? Du kannst nie alles haben – und sagst immer im Paket Ja zum anderen. Natürlich fand auch Christel an mir nicht alles toll! Im Grunde sind das typische Anpassungskonflikte, die jede Beziehung durchmacht: sich ganz zum

Hochzeit, Juli 1979

Famile bei der Hochzeit, Eltern mittig und Schwiegereltern rechts außen

Hochzeitsreise nach Norwegen im selbst ausgebauten VW-Bus

anderen stellen, sich wirklich sicher werden, nicht bewerten und selektieren, sondern umfassend lieben und annehmen!

In meiner Verunsicherung und Orientierungskrise konnte ich wirklich saublöd und ziemlich arrogant sein. Ich erinnere mich an eine Szene im Auto. Wir fuhren durch den Frühling und es standen ein paar braune Pferde auf der Wiese. Christel rief begeistert und selbstvergessen: »Oh, guck doch mal die schönen Fohlen!« Das fand ich irgendwie kindisch oder mädchenmäßig – und hab sie nachgeäfft: »Och jo, guck doch mal, wie nie-hie-dlich!« Weil ich das irgendwie zu niedlich, zu weiblich, zu kindlich fand.

Heute denke ich: »Boah, was warst du für ein Arschloch!« Das war einfach blöd, herzensarm, ohne Liebe. Aber ich war ganz bei mir – hatte wahrscheinlich Angst, dass meine Freunde sie nicht mögen. Ich musste einfach lernen, zu ihr zu stehen!

Thomas: Gab es da noch mehr?

Uli: Ja, klar – ich würde sagen die normalen Anpassungsprobleme, die zu jeder Ehe gehören. Zum Beispiel die Problematik der Herkunftsfamilien: Sie war die Lieblings- und erste Tochter des starken Papas. Das hatte sie geprägt und führte zu einem unserer großen Eheprobleme: Dem starken, verehrten Papa gehorcht man und tut, was er will. Ich war in gewisser Weise und unbewusst die Fortsetzung dieses Papas. Also hat sie eine große Loyalität und liebevolle Freundlichkeit empfunden, zu tun, was ich will. Außerdem war sie es ja gewohnt, zurückzustecken – sie war die Älteste, musste ständig mithelfen.

ALLES IST SCHÖNER FÜR MICH, WENN SIE DABEI IST ...

Ich kam aus einem ganz anderen Kosmos. Ich war der Jüngste von älteren Brüdern und Kind erfahrener Eltern. Für mich war immer klar: »Wenn du etwas nicht willst, Christel, dann sagst du es! Das ist völlig okay, steh zu dir, du bist du – weil: Ich bin ja auch ich!« Ich habe sie mit meinem lockeren Selbstbewusstsein unbewusst überfordert – und sie hat sich nicht getraut, erwachsenes, selbstbewusstes Verhalten einzuüben. Dazu kam sicher, dass ich sehr willensstark und hartnäckig bin und sie damit überfordert habe. Christel würde sagen, ich kann mächtig stur sein, wenn ich was will. Und ich ergänze: Sie auch!

Wir haben das beide anfangs nicht durchschaut, es hat öfter Kämpfe gegeben, wenn sie merkte: »Das, was ich jetzt gemacht habe oder wie ich mich verhalte, das tue ich wegen ihm. Und: Ich tue es eigentlich auch gar nicht so gern!«

Thomas: Ist das das Thema, über das ihr am meisten gestritten habt?

Uli: In all seinen Varianten sicher ja. Wenn ich gemerkt habe, dass sie zu etwas Ja gesagt hat, was sie nicht wirklich wollte, war ich sauer oder beleidigt, weil sie es nur wegen mir getan hat. Natürlich machen sich diese Prägungsunterschiede auch in der Sexualität bemerkbar. Und hier war dasselbe Muster erkennbar: Was gönn ich mir, wozu sag ich Ja, wo sag ich Nein? Was kann ich ihm zumuten?

Thomas: Aber ihr habt Wege gefunden, darüber zu sprechen.

Uli: Unsere Liebe ist belastbar. Wir hielten uns immer an Sprüche wie: »Lasst die Sonne nicht untergehen über eurem Zorn«, oder: »Ehrlichkeit über alles – wir müssen darüber reden!« Diese Familienhintergründe, diese Prägungssachen, dieses Unbewusste, was man zuerst nicht durchschaut, das waren einfach große Bewältigungsaufgaben, die uns immer wieder ins Gespräch zwangen. Was auch bedeutete, dass wir manchmal bis nachts um eins diskutiert haben, die Herzen kalt waren. Manchmal ist Christel rausgerannt, weil sie meiner verbalen Stärke und schnellen Klappe nicht standhalten konnte und Abstand brauchte – sich wieder einkriegen, Gedanken zurechtlegen, Argumente sammeln, vom Bauch in den Mund kriegen. Aber sie hat immer tapfer weitergekämpft! Sich mühen zu müssen mit solchen Konflikten und sich aufeinander einzulassen – das hat sich total gelohnt! Wir waren gezwungen, daran zu arbeiten. Sie hatte auch Mühe mit meinem Sarkasmus oder meinen Witzen. Ich muss bis heute lernen, etwas lieber offen zu sagen, als es in eine kleine ironische Spitze zu verpacken ...

Thomas: War es hilfreich, dass es durch das gemeinsame Engagement auch viele Themen und Inhalte gab, die euch Gesprächsstoff und Beziehungskitt gaben?

Uli: Es ist ein großes Vorrecht und manchmal auch eine Last, dass wir unser Redaktionsbüro mit im Haus hatten und in Nähe zueinander arbeiten konnten. Christel ist nach der Kinderphase schon bald wieder mit in die Redaktionsarbeit eingestiegen, war überall mit drin. Auch sie hat Pionierblut in den Adern: Gemeinde, Gemeinschaft, Dünenhof, Termine oder Standarbeit – natürlich am liebsten gemeinsam! Und sie kann es aushalten, auch mal »nur« dabei zu sein, und profitiert für ihren eigenen Weg. Natürlich habe ich auch sie für ihre Ideen freigesetzt – etwa die Frauenseminare oder Frauenfrühstücke. Wir empfinden in dieser

Gemeinsamkeit einen enormen Reichtum. Ich lebe zu ihr hin, meine News wollen zu ihr fließen, ich spiele meine Gedanken und Ideen »gegen ihre Wand« – und umgekehrt. Es ist für uns natürlich, sich so gemeinsam zu entwickeln. Auch das ist Teil meiner Dankbarkeit gegenüber Gott – wir haben exakt die gleiche Liebessprache: Nähe, Gemeinsamkeit. Klingt vielleicht alles etwas verklärt – aber es ist einfach so: Alles ist schöner für mich, wenn sie dabei ist …

Herausforderung Studium

Thomas: Kommen wir noch mal zum Studium, das Ende 1977 begann, knapp zwei Jahre vor eurer Hochzeit. Für welche Fächer hattest du dich entschieden?

Uli: Ich musste mich über den Numerus clausus bewerben und entschied mich für Theologie und Geografie am Gymnasium. Theologie wegen meiner Gemeindeausrichtung und Geografie, weil ich ein begeisterter Geograf und Landschaftsmensch bin: Küstenbildung, Morphologie und Norwegenliebe – auch wieder geprägt von meinem Bruder Dieter. Doch mit dieser Kombination wurde ich nur für Göttingen zugelassen – und da wollte ich nicht hin. Ich brauchte Heimatnähe und meinen Jugendverbund, also Hamburg. So kam es, dass ich mich im ersten Semester für Theologie pur in Hamburg eingeschrieben habe. Das hatte keine Zulassungsbeschränkung ...

Thomas: Geografie stand gar nicht auf dem Studienplan?

Uli: Nein, nicht im ersten Semester, da war es ein Theologievollstudium. Und das war wirklich sehr unglücklich. Ich habe die Studieneinführung verpasst – die Freundschaft mit Christel lief damals schon heiß …

Thomas: … darauf müssen wir gleich noch intensiver zu sprechen kommen.

Uli: Ja. Wahrscheinlich habe ich deshalb irgendwie den Start verpennt. Ich stellte mir die Uni als Fortsetzung der Schule vor – dass man an die Hand genommen wird. Doch hier lief alles anders, man musste sich um alles selbst kümmern – es interessierte niemanden, was man machte. Ich fühlte mich an der großen Uni fremd, hatte keine humanistische Bildung vom Wirtschaftsgymnasium her kommend. Ich war viel zu pragmatisch, viel zu journalistisch, viel zu oberflächlich durchjoggend und auch nicht daran gewöhnt, intellektuell zu arbeiten. Es war an sich eine gute theologische Fakultät, an der Helmut Thielicke, Ulrich Wilckens und Siegfried Scharrer lehrten. Doch irgendwie war ich sehr allein, hatte keinen an der Seite. Sicher schlug auch mein Schüchternheits-Gen durch – die Eggers passen nicht so recht in die große Welt und Gesellschaft. Und zu Hause in Cuxhaven, nur zwei Stunden entfernt, wartete eine sanfte, warme Christel: wie das zog!

Thomas: Hat sich das theologische Denken an der Uni mit Inhalten deines von der FeG geprägten Freikirchenglaubens gerieben?

Uli: Nicht im Sinne einer großen Glaubenskrise, sondern mehr durch die intellektuelle Überforderung, weil ich diesen ganzen Duktus nicht kannte. Ich hatte mir Theologie vermutlich irgendwie als Fortsetzung von Gemeindearbeit vorgestellt, Bibelstunde mal anders … Klar habe ich viel gelernt, was mir gutgetan hat. Aber es war für mich eine Kampfsituation. Es war eben nicht Gemeindearbeit, sondern rein akademisch-intellektuelle Aneignung von Theologie. Null Praxis. Heute lache ich natürlich ein bisschen darüber – ich war einfach naiv!

Thomas: Was du beschreibst, ist typisch für diese Zeit und vielerorts auch für heute. Allerdings ist man sich dieser Einseitigkeit an den theologischen Fakultäten heute stärker bewusst, etwa, dass sich die theologische Wissenschaft in weiten Teilen losgelöst von konkreter Gemeindearbeit entwickelt und in einem intellektuellen Elfenbeinturm verschanzt hat. Das hast du voll abgekriegt. Diese beiden Welten kamen nicht zusammen.

Uli: Mir fehlte von der Schule her die richtige Unterlage. Ich konnte Betriebswirtschaft, Steno und Schreibmaschine oder Spanisch – aber das nützte mir an der Uni nichts. Ich war vor allem auch menschlich ein Fremder, ohne Freunde in Hamburg. Meine Clique war zu Hause im Bereich der Gemeinde, aber die hatte mit der Uni nichts zu tun. Parallel wurde die Mitarbeit in der Zeitschrift wie gesagt immer intensiver. Deswegen stand ich nach drei Semestern im Frühjahr 1979 vor einer Entscheidung: Entweder du studierst jetzt endlich richtig und beendest dieses Ehrenamt – oder du gehst zur Zeitschrift. Also fuhr ich zum Gespräch zu Eberhard Schnepper, dem damaligen Verlagsleiter.

Jahre später erfuhr ich, dass der auch mit meinem Vater telefoniert hatte – auf meinem Bewerbungsbrief gibt es die handschriftliche Notiz »Vater Eggers ist dagegen«. Aber das Okay kam, ich habe von der Uni drei Urlaubssemester genehmigt bekommen und im Verlag ein eineinhalbjähriges Volontariat gemacht, den Beruf von der Pike auf gelernt. Nach dieser Zeit kam der Moment, ehrlich zu sein und mir einzugestehen: »Hey, eigentlich willst du das weitermachen, aber du musst ja auch zu Ende studieren.« Die Lösung war, zurück nach Hamburg zu gehen und zu meiner Entlastung Christel als Redaktionsassistentin einzustellen.

Thomas: Also zurück ins Studium und Zeitschrift nebenher!

Uli: Ja! Vermutlich war das irgendwie von Anfang an der Tod im Topf. Ich habe mir viel Mühe gegeben, das Studium zu schaffen. Aber die alten Sprachen brachen mir das Genick – ich hatte ja weder Latein noch Griechisch noch Hebräisch in der Schule gehabt. Brauchte aber die Scheine für das Theologiestudium. Das war eine echte Geißel meines Lebens. Ich sehe noch die entsetzlichen Vokabelkästen vor mir – ein Albtraum! Sie verdarben mir jeden Urlaub. Alles andere machte ich viel lieber: Standeinsätze, Konzerte, Bundesjugendtreffen, Artikel schreiben, Ideen umsetzen. Da hat sich das angelegt, was in den Folgejahren regelrecht explodierte ...

Thomas: Was war für dich der Höhepunkt bei PUNKT?

Uli: Es ist über zehn Jahre stetig aufwärtsgegangen mit Auflage, Umfang und Ausstattung. Die ganze christliche Szene war damals in Bezug auf Medien relativ defizitär. Nun wagte einer der freikirchlichen Bünde mal etwas Neues. Zwar klein und popelig, aber im Vergleich zu anderen unorthodox, jung und spritzig. Peter Strauch als theologischer Anker war mit den Jugendwerken der anderen Freikirchen vernetzt und brachte diese als Partner ein. So kam der damalige baptistische Jugendpastor Michael Borkowski ins Redaktionsteam, dann auch Holger Gohla und Reinhard Schwarz, später Carl Hecker von der Evangelisch-Methodistischen Kirche, Hermann Hägerbäumer vom Blauen Kreuz und viele andere. Ein buntes Team, dessen Mitglieder gewichtige theologische Differenzen hatten, die mich ganz schön gefordert haben. Michael Borkowski konnte durchaus mal zu theologischen Höhenflügen starten, die mich in Panik versetzten. Zugleich war dieser

Stress für mich ein enormes Lernfeld in zwischenkirchlicher Abstimmung und Konsensfindung …

Thomas: Du bist dann also nach drei Semestern erst mal nach Witten für das Volontariat gezogen.

Uli: Na ja, es war ohnehin ein neuer Anfang nötig: Wir hatten geheiratet, hätten sowieso eine neue Wohnung gebraucht, sodass es mir leichtfiel, mit Christel zusammen das ungeliebte Studium links liegen zu lassen. Es war auch ein Stück willkommene Flucht in etwas Vertrauteres hinein. Und so ging es im Bundes-Verlag als frisch getrautes Ehepaar los. Unsere Wohnung lag im zweiten Stock über den Büros, die Toilette mussten wir uns mit der Hausmeisterfamilie teilen, eine Personaldusche für die Drucker und für uns gab es im Keller, wir schliefen in alten Krankenhausbetten aus Stahlrohr – und waren glücklich. Das Startgehalt betrug 1 500 Mark und wir fühlten uns gut und reich.

Der bisherige Gesprächsverlauf löst bei mir unterschiedliche Gefühle aus. Mir wird mehr und mehr bewusst, in welch intensiv-religiösem Umfeld Uli aufgewachsen ist. Der Vater freikirchlicher Pastor. Eine Kindheit und Jugend im primären Einflussbereich von Glauben und Gemeinde. Umgeben von hohen moralischen Ansprüchen und Forderungen. Jugendliches Engagement fast ausschließlich in den Angeboten und Strukturen des Gemeindeverbands. Eine junge Liebe, auch sie von hohen Idealen geprägt.

Das alles kann ich mir nur schwer vorstellen. Mein Umfeld war das der reformierten Landeskirche auf dem Land mit seiner wieder ganz anders gearteten, gelösteren Wechselwirkung von Glauben, Kirche und Alltagsleben. Beides hat seine Stärken, seine Grenzen, und so bin ich zweigeteilt: Ich sehe, wie viel Halt und gute Orientierung Uli in seinen jungen Jahren gefunden hat. Aber ich sehe darin auch manche Enge und Strenge, mit der ich wohl weniger gut klargekommen wäre.

Auseinandersetzungen mit dem frommen Establishment

Thomas: Neben dieser persönlichen Welt gab es spannende gesellschaftliche und politische Entwicklungen in den achtziger Jahren, die dich und dein Beziehungsnetzwerk beschäftigten und euch in Auseinandersetzungen mit dem frommen Establishment brachten. Was waren da die großen Themen?

Uli: Wir kamen aus der Jugendarbeit und haben dort viel Innovatives gemacht –von Musikalischem oder Künstlerischem über Methodisches bis hin zu Thematischem. Wir haben uns auf Freizeiten ausprobiert und ich habe mich in dieser Zeit weiterentwickelt – sicher auch vom Studium und von den vielen englischen oder amerikanischen christlichen Zeitschriften beeinflusst, die ich mittlerweile las: »Christianity Today«, »Sojourners«. Es war eine hochpolitisierte Zeit durch die Anti-Atomkraft-Bewegung, die atomare Bedrohung des Kalten Krieges und die sogenannte Nato-Nachrüstung. Das Buch von Ronald Sider kam damals heraus: »Der Weg durchs Nadelöhr – Christen und Welthunger«. Es sprach Fragen nach einem alternativen Lebensstil und Dritter Welt, Hunger, Armut an. All das hat uns sehr inspiriert und fasziniert. Es heißt ja: »Wer als junger Mensch kein Kommunist ist, hat kein Herz. Wer es als alter Mensch immer noch ist, hat keinen Kopf …« Wir waren keine Kommunisten, aber wir hatten offene Fragen an unser System – sowohl an Kirche als auch Politik.

CHRISTLICHE GEWALTLOSIGKEIT, ARMUT UND HUNGER IN MATTHÄUS 25 – DAS HABEN WIR ERNST GENOMMEN, WEIL WIR JESUS ERNST GENOMMEN HABEN.

Thomas: Mit »wir« meinst du deinen Cuxhavener Freundeskreis?

Uli: Meinen Freundeskreis und die Leute, mit denen ich in der Jugendarbeit zusammenkam. Das war alles sehr vernetzt. Wir haben diese Themen auch als Teil unserer missionarischen Jugendarbeit gesehen. Es war kein alles dominierendes Thema, aber wir wollten »ganzheitlich« unterwegs sein. Deswegen ging es nicht nur um Evangelisation oder Bibelarbeiten oder Sex und Partnerschaft oder Temperamente, sondern es ging auch um Politik oder um Wehrdienstverweigerung oder Krieg. Das floss in die Freizeiten ein.

Die Gemeinschaft und das Netzwerk hinter der US-Zeitschrift »Sojourners« und Jim Wallis galten als »links-evangelikal«. Ich kam aus einer theologisch und politisch konservativ geprägten Szene. Das heißt: sehr staatstreu (staatstragend), sehr regierungskonform, eher konservativ. Links war das große Gegenbild und klang nach liberaler Theologie – das war ein Feindbild. Aber in unserem konservativen Kosmos gab es auch ein revolutionäres Gen – und das hieß Jesus. Also konnte man durchaus CDU wählen – und sich gegen Hunger, Armut und Atomraketen engagieren. Christliche Gewaltlosigkeit und die Themen Armut und Hunger in Matthäus 25 – das haben wir ernst genommen, weil wir Jesus ernst genommen haben.

Thomas: Wie habt ihr das ernst genommen? Indem ihr es thematisiert habt?

Uli: Ja, indem wir in den Gruppen darüber redeten und es als Themen behandelten. Ich habe das in den Achtzigerjahren immer mal wieder in PUNKT eingebracht. Das ging los mit der Friedensproblematik – das Stichwort »Gleichgewicht des Schreckens« empfanden wir als Wahnsinn! Das war ja der heiße Kalte Krieg, das Ost-West-Gegenüber, eine waffenstarrende Grenze, zwei feindliche Weltsysteme, die einander auf deutschem Boden hochgerüstet gegenüberstanden. Jede falsche Bewegung konnte zur totalen Vernichtung führen.

Natürlich sahen wir das als junge Menschen als besonders beunruhigend – so wie heute die Klimaproblematik von den Jungen empfunden wird –, weil wir uns einerseits unmittelbar in unserer Zukunft bedroht fühlten und weil wir andererseits natürlich das Empfinden hatten, dass dies alles nicht Jesus-gemäß war. Er konnte sich doch nicht darüber freuen, dass Milliarden über Milliarden für Waffen ausgegeben wurden, während Menschen verhungerten!

Ron Siders Bücher oder Jim Wallis' »Bekehrung zum Leben«, so etwas hat mich und uns angesprochen. Wiederverwenden, recyceln, einfach leben, gewaltlos leben, Frieden fördern. Es ging nicht um irrealen politischen Pazifismus oder linke Politik – es ging um Jesusnachfolge, Verzicht, kostspielige Gewaltlosigkeit, einen alternativen Lebensstil. Da war durch die Bibel etwas in uns angelegt – Jesus schien uns nah darin. Wir haben all diese Themen auf verschiedenen Ebenen eingebracht. Unser norddeutscher Jugendpastor damals, Dieter Martschinke, wusste es klug und offen einzubinden. Er schuf Raum dafür und sagte mit Genehmigung seiner obersten Leitung: Wir organisieren überregionale Treffen mit den jungen Leuten und reden einfach darüber. Ich kannte Dieter gut, galt als Predigersohn als zuverlässig – und so durften wir da Impulse setzen.

In Hamburg trafen sich dann vielleicht mal 30, mal 60 junge Leute und diskutierten. Intern haben wir das in Anlehnung an die APO (Außerparlamentarische Opposition) ein bisschen frech und humorig »AK IGO« genannt: Arbeitskreis »Inner-Gemeindliche Opposition«. Wir hatten das Empfinden: Wir wollen was anderes und sind anders als der Rest. Dieter Martschinke konnte sich jedes Mal herrlich über den Begriff amüsieren – schirmte uns aber auf beste Weise ab und schuf Raum für uns.

Thomas: Gab es auf der anderen Seite auch Opposition gegen euch Oppositionelle?

Uli: Man hat wohl nicht genau gewusst, was wir da machten, und dem Jugendpastor vertraut – und das war genau richtig. Er kannte unser Herz. Aus dieser guten Zusammenarbeit kam dann von Dieters Seite eine neue Idee: ein richtig großes Musikfestival. Gemeinsam sprachen wir Andreas Malessa an – ich saß gelegentlich mit ihm zusammen in einer Thielicke-Vorlesung, weil er zu dieser Zeit am baptistischen Seminar in Hamburg-Horn studierte. Dieter hatte einen fitten ehrenamtlichen Jugendmitarbeiter, der in einer Büromöbelfirma leitend tätig war und viel Organisations-Know-how hatte, Bernd Groth.

Wir vier Männer also haben dann dieses erste große Musikfestival mit dem Namen »Communication« gemacht. Jeder gab sein Bestes – Andreas war natürlich der Topmusikspezialist, Bernd der Organisator. Dieter deckte das ganze Projekt, auch finanziell, über die Gemeinde ab – und ich war der Pressemensch und Netzwerker, brachte Namen ein und machte Werbung und Programmheft. Ich denke, wir alle haben von Andreas Malessas großer Erfahrung in diesem Bereich profitiert, es war eine tolle Zusammenarbeit. Wir haben das Ganze bundesweit via PUNKT und christliche Jugendnetzwerke beworben.

Es war eine Mischung aus Musik und Predigt auf vielen Bühnen – ein Riesenerfolg für die damalige Zeit. 6000 Leute strömten aus ganz Deutschland ins Hamburger CCH, das neue Kongress-Zentrum. Das hat uns natürlich gewaltig Auftrieb gegeben. Es gab für uns ein Vorbild in England, das Greenbelt-Festival. Dieter und ich flogen dorthin und schauten uns internationale Top-Musiker und Autoren und gute Ideen an. Dort habe ich erstmals Ron Sider persönlich getroffen und ihn eingeladen. Bei Greenbelt habe ich auch einen Vortrag dieses damals bei uns noch nicht so bekannten katholischen Priesters Henri Nouwen gehört und mitgeschnitten. Später bekam das eine große Bedeutung für mich, weil ich ihn beim Start des Magazins AUFATMEN mit einbauen konnte und gutes Material von ihm hatte. Er wurde

Interview mit Prof. Ron Sider, Greenbelt-Festival, 1981

einer der wichtigsten geistlichen Autoren für die Zeitschrift und war superinspirierend.

Thomas: Diese Festivals haben damals eine ganze Generation von jungen Leuten in Bewegung gebracht, es gab ja noch ein weiteres …

Uli: Ja, nach zwei Jahren ging es weiter – noch mehr Wagnis, noch mehr Säle, noch mehr Leute. Das zweite Festival nannten wir »Communicultur« – eine Erweiterung auf Lyrik (unter anderem Lesungen mit Ulrich Schaffer), Comiczeichnen live mit Tiki Küstenmacher, Kunstausstellungen (zum Beispiel mit Helga Troll-Kaschul). Und eben Ron Sider und andere Referenten. Es kamen wohl rund 8 500 Menschen – ich staune heute noch, dass wir dieses Risiko bewältigt haben.

Thomas: Waren diese Festivals auch politisch?

Uli: Nein, es ging um Jesus, um den Glauben, aber auf ganzheitliche Weise. Allerdings war in dieser Zeit die politische Entwicklung sehr heiß: In Afghanistan und Nicaragua liefen die Stellvertreterkonflikte zwischen den großen Blöcken. Die USA besetzte die Insel Grenada, weil dort ein linkes Regime herrschte.

Solch kalte Realpolitik empörte mich: »Augenblick mal – das hat jetzt zwar die ›richtige‹, kapitalistische Seite getan, zu der wir auch gehören, aber es ist doch Unrecht! Wenn das die Russen getan hätten, würden wir das doch mächtig kritisieren!« So ähnlich lief es auch in Nicaragua – es ging im Grunde um Großmachtpolitik. Ich fand das mit christlichen Grundsätzen nicht zu legitimieren – auch nicht mit demokratischen.

Solche Themen wurden in der Zeitschrift »Sojourners« behandelt und ich habe die entsprechenden Artikel fleißig übersetzt. 1981 schrieb ich das erste Mal in PUNKT über die NATO-Nachrüstung und habe mich empört dagegen gewandt. Das war für den christlichen Jugendbereich absolut neu – ein ziemlicher Tabubruch. Denn ich schrieb nicht ausgewogen, sondern bezog Stellung und schrieb: »Das geht nicht!«

Thomas: Hat jemand darauf reagiert?

Uli: Die Bundesleitung unserer Freikirche. Die kriegten natürlich Druck aus dem Land: »Was macht der junge Typ da?!«

Thomas: Die haben dich angerufen?

Uli: Genau. Peter Strauch sagte: »Du, in der letzten Bundesleitungssitzung gab es wieder viel Kritik!« Er hat mich zwar verteidigt, aber die Kritik an meinem Kurs wuchs.

Thomas: War denn die Sorge, dass ihr quasi der sozialistischen Infiltration des Westens zum Opfer fallt?

Uli: Vielleicht fanden sie das alles zu idealistisch. Zwar ehrenvoll und in guter Absicht, aber politisch naiv im Sinne von: »Hey, hier geht es um den Kommunismus!« Und ich war ja auch völlig naiv und idealistisch – zum Beispiel hatte ich ein paar Promi-Christen zu ihrer Sicht befragt und wollte ihre Antworten veröffentlichen. Ich wunderte mich, dass so wenige antworteten – mir war gar nicht klar, dass die eigentlich nur rumdrucksen konnten! Was sollten sie denn in dieser total polarisierten Situation sagen? Ihre ehrliche Meinung? Konnten sie eine haben?

Ich hatte sogar die leitenden Oberinnen der Elim- und Bethanien-Schwestern gefragt – und kriegte dann die Retourkutsche via Peter Strauch und Bundesleitung, da sich deren Leitungen bei ihnen beschwert hatten: »Das kannst du doch nicht machen! Du kannst doch nicht die Schwestern nach der NATO-Nachrüstung fragen, das geht nicht!« – Ich: »Wieso, haben die da keine Meinung? Warum sagen sie die nicht?« Ich habe erst später begriffen: Die hätten sich natürlich fürchterlich in die Nesseln gesetzt.

Spannungen mit dem Bund

Thomas: Was haben diese Leute über dich gesagt? Was hatten sie gegen dich?

Uli: Es gab Widerstand, weil jemand Jesusnachfolge auf solch ganzheitliche Themen ausweitete – das war völlig ungewohnt und nicht üblich, wurde per se als links verstanden. Heute kann ich die Sorge verstehen: Wer mich und diese klare Jesusverwurzelung nicht kannte, der musste nervös werden. In dieser Phase waren mir diese Themen ein großes Anliegen: Hunger und Armut, später auch Ökologie und Umweltschutz. Hey, ich war jung und radikal – und es ging um Jesus und Ganzheitlichkeit!

Noch schlimmer war dann ein Heft zur Nicaragua-Problematik mit einem in der Zeitschrift »Sojourners« gefundenen Cartoon von einem armen Einheimischen unter einer US-Gartenhacke, der aus dem Boden rausgehackt wurde, mit der Unterschrift: »Nicaragua – Unkraut in Amerikas Hintergarten?« Das wurde zum Titelbild unserer Jugendzeitschrift. Für den Bund war das ein Schock, nach dem Motto: »Was haben wir da für eine Jugendzeitung?! Die sollen über Jesus reden und nicht über so was!« Es folgten eine Krisensitzung in der FeG-Bundesleitung und Gespräche mit mir.

Thomas: War dir nicht bewusst, dass dies Staub aufwirbeln würde?

Uli: Nein. Wahrscheinlich bewegte ich mich da auch in meinem Hamburger Dunstkreis. Ich hatte dieses Gerechtigkeitsempfinden und das passte doch zu Jesus! Schließlich gab es den Höhepunkt der Krise, der Tropfen, der das Fass zum Überlaufen brachte: Ich hatte parallel mehrmals fromme Witze über christliche Liedklassiker gebracht – und Witze in einer frommen Zeitschrift sind fast nie eine gute Idee. Gedruckt wirkt alles wuchtiger …

Unter anderem ging es um »O Haupt voll Blut und Wunden«, das besonders einem einflussreichen Mitglied der Leitung heilig war. Man stellte das noch vor Auslieferung des Heftes fest und ich kriegte dann die Information im fernen Hamburg, dass die ganze Auflage, 5 000 Hefte, eingestampft und neu gedruckt worden sei. Es gab ein hochnotpeinliches Krisengespräch mit dem Bundesgeschäftsführer, dem Verlagsleiter und Peter Strauch. Würde ich meine Fehler einsehen?

Ich erinnere mich noch, wie mich vorher Wilfrid Haubeck, der damals gerade bei uns arbeitete, auf dem Flur bedauernd und mit Abschiedsgestus grüßte – als wäre ich auf dem Weg zum Schafott: »Du, Uli, ich bete für dich …« Und ich dachte: »Au Backe, warum muss der da jetzt für mich beten? Geht es hier um Kopf und Kragen?« Es ging damals tatsächlich um meinen Kopf – spätestens da habe ich gemerkt, es war einfach zu viel zusammengekommen …

Thomas: Du warst unbedarft in diesen Dingen …

Uli: Ja, ich war idealistisch und enthusiastisch und mir der Folgen, die auch durch diese Vernetzung innerhalb der christlichen Szene entstanden, gar nicht bewusst. Ich saß im Büro und machte meine Arbeit – aber eine Zeitschrift geht eben ins Land, zieht Kreise!

In gewisser Weise gerettet hat mich dann aber auch wieder meine naive gute Absicht: Ich wollte ja tatsächlich nur Gutes – es ging doch um Jesus! Und um Nachfolge. In diesem Sinne war ich auch gern und ohne Probleme zur Umkehr bereit. Etwas Falsches wollte ich ja nicht tun. »Wenn Leute verletzt sind und das ein Fehler war, dann höre ich das und werde es nicht mehr tun! Es tut mir leid, wenn diese Witze Leute verletzt haben!«

Thomas: Du hast eingelenkt und Einsicht gezeigt?

Uli: Ich war einsichtig, ja. Sie empfanden das alles als zu einseitig – für mich war es Konsequenz der Jesusnachfolge. Mir war schon klar, dass es nur an der Oberfläche um die Witze ging, eigentlich aber um den gesamten Kurs.

Rückblickend denke ich, dass ich es einfach übertrieben habe – es war eine Phase der jungen Begeisterung und Fokussierung. Wir leben ja alle in irgendwelchen thematischen Wellenbewegungen und natürlich fokussiert man sein Inter-

Friedensdemo in Hamburg, Oktober 1983 – viele Gemeinschafts-Freunde in der ersten Reihe

esse dann auch. Ich kannte diese Autoren in den USA, mich überzeugte das – und mein übliches Mitteilungsbedürfnis brach durch: Der Multiplikator wurde aktiv. Das kam natürlich für Leute ohne Wissen um diese innere Entwicklung und ohne die persönlichen Beziehungen sehr unvorbereitet und plötzlich. Heute würde ich sagen: Alles sehr verständlich …

Thomas: Weil all diese Leute den Weg, den du gegangen bist, gar nicht mitgegangen sind …

Uli: Sie kannten mich eben nicht persönlich. Peter Strauch mit seinem Vertrauen hat mich da mit Sicherheit einige Male gerettet und mir Brücken gebaut.

Christel (l.) als Plakat-Trägerin

Thomas: Bist du sonst irgendwie angeeckt?

Uli: Durchaus. Wir beschlossen zum Beispiel in unserem IGO-Kreis, an einer der großen Anti-Nachrüstungs-Demonstrationen in Hamburg teilzunehmen. Es ging ja um unsere Zukunft. Es waren etwa 350 000 bis 400 000 Leute dort und wir mittendrin, richtig schön mit Schildern ausgerüstet. Die Plakate hatte ich mit einer herrlichen »Sojourners«-Zeichnung gestaltet – Menschen, die eine große Atombombe auf einem Denkmalsockel anbeten. Dazu der Spruch: »Betet Gott an, nicht die Bombe!« Wir hatten 2 000 Flyer dabei, auf denen wir einen evangelistischen Bogen zogen, vom Misstrauen und Hass der Kriegs- und Rüstungsthematik hin zu Christus.

Thomas: Da müsste sich die Bundesleitung ja eigentlich gefreut haben …

Uli: Das hat sie, weil es im Norden war, wahrscheinlich gar nicht mitgekriegt. Aber die regionalen Strukturen haben es natürlich wahrgenommen. »Was – unsere Leute bei der Friedensdemo?!« Und so kam es, dass Dieter Martschinke uns zum ersten Mal nicht mehr decken konnte. Wir wollten uns nämlich auf dem Weg zur Demo im Hamburger FeG-Gemeindehaus am Holstenwall zum Gebet treffen – und dann losmarschieren. Dort hat man uns nicht gewollt. Wir wurden nicht reingelassen, kriegten keinen Raum – nicht mal zum Beten. Das war schon irgendwie kurios und besonders: Du darfst nicht in deine Gemeinde gehen, wenn du für einen Friedenseinsatz beten willst … Wir haben uns dann demonstrativ vor dem Haus versammelt, dort vor verschlossenen Türen unsere Gebetsgemeinschaft gehalten – und sind anschließend mit 50, 60 Leuten zur Friedensdemo gewandert.

Thomas: Gerade noch dachte ich, dass du so eine Art freikirchlicher Rebell warst, der mit Absicht da und dort provozierte. Nun frage ich mich, ob du nicht eher ein spontan Begeisterter, ein Unbedarfter warst, der Impulse wahrnahm, sich daran entflammte und etwas daraus machen wollte – ohne Bewusstsein dafür, dass einige Leute damit nicht klarkommen würden.

Uli: Bei dem Wort »unbedarft« würden meine Gegner vermutlich mit den Augen rollen und sagen: »Was heißt hier, ›unbedarft‹? Der Typ ist richtig gefährlich!« Aber es ist und war so – es ging immer nur um und mit Jesus. Wir wollten einfach radikal Jesus nachfolgen – und das schloss diese Themen mit ein! Sicher, das war ein Stück unbedarft und naiv – und aber auch provozierend.

Es kam also einiges zusammen – Friedensthematik im PUNKT, das Nicaragua-Heft, die Witze, die Demo. Eines Tages stand einer der Führenden des Verlags in heikler Mission vor unserer Wohnungstür in Hamburg. Er hat uns sehr väterlich und freundlich die Situation erklärt und uns nach Witten eingeladen: »Wir brauchen euch im Bundes-Verlag …« Und dann nutzte er das schöne Pauluswort: »Uli, komm doch herüber und hilf uns!«

Ich ahnte natürlich, dass es in Wirklichkeit um etwas anderes ging – sie wollten mich an die Leine nehmen. Aber wir arbeiteten unter einem Mandat, sie hatten ein Recht darauf und wir wollten uns verantworten. Und wir hatten auch gar nichts Schräges vor – wenn es also sein musste, dann musste es eben sein.

Thomas: Ihr seid dann also ein zweites Mal nach Witten gezogen – habt euch aber drei Jahre später wieder abgenabelt …

Uli: Ja, eine sehr bewegte Zeit – so was macht man wohl nur ohne Kinder und zu zweit. Wir waren ja zu Beginn unserer Ehe 1979 anderthalb Jahre in Witten gewesen. Dann drei Jahre zurück nach Hamburg zum Studium, 1984 ging es wieder für drei Jahre nach Witten. Wir gingen, weil wir das Vertrauen festigen und uns einbinden wollten. Zugleich bedeutete dieser Schritt letztlich der endgültige Abbruch des Studiums nach acht Semestern, das war schon ein Preis, der mir manchmal zu schaffen machte. Man will ja gern immer alles haben. Aber dieser Schritt hat sich in der Praxis als total richtig erwiesen, auch wenn ein Uniabschluss natürlich schön gewesen wäre. Parallel zu all diesen Entwicklungen war in unserem engeren Freundeskreis die Idee einer christlichen Gemeinschaft gewachsen.

ICH VERMUTE, DASS ICH MANCHMAL FÜR DIE LEUTE ANSTRENGEND WAR, WEIL ICH DURCH DEN BREITEN INTERESSENSHORIZONT DER ZEITSCHRIFT UND VIELE REISEN STÄNDIG NEUE IDEEN BEWEGTE.

Ich vermute, dass ich manchmal für die Leute anstrengend war, weil ich durch den breiten Interessenshorizont der Zeitschrift und viele Reisen ständig neue Ideen bewegte. Deshalb kommunizierten wir dem Verlag, dass es da einen gemeinsamen Plan gab und wir früher oder später in den Norden zurückwollten. Vor dem Umzug 1984 erbaten wir uns die Zusage, dass wir zurückkehren dürften – sonst hätten wir diese Zeit in Witten wohl nicht angesteuert, wir standen ja bei den Gemeinschaftsfreunden im Wort.

So kam es 1987 noch mal zu einer großen Krise, als wir zurück in den Norden wollten, weil wir Ende 1985 mit unserer inzwischen gegründeten WegGemeinschaft e. V. in Cuxhaven den Dünenhof gekauft hatten. Aber natürlich wollten uns die Verlagsleute lieber im nahen Nest behalten und nicht schon wieder freischwebend da oben im Norden haben. Endlich hatte man uns ein bisschen in ruhigeres Fahrwasser bekommen, nun sollte das wieder losgehen? Ich verstehe die Sorge heute – doch damals hieß es für uns ziemlich dramatisch: »Die Bundesleitung will nicht, dass ihr wieder geht!«

Thomas: Wie hast du darauf reagiert?

Uli: Es war ein heftiger Schlag, weil wir unseren Weg sehr klar vor uns sahen. Die Freunde hatten bereits gestartet – nur wir fehlten noch. Vermutlich hat wieder Peter Strauch vermittelt. Es gab viel hektische Kommunikation, ich wurde immer wieder ins Leitungsbüro gerufen und musste Rede und Antwort stehen, bis hin zur großen Konfrontation mit der Bundesleitung. Das war schon traumatisch,

weil wir uns auf die mündliche Zusage des damaligen Verlagsleiters verlassen hatten und jetzt Wort gegen Wort stand.

Vermutlich hatte man die Hoffnung, dass wir in Witten die Kurve kriegen würden und sich das ganze Thema von selbst erledigen würde – kann man ja verstehen. Für uns aber war es eine verzweifelte Situation – es ging ja um etwas, das wir als Berufung empfanden. Die Freunde, die Gemeinschaft, die Gründung der Dünenhofarbeit – all das wäre nicht ins Leben gekommen, denn ich war für die Gruppe, die sich seit 1982 traf, schon so etwas wie der Visionär und Inspirator. Es gruselt mich heute ein bisschen, denn damals hätte unser gesamtes Leben und vieles aus der späteren Geschichte des Verlages eine dramatisch andere Wendung nehmen können.

Schließlich ging es darum, ob wir irgendwie beweisen könnten, dass uns das damals zugesagt worden war. Zum Glück fiel uns etwas ein: Es gab ein Papier für unsere Hamburger Wohnungsbaugenossenschaft mit der offiziellen Unterschrift des Verlagsleiters, dass wir für drei Jahre nach Witten berufen würden, aber unser Anrecht in der Genossenschaft erhalten bleiben solle, weil wir ja vorhätten, in den Norden zurückzukehren. Woraufhin die Genossenschaft ihre Genehmigung erteilte, dass wir unsere Wohnung für drei Jahre untervermieten durften. Davon konnte ich schließlich eine Kopie vorlegen, an die man sich fairerweise gebunden sah. Man ließ uns ziehen. Für beide Seiten eine schwierige Situation. Für uns ein Stück traumatisch ...

Thomas: Ist da etwas zerbrochen?

Uli: Nein, es ist ja am Ende gut gegangen. Aber es war eine echte Last. Ich habe in den Folgejahren oft nachts von solchen Konfliktsituationen in der Bundesleitung geträumt – von Wortgefechten, in denen ich mich rechtfertigen musste und um meine Existenz zu kämpfen hatte. Manchmal bin ich schweißgebadet aufgewacht und hatte noch ein Argument im Kopf.

Aber ich kann verstehen, dass auch die andere Seite gute Gründe hatte. Doch es kostete mich einen Preis. In der Folge hatte ich immer das Gefühl, überall sehr gut und durchdacht und »angriffsresistent« arbeiten zu müssen. Und es gab so eine Art mitlaufenden Traumaschatten aufgrund dieses Eindrucks, allein gegen alle zu stehen. Wobei mittlerweile einer meiner beiden Mentoren, Erhard Diehl, Verlagsleiter geworden war und sich gemeinsam mit Peter Strauch immer wieder für mich eingesetzt hat – er hat oft seine Hand für mich ins Feuer gelegt und für die Zukunft gebürgt.

Thomas: War das beschämend für dich?

Uli: Nein, es ging ja immer um Sachkonflikte – gerade auch bei den inhaltlichen Fragen. Belastend war mehr der Kampf, diese verzweifelte Situation. Dieses Aufbäumen des Gerechten: »Ich habe das mit Blick auf Jesus so getan, nicht mit böser Absicht unternommen!« Oder wenn es um die uns zugesagte Rückkehr ging: »Hey, ich sage so etwas nicht leichtsinnig. Ich lüge euch doch nicht an!« Dieses verzweifelte Gefühl, immer wieder vor einer Übermacht zu stehen. Sicher war es mir auch wichtig, meine Eltern nicht zu enttäuschen – sie hatten ja schon einmal eine Krise mit einem ihrer Kinder erlebt. Und ich hatte keinen Studienabschluss … Aber da waren die Freunde, die mir vertrauten – und es gab ja immer ganz viele, die das alles auch wichtig und gut fanden …

Weitungen des Glaubens

Thomas: Du hast schon erwähnt, wie du in dieser Zeit zunehmend mit anderen Persönlichkeiten aus der christlichen Szene in Berührung kamst. Wie hast du Ulrich Schaffer kennengelernt?

Uli: Wir liebten seine Bücher, hervorragende Texte über Glauben, Liebe, Freundschaft. Ein brillanter und kreativer Autor und Fotograf. Wir haben ihn Anfang der Achtziger Jahre mal persönlich auf dem Bundesjugendtreffen der Baptisten auf Burg Feuerstein bei Erlangen getroffen, machten ein Interview, tauschten Adressen aus. Der Kontakt nahm zu, er schrieb dann eine Serie für uns, wurde Teil des PUNKT-Teams. Die Beziehung zu ihm war inspirierend, aber irgendwann begann seine Reise in eine religiöse Weite. Schließlich schickte er mir eine Kassette, auf der er mir seinen neuen Weg erklärte: »Uli, ich habe viele neue Erfahrungen gemacht und ich werde jetzt nicht mehr Bergführer sein wie bisher, ich werde jetzt selbst Bergsteiger. Ich will nicht mehr Menschen an die Hand nehmen und führen. Ich gehe jetzt meinen eigenen Weg …«

Für mich war klar, dass er seine – vermutlich enge ostpreußisch-baptistische-Prägung abgelegt hatte und auch unsere Beziehung damit belastet war. Er hat uns später noch einmal besucht, als wir ihn nicht mehr veröffentlicht haben. Ich weiß gar nicht, wo er sich selbst heute einordnet. Er entwickelte sich in eine Weite, die mich nicht mehr interessierte. Wäre spannend, ihm mal wieder zu begegnen …

Thomas: Eine Weitung des Glaubens ist ja nicht per se negativ. Für mich ist es ein Zeichen von Reife, wenn ein eng geführter Glaube sich weitet und jemand komplementär verschiedene Pole des Lebens und Glaubens zusammenführen kann. Bei manchen Menschen führt es dann allerdings bis hin zu einer starken Antihaltung gegenüber der eigenen Vergangenheit. Weshalb ist das bei dir nicht passiert?

Uli: Weil es mir immer um Jesus ging – und Jesus hält stand, ist Mitte des Glaubens, persönliches Gegenüber, entscheidend. Das verbraucht sich nicht! Meine Themen haben sich immer aus der Christusnachfolge entwickelt – diese Jesusspiritualität ist ja nicht umsonst Kennzeichen unserer Bewegung. Ich schätze dieses Zentrum heute noch hoch bei unseren Freien evangelischen Gemeinden: Wir wollen Jesus treu sein.

ES GING MIR IMMER UM JESUS – UND JESUS HÄLT STAND, IST MITTE DES GLAUBENS, PERSÖNLICHES GEGENÜBER, ENTSCHEIDEND.

Mir persönlich war dabei dieser ganzheitliche Anspruch wichtig. Den zu engen, manchmal moralischen, manchmal gutbürgerlichen Blick auf den Glauben habe ich immer kritisiert: »Ihr evangelikalen Gemeinden sagt immer, ihr seid gegen Politik und Politik darf nicht in die Gemeinde. In Wirklichkeit seid auch ihr politisch – nur setzt ihr eure konservativ-politische Haltung als Norm und meint, das sei doch eigentlich apolitisch. Aber ihr seid politisch – nur anders politisch als andere.« Ich fand: »Wir sind eigentlich nicht politisch, sondern wir wollen Jesus-mäßig sein. Und das hat dann verschiedenste Konsequenzen, ist aber (partei)politisch nicht berechenbar oder umfassend festgelegt.«

Thomas: Wobei diese Haltung eben doch auch politisch ist – und nicht bloß Folgen im Politischen hat.

Uli: Es ist nicht sklavisch parteipolitisch oder automatisch immer konservativ. Christen können meines Erachtens nirgendwo automatisch parteihörig sein, sondern immer je nach Thema eine gewisse Nähe haben. Natürlich wählt man den besten Schnitt von Überzeugungen, das »kleinste Übel«. Aber es ist genau das, was ich an Ron Sider bis heute so liebe: das Linksevangelikale in einer Mischung aus einer ganz klaren konservativen Familienethik, Antiabtreibung, pro lebenslange Ehe – aber eben auch gegen Krieg, gegen imperialistische Gewalt, für einen Wohlstand, der teilt und Verpflichtung ist.

Was mich selbst geistlich vor großen Abwegen geschützt hat, war die intensive Vernetzung mit Gemeinde und die sich immer weiter vertiefende Jesusbeziehung: Ich bleibe bei dem, was ich in der Gemeinde gelernt habe. Ich will Christus folgen – aber nicht einäugig.

Thomas: Und das hieß für dich damals dasselbe wie heute: die gegenwärtige Zeit und ihre gesellschaftlichen Gegebenheiten ernst nehmen und den christlichen Glauben darauf beziehen.

Uli: Genau. Wie diese schöne Bewegung mit ihren Armbändchen »What would Jesus do?«, die es mal gab. Ich bin ein Konservativer, der viel Gutes sieht und schützen will. Aber ein radikaler Jesus-hinterher-Woller in aller Unbeholfenheit – und deswegen politisch unberechenbar, nicht automatisch einem Lager zuzuordnen. Christen müssen immer auf der Seite der Armen, Hungrigen, Hilflosen, Verachteten sein. Auf der Seite des Rechts und der Barmherzigkeit und Liebe. Es gibt in den politisch-ethischen Themen rund um Gewalt, Krieg, Frieden, Gewaltlosigkeit keinen goldenen Weg, der ohne Fragen ist.

ICH BIN EIN KONSERVATIVER, DER VIEL GUTES SIEHT UND SCHÜTZEN WILL.

Während des Interviews, besonders aber in dessen Nachbearbeitung, fällt mir die enorme Themenfülle auf, die dieses Gespräch durchzieht. Unzählige Projekte kommen zur Sprache. Verschiedene inhaltliche Fäden laufen nebeneinander, verschlingen sich plötzlich. Es geht um Projekte, Freizeiten, Festivals, Namen, Veranstaltungen und Vorhaben. Mensch, wie hat dieser Kerl das nur gemacht? Wann kam er mal zur Ruhe und hat sich hingesetzt? Und mittendrin seine junge Frau Christel, die das alles mitmachte, mitmachen wollte.

Wenn wir auf Menschen mit solchem Tatendrang treffen, kann uns das inspirieren. Es kann aber auch lähmen, sobald man an sich selbst den Anspruch stellt, mit gleicher Intensität durchs Leben brausen zu müssen. Ich habe einen Bruder, der ähnlich tickt und mit hohem Tempo unterwegs ist. Ich habe gelernt, mich nicht mit ihm zu vergleichen. Es kann nicht um die Frage gehen, ob wir auch so viel angerissen und geschafft haben wie solche Machertypen. Wichtig ist nur die Frage, ob wir unseren eigenen Auftrag kennen und danach leben. Ob wir das Maß kennen, das uns gegeben ist. Ob wir uns innerhalb unserer Grenzen bestmöglich einbringen. Und wenn uns das nicht gelingt, ob wir uns dann wieder aufrappeln und im Vertrauen auf Jesus Christus weitergehen. Den Möglichkeiten und der Kraft gemäß, die uns mit unserem Auftrag und mit unserem Maß gegeben sind.

Wir können dankbar sein für Menschen, denen eine große Portion anvertraut ist. Aber wir sollten uns nicht an falscher Stelle mit ihnen vergleichen. Vergleichen ist der Tod. Es bedeutet immer, in irreführende Wertungen abzugleiten. Deshalb: Inspiration: ja. Vergleichen und Bewerten: nein.

4

»HIER IST MEIN AUFTANKORT«

LEBENSORT CUXHAVEN

Man kann nicht lange mit Uli zusammen sein, ohne dass früher oder später Stichworte zu seinem Leben an der Nordseeküste Deutschlands fallen. Schnell wird klar: Dieser Mann hängt am Norden.

Es gibt ein witziges Ritual, das sich jedes Mal wiederholt, wenn Uli mich vom Bahnhof abholt. Er nimmt nicht den kürzesten Weg zum Zielort. Stattdessen wählt er den Umweg durch den Hafen, möglichst nahe ran ans Wasser, vorbei an den alten Fischereihallen, zur »Alten Liebe« (mehr dazu weiter unten), zum Seglerhafen und über den Deich zurück ins Wohnquartier. Wenn dann noch per Zufall ein mit Tausenden von Containern beladener Frachter Richtung Hamburg oder Deutsche Bucht vorbeigleitet und den halben Horizont verdeckt, dann machen sich bei Uli unverhohlene Genugtuung, Stolz und Präsentierfreude breit.

Die allererste dieser inzwischen zahlreich gewordenen Hafenrundfahrten fand ich spannend. Beim zweiten, dritten Mal dachte ich bei mir: »Na, das haben wir doch schon mal gesehen. Nichts Besonderes!« Dann, beim siebten oder zehnten Mal, sah ich es auf einmal mit anderen Augen. Mit neuem Interesse; mit dem Blick dessen, der in dieser Szenerie lebt, sie liebt und sich darin aufgehoben weiß. Und so gucke ich mittlerweile mit Neugierde auf die Verladebrücken, Werften und Fischtrawler, suche nach den Anzeichen von Ebbe und Flut. Ich, der Schweizer, aus der voralpinen Hügelzone des Mittellands!

Das folgende Gespräch hat mir noch deutlicher als bisher vor Augen geführt, weshalb dieser Lebensort an der Küste für Ulrich Eggers so essenziell ist.

Küste, Meer, Gezeiten

Thomas: Gestern Abend sind wir bei Duhnen, einem touristischen Stadtteil Cuxhavens, am Strand entlangspaziert. Schöne Abendstimmung, die untergehende Sonne spiegelte sich im Watt, leuchtende Wolken – richtige Ferienstimmung. So was mag ich sehr, aber mir fällt auf, dass es dich viel stärker begeistert als mich. Was bedeutet dir dieser Lebensort?

Uli: Ich bin wohl ein Küstenmensch, ein geborener Norddeutscher, bin an der Elbe mit Hafen und Schiffsverkehr aufgewachsen. Das war von Anfang an ein positiv konnotiertes Lebensumfeld, seit 1968 lebe ich ja an der Ecke zwischen Elbmündung und Nordseeküste. Als Schüler war ich nachmittags oft im Hafen, bin bei den Fischdampfern rumgestreunt, über die Kais gefahren und runter in den Schlick mit Ebbe, Flut und Seglern gestiegen. Als Cuxhavener musst du einmal am Tag über den Deich gucken, »ob das Wasser noch da ist« – und was für Schiffe gerade vorbeikommen oder angelegt haben. Das Meer ist ein Element, mit dem du in Beziehung stehst. Es lebt, ist ein Gegenüber, das sich ständig verändert. Ein Ort, an dem du immer ganz schnell aus deinem Alltag hinübertreten kannst in diese gewaltige Weite, in den Wind, den würzigen Geruch, in diese ständige Veränderung des Wassers, der Himmelsstimmung. Das ist extrem befriedigend für die Seele.

Es hat auch etwas Sinnliches: Herbst, Winter, wir ziehen die Stiefel an, wir gehen raus, ein Stück ins Watt rein. Du spürst die Elemente. Ich brauche diesen totalen Weltenwechsel zu meiner ständigen Büroexistenz.

Thomas: Hier fahren über die Elbe die großen Handelsschiffe aus aller Welt hinauf nach Hamburg oder durch den Nord-Ostsee-Kanal. Mir fällt auf, dass du dich mit Schiffstypen, Größenklassen, Tonnenzahl und solchen Dingen auskennst. Ist es das Technische, das dich fasziniert, oder was genau?

Uli: Es ist nicht nur Technik, es ist auch die damit verbundene maritime Kultur: Fischerei, Seefahrt, Handel, weite Welt und Auswanderergeschichte. Da mischt sich vieles, was auch ein Stück typisch für mein Leben ist: Nähe und Weite. Ich bin einfach interessiert an allem Möglichen. Auch an der Natur: Ich will das Draußen fühlen, die Stimmungen erleben, Regen und Wind. Ein Stück Patriotismus kommt noch dazu: Mir bedeutet das was, wenn die großen Containerschiffe in unsere Häfen kommen und nicht schon in Holland anlanden. Da bin ich ein richtiger kleiner Nord-Patriot ...

Thomas: Du liebst die Vielfalt und Zusammenhänge, die sich dir in allen Bereichen des Lebens hier zeigen.

Uli: Ja. Ich kann draußen an einer Baustelle stehen bleiben und interessiert zugucken, wie die das machen. Manchmal sage ich dann zu mir selbst: »Hey, alter

Mann, was stehst du hier und guckst wie ein kleiner Junge?« Aber es ist interessant! Man kann überall was lernen. Ich finde es spannend, die Dinge zu verstehen.

Thomas: Findest du hier draußen auch Inspiration für deine Arbeit oder ist es einfach Erholung?

Uli: Es tut der Seele gut – und ist für mich ein Denkraum. Mein Alltag ist extrem verdichtet und hat viele Handlungsstränge, die ständig durcheinanderlaufen. Leerzeiten füllen den Tank.

Es geht mir am Meer wie beim Autofahren: Es ist leere Zeit. Da will niemand was von mir. Gerade dann kommen mir die meisten Gedanken und Ideen! Jetzt im Sommer findet man mich oft schon morgens vor sieben an meiner Ecke am Seglerhafen, die Sonne steht niedrig, die Schiffe ziehen durch das Licht, ich höre die Wellen – und bin einfach nur dankbar, denke zu Gott hin. Wobei ich oft auch mit Christel abends an der Wasserkante bin. Das ist dann eine partnerschaftliche Aufholzeit, da plätschern die Infos vom Tag aus uns raus ...

Thomas: Ist Cuxhaven auch deine geistliche Heimat?

Uli: Ich lebe aus vielen unterschiedlichen Quellen, ein bisschen hybrid: digital, vor Ort und unterwegs. Geistliche Heimat bieten mir mein Netzwerk, die Freundschaften zu Autoren, Leitern, unterschiedliche Impulse aus verschiedensten Kirchen, die Arbeit mit Willow Creek oder internationale Kontakte. Cuxhaven bzw. der Dünenhof ist in gewisser Weise der Spielplatz für manches: Hier mischen sich viele unserer Referenten und Autoren mit der Zeitschriften- und Verlagsarbeit.

Thomas: Und eure Gemeinde?

Uli: Wir sind als WegGemeinschaft ein fester Hauskreis der Gemeinde, arbeiten in verschiedenen Bereichen mit. Unsere FeG hat viel missionarische Kreativität. Sie ist Heimat für unsere Familie und in Phasen auch für mich – ich bin mehrere Jahre Ältester gewesen und fühle mich eng verbunden. Aktuell ist es stärker die Gemeinde meiner Frau und meiner Kinder und Enkel – und ich bin manchmal auch da, kann aber durch das viele Unterwegssein nicht viel investieren. Es ist ja ein bisschen verrückt, von Cuxhaven aus für Witten, Aßlar und Holzgerlingen zuständig zu sein. Hat sich so entwickelt – und wird wieder anders werden.

Ich bin jedenfalls Mitglied und begeisterter Gemeindebefürworter und -förderer. Wir brauchen die Gemeinschaft, wir brauchen dieses physische Abbild unseres Glaubens, diesen Sammelpunkt für Menschen. Für uns war immer klar: Wenn wir wollen, dass unsere Kinder zum Glauben kommen und christliche Freunde finden, müssen wir mithelfen, dass die Gemeinde vital und lebendig ist – also haben wir uns eingebracht.

Thomas: Dieser Lebensort hat für dich enorme Reisewege zur Folge. Du fährst jährlich über 50 000 Kilometer mit dem Auto. Weshalb tust du dir das an und ziehst nicht einfach in die Mitte Deutschlands?

Uli: Wir sind ja viel umgezogen – aber irgendwann musst du auch deinen Ort finden und zahlst dann eben einen Preis dafür. Es hat sicher mit Prägung und Heimat zu tun. Mehr aber noch mit Individualität und Freisein. Ich gehöre an die Küste, hier bin ich ich, die Welt lässt mich in Ruhe – und ich lasse mich von ihr auch nicht mehr greifen.

ICH GEHÖRE AN DIE KÜSTE, HIER BIN ICH ICH, DIE WELT LÄSST MICH IN RUHE.

Wenn jemand sagte: »Zieh doch nach Witten oder Wetzlar, da hast du kurze Wege und alle sind da!«, würde ich empfinden: Dann greifen sie natürlich auch viel mehr nach mir und ich komme da gar nicht mehr raus! Das wäre mir zu eindimensional – ich brauche diese Einsamkeit, das Alleinsein, das Ungegriffensein, den Abstand.

Thomas: In der Distanz kommst du zur Ruhe, weil du du selbst sein kannst und frei bist …

Uli: Glück besteht ja immer auch im Kontrast. So viel unterwegs sein, kämpfen, planen, bewegen. Und dann nach Hause kommen. Hier ist mein Auftankort.

So wie gestern Nacht: Lauer Sommerabendwind, ich gehe raus an meine Hafenecke und sehe den transparent blaugrünen Nachthimmel und die ziehenden Lichter der Schiffe, höre das aufregende dumpfe Pochen der Maschinen, fühle die Weite und Freiheit – und es ist, als ob sich mein innerer Schwamm wieder auffüllt und ich wahrnehme: Ich bin Teil dieses ganz Großen. Ich bin nicht nur in dem kleinen Büro oder irgendwo unterwegs und hänge fest unter Bergen von Listen und Aufgaben.

Es gibt richtiggehend archaische Situationen für mich. Hier machen viele ausländische Segelboote Station vor der Nordseeüberquerung. Abends spät streben sie der Hafeneinfahrt zu. Am Bug vorn leuchtet ein rot-grünes Positionslicht. Und in dem dunklen Blaugrau des Nachthimmels wechselt durch das Einbiegen in den Hafen meine Sichtachse von der roten auf die grüne Laterne – ein kleines, sinnliches Lichtspiel.

Ich stelle mir das immer auch bildlich vor: Die kommen jetzt in die Geborgenheit; es ist kühl geworden und spät. Sie hauen sich vielleicht noch ein Ei in die Pfanne und sind froh, dass sie endlich in der Sicherheit des Hafens sind. Dieses Ankommen, Geborgensein, dieser Wechsel, das macht was mit mir. Ein starkes melancholisches Bild, das mich berührt.

Thomas: Ich frage mich oft, welche Abfärbungen ein Lebensort mit seinen Gegebenheiten auf unseren Glauben hat. Glaubst du, dass es diesen Zusammenhang gibt?

Uli: Ja, ich glaube, dass es innere Entsprechungen gibt. Ich habe im Lauf der Zeit gemerkt, dass es bei mir diese Beziehung gibt zwischen Weite und Geborgenheit, zwischen Nestwärme, Gemeinschaft, engem Miteinander und der Freiheit des Weiten. Das hat für mich auch mit dem Glauben zu tun: sich an Jesus binden und bei ihm verankern, und dennoch auch in der Weite leben. Distanz und Nähe – ein Wechselspiel.

Thomas: Es geht bei der Verwurzelung an einem Lebensort auch um Dinge wie spezifische Gerüche und andere Sinneseindrücke, die tief in der Seele abgespeichert werden. Jedes Mal, wenn man sich diesem Ort wieder aussetzt oder sich auch nur daran erinnert, läuft ganz viel in uns ab. Heimat in ihrer Verwobenheit von charakteristischer Landschaft, örtlicher Stimmung, Wetter, Erhebung oder Fläche – das erzeugt eine emotionale Prägung und Bindung in unserer Seele.

Uli: Da droht uns eine Verarmung. Viele Leute jetten in der ganzen Welt herum, aber haben keine Wurzel, keine Tiefe im Eigenen. Sie kennen Bali und Amsterdam, aber nicht ihr Heimatland – allein, was wir »Wessis« an großartiger Kultur in Deutschlands Osten entdecken können!

Thomas: Es fehlt vielen an der vertieften Wahrnehmung dessen, was man sich nur an einem, höchstens an zwei Orten in dieser Welt aneignen kann.

Uli: Der Geruch und die Sinnlichkeit des Eigenen und die Verwurzelung darin sind etwas ganz Starkes – sie machen fähig für die Weite. Deshalb finde ich es so ein großes Drama, was Flüchtlinge erleben. Wir sehen die Hilfe und Zuflucht für sie als notwendig und richtig und wollen menschlich sein. Aber wir verstehen oft gar nicht mit dem Herzen, dass diese Menschen herausgerissen und entwurzelt sind aus solch einer glückhaften Vernetzung mit dem Eigenen. Ohne erreichbare Heimat fremd zu sein, das ist ein Drama.

Thomas: Ich glaube, man versteht dich nicht wirklich, wenn man nicht an der Nordsee in Cuxhaven war, wenn man nicht auch mal mit deinen Augen auf die Schiffe, auf die Natur, auf die Bewegung des Wassers geachtet hat. Da erschließt sich et-

was über dich als Person, wie du denkst, wie du arbeitest. Dein Blick in die Weite, aufs Große, Grundsätzliche. Aber auch auf Details. Alles Dinge, die dich ausmachen und sich ein Stück weit auch aus der Landschaft ergeben, in der du aufgewachsen bist und bis heute lebst. Da gibt es einen unsichtbaren Faden zwischen diesen Gegebenheiten und dir als Person.

Uli: Ja, das ist wohl tatsächlich so. Ich habe das selbst erst im Laufe der Zeit entdeckt: meine Existenz in den letzten dreißig Jahren als ein Leben am Rand oder an einer Grenze, die für mich aber nicht das Ende ist, sondern der Beginn von Weite, auch von Ferne. Und darin steckt für mich eine Brückenfunktion. Ich nehme ja das Land, in das ich immer wieder hineinreise, in dem ich mittendrin bin, auch wieder mit an den Rand. Für mich ist es schon besonders, wenn ein Ort vier Richtungen hat, in die man fahren kann. Ich lebe an einem Ort, wo an zwei Seiten Seehunde wohnen und nur nach Süden die Welt offen ist. Einerseits ist es ein Reichtum, wenn man vier Richtungen vor sich hat, du kommst überallhin! Auf der anderen Seite gibt mir dieses Randliche Orientierung, ein Gegenüber.

Thomas: Dennoch kann man auch im Stehen am Rand der Nordsee in alle Richtungen denken. Du weißt, dort hinter dem Wasser ist nicht nichts, sondern ein anderes Land, eine eigene Welt. Das ergibt ja auch eine schöne Perspektive, weil sie den Betrachter weit macht.

Uli: So bleiben wir da auch irgendwie auf einer Entdeckungstour. Leben ist eine Entdeckungstour. Literatur ist eine Entdeckungstour. Und du entdeckst in den Spuren des Lebens, aus der Vergangenheit einfach Muster, die wieder zu dir sprechen. Das ist etwas zutiefst Beglückendes. Du kannst aus allem lernen. Das ist stark, das will ich weiter tun ...

Von Lieblingsorten und Gotteserfahrungen

Thomas: Gibt es hier in Cuxhaven ein paar Lieblingsorte, die du regelmäßig aufsuchst? Und weshalb suchst du sie auf?

Uli: Von unserem Herzensort habe ich ja schon erzählt, unserer Ecke am Seglerhafen, direkt an der Fahrrinne der großen Schiffe. Aber es gibt auch eine jährliche Konjunktur für bestimmte Stellen. Mal ist es nebenan die »Alte Liebe«. Dann wieder ein Plätzchen irgendwo am Strand oder im Küstenwald. Und natürlich muss ich öfter mal durch den Hafen patrouillieren und nach dem Rechten sehen …

Thomas: »Alte Liebe«? Was ist das?

Uli: Die »Alte Liebe« ist ein alter Schiffsanleger, heute eine Seebrücke, ganz nah an der Fahrrinne der Elbe. Wenn du ein bisschen Fantasie hast, denkst du, du stehst auf einem Schiff. Du bist mittendrin im Verkehr – siehst rechts 30 Kilometer nach Hamburg rauf und links 30 Kilometer um die Ecke bis knapp vor Helgoland. Und es ist jedes Mal völlig anders – Himmel, Wellen, Strömung, Verkehr. Ein wechselndes Wolken- und Lebenstheater um dich herum.

Aber genauso gibt es hier Ecken mit Dünen und Strand oder Kiefernwald und Küste oder den Steubenhöft, das alte Pier für Auswandererschiffe, wo du hoch

über der Elbmündung stehst und einen großen Überblick bis zur Vogelinsel Trischen hast.

Thomas: Sind dies auch Orte, an denen dir Gott begegnet, an denen du mit ihm in besonderer Weise im Gespräch bist?

Uli: Durch mein vieles Unterwegssein und die Arbeit bin ich an diesen Orten fast immer gemeinsam mit Christel. Da entwickelt sich natürlich sehr viel im Gespräch. Die Seele baumeln lassen und »Ach, habe ich dir erzählt … und wie fandest du das … und müsste man nicht …?« Da entsteht ganz viel, aber weniger als eine Begegnung mit Gott. Mehr als Sprungbrett zur Dankbarkeit, ein tiefes Wissen um das Zueinandergestelltsein.

Gottesbegegnung passiert für mich – außer an den Tagesrändern, wo ich schon mal allein draußen bin – eher unterwegs. Gefangen und stillgelegt im Auto – das habe ich ja viel! Ich bin ein zu unruhiger Typ, um Gott gezielt in der zweckfreien Stille zu suchen. Ich muss mich überlisten, es passiert eher nebenbei, auf dem Rücken von anderem. Mancher denkt vielleicht: »Dieser Eggers, der AUFATMEN macht, ist bestimmt einer, der ständig allein durch die Natur streicht und dort seine Hände zum Himmel hochstreckt …«

Thomas: Einer deiner Schweizer Freunde, Hanspeter Nüesch, sagte einmal: »Also, der Uli Eggers, der sollte ein bisschen mehr von dem tun, wovon er immer schreibt. Ich muss den mal in meine Alphütte mitnehmen, damit er zur Ruhe kommt!«

Uli: Ich habe mich selbst nach der Gründung von AUFATMEN manchmal unter diesen Druck gesetzt: »Du musst jetzt aber selbst auch mal eine meditative Auszeit machen.« Es war katastrophal! Ich bin weggefahren, habe mir für zwei Nächte ein Hotel gesucht und wollte Gott begegnen. Und bin nur mir begegnet, bin rumgetigert, war nervös und unter Druck! Ich habe die Zeit abgebrochen und bin wieder nach Hause gefahren … Die nicht geplante Freiheit und Stille, die funktioniert für mich allerdings super – da muss jeder seinen eigenen Weg finden. Ich bin sehr für Stille und für ungefüllte Zeit, das ist superwichtig – aber mich bewusst stillzulegen, das funktioniert nicht.

Thomas: Das heißt, Kloster oder Hotel sind nicht so deins, dafür das Auto.

Uli: Ja und nein. Wenn ich an einem schönen Kloster vorbeifahre oder einer schönen Kirche, dann halte ich gerne an und nehme intensiv die sinnliche Dimension dieses Ortes auf. Ich setze mich auch gerne ein paar Minuten hinein – wenn keiner da ist, singe ich sogar mal was. Aber ich halte es nicht lange aus, meine Frau kann das doppelt und dreifach so lange wie ich. Ich muss mich bewegen, will Neues sehen, weiß immer schon das Nächste – ich lebe extrem von Zielen her. Aber eine Kloster- oder Kirchenerfahrung ist für mich trotzdem sehr intensiv.

Ganz klar: Orte können uns helfen, Licht kann uns helfen, eine angezündete Kerze, die Schönheit eines Raumes. Ich habe tiefe Erfahrungen an solchen geistlichen Orten gemacht. Ein meditativer Typ denkt jetzt: »Kann gar nicht sein, der war ja nur zehn Minuten da!« Da würde ich sagen: »Nein, es gibt keine Muster, die auf jeden passen!« Für mich ist die Nacht wichtig. Ich bin einer, der schon mal intensiv träumt – und meine wichtigsten Gotteserfahrungen ereigneten sich immer nachts in Träumen, in Halbwach-Zuständen, im Unverfügbaren.

Thomas: Wo sich dir etwas gezeigt oder sich geklärt hat?

Uli: Ja, wo ich Dinge geträumt habe und sich auf einmal Gedanken ergaben, Worte. Eine Denklücke geschlossen wurde, Ideen wuchsen. Ich staune da selbst, denke, das kann gar nicht sein!

Thomas: Kannst du ein Beispiel geben?

Uli: Sogar mehrere. Vielleicht ragen sie für mich auch deswegen heraus, weil ich mir selbst misstraue: Mein Kopf ist voll von Ideen, ich kann mich selbst damit heiß machen. Deswegen ist das Unverfügbare wichtig für mich – etwas jenseits meiner starken Willenssteuerung.

Ich denke an die Berufungserfahrung für AUFATMEN. Ich war eine Woche lang in Melbourne in Australien völlig allein auf einer *Younger Leaders*-Tagung der Lausanner Bewegung. Eigentlich sollte Roland Werner mitfahren, aber sein Reisepass war abgelaufen, das Visum klappte nicht mehr. Uff, mit meinem noch sehr mäßigen Englisch war ich plötzlich ganz allein unter lauter Australiern. Ich fühlte mich einsam und ausgesetzt. Schon dadurch war ich auf Gott geworfen. Ich hatte sehr viel Inspiration durch das Tagesprogramm – und lange Nächte allein.

Immer wieder wachte ich mit intensiven Eindrücken auf, klaren Sätzen, die sich geformt hatten. Dann tappte ich im dunklen Zimmer umher und schrieb und schrieb: blendende Gedanken, große Klarheit, die Dinge lagen auf einmal offen vor mir – das hatte ich alles so bisher noch nie gedacht! Es war wie eine Programmatik – im Grunde habe ich nur mitgeschrieben.

Eines der Lieder dort gab mir Klarheit: »Here I am, Lord, is it I, Lord? I have heard you calling in the night ...« (Dt: Hier bin ich, Herr, bin ich es, Herr? Ich hörte dich nachts rufen ...). Ein bisschen wie bei Samuel in der Bibel – es war alles wie arrangiert für mich.

Heute sage ich: Es hatte sicher auch etwas zu tun mit meinem Stillgelegtsein, mit einem Stück innerer Not, die mich völlig auf Gott fokussieren ließ und mich hellhörig und innerlich wach machte. Deswegen glaube ich daran, dass es starke Wirkungen haben kann, Einsamkeit mit Gott zu wagen – zugleich hätte ich mir diese Erfahrung so nicht ausgesucht. Ohne diese Momente aber hätte es die Zeitschrift AUFATMEN wohl nicht gegeben ...

Thomas: Während du gerade davon erzählt hast, war für mich greifbar, wie sehr das ein heiliger Moment für dich war. Du hast einen ganz gerührten Gesichtsausdruck bekommen ...

Uli: Ja, da war etwas in mir ... Eine andere Geschichte geschah später, ich muss Mitte 40 gewesen sein. Mein Arzt hatte eine Andeutung gemacht, die sich für mich so anhörte, als ginge es um Krebs. Eine weitergehende Untersuchung stand an. Da hing ich in dieser unklaren Situation zwischen der warnenden Andeutung – und einem noch nicht vorhandenen Ergebnis. Wir hatten noch kleine Kinder und ich hatte Angst.

Und dann war es auch da wieder mitten in der Nacht: Ich bin aufgewacht mit einem klaren Bibelvers im Kopf, Römer 14,8: »Leben wir, so leben wir dem Herrn; sterben wir, so sterben wir dem Herrn ...« Es war wirklich wie ein Blitz in mir – eine große Klarheit. Ich sah förmlich Gottes liebevoll kopfschüttelnde Anrede an mich: »Uli Eggers, bild dir mal bitte nicht ein, dass du dein Leben in der Hand hältst! Mach du deine Sache und hör auf mit diesen Sorgen! Du lebst von mir her, nichts anderes!«

Das war schon unglaublich – und zielgenau. Gerade dieser Bibelvers, wo ich doch immer selbstkritisch bin über eher zu wenig aktives Bibellesen. Aber es war so – ich konnte nicht hinter diese fünf Minuten zurück. Solche Gotteserfahrungen tun mir als Zweifler und Skeptiker sehr gut, weil sie so unverfügbar sind. Und sie wirken bis heute noch nach.

Meine Kleingruppe und ich (hinten, 3. v. l.) bei der Younger-Leaders-Tagung in Melbourne mit Robyn Claydon (hinten, 2. v. r.)

Thomas: Mit anderen Worten, Gott selbst hat dich aufgesucht und nicht du warst es, der sagte: »Ich will jetzt in meiner Stille Gott reden hören, weil ich Klarheit brauche!«

Uli: Jedenfalls nicht direkt und mit Anlauf – sondern nur in Form einer Sehnsucht, einer Sorge, eines Ausgesetztseins. Das Großartige darin ist für mich, dass mich dieser Gott offensichtlich kennt und weiß, dass es bei mir nicht über die klassische Stille Zeit oder über gezielte Aneignung funktioniert, sondern in der Unverfügbarkeit. Uli Eggers, der Macher, der Willenstyp, der dicke Bretter bohrt, der strategische Ziele erreichen will und der weiß, was er kann – der kann Gott nicht auf seinen Terminplan setzen oder zwingen. Aber Gott findet den Weg zu seinem Herzen auf eine unverfügbare Weise, hinter die er dann auch nicht mehr zurückkann.

DIESER GOTT KENNT MICH OFFENSICHTLICH UND WEISS, DASS ES BEI MIR NICHT ÜBER DIE KLASSISCHE STILLE ZEIT ODER ÜBER GEZIELTE ANEIGNUNG FUNKTIONIERT, SONDERN IN DER UNVERFÜGBARKEIT.

Thomas: Als würde Gott sagen: »Dieser Uli Eggers da oben an der Küste, dem komme ich nicht mit Nullachtfünfzehn oder hau ihm einen Bibelleseplan um die Ohren. Das wirkt bei dem nicht. Aber ich habe ja meine Mittel, den kriege ich schon!«

Wo Heimat ist

Thomas: Wir befinden uns hier in eurem privaten Wohnhaus, einer großen alten Pension von 1903. Ihr habt es in den Achtzigerjahren gekauft. Weshalb dieses Haus? Was bedeutet es für dich, darin zu leben und zu arbeiten?

Uli: Dieses Haus ist ein Geschenk Gottes, denken wir. Als wir 1987 zu unseren WegGemeinschafts-Freunden und ins Dünenhofprojekt zurückkamen und die Redaktion mitnehmen durften, brauchten wir für unsere größer werdende Familie und die Büros ein Haus, das wir bezahlen konnten. Nachdem uns ein Objekt vor der Nase weggeschnappt worden war, haben wir diese alte ehemalige Offizierspension nahe der hiesigen Marinekaserne aus der Kaiserzeit gesehen. Sie stand länger leer, es hatte im Winter einen Rohrbruch gegeben, die Heizung war

Unsere Villa Kunterbunt mit den Augen unserer Tochter Laura gesehen

gerade wieder in Betrieb genommen – offensichtlich wollte das Haus niemand haben. Viele Räume, zentrales Treppenhaus, schöner alter Kasten mit viel Stuck.

Wir haben das Haus sehr günstig gekriegt und mussten wegen Druckterminen schnell einziehen. Viel Platz für vier Kinder und Büros – mein Vater hat uns damals enorm beim Renovieren geholfen. Es ist einfach, aber voll okay für uns. Christel und ich sind beide Sammler – ich der noch schlimmere. Wir sind Flohmarktgänger, wir sammeln Bücher und Gemälde und Kunsthandwerk. Jetzt, wo ich 65 werde, merke ich: Au Backe, das Leben ist so wahnsinnig schnell gegangen – du musst das auch alles mal wieder aufräumen und loswerden …!

Aber ja, dieses Haus ist ein riesiges Geschenk Gottes! Wir sind mit unserer Familie glücklich drin gewesen. Es hat einen super Standort nahe am Wasser. Dabei ist ein kleiner machbarer Garten für Tomaten und Blumen und ein paar Apfelbäume. Wir fühlen uns von Gott gesehen und sind superdankbar …

Thomas: In den Räumen dieses Hauses liegen unzählige Bücher herum, was mir voll entspricht, viele davon interessieren mich. Es hängen überall Bilder, viele Originale, Küstenlandschaften. Auch hier: Heimat, Schiffe und Meer. Dann wimmelt es von Gegenständen, kleinen Skulpturen, Nippes-Sachen, alten Werbeschildern, Erinnerungen. Das Haus ist reich gefüllt, keine Unordnung, aber voller verschiedener Bezüge. Ist es auch eine Art Spiegel eurer Seelen?

Uli: Ja, das ist es. Es gibt darin viele Lebens- und Interessensstränge, die sich zu einem bunten Teppich verweben. Wir schämen uns manchmal, weil wir so viel Kram haben, an dem unser Herz hängt: Erinnerungen an Reisen und Entdeckungen unterwegs, Symbole für Entscheidungen oder Situationen. Manchmal denken wir, dass wir immer noch irgendwie studentisch und antibürgerlich sind, so Spät-Achtundsechziger. Unsere Kinder sind alle eher minimalistisch, weiß, großflächig und offen – wir dagegen Villa Kunterbunt.

Es ist wohl auch ein bisschen aufgestauter Lebenshunger wegen des vielen Wegseins bei mir – an ganz vielen Dingen hängt Herzblut. Ich blicke hier gerade auf die Bronzestatue eines Liebespaares, das ganz nahe zusammensteht. Die hat Helga Troll-Kaschul gemacht, eine holländische Freundin und christliche Künstlerin. Christel und ich sehen uns darin. Wir gehören so zusammen. Daneben steht ein Leuchtturm und ein Winterbild, das wir irgendwo in Tschechien gekauft haben, weil ich so Kinderwintererinnerungen hatte: Man ist mit dem Schlitten draußen, spürt die Kälte und die Eisklumpen an den Hosenbeinen. In ganz vielen dieser Gegenstände steckt ein Stück unserer gemeinsamen Geschichte drin, Erinnerungen, die ein Lebensgefühl tragen.

Thomas: Alles gefüllt mit Symbolik und inneren Bezügen. Ausdruck von Lebensfreude, Lebensfülle und dem Genuss all des Schönen, das sich euch erschlossen hat – auch aus der Welt des Glaubens, aber weit darüber hinaus. Stimmt mein Eindruck, wenn ich sage: All diese Gegenstände sind der Ausdruck für ein Lebensfest?

Uli: Ja, wir feiern ein großes Lebensfest. Da ist eine Lebensfreude, große Dankbarkeit, eine erwartungsvolle Neugierde auf die Zukunft. Wir haben einen enormen Lebenshunger. Wir wollen dieses wunderbar faszinierende Leben entdecken und spüren und immer mehr durchdringen, gerade auch in seiner tiefen Verwobenheit. Alles hat mit allem zu tun, alles gibt es überall – nur in anderer Form. Das ist fantastisch!

Es hat bei mir auch eine geistliche Dimension: Ich bin fasziniert davon, wie reich Gott diese Welt, wie reich er den Menschen gemacht hat. Ich verstehe erst seit zehn, fünfzehn Jahren, dass Kultur im tieferen Sinn dieses verwobene Gewordensein dessen ist, was Menschen leisten können. Es ist das total Individuelle, verwoben mit dem Universellen – mit der Grundsehnsucht des Menschseins.

Thomas: Es geht um Entdecken, Verstehen, Tiefe – nicht um ein oberflächliches Habenwollen. Die Dinge sind mit Bedeutung und Sinn gefüllt und werden dadurch immer zu etwas Schönem, was sich aber nur dem Kenner erschließt – man muss die Geschichten kennen ...

Uli: Absolut, und das wirkt sich natürlich auch in dem aus, was ich lese. Wahrscheinlich denken viele Leute, der Ulrich Eggers hat 1000 fromme Bücher im Haus und liest ein tiefes geistliches Buch nach dem anderen, von Augustinus bis Luther ...

Thomas: Das tut er nicht?

Uli: Das tut er ja bereits beruflich reichlich und zur Genüge – und natürlich ist das Haus voll mit geistlichen Schätzen. Aber privat suche ich den Kontrast – auch da wieder eine lebenshungrige Mischung aus allen möglichen Sachen. Im Urlaub habe ich gerade die Geschichte einer Nebelsignalstation an der Ostseeküste studiert – samt der Familien, die sie betrieben haben. Selbst in so einem Buch ent-

ge!
einzig!
Mokro! Studeno! NIVEA KRÉM
proti drsné pleti.
Cuxhavener Nachrichten
Corona-Verstöße werden teuer

decke ich Dynamiken, die auf mein Verständnis vom Leben und vom Handeln einzahlen. Parallel dazu habe ich die Geschichte eines Wismarer Kaufmanns gelesen, die sich durch den Ersten und Zweiten Weltkrieg hindurchzieht: Spannend, wie ein deutsches Leben durch die Krisen und politischen Systeme geformt wird!

So sammelt sich ein Fundus von Lebensreichtum. Geschichten voller archaischer Gefühle und Strukturen: Sehnsüchte, Empfindungen, Möglichkeiten, Gaben. Sie finden jeweils ganz unterschiedliche Ausdrucksformen und -färbungen und Mäntel – aber in ihrem Inneren ist sehr vieles gleich. Und du entdeckst dich in vielem wieder oder kannst dich in ihm spiegeln. Immer mehr zu verstehen, wie Menschen funktionieren, wie die Welt funktioniert, finde ich einfach superspannend. Wir sind einander fern – und doch verblüffend nah und verwandt.

IMMER MEHR ZU VERSTEHEN, WIE MENSCHEN FUNKTIONIEREN, WIE DIE WELT FUNKTIONIERT, FINDE ICH EINFACH SUPERSPANNEND.

Thomas: Kann man sagen, dass die meisten deiner Bücher mit Menschen und Erfahrungen im gesamtdeutschen Kontext zu tun haben, also es weniger über die Kultur und Sagenwelt der Inuit oder sonst einer exotischen Welt geht?

Uli: Ja, absolut, es geht mir schon sehr um unseren Sprachraum, um diese verrückte deutsche Geschichte ...

Tatsächlich interessiere ich mich nicht groß für ferne Länder – oder wie du für den Wilden Westen. Im Grunde buchstabiere ich unsere Geschichte nach, weil ich vieles davon selbst erlebt und durch meine Familie mitbekommen habe. Auch dieser unselige Ost-West-Konflikt, diese schreckliche Polarisierung und das Zerrissensein dieses Landes. Die enorm starken Gefühle des Kalten Krieges – dieser Antiamerikanismus im Osten und die Russenfurcht im Westen. Ich habe das als Kind und junger Mann mitbekommen – aber ich muss das heute erwachsen deuten lernen.

Und ich will es gerne auch aus östlicher Perspektive verstehen – wir Wessis leben da immer noch mit einer Kalten-Krieg-Diktion und -Denke! Es ist für mich ein Geschenk Gottes, hier heute in Frieden sitzen zu können, mich an unserem wiedervereinigten Land zu freuen – und das alles noch einmal nach-denken und miterleben zu können.

Eine meiner großen Lebensentdeckungen und wohl auch Gaben ist die Kraft und die Kunst der Analogie: Verhalten und Erfahrungen und Entscheidungen und Gefühle miteinander vergleichen. Während des Lesens frage ich mich immer:

Wie würde es mir jetzt gehen? Wie hätte ich reagiert? Wie wirkt das, was der andere jetzt gerade macht und was mich so befremdet, wenn ich mich in seine Schuhe stelle? Würde ich es nicht vielleicht ganz genau so machen oder empfinden?

Durch diese Analogieschlüsse und den Perspektivwechsel verändert sich mein Denken und Fühlen. Auf einmal sehe ich vieles anders oder kann es zumindest ganz anders nachempfinden. Ich bin überzeugt von einem Denksystem oder einem Entscheidungsweg – und lege es auf eine andere Situation. Und auf einmal merke ich, dass ich bisher nicht fair geurteilt habe. Daraus wächst dieses Mandat, ein Brückenbauer zu sein: Das sehe ich für mich als eine der wichtigsten Aufgaben meines Berufes – Menschen einander erklären, Türen zu öffnen für eine andere Sicht.

Thomas: Man kann nur Brücken bauen, wenn man sich um den anderen bemüht. Wenn man sich zu ihm hinbeugt, zu verstehen sucht und dabei merkt, dass man ihm viel ähnlicher ist als gedacht, obwohl er sich ganz anders ausdrückt und anders verhält.

Uli: Wenn ich das Menschsein in seinen großen Umrissen und Sehnsüchten tiefer verstehe, dann kann ich leichter bei anderen andocken. Kann dem anderen in mir Recht verschaffen. Aber das gelingt mir nur, indem ich ihn aus seiner Situation und seinem Gewordensein verstehe. Das baut die Brücke und öffnet die Türen. Es schafft eine ganz andere Grundlage dafür, dass Vertrauen zwischen zwei Menschen wachsen kann.

Bei diesem Gespräch hat sich etwas Schönes ereignet: Wir haben das Interviewsetting total vergessen und uns ganz dem Fluss des Gesprächs überlassen. So wie wir es aus unseren persönlichen Begegnungen der letzten Jahre kennen. Auf einmal ist da einfach ein gutes, natürliches Gespräch; das Entdecken von Gemeinsamkeiten, daraus wachsendes Verstehen. Solche Dialoge neigen zum Philosophischen, aber gute Philosophie ist ja nichts anderes als der Versuch, alltägliche Phänomene und Lebensfragen hintergründig und von ihrer inneren Dynamik her zu verstehen. Dafür eignen sich die Lebenswelt, die Umgebung, die Bücher eines Menschen bestens, sofern er sich nicht bloß oberflächlich darin bewegt. Ich hoffe auf weitere solche Flow-Momente im Verlauf der nächsten Tage.

5

»WIR WOLLTEN CHRISTUS HINTERHER«

LEBEN IN GEMEINSCHAFT

In den Sechziger-, Siebziger- und Achtzigerjahren wurde unter jungen Christen viel über Möglichkeiten und Formen verbindlicher Lebensgemeinschaft diskutiert. Es entstanden neue ökumenische und evangelische Kommunitäten mit teilweise starkem Zulauf (Jesusbruderschaft Gnadenthal, Offensive Junger Christen, Christusträger, Lebenszentrum Adelshofen, Wörnersberger Anker und viele andere). Auch in meinem Freundeskreis wurden in den ausgehenden Achtzigerjahren Gemeinschaftspläne geschmiedet. Frisch verheiratet verbrachten meine Frau Karin und ich in der Folge sieben Lebensjahre in zwei kleineren diakonischen Lebensgemeinschaften.

Damals besuchten wir mehrmals andere Kommunitäten, um von deren Erfahrungen zu lernen. Wir lasen Bücher zum Thema. Eines davon brachte mich in Berührung mit der schon deutlich länger bestehenden Gemeinschaft der Hutterer in den USA. Der Titel: »Gemeinschaft lebenslänglich: Deutsche Hutterer in den USA«. Der Autor: ein Ulrich Eggers, mir damals unbekannt – was der Lektüre keinen Abbruch tat. Als ich Uli Jahre später kennenlernte, dauerte es eine Weile, bis ich begriff, dass er der Autor dieses Buches war. Im folgenden Gespräch nun habe ich die Gelegenheit, den mit dem Thema »Gemeinschaft« verbundenen Geschichtsstrang in Ulis Leben freizulegen.

Auf den Spuren Eberhard Arnolds und der Bruderhöfe

Thomas: Es gibt ja in deinem Leben je nach Phase wechselnde Schwerpunkte. Das Thema »Gemeinschaft« gehört zu den bleibenden, auch deshalb, weil du und Christel bis heute Teil einer Lebensgemeinschaft seid. Wie bist du auf das Gemeinschaftsthema gestoßen?

Uli: Auf Eberhard Arnold und die Bruderhöfe stieß ich wohl in der Bibliothek der Hamburger Uni – da war etwas von der Neuwerk-Bewegung zu lesen, jugendbewegten Christen nach dem Ersten Weltkrieg rund um den Vorläufer der SMD, der christlichen Studentenarbeit der DCSV, deren Sekretär Arnold zeitweise war.

Aber auch im Umfeld der Jugendzeitschrift und der Frage nach ganzheitlichem Leben tauchte bald der Bereich »gemeinschaftliches Leben« am Horizont auf. Jim Wallis, mit dem ich bereits Kontakt hatte, lebte in Washington ja auch in einer Form von Gemeinschaft, den »Sojourners«.

Thomas: War das eine monastische Gemeinschaft, eine Art Kloster mit Tageszeitgebeten und so?

Uli: Nein, bei »Sojourners« lebten einige junge Familien in einem Washingtoner Stadtviertel zusammen, es gab gemeinsame, aber auch individuelle Arbeit. In gewisser Weise ist uns das für die WegGemeinschaft zum Vorbild geworden. Wir sind eine Gemeinschaft, haben gemeinsame Aufgaben, leben verbindlich – aber wir müssen nicht zusammen in einem Haus wohnen oder einen gemeinsamen Arbeitgeber haben. Wir sind kein Kloster.

Thomas: Später kam es zu Berührungen mit den hutterischen Bruderhöfen in den USA. Welche Rolle spielten sie für dich beim Thema Gemeinschaft?

Uli: Die Zeit der Jugendbewegung interessierte mich, ich las gerade Manfred Hausmanns »Lampioon«, er war mein damaliger Lieblingsautor: Da gab es Naturromantik, Wanderfahrten, Musik, Lagerfeuer, Ringen um einen zeitgemäßen Lebensstil. Auf christliche Weise hat Eberhard Arnold das nachgeformt, mit evangelikaler Bibeltheologie, religiösem Sozialismus, gemeinsamem Leben. Vieles davon ist auf der Grundlage der Enttäuschung durch den Ersten Weltkrieg zu verstehen, dem Umbruch und der Suche nach Neuem.

»Wie können wir denn leben?« – das war damals genauso die Frage wie fünfzig Jahre später bei Francis Schaeffer und L'Abri in der Schweiz. Diese Suche nach praktischer Lebensorientierung aus der Bibel wiederholt sich mit jeder Generation. Arnold gründete dann einen »Bruderhof« in Sannerz in der Rhön. Sie haben gemeinsam Landwirtschaft betrieben, einen Verlag gegründet, Arbeit und Leben geteilt.

So etwas spricht mich an: Eine Pioniersituation, etwas Neues wird geformt usw. Diesen Spuren forschte ich nach, fand Bücher und Schriften. Ab 1933 kam der Bruderhof unter enge Beobachtung der Nazis, wurde als gefährlich eingestuft, musste schließen. Die Gemeinschaft zog nach Südamerika, von dort weiter nach Kanada und in die USA, hat sich später unter großen Mühen und Verwicklungen der hutterischen Bewegung angeschlossen – streng pazifistischen mennonitischen Gemeinschaften.

Dieses ganze Thema faszinierte mich. In Deutschland gab es einen Megabestseller von Michael Holzach, einem Stern-Journalisten: »Das vergessene Volk«. Er hatte einige Monate in einem hutterischen Bruderhof mitgelebt und schrieb nun darüber. In der Zeitschrift GEO erschien eine mehrteilige Reportage mit fantastischen Fotos dazu. Ich war fasziniert, da verdichtete sich ein Thema – und die Arnold-Spur gehörte ja irgendwie dazu.

Thomas: Also begannst du zu forschen ...

Uli: Ich bin einfach Journalist und Entdecker – ich machte mich auf die Suche und entdeckte einmal mehr diese faszinierenden Zusammenhänge hinter den Dingen. Große Fragen und Sehnsüchte einer Zeit, die in jeweils unterschiedlicher Form Resonanz erzeugten. Wenn ich einmal Blut geleckt habe, überwindet meine Leidenschaft jede Schüchternheit: Ich habe Kontakt mit Michael Holzach aufgenommen und ihn interviewt. Parallel habe ich die Bruderhöfe angeschrieben. Sie schickten mir einige bebilderte Broschüren über ihr Leben in den USA und sagten mir auch, sie hätten Interesse, in Deutschland wieder Fuß zu fassen.

Und dann passierte 1983 etwas sehr Witziges, damals noch in unserer kleinen 2,5-Zimmer-Wohnungsredaktion in Hamburg-Eilbek: Das Telefon klingelte – und eine ältere Stimme sagte: »Guten Tag, hier ist Hermann Arnold von den Bruderhöfen!« Ob er mal vorbeikommen könne. Sie seien gerade in Deutschland unterwegs. Und wenig später klingelte es – und es war, als wäre mal eben die Geschichte lebendig geworden: Hermann Arnold, ein Verwandter von Eberhard, stand vor der Tür ...

Thomas: In Latzhosen und weißem Hemd, oder wie muss ich mir das vorstellen?

Uli: Nein, mit grünem Lodenjanker, schwarzer Hose und Spitzbart. Ein kleiner, energischer 70-jähriger Mann zusammen mit einem jungen »Bruder«.

Thomas: Was wollte er von dir?

Uli: Ich glaube, er wollte im Grunde auskundschaften, ob wir als Redaktion und Verlag ein freundliches Umfeld für sie darstellten und ob sie eine Beziehung für die Publikationen des Bruderhofes aufbauen konnten. Es war eine spannende Begegnung, er hat erzählt – und ich war fasziniert und interessiert. Eben liest du noch in staubigen Büchern über diese Geschichte, im nächsten Moment sitzt sie live bei dir am Kaffeetisch!

Nach diesen anderthalb Stunden waren alle glücklich. Er ist zufrieden weitergefahren, weil er merkte, dass wir echtes Interesse hatten, selbst auf der Suche waren und ein Netzwerk hatten. Und mir wurde klar: Hier kann eine neue, spannende Geschichte beginnen. Er hatte uns in die USA eingeladen – und wollten wir nicht sowieso mal Ron Sider und Jim Wallis besuchen? War da was möglich?

Thomas: Das war der Steigbügel zu deinem ersten Buch mit dem Titel »Gemeinschaft lebenslänglich« 1985. Ein Buch über die deutschen Hutterer in den USA. Wolltest du eine Art »Holzach für Christen« scheiben?

Uli: Das war nicht sofort im Blick. Ich hatte noch nie ein großes Buch geschrieben, das war totales Neuland für mich. Aber die Idee lag natürlich nahe. Es war ein Thema, das Menschen interessierte – und hier gab es eine spezifische Ausformung mit deutschen Wurzeln. Und zugleich war in meinem eigenen Leben dieses Interesse an Lebensformen und christlicher Gemeinschaft da und ich merkte sofort: Die Bruderhöfe waren etwas ganz anderes als die »Sojourners«.

Thomas: Eher wie traditionelle Mennoniten oder Amische?

Uli: Vom Äußeren her ein bisschen wie Amische, vom Lebensstil allerdings total technikaffin und aufgeschlossen. Die auf Eberhard Arnold zurückgehenden Bruderhöfe leben bis heute von ihren Firmen für hochwertiges Holzspielzeug und Kindergarteneinrichtungen – *Community Playthings*. Zugleich lebt man in Tracht,

Christel beim Volkstanz auf dem Woodcrest-Bruderhof der Hutterer in New York State, USA

Frauen tragen weite, blau gemusterte Röcke und gepunktete Kopftücher, Männer blaues Hemd zur schwarzen Hose.

Wir nahmen Kontakt zu Sider und Wallis auf und sind dann in die USA geflogen: Zuerst besuchten wir Ron Sider in Philadelphia, dann Jim Wallis in Washington und danach ging es zu den Hutterern nach Woodcrest, im Staat New York, am Hudson River. Dort gab es einen großen Bruderhof mit etwa 400 Menschen.

Thomas: Wie muss ich mir das vorstellen? Wie sah es dort aus?

Uli: Ein hügeliger Ahornwald an einem Fluss, viele große Unterkunftshäuser, in denen mehrere Familien zusammenlebten, von jung bis alt – viele, viele Kinder, eine eigene Schule und eine große Werkstatt, die Holzfirma, in der viele arbeiteten. Gekocht wurde zentral für alle, gegessen in einem großen Speisesaal – gefrühstückt wurde in den Familien. Es gab Felder mit Tomaten und Gemüse aller Art, viel Selbstversorgung. Mittags beim Essen wurden Geschichten oder Briefe vorgelesen und getragene Lieder aus der eigenen Historie gesungen – eine andere Welt.

Es war christliche Gemeinschaft mit einem nostalgischen Touch der Jugendbewegung, sehr familiär, sehr freundlich. Es war bunt und fröhlich – aber auch umweht von einem Ernst und einer gewissen Strenge und Schwere. Es war friedensbewegt, gewaltlos, mit einem starken Aspekt auf: »Wir gehören zusammen, wir sind eine Einheit.« Ein radikal urchristliches Leben auf den Spuren Jesu.

Thomas: Woran hat sich das gezeigt? Jesus hat ja keine Kommunität in diesem Sinne gegründet?

Uli: Es war urchristlich im Sinne von Apostelgeschichte 2. Dort heißt es von den ersten Christen, dass sie alles gemeinsam hatten. Bei den Bruderhöfen gibt es keinen Privatbesitz, es wird alles zugeteilt – Individualismus ist dort nicht die Leitmaxime, es geht um radikale Nachfolge und Einheit. Diese gewisse Schwere und Radikalität war befremdend für uns.

Thomas: Weshalb?

Uli: Es wirkte oft wie ein »Radikal um des Radikalen willen« – Gemeinschaft um der Gemeinschaft willen, das Wir und die Einheit waren viel wichtiger als der Einzelne. Wir blieben drei Wochen dort und arbeiteten mit. Ich wurde relativ rasch ins Archiv geholt, weil ich Journalist war. Ich sollte ihnen helfen, einige Texte zu bewerten, die sie publizieren wollten. Der Besuch dort endete mit dem Plan: Uli Eggers schreibt ein Buch über uns.

Thomas: Das Buch war vor dem Besuch noch gar nicht angedacht gewesen?

Uli: Nein, wir wollten sie einfach verstehen, erleben, ihnen begegnen – und wir suchten ja auch persönlich nach spannenden Modellen von Gemeinschaft. Ein Jahr später fuhren Christel und ich wieder hin und sind dann ungefähr fünf Wochen geblieben. Ich saß weitgehend in der großen Bibliothek im Archiv, konnte forschen und das Buch schreiben. Ich entdeckte viel Material – auch durchaus Kritisches über große Konflikte in ihrer Vergangenheit, über heftige Vorwürfe von Ex-Mitgliedern usw.

So etwas ist im Blick auf Gemeinschaft nicht ungewöhnlich – es ist immer ein heftiges Auf und Ab und produziert eben auch Konflikte. Wer viel will und radikal und idealistisch ist, der erzeugt Reibung und Konflikt – das haben wir ja später selbst erlebt.

Das Buch ist auch aus meiner heutigen Sicht ganz gut gelungen – sehr journalistisch, ein bisschen lyrisch-expressionistisch, an vielen Stellen recht frech formuliert, aber ehrlich, persönlich und wertschätzend: Die Bruderhöfe sind eine beeindruckende christliche Gemeinschaft, die es sehr aufrichtig meint und Großes in den Spuren Jesu will.

Thomas: Ging es dir darum, das Leben dort zu beschreiben, oder wolltest du den Lesern vermitteln: »Sucht auch nach solchen Formen, schaut, so könnte man das machen!«?

Im Gespräch mit Ben und Marianne Zumpe von den Hutterern, ca. 1989

Uli: Das Buch atmet unsere eigenen Fragen nach überzeugendem Christsein und der Suche nach Gemeinschaft – folgt aber dem Duktus des Holzach-Buches, nämlich: Deutscher Journalist fliegt in die USA, lebt mit denen und schreibt darüber.

Ich habe unsere Geschichte in ihrer Geschichte erzählt. Unsere Entdeckung ihres Lebens, den Tagesablauf, die Begegnungen und Erfahrungen. Darin eingewoben ist ihre Entstehungsgeschichte in Deutschland, die harten Erfahrungen im Chaco in Paraguay: der Hunger, das Ungeziefer, die Plantagen, die Arbeit, die Hitze, der Streit. Dann die Flucht von dort in die USA, weil sie für sich in Südamerika keine Zukunft sahen. Der Alltag in einer Gemeinschaft in seinen verschiedenen Phasen – wo es immer auch irgendwelche Großkonflikte und Krisen gab.

Thomas: Du sprichst von den Spannungen innerhalb einer solchen Gemeinschaft. War das eine Ernüchterung für euch? Habt ihr es euch harmonischer vorgestellt?

Uli: Natürlich! Wir waren blauäugig und naiv – wie die meisten, wenn es um christliche Gemeinschaft geht. Romantischer Idealismus, sonniger Nebel vor Augen! Es war ein Aufwachen für die Dimension christlicher Gemeinschaft. Wir haben das später als WegGemeinschaft auf eigene Art genauso erfahren.

Bis heute gibt es in jeder Generation Interesse an christlicher Gemeinschaft – vieles davon romantisch überhöht. Die Wirklichkeit ist das Mühen um ein gutes Miteinander von ganz unterschiedlichen Charakteren, die so eng unterwegs sind, dass man einander nicht gleichgültig sein kann – wie es ja in Kirche und Gemeinde noch möglich ist.

Nach und nach entdeckten wir die Schatten unter dem bunten Bild – auch manches von den Konflikten, von denen sie natürlich gar nicht so gerne wollten, dass dieser Uli Eggers aus Deutschland darüber schrieb. Ich sollte lieber ein flammendes Plädoyer für das Tolle an dieser Gemeinschaft schreiben – aber das war es ja auch. Ganz vieles kann man nur mit großem Respekt sehen.

Thomas: Ging es bei den Konflikten um Macht?

Uli: Im Grunde ist das egal: Schau dir Ehe und Familie oder Gemeinde an – und rechne hoch: Nähe schafft immer auch Konflikte. Es geht um das Individuum in der Gemeinschaft, um den Einzelnen und das große Ganze, um Leitung und Einfluss, um Praxis und Theologie. Darum, welche Gruppen oder Menschen innerhalb der Gemeinschaft das Sagen haben. Welchen geistlichen Tendenzen man folgt, was okay ist und was nicht. Um die Frage, wie offen man nach außen sein soll, wie man mit Abweichlern umgeht. Was mit den Leuten ist, die Zweifel bekommen, die nicht mehr auf Linie sind. Was man mit Familien macht, die sich nicht gut benehmen. Wie homogen Gemeinschaft sein muss.

Man merkt schnell, wie doppel- oder dreifachbödig alles ist. Es gibt die Sonntagsantwort von oben, die Alltagsantwort von unten, die kritische Antwort von außen – Ehemalige sind ja immer besonders scharf und oft unfair. Ich habe versucht, diese Ambivalenz rund um Gemeinschaft auszudrücken und den frechen Titel gewählt »Gemeinschaft lebenslänglich«. Darin schwingt dieses »lebenslang« mit, das lebenslange Versprechen zueinander, aber auch ein bisschen ... na ja, Gefängnis wäre übertrieben ...

Thomas: Doch, genau so höre ich das »lebenslänglich«!

Uli: Es ist eine Enge, eine radikale Starrheit da, die aber auch unglaublich fasziniert. Es ist wahnsinnig berührend, wie man mit den Alten der Gemeinschaft umgeht, wie die Kinder integriert sind. Aber auch befremdend, wie die Einzelnen sich unter den klaren Lebensregeln der Gemeinschaft anpassen müssen. Es gibt wenig Individualität.

Thomas: Man ist einander ausgeliefert.

Uli: Ja, es gibt ein ganz eigenes Set von »Dos« und »Don'ts« mit viel sozialer Kontrolle. Eingefahrene Traditionen, die fromm überhöht werden, aber einfach nur eigene Geschichte spiegeln, das gewählte Biotop. Wir merkten auch: Manche Familien waren nicht so linientreu und man wollte nicht unbedingt, dass wir gerade auf sie stießen. Es war einerseits viel Glück und Freude da – aber eben auch ein gewisser Druck.

Die WegGemeinschaft

Thomas: Das alles hat auf die WegGemeinschaft abgefärbt, die sich parallel dazu hier in Cuxhaven formte. Was genau hat euch bewogen, dieses Experiment zu starten?

Uli: Wir sind mit zwei, drei wesentlichen Lernerfahrungen aus den USA zurückgekommen: Von den »Sojourners« haben wir gelernt, dass es eine Form der Verbindlichkeit zueinander gibt, die dennoch viel Individualität ermöglicht. Dass man mit gemeinsamen Zielen, aber auf individuellen Wegen leben kann. Dass Gemeinschaft eine gemeinsame Aufgabe braucht und es nicht zuerst um Teetrinken und Lagerfeuer geht.

WIR HABEN GELERNT, DASS GEMEINSCHAFT EINE GEMEINSAME AUFGABE BRAUCHT UND ES NICHT ZUERST UM TEETRINKEN UND LAGERFEUER GEHT.

Bei den Hutterern wurde deutlich: Achtung, Gemeinschaft lebt in einer ständigen Spannung – es gibt verschiedene Phasen und es ist immer etwas in Entwicklung. Es gibt einen starken Homogenitätszwang, starke Konformität und die Vorstellung, dass man erst dann richtig radikal ist, wenn eine gewisse Uniformität einzieht. Es gibt steile Worte und einen radikalen Lebensstil jenseits der Gesellschaft – aber mit einer starken Auf-sich-Bezogenheit und sehr viel Aufwand zum Erzeugen von Konformität. Das wollten wir nicht.

Bei den Bruderhöfen ist in den letzten 35 Jahren allerdings auch vieles in Bewegung gekommen. Sie wachsen und haben manche neue Weiche gestellt. In Teilen sind sie auch wieder nach Deutschland und Österreich zurückgekehrt.

Thomas: Diesen großen Aufwand nach innen wolltet ihr also nicht …

Uli: Wir waren ja über unsere Ziele und unseren Auftrag zusammengekommen, haben uns mehr als Arbeitsgemeinschaft empfunden. Wir kannten uns alle aus der Jugendarbeit, waren zum Teil lange befreundet, die inzwischen gefundenen Partner waren ebenfalls mit dabei. Wir wollten Freizeiten machen, Jugend- und Gemeindearbeit mit Themen wie Armut, Hunger und ganzheitliches Leben zu-

Besichtigung des Dünenhof-Geländes mit der Gemeinschaft

sammenbringen. Die Lausanner Erklärung war und ist unser Leuchtturm: Evangelisation und diakonisches Handeln – die beiden Hände Christi. Es ging also um gemeinsame Arbeit und sicher auch um eine Form von Gemeinschaft – Verbindlichkeit, Struktur, Verlässlichkeit zueinander.

Wir haben bald gemerkt: In einer Gemeinschaft besteht immer die Gefahr, dass du links oder rechts vom Pferd fällst. Du kannst links vom Pferd fallen, indem du die Beziehung überfunktionalisierst: Alle Kraft in den Auftrag! Und du kannst rechts vom Pferd fallen, wenn du sie unterfunktionalisierst: Hauptsache schöne Gemeinschaft! Genau wie in einer Ehe. Sie kann überfunktionalisiert werden, wenn es nur eine Zweckgemeinschaft ist: Geld verdienen, Kinder großziehen, Haus bauen, sich Urlaub leisten. Und irgendwann sind die Kinder aus dem Haus, man verliert den Job oder geht in den Ruhestand – und, äh, warum waren wir eigentlich zusammen? Man hat keine gemeinsame Aufgabe mehr, keine Vision über sich hinaus, ödet sich vielleicht auch an. Es kommt also auf eine gute Balance an.

Thomas: In der Fixierung aufeinander kann man einander ja auch überfordern: mit den Erwartungen an den anderen, mit Bedürfnissen, die er stillen muss.

Uli: Ja, das ist eine dritte wichtige Dimension, die in der Ehe – aber eben auch bei christlicher Gemeinschaft – eine große Rolle spielt: diese romantische Fehlunterstellung, dass der andere mir etwas bringen muss, mich bedienen, mich leiten, mich inspirieren, mich befriedigen muss. Ich bin erst etwas durch den anderen oder die andere. Das ist eine symbiotische Form von Gemeinschaft. Gute Gemeinschaft kannst du aber nur dann leben, wenn darin Menschen zusammenkommen, die auch für sich leben können. Das haben wir bei Bonhoeffer entdeckt, der in seinem Buch »Gemeinsames Leben« sinngemäß sagt: Wer nicht allein leben kann, der ist auch nicht fähig zur Gemeinschaft.

Thomas: Ist der Eindruck richtig, dass ihr früh ein gutes Verhältnis von Nähe und Distanz gefunden habt? Dass zum Beispiel nicht alle im selben Haus leben müssen oder auf demselben Gelände, man sich aber einmal die Woche trifft? Jedenfalls lebt ihr es heute so. War das von Anfang an so?

Uli: Wir sind neun Leute und haben einander ein lebenslanges Versprechen gegeben – das ist das verbindliche Element. Wir erneuern dieses Ja zueinander jedes Jahr – und auch bei uns gab es viele verschiedene Phasen und Konflikte. Aber dieses »Einmal die Woche plus Projekte und eine ganze Woche Jahresklausur« hat sich im Wesentlichen bis heute durchgezogen, ja. Wenn du fragst, ob es gelungen ist, dann muss man zurückfragen: Mit welcher Brille, mit welcher Finalität bewertet man »gelungen«?

Thomas: Was ist denn aus deiner Sicht gelungen und was nicht?

Uli: Wir hatten von Anfang an einen »Gesundheitsfaktor« für die Gemeinschaft: Wir wollten Christus hinterher und liebten Gemeindearbeit. Das war Zentrum – und insofern war klar, dass wir einen Auftrag hatten und ihn leben wollten. Das ist gelungen …

Thomas: Was heißt das konkret: »Wir wollten Christus hinterher«?

Der Dünenhof vor der Übernahme, Ende 1985

Handarbeit an der Gitarre beim ersten Dünenhof-Festival

Uli: Jesus ist das große Vorbild – und wir sind Jünger, leben in seiner Nachfolge, natürlich in aller menschlichen Schwäche! Wenn Gemeinde das Kollektive, das Gemeinsame ist, dann ist Christusnachfolge das Individuelle. Das, was ich als Ausdruck meines persönlichen Gehorsams oder meiner Sendung in eine Arbeit, an einen Ort, in eine Idee oder Aufgabe leben will. Beides gehört auch in einer Gemeinschaft zusammen. Sie kann ohne die individuelle Nachfolge nicht funktionieren – jeder ist Teil auch des gemeinsamen Auftrags, des liebevollen Miteinanders. Wer in seiner Nachfolge aber immer nur nach dem »Jesus und ich« fragt, der verpasst die gemeinsame Dimension, die Gabe der anderen – die große Rolle der Gemeinschaft, wie sie sich in Apostelgeschichte 2 auch als Zeugnis gegenüber der Welt zeigt. Kirche ist ein Wir aus Ichs. Ich bin im Ganzen, das Ganze ist in mir. Die Gemeinde ist Braut Christi, unendlich wertvoll. Und ich bin Teil als Ich.

KIRCHE IST EIN WIR AUS ICHS.

Beide Dimensionen waren in unserer DNA verankert. Deswegen hatten wir PUNKT-Freizeiten organisiert, wo wir die Artikel des Magazins erproben und leben wollten. Nur die Form von engerer Gemeinschaft hatten wir noch nicht gefunden. Wir haben dann um ein Haus gebetet, weil wir dachten: »Da könnte man zusammen drin leben und Freizeitarbeit machen. Auftrag – und Gemeinschaft.« Wir haben uns quer durch Deutschland andere Gemeinschaften angeguckt, sind an viele Orte gereist – und man »riecht« sehr schnell, wenn man einen Tag in einer anderen Gemeinschaft war, was man mag und was nicht.

Die Formungsphase der WegGemeinschaft ging von 1982 bis 1985 – alle vier bis sechs Wochen haben wir uns in Hamburg, Witten oder Cuxhaven getroffen, gebetet, gesungen, endlos diskutiert, gekocht, gegessen, gehofft. Die meisten hatten noch keine Kinder – da war viel möglich.

Thomas: War damals schon klar, wer dazugehört? Dieselben neun wie heute?

Uli: Nein, wir waren ein innerer Kern von zehn, zwölf Leuten, aber es gab eine erweiterte Gruppe von zwanzig, fünfundzwanzig Personen. In diesem Dunstkreis ist mal was verdunstet und war wieder weg, aber es hat auch andere angezogen. Als es um die Vereinsgründung ging und wir entschieden, dass die Gruppe sich hier im Norden, in Cuxhaven, festmacht, da haben wir manche Leute vereinnahmt und überfordert. Die waren am Thema interessiert – aber das war ihnen dann zu konkret. Manche haben gern mitdiskutiert und wollten Impulse aufnehmen, aber nicht verbindlicher weitergehen – das ist ja völlig okay.

Es gab sowieso eine große Bandbreite von Vorstellungen und Erwartungen. Auch wir aus dem inneren Kreis haben stark aus den unterschiedlichen Lebenssituationen heraus reagiert, in denen jeder von uns sich befand. Manche waren schon im Beruf wie ich, andere waren noch Studenten wie Manfred Pagel und seine Frau Anke. Dieter, mein älterer Bruder, und seine Frau Renate waren bereits etabliert und hatte kleine Kinder.

Heute wissen wir: Das war eine ganz schwierige Spreizung der Lebenssituation – und damit auch der Möglichkeit, Gemeinsames zu erkennen. Da begannen die traumatischen Teile von Gemeinschaft – wo die Nähe und Enge reibt, aufreibt.

Thomas: Weil ihr nicht vom selben gesprochen habt.

Uli: Wir sprachen zwar von denselben Themen – aber jeder hat sie durch die Brille seiner Erfahrungen und seiner Lebenssituation gesehen. Dass dieser unterschiedliche Stand aber eine wichtige Brille ist, haben wir nicht richtig verstanden – gerade Manfred und ich, die beiden »Obervisionäre« und Schwinger steiler Thesen. Und so haben wir schnell dasselbe gemacht wie die Hutterer, nämlich um Homogenität gerungen: Wie wollen wir zusammenleben? Was ist mit Gütergemeinschaft? Was ist mit dem »lebenslänglich«? Es ging um den größtmöglichen Konsens – aber natürlich hat jeder auch versucht, sein Spezialinteresse in das Gemeinsame zu packen. Und daraus entstand die Summe der Interessen – das war dann die Gemeinschaft.

Nur, völlig klar: Nicht jeder hat jedes Interesse oder Ziel gleich vertreten. Jeder aber hat für sein Interesse und sein durch die Lebenssituation geprägtes Interesse gekämpft …

Thomas: Hast du ein Beispiel? Wie muss ich mir das vorstellen?

Uli: Wenn es zum Beispiel um Geld und Besitz ging, dann war doch ganz klar, dass Studenten mit einem gemieteten Zimmer das ganz anders sehen konnten als Leute, die schon ein Haus hatten. Personen ohne Kinder können viel radikaler denken und planen als Eltern mit Säuglingen und Babys.

Aus diesem Konglomerat an Lebenssichten und Erfahrungsständen und Wunschzielen und Erwartungen sind viele Spannungen gewachsen bis hin zu Verletzungen, die teilweise noch wehtun. Jeder ist Angreifer und Verteidiger, jeder hat Wünsche und Ideen und Sorgen und Ängste. Gemeinschaft ist immer der äußere Rahmen um ein Bündel von Motivationen und Erwartungen und Erfahrungen. Das ist in der Ehe nicht anders – und auch nicht in einer Gemeinde. Es ist die Nähe und das Maß an Engagement für gemeinsame Ziele, das dann den Unterschied ausmacht. Jeder möchte ja, dass sich seine Wünsche und Ideale erfüllen – er will etwas hineingeben, hofft aber auch, etwas herauszuziehen. Und neben diesen Findungsprozessen läuft dann dieses große Spannungsparadigma: Arbeitsgemeinschaft und Funktion – oder Beziehungsgemeinschaft mit Spiel, Spaß und zweckfreier Nähe? Was ist jetzt das Wichtigste: die Aufgabe oder die Gemeinschaft? Das gemeinsame Essen oder die radikale Vision von Gütergemeinschaft und Kampf gegen Welthunger?

GEMEINSCHAFT IST IMMER DER ÄUSSERE RAHMEN UM EIN BÜNDEL VON MOTIVATIONEN UND ERWARTUNGEN UND ERFAHRUNGEN.

Thomas: Ist es nicht so, dass man am Anfang eines solchen Weges gar nicht sagen kann: »All diese Dinge werden wir zuerst klären, bevor wir wissen, ob wir Gemeinschaft sein wollen«? Denn damit wäre die Sache doch schon gescheitert. Du musst ja eine gewisse Blindheit und Unwissenheit haben, um überhaupt loszulaufen. Auf dem Weg aber kommen dann all diese Themen auf den Tisch und du musst dich ihnen stellen, so gut du kannst.

Uli: Ja, man läuft immer ein ganzes Stück blind hinein. Wer Gemeinde oder Ehe lebt, der hat viele Vorbilder und Hilfen. Bei Gemeinschaft ist das Umfeld viel schwieriger – da sitzen eher die Geier auf den Zäunen und warten auf das Scheitern. Befreundete Beobachter werden sicherlich manchmal die Hände über dem Kopf zusammengeschlagen haben: »Die wissen ja gar nicht, was sie tun! Die sind derart naiv! Das kann nicht gut gehen.«

Es gab viele solcher Stimmen bei uns im Gemeindebereich. Und wir waren mit unserem radikalen Idealismus sicher auch ein Stück weit selbst schuld daran. In gewisser Weise ist es wirklich ein Wunder, dass es gut gegangen und so viel Frucht gewachsen ist. Das war ganz viel Gott – und dann auch ganz viel Leidenschaft und Kampf und Einsatz, ganz viel starker Charakter und Jesusnachfolge bei allen. Und: Es war ein schwerer Weg! Aber ein superschöner. Keiner von uns wäre da, wo er heute ist, ohne diese Gemeinschaftserfahrung, das darf man nicht verkennen …

Thomas: Ohne einen gewissen Idealismus und ohne diese Unwissenheit würde man es vielleicht nie wagen.

Uli: Ja, da stimmt wirklich immer wieder der Vergleich: Es ist wie Ehe. Die Schönheit und Naivität und der Idealismus des Anfangs und der jungen Liebe weicht mit der Zeit und mit viel Kampf und Arbeit der Freude und Schönheit einer reifer werdenden Liebe – oder dem Zerbruch.

Von Spannungen und Reibungen

Thomas: Ich sage jungen Paaren öfter mal: Jeder, der heiratet, auch wenn er schon fünf Jahre mit seinem Freund oder seiner Freundin zusammen war, heiratet jemanden, den er oder sie nicht wirklich kennt!

Uli: Ja, das ist im Guten und im Schlechten so. Jemanden, den er nicht wirklich kennt, den er unterwegs kennenlernen wird, der die eigenen Erwartungen und inneren Positionen und die des anderen auch selbst erst langsam entziffern lernt. Manche Worte aus dem Kopf klingen dann aus dem Bauch oder Herzen ganz anders oder wandeln sich.

Wir haben in diesen ersten Formungsjahren der WegGemeinschaft versucht, sehr viel schriftlich niederzulegen, eine Regel zu bauen, Erwartungen zu klären. Wir haben dann aber schon nach einigen Jahren gemerkt, was auch wieder für Gemeinde und Ehe gilt: Liebe lässt sich nicht schriftlich definieren und erzwingen. Nicht einmal mit dem perfekten Konsenspapier ...

Thomas: Was im Text steht, bewegt sich nicht, der Mensch und seine Lebens- und Glaubenssituation aber doch ...

Uli: Genau, du kannst in einem Text deine Ziele und Ambitionen harmonisieren und zusammenfassen, sodass am Ende alle irgendwie drunterschlüpfen können. Aber was du die Zeitachse hinweg lebst und erfährst, lebt von deinem Investment, von der umgesetzten Motivation, von der getanen Liebe, von der gelebten Treue. Und, eine extrem wichtige Entdeckung für uns alle, die bei mir zum Gründungsauslöser für AUFATMEN wurde: Es lebt vor allen Dingen auf Dauer nicht von deinem Idealismus und von deiner Kraft und vom guten Willen. Idealismus, Kraft, Wille – die gehen alle irgendwann zu Ende. Es lebt aus deiner Beziehung zu Gott; daraus, dass du dich immer wieder von ihm klären, motivieren, demütigen, umdrehen lässt. Es lebt aus der persönlichen Begegnung mit ihm. Denn ohne die bin ich auf Dauer allein auf meinen Willen begrenzt – und der setzt sich irgendwann locker über die schönsten Konsenspapiere hinweg.

Natürlich gibt es willensstarke Menschen. Aber jeder erlebt auch: Es gibt Lebenskrisen, Motivationskrisen, Beziehungskrisen – und dann ist der Wille weg. Die Frage ist, warum man dann trotzdem weitermacht.

Thomas: Ich vermute, dass hier noch ein zweites Thema hineinspielt: Vergebung.

Uli: Das ist ein Riesenfass – aber es gibt eigentlich überhaupt nur Riesenfässer, wenn du über Gemeinschaft redest. Ich kann mich erinnern, dass ich am Anfang unserer Geschichte immer wieder einen fetten Satz herumposaunt habe: »Ich habe keinen Bock auf gruppendynamische Sitzungen!« Ich wollte Tempo, ich wollte Aktion, ich wollte vorwärtskommen, Projekte umsetzen. Emotionale Störungen und Nebengeräusche empfand ich nur als behindernd auf dem Weg nach vorn. Ich dachte, dass es uns nur aufhält, wenn jemand beleidigt ist, etwas falsch verstanden hat, sich nicht berücksichtigt fühlt.

DU SIEHST ALSO SCHON, AUF WELCHER SEITE ICH EHER VOM PFERD FALLE!

Du siehst also schon, auf welcher Seite ich eher vom Pferd falle! Und jetzt sprichst du Vergebung an! Ein absolut nerviges Thema – denn das ist ja genau so was wie eine gruppendynamische Sitzung: Ich muss mich aussprechen, muss Dinge klären, das Einzelgespräch suchen. Reden über das, was verletzt hat, wo ich mich angegriffen und missverstanden fühle. Und ganz klar: In dieser Nähe, bei diesen unterschiedlichen Menschen und Lebenssituation und Zielprojektionen kann man nur schuldig werden, man ist immer Täter und Opfer. Ich würde am liebsten darüber hinwegjoggen – Tempo machen. Aber ich und wir alle haben schnell gemerkt: Alles, was du wegdrückst und verschweigst, zerfrisst Gemeinschaft – genauso, wie es deine Ehe zerfrisst.

Thomas: Also musstest du doch all das tun, was du gar nicht wolltest …

Uli: Genau. Du kommst gar nicht darum herum, es ist ein Hürdenlauf zum Ziel. Heute sagen wir grinsend zueinander: »Wir dachten, es geht ohne gruppendynamische Sitzungen. Aber in Wirklichkeit ist das alles eine einzige große gruppendynamische Sitzung, was wir hier machen!«

Thomas: Und gleichzeitig würde ich vermuten: Du kannst auch damit nicht alles lösen. Eine Gemeinschaft muss ja auch mit dem leben lernen, was sich nicht lösen lässt, mit Unsicherheiten in den Beziehungen, mit verschiedenen Interessen …

Uli: Absolut. Menschen bleiben so unterschiedlich, wie sie sind. Ich merke da immer, wie wahr die Predigten oder Sprüche meines Vaters waren. Zum Beispiel sagte er gern: »Junge, achte darauf, die Länge trägt die Last!« Absolut wahr! Jeder Anfang ist vergleichsweise leicht. Es gibt den Charme der Anfangsjahre, die man gut überstehen kann. Aber auf die Länge hin beginnt der Verschleiß, wächst oft eine enorme Last.

Thomas: Das meine ich mit den Dingen, die sich nicht lösen lassen. Es gibt diese Bereiche, in denen wir uns trotz aller Verbundenheit nie ganz verstehen werden.

Uli: Genau. Der andere bleibt einfach so, wie er ist – und ich ja auch! Und dennoch ist es wichtig, dass ich mich äußere, dass ich den Schatz der mir anvertrauten Erkenntnis teile. Dass ich rauslasse, was in mir drin ist. Auch die Verletzungen. Auch die Freuden. Wenn du das alles verschweigst und es nicht rauskann, dann verhungerst du. So hatten wir schnell die Einsicht: Wir kommen nicht drum herum! Auch in der Ehe: Es muss raus, was du fühlst – und das tut weh!

Thomas: Und doch kannst du ja dem anderen nicht alles an den Kopf knallen. Du musst eine gute Sprache und den rechten Ton finden, damit dich dein Gegenüber hören kann.

Uli: Ja, natürlich musst du – aber dann bist du ja schon beim Bewältigen und Abarbeiten. Wir mussten erst einmal kapieren: Es ist eine Illusion, dass man eine Verletzung, ein Zurücksetzungsgefühl, ein Beleidigtsein, einen Schmerz wegstecken kann und dabei meint, es täte nichts mit dir. Nein, es arbeitet in dir! Und entweder baut es sich nach und nach auf und wird brav in deinem inneren Milchtöpfchen gesammelt, bis es überfließt und als Grundsatzkonflikt und Krise herauskommt. Oder du kannst es gar nicht mehr beherrschen und es kleidet sich in eine griffige Lappalie und bläst sie auf … Plötzlich wird es irgendwo aggressiv und du begreifst erst nach und nach, welcher kleine Auslöser die Lawine losgetreten hat.

Positiv gesagt: Du bekommst eine enorme Konflikt- und Kommunikationskompetenz in der Gemeinschaft, Menschenkenntnis und den nüchternen Blick, dass du an Konflikte ranmusst – reinfressen macht es nur schlimmer! Mit neun Leuten kann das mühsam sein – und zugleich siehst du großartiges Wachstum bei allen und echte Veränderung durch den Glauben und die Beziehung zu Jesus …

Thomas: Und gleichzeitig kannst du in einer Gemeinschaft nicht jede Verletzung zum Thema machen und fordern, dass man darüber reden muss. Du musst lernen zu unterscheiden, wo das Gespräch nötig ist, weil ein Vorfall oder eine Äußerung sonst zu einer belastenden Hypothek wird, und wo du etwas loslassen kannst und sollst.

Mir hilft ein Satz aus dem biblischen Buch der Sprüche 19,11: »Ein Mensch, der Einsicht hat, regt sich nicht auf; es gereicht ihm zur Ehre, bei Kränkungen Nachsicht zu üben.« Muss ich in der Gemeinschaft nicht auch lernen, die kleinen Sticheleien wegzustecken? Ich kann doch nicht alles zum Thema machen. Mir hilft dabei die Regel: Wenn mich eine Aussage oder ein Anliegen länger als 24 Stunden umtreibt und ich es nicht ablegen kann, dann spreche ich es an. Sonst nicht.

Uli: Das ist sicher eine positive Beschreibung eines reifen Lebens – und funktioniert bestimmt auch immer wieder und je nach Art der Gemeinschaft. Ein weiser, älterer Glaubender wird das können. Eine starke Persönlichkeit kann das – und ein anderer kann das nicht. Manches kratzt uns natürlich gar nicht so, da bekommen wir ein dickes Fell. Woanders haben wir unsere schwachen Stellen, unsere Schatten oder Wunden, wo wir sehr empfindlich sind und jeder kleine Anlass ausreicht. Ich glaube, es ist eine lebenslange Lernkurve.

Unser Mitbringsel für Gordon und Gail beim Besuch in den USA - die Gemeinschaft 2006

Ich habe zum Beispiel lange Zeit gedacht: »Jeder ist doch eigentlich wie ich! Und was mir nichts ausmacht, macht dem anderen auch nichts aus. Wenn ich es schätze, offen Kritik zu hören und eine freie Aussprache zu führen, dann muss das doch jeder.« Tatsache ist aber, dass das nicht stimmt. Der andere ist anders – und seine Situation ist anders oder seine Verflechtung mit der Situation. Er oder sie ist ein anderer Typ als ich, hat eine andere Geschichte, eine andere Prägung, eine andere Grundangst.

Nach dem gemeinsamen Festival – die Gemeinschaft mit Siders und MacDonalds, 2010

Ich habe mit tollen Eltern und als Jüngster anscheinend enormes Grundvertrauen getankt – andere nicht. Ich kann selbstbewusst und leidenschaftlich sein – und woanders wieder schüchtern und unbeholfen. Und so merkten wir über die Jahre hinweg, wie unterschiedlich wir waren und dass diese Unterschiedlichkeit immer wieder in anderem Gewand auftauchte!

Da ist zum Beispiel jemand, der durch seine Lebensbiografie eine tiefe Angstprägung erfahren hat, die ich sehr gut verstehen kann. Im Miteinander aber taucht sie in unterschiedlichen Formen als Bremswirkung für die Gemeinschaft auf und nervt. Kann das nicht mal aufhören? Ich merkte mit der Zeit: Nein, das ist tief im Gewordensein. So wie bei mir an anderen Stellen – manche Furchen und Prägungen und Löcher kriege ich nicht weggehobelt. So gesehen gelingt christliche Gemeinschaft nur deshalb, weil Christus in ihrer Mitte ist. Er stellt das Regelmoment dar, dem man sich verpflichtet – es geht um diese klassische Dreiecksbeziehung: Christus im anderen und in mir als eine Kraft, die Wirkung entfaltet – das ist es, was Gemeinschaft überhaupt möglich macht. Aber es ist kein Automatismus, sondern etwas Erkämpftes. Und das muss man nicht nur wissen, sondern tun – deswegen der Blick zu Christus, dem ich doch folgen will. Wenn ich allein bliebe, dann scheiterte ich sehr schnell an dieser Unterschiedlichkeit unserer Biografien.

Der Dünenhof

Thomas: Im Blick auf eure WegGemeinschaft ist sicher wichtig zu sagen, dass diese Dinge eher leise als Nebengeräusche im Hintergrund mitliefen. Das Eigentliche, was euch ausmacht, besteht ja darin, dass ihr ein Tagungshaus gekauft habt, eine Seminararbeit aufgebaut und das Dünenhof-Festival ins Leben gerufen habt. Was du gerade beschrieben hast, sind die inneren Prozesse hinter den Kulissen. Lass uns darüber sprechen, was durch euer Engagement entstanden und gewachsen ist.

Uli: Klar, es gab eine innere und eine äußere Entwicklung. Und da war Gott humorvoll und unglaublich gut, wie üblich: Er hat uns statt dieses kleinen Hauses, für das wir beteten, ein richtig großes geschenkt, ein 150-Betten-Jugendhaus an der Küste in einer sehr schönen Landschaft, Heide und alte Dünen im Vorland, sehr viel Natur und weiter Himmel. Wir konnten es als Verein damals für 800000 Mark kaufen – Geld, das wir gar nicht hatten. Wir wollten uns die Summe von der hauseigenen FeG-Bank in Witten leihen. Aber den Entscheidern damals war das Risiko zu groß, keiner von uns war vom Fach – das war ihnen zu windig. Das hat wehgetan ...

Eine Bank hier vor Ort in Cuxhaven gab uns dann den Kredit. Wir haben als FeG einen guten Ruf in der Stadt und das färbte wohl auf uns ab – Dieter war ja damals schon Ältester in der Gemeinde und baute immer wieder die Brücke. Als wir den Kaufvertrag unterzeichneten, haben wir alle tief durchgeatmet und gejubelt, aber natürlich auch richtig Schiss gehabt. Zum Jahreswechsel 1985/86 gehörte der Dünenhof uns als eingetragenem gemeinnützigen Verein. Wir sind Eigentümer, aber das Haus hat uns natürlich nie privat gehört, sondern immer in dieser Rechtsform des e. V. – von Gott geliehen zum Nutzen anderer.

Thomas: Nun galt es, das Haus zu füllen und Geld reinzuholen. Wie habt ihr das angepackt?

Uli: Die 150 Betten standen erst mal leer. Einige von uns sind dann dort eingezogen und haben sofort mitgearbeitet, darunter Manfred und Anke Pagel. Manfred ist heute noch der Geistliche Leiter des Dünenhofs, macht als Menschentyp und Prediger und Seelsorger eine super Arbeit – ohne ihn und sein Lebensengagement

Dünenhof Gesamtanlage: Gruppenhäuser links, Ferienhotel rechts, am Horizont die Nordsee

wäre die Arbeit des Dünenhofes nicht gelungen. Er hat unsere Vision hochgehalten und konnte in jeder Weise abstrahlen, umsetzen und mit einem persönlichen Gesicht versehen, was uns gemeinsam wichtig war. Anke hat ihn nach der Kinderphase in der Tagungsarbeit intensiv unterstützt.

Am Anfang sind auch Susanne und Hartmut Tobies mit auf den Dünenhof gezogen, haben die Küche übernommen und sich dort richtig intensiv mit eingebracht. Hartmut ist Grafiker, technisch multibegabt und hat uns damit viel geholfen. Susanne hatte viel Ahnung von Hauswirtschaft und ist darüber hinaus superzuverlässig und engagiert. Dieter und Renate Eggers machten als ehemalige Finanzbeamte Buchführung, Marketing und Büro, Christel und Renate Schaper engagierten sich bei Frauentagungen und in der Seelsorge. Jeder gab in großer Treue sein Bestes – und es ist ja gerade am Anfang ein großer Unterschied, ob du angestellt bist oder Eigentümer. Und so haben alle entsprechend rangeklotzt. Wir hatten einen großen Hauptmieter, der anfangs ein bestimmtes Bettenkontingent pro Jahr mietete. Gleichzeitig haben wir begonnen, das Haus selbst zu vermarkten.

Thomas: Mit eigenen Seminaren?

Uli: Am Anfang noch recht wenig. Wichtig war, dass wir Übernachtungen verkauften – ganz normale Gruppen geworben haben. Gemeinden, Schulklassen, Konfirmandengruppen. Das geht ja optimal dort.

Thomas: Ihr habt zu Beginn noch keine eigenen Impulse gesetzt?

Uli: Das haben wir in den Anfangsjahren bis auf das Festival kaum geschafft. Wir mussten das Ding ja erst mal überlebensfähig machen! Der Kredit wollte bezahlt sein, die Betten mussten voll werden!

Diese Grundspannung ist bis heute da – aber das kleine große Wunder ist, dass wir nie rote Zahlen geschrieben haben, was am enormen Engagement unserer Leute und des gesamten Teams liegt – heute arbeiten knapp 50 Menschen dort. Gott hat gesegnet, immer zu diesem Wagnis gestanden. Nach dem zweiten Jahr hatten wir eine gute Auslastung erreicht und uns einen guten Ruf erarbeitet: gute Küche, gute Leitung, nette Menschen, ein tolles Projekt.

Natürlich haben wir Werbung gemacht, auch in PUNKT. So hatten wir schon bald eine gute Mischung aus christlichen und säkularen Gruppen. Ziemlich am Anfang bekehrte sich bei einer Gemeindefreizeit jemand durch den Einsatz unserer Leute. Da waren wir natürlich hochbeglückt und sahen das als Bestätigung. Darum ging es uns ja zentral! Erst nach und nach gab es mehr eigene Angebote.

Thomas: Das heißt: Ihr wart dann auch die Redner?

Uli: Ja. Wir starteten schon im ersten Jahr das Dünenhof-Festival, im Grunde als eine Art Großfreizeit, weil wir ja nur 150 Betten hatten. Und dann kamen tat-

Das Dünenhof-Festival, der jährliche Höhepunkt mit rund 1500 Menschen

Geigenbauer Martin Schleske bei einer von jährlich ca. 20 Dünenhof-Tagungen, 2011

John Ortberg beim Festival

sächlich 140 Leute und auf der Bühne standen Manfred Pagel, Dieter Eggers, Uli Eggers mit Gitarre. Es gab dann auch bald eine PUNKT-Freizeit mit all den Elementen ganzheitlichen Lebens – Arbeitseinsatz auf dem Bauernhof, Überleben in der Natur, Weltbankett. Ab 1990 gab es zwei eigene Frauenfreizeiten pro Jahr, die von unseren fünf WegGemeinschafts-Frauen geleitet werden. Schon bald wurden daraus vier und wir luden auch auswärtige Referenten ein – etwa Elke und Roland Werner, die mit der dem Jesus-Treff in Marburg bis heute jedes Jahr bei uns sind. Am Anfang waren es nur wenige eigene Veranstaltungen pro Jahr – heute sind es 20 bis 30.

Thomas: Das Festival gibt es bis heute und bildet ein Stück Höhepunkt im Dünenhofjahr.

Uli: Es hat sich über die Jahre immer mehr entwickelt. Bald reichten der eigene Saal und die eigene Bühne nicht mehr aus. Warum hatten wir solchen Erfolg? Es lässt sich nicht mit einem Faktor allein erklären. Weil das ein schöner Ort ist – ja klar! Weil Manfred so eine feine Identifikationsfigur ist – ja, unbedingt! Weil das Team so freundlich, engagiert und gut ist und das Essen so gut schmeckt – ja, natürlich! Weil wir so ein interessantes Programm haben – ja! Weil wir gute Referenten kriegen – ja! Weil ich die Brücke zu den immer wieder neuen Autoren aus den Zeitschriften schlagen kann – ja, natürlich.

Thomas: Du konntest Leute auf den Dünenhof ziehen …

Uli: Ich lernte durch die Zeitschriftenarbeit laufend neue Leute kennen – auch international. Wir waren ständig im Land auf irgendwelchen Events mit Ständen unterwegs und jeden, den ich interessant fand und persönlich kennenlernte, konnte ich als Sprecher zum Dünenhof einladen. Gute Früchte wachsen auf den Wurzeln von Vertrauen. Das fing an bei Peter Strauch und den Werners. Wir kannten Ron Sider und Jim Wallis. Tony Campolo war bei uns oder Floyd McClung, Adrian Plass oder Jack Deere. Und dann natürlich Frauen wie Noor van Haaften, Maria Prean, Marion Warrington, Vreni Theobald, Tamara Hinz, Birgit Schilling. Auch Gordon MacDonald ließ sich einladen und fing total Feuer für uns – er ist über Jahrzehnte unser Mentor geworden.

Das ist sicher ein bisschen das Geheimnis des Dünenhofs: ein engagiertes Team und eine Gemeinschaft dahinter, die ihre verschiedenen Begabungen und Vernetzungen und Persönlichkeiten eingesetzt hat.

Ein Ort, wo Gott wirken kann

Thomas: Als ich um das Jahr 2000 herum das erste Mal bei euch Referent war, sind mir auf Anhieb ein paar Dinge aufgefallen: Es war spürbar, dass hinter diesem Tagungs- und Seminarbetrieb eine Gemeinschaft stand, die alles trug. Dann war ich erstaunt darüber, wie offen die Gäste für Gott waren. Man hat gemerkt: Die kommen aus allen möglichen kirchlichen Himmelsrichtungen und wollen doch dasselbe, nämlich Christus nachfolgen, sich von ihm prägen und verändern lassen. Das war beeindruckend. Was mir weiter auffiel, war der Bezug zur Zeitschrift AUFATMEN. Viele der darin thematisierten Inhalte waren hier »live« zu haben – und auf der anderen Seite flossen viele Seminarinhalte in die Zeitschrift. Was ist aus deiner Sicht die wichtigste Frucht der Arbeit auf dem Dünenhof?

Uli: Erneuerte Leben, neue Hoffnung. Das ist tatsächlich Hunderte Male passiert! Das ist schon eine irre Frucht und ein Vorrecht, dass Gott uns dafür gebraucht hat! Wir genießen offensichtlich ein großes Grundvertrauen. Es gibt den Spruch: »Es gibt keinen Glauben ohne Erwartung!« Menschen, die mit einer Erwartung irgendwo hinkommen, haben eine Art innere Offenheit.

Wir haben auch bald gemerkt: Der Dünenhof in Cuxhaven an der Nordsee ist für viele weit weg von ihrem Lebensort. Wir haben eher eine nationale Ausstrahlung als eine regionale. Es dauert, ehe du da bist. Damit hast du eine gewisse Schwelle zu überschreiten, du zahlst einen Preis und nimmst eine Anstrengung auf dich. Dann aber bist du auch wirklich weg von zu Hause – und bist ganz da, fokussiert, erwartungsvoll. Du bist in einer Landschaft, die weit ist und still. Die dich einlädt, dass du dich in ihr verströmst und etwas erfährst. Das ist auch so eine Zutat dazu, dass heute viele Leute sagen: »Der Dünenhof ist ein Ort, an dem Gott ganz besonders wirkt. Er ist hier spürbar; man merkt, dass hier viel gebetet wird.« Ich weiß nicht, ob das theologisch korrekt ist – aber so hören wir es immer wieder.

Thomas: Ich denke schon, dass Gott manchmal an bestimmten Orten Dinge tut, die er nicht überall tut. Orte, an denen er ein Zeichen setzt und sein Wirken auf besondere Weise aufleuchten lässt. Und ich meine, etwas davon auf dem Dünenhof beobachtet zu haben, wenn ich als Referent hier war: Es kommen Menschen mit ihren Lebensgeschichten, mit ihren Gebrochenheiten, mit ihren Sünden und sie öffnen sich im Gespräch auf eine Weise, dass ich oft dachte: »Warum erzählst du mir das alles?« Und: »Wie gut, dass du es endlich aussprichst, was schon so lange in dir nagt und frisst!«

Uli: Genau so haben wir es gehört und hören es immer wieder. Wir sagen gerne: Der Dünenhof ist wie eine riesige, unsichtbare Müllkippe voller Schmerz, Zerbruch, Leid und unglaublichsten Lebensgeschichten. Immer wieder hören wir von Leuten, die uns erzählen: »Ich wollte mir das Leben nehmen, aber ich habe gedacht, ich fahr noch mal zum Dünenhof …« Oder: »Ich kann nicht mehr glauben, meine Ehe ist kaputt – aber ich fahre noch mal zum Dünenhof …« Und durch das Zusammenwirken von guter, ehrlicher Predigt, menschlicher Nähe und Gottesbegegnung geschieht etwas. Offensichtlich ehrt Gott diese Sehnsucht nach ihm, die Erwartung und Suche.

DAS IST SICHER EIN BISSCHEN DAS GEHEIMNIS DES DÜNENHOFS: EIN ENGAGIERTES TEAM UND EINE GEMEINSCHAFT DAHINTER, DIE IHRE VERSCHIEDENEN BEGABUNGEN UND VERNETZUNGEN UND PERSÖNLICHKEITEN EINGESETZT HAT.

Es sind immer Leute da, mit denen man beten kann. Man kann einen neuen Anfang mit Jesus wagen, ein Zeichen setzen. Der Referent ist eingebettet in die Gruppe und erledigt nicht einfach seinen Job, sondern ist ein Gegenüber, mit dem man gemeinsam betet und durch das Seminar geht. Gordon MacDonald ist wohl auch deswegen so ein großer Freund unserer Arbeit geworden, weil er es offensichtlich auch international als etwas ganz Besonderes empfindet, dass eine Gemeinschaft solch ein Programm verantwortet.

Thomas: In den 48 Stunden solch eines Wochenendes entstehen stark verdichtete Zeiten. Als Redner ist mir aufgefallen, dass ich hier eine ganze Stunde sprechen kann – und die Leute hören immer noch aufmerksam zu. Es wird nicht alle halbe Stunde auf die Uhr geschaut und gefragt: »Wann bist du endlich fertig? Wann gibt's endlich eine Pause?« Nein, man will etwas bekommen. Abgesehen von Afrika und Lateinamerika konnte ich hier auf dem Dünenhof in so kurzer Zeit so viele Inhalte über den Strang hauen wie nirgendwo sonst.

Und noch etwas: Als Referent hatte ich auf dem Dünenhof praktisch keine freie Zeit. Man ist ständig im Gespräch mit Leuten, konfrontiert mit Erfahrungen und schwierigen Geschichten. Ich bin danach immer extrem fertig – und überglücklich.

Bei der Übergabe des Dünenhofes an »Wort des Lebens« 2021

Ich erinnere mich, dass du mir am Ende eines Vortrags die Rückmeldung gegeben hast: »Das war gut, aber du musst auch die Ernte einbringen, die Leute einladen und zu einem konkreten Schritt herausfordern ...« Hier merkte ich, welchen Anspruch ihr habt: »Mach etwas mit den Leuten, führe sie an einen Punkt, wo sie eine Entscheidung treffen. Sie warten darauf! Da ist ganz viel verborgene Not im Raum!« Das ist auch so eine Sache, die ich in der Weise woanders nur selten erlebt habe.

Gemütliches Abendessen nach gelöster Zukunft des Dünenhofs, 2021

Uli: Es gibt eine Arbeitsthese in der christlichen Szene, dass viele Leute nur aus Pflichtgefühl zum Gottesdienst kommen und eigentlich keine Erwartungen an die Predigt haben. Daraus darf man aber nicht die These ableiten: »Leute erwarten eigentlich gar nichts mehr und haben keinen Hunger.« Das mag in diesem Wochenendstress manchmal so sein, in der Routine des Sonntags. Aber es ist anders, wenn man bewusst eine Anfahrt und die Seminargebühren auf sich nimmt, ganz vor Ort ist und sich einlassen kann. Da haben wir als Dünenhof eine andere Chance.

Thomas: Im Grunde sind das ja zwei steile Thesen nebeneinander. Die eine behauptet: »Die Leute wollen nichts und sind satt«, und die andere sagt: »Die Leute haben Sehnsucht und sehnen sich nach Gott!« Was stimmt?

Uli: Beides, glaube ich. Wenn es dir gelingt, Hoffnung und Erwartung in Menschen zu wecken, dann kann ein Damm brechen. Ich glaube, es ist ein enormer Hunger und eine enorme Sehnsucht in jedem Leben – nur wird das oft nicht angesprochen.

Dieses Gespräch hallt noch lange in mir nach. Unser natürlicher Gesprächsfluss bewegte sich weit über meine vorher zurechtgelegten Fragen hinaus. Es ist nicht immer gut, wenn man den Plan verlässt, in diesem Fall aber war es genau richtig. Am Ende haben wir viel mehr getan, als über Ulis Gemeinschaftserfahrungen zu sprechen. Wir haben Themen bewegt, die für jede Freundschaft, Kleingruppe, für jedes Arbeitsteam und jede Gemeinde überlebenswichtig sind. Wie wir uns in diesen Fragen unter Gottes Führung bewegen und bewähren, bestimmt über die Qualität von Miteinander. Entscheidet darüber, wie viel Gutes man gemeinsam zu stemmen und zu bewirken vermag.

Überhaupt scheint mir dieser doppelte Fokus für alles gemeinsame Engagement wichtig: die Sorgfalt nach innen; das intensive, manchmal mühevolle, schmerzhafte Ringen um Verstehen, um Wohlwollen und Vergebung. Das Zweite ist genauso wichtig: der Fokus nach außen. Der Zweck, der außerhalb der Gemeinschaft liegt und für den man sich gemeinsam starkmacht. Eines ohne das andere ist der Tod jeder christlichen Gemeinschaftsidee.

6

»VON DER WIEGE BIS ZUR BAHRE«

DER ZEITSCHRIFTEN-MACHER

»Jetzt machen die schon wieder eine neue Zeitschrift«, höre ich manchmal Leute in meinem Umfeld sagen. Die Tonlage dabei geht entweder in Richtung Genervtsein oder Bewunderung. Auch bei mir meldete sich manches Mal der innere Skeptiker, wenn ich Uli wieder einmal von einer neuen Zeitschriftenidee reden hörte. »Braucht es das? Gräbt das nicht den schon vorhandenen das Wasser ab? Kommt diese Zeitschrift bei den richtigen Leuten an oder lesen sie bloß diejenigen, die bereits zwei andere Abos haben?« Bei anderen Neugründungen war ich sofort begeistert und dachte: »Das ist das richtige Produkt zur richtigen Zeit!«

Tatsache ist, dass in den vergangenen Jahren viele gute christliche Zeitschriften aus anderen Verlagen verschwunden sind. Andere kämpfen seit Jahren um ihr Überleben. Nur beim Bundes-Verlag erweitert sich das Zeitschriftensortiment noch immer. Was steckt dahinter? Das ist das eine, was mich im Vorfeld der nächsten Gespräche interessiert. Vor allem aber will ich besser verstehen, welche Rolle Uli dabei spielte und spielt. Die Leitung des Bundes-Verlags bildet seit 2006 einen der gewichtigsten Schwerpunkte in seinem beruflichen Engagement. Wie muss ich mir vorstellen, was hinter den Kulissen läuft, gedacht und gemacht wird? Ich sehe ja oft nur, dass da wieder ein neues Produkt kommt, kenne ein paar Überlegungen dazu. Doch da muss es mehr geben, und ich bin begierig darauf, der Sache auf die Spur zu kommen.

Die Insolvenz

Thomas: Wir haben an anderer Stelle schon über deine Arbeit bei PUNKT und beim Bundes-Verlag gesprochen. Spulen wir noch einmal zurück: 1985 musste dieser Verlag, bei dem du damals schon sechs Jahre angestellt warst, Insolvenz anmelden – wie kam es dazu?

Uli: Grund war eine Finanzkrise, die wohl vor allem von der Druckerei ausging, die es damals noch gab. Der Bundes-Verlag war eine eingetragene Genossenschaft. Einzelpersonen und auch Gemeinden aus dem Bund Freier evangelischer Gemeinden hatten Anteile gekauft. Man hatte ganz viel versucht, um Buchhandlung, Buchversand, Zeitschriften und Druckerei miteinander zu halten, aber es gelang nicht. Der Medienwandel hatte eingesetzt – und damals waren wir ja vor allem Verlag einer einzelnen Kirche, die als Nährgebiet trotz Wachstums einfach zu klein war, um einen eigenen Verlag zu halten.

Thomas: Ihr machtet zu vieles selbst?

Uli: Ja, von Druck bis Buchverkauf wurde alles gemacht – bis in die Sechzigerjahre hinein war das ein gutes Modell, jetzt ließ es sich nicht mehr halten. Ganz viele der Angestellten gehörten zur Druckerei. Und die hielt der wachsenden Spezialisierung und Konkurrenz nicht stand.

Thomas: In der Folge wurde vieles aufgegeben, abgestoßen und verkauft: die Druckerei, die Versandbuchhandlung …

Das Stammhaus der SCM in Witten in den Achtzigerjahren

Uli: Ja, 1985 waren wir nur noch gut zehn Leute – stark zusammengeschrumpft und als gebranntes Kind wirtschaftlich extrem defensiv. Wir haben im Wesentlichen nur noch Zeitschriften gemacht und ein bisschen FeG-bezogene Literatur.

Thomas: War die Strategie: »Wir fahren alles runter, gehen auf niedrigem Niveau weiter und starten dann irgendwann wieder richtig durch«?

Die Redaktionskollegen Anfang der Achtzigerjahre (v. l. n. r.): Hans Jürgen Schmidt, Werner Bachmann, Horst Westmeier, Ulrich Eggers

Uli: Nein, eben nicht – sich auf kleinem Niveau in die Zukunft zu schleichen, das war wohl damals eher der Wunsch der Verantwortlichen. Zugleich hatten sie dafür mit Erhard Diehl, meinem Mentor aus alten Hamburger Zeiten, den Falschen geholt: Als Chefredakteur des ERF war er bestens vernetzt, technisch gut aufgestellt und ein Unternehmertyp. Nur verwalten war ihm zu wenig. Und dann hatte er da ja auch noch einen frischen jungen Mann im Team der Altverdienten …

Thomas: Den Uli Eggers!

Uli: … den er ja gut kannte. Ich war natürlich glücklich darüber, dass mein alter Freund Erhard Diehl nun die Leitung übernahm – und er vermutlich auch über mich. Aus dieser Konstellation heraus hat sich dann eine langsame Entwicklung nach vorn ergeben. Wir haben uns einfach super ergänzt – fast prototypisch: Er hat sich um die Struktur und das große Ganze gekümmert, ich brachte Kreativität, Vernetzung mit Jungen und neue Ideen ein. Nach einer Zeit hat er die Versandbuchhandlung und die verpachtete Buchhandlung wieder übernommen. Ohne seine Leitung und den Rahmen, den er aufgebaut hat, wären wir sicher nicht wieder so hochgekommen.

Dazu kam auch, dass in dieser Zeit ein junger Unternehmer als Vorstandsvorsitzender der neuen gemeinnützigen GmbH einstieg: Friedhelm Loh, der mit seiner eigenen Firma, der heutigen Friedhelm Loh Group, eine steile Wachstumskurve hingelegt hatte, aus unserem Gemeindeverband kam – und ordentlich in die Hände spuckte und sein Know-how einbrachte. Das wurde zu einem zusätzlichen Turbo für uns – und ist es bis heute geblieben: Wir müssen zwar unser eigenes Geld verdienen und selbst schwarze Zahlen schreiben, aber er hat uns auf vielen Ebenen enorm geholfen und Beine gemacht.

DU BRAUCHST UNTERSCHIEDLICHE GABEN. DU BRAUCHST MENSCHEN FÜR DIE STRUKTUR UND DEN RAHMEN – UND DU BRAUCHST PIONIERE UND IDEENGEBER UND VERNETZER.

Thomas: Die unterschiedlichen Gaben spielten sich schön die Hände …

Uli: Ja, und das war ein enormer Lerneffekt für mich: Du brauchst unterschiedliche Gaben. Du brauchst Menschen für die Struktur und den Rahmen – und du brauchst Pioniere und Ideengeber und Vernetzer. Letztlich ist das auch einer der Gründe, warum es auf dem Dünenhof später so gut ging: Manfred Pagel und ich ergänzen uns super – und das gesamte Team der Gemeinschaft und Mitarbeitenden gibt das ihre.

Heute weiß ich, wie sehr jede Art von Organisation oder Gemeinde auf dieses Zusammenspiel etwa zwischen einem Generalisten, der die Flügel ausbreitet und die Struktur erhält, und einem schnellen, kreativen Ideenpionier angewiesen ist. Aus derartigem Zusammenwirken entsteht Wachstum und Fortschritt. Ich hatte beim Verlag Struktur und Leitung und Schutz – jemanden, der mir den ganzen Businesskram vom Hals gehalten hat. Und Erhard baute Talente auf. Später etwa band er Rolf Krüger in den Verlag ein, der dann für uns die Domain jesus.de etabliert hat und im digitalen Bereich ganz viel entwickelte. Erhard war gut darin, solche Talente zu finden und zu binden.

Thomas: Eine dieser »Spinnereien« war dann, dass ihr gesagt habt: »Wir machen Zeitschriften von der Wiege bis zur Bahre!«

Uli: Das war am Anfang kein strategisches Ziel, dazu waren wir viel zu vorsichtig. Aber es war in der DNA des alten Bundes-Verlages angelegt: Wir lächelten zwar über die alten Zeitschriftennahmen »Samenkörner«, »Pflüger«, »Gärtner«, »Sämann«, aber darin steckte bereits eine Zielgruppenlogik – Impulse fürs Kind bis zum Erwachsenen, von missionarisch bis intern. Diese Logik weg vom christlichen Universalmagazin für alle Altersgruppen haben wir dann einfach nur neu entdeckt.

Bei Weitem funktionierte nicht alles. Zum Beispiel haben wir parallel zum PUNKT ein »Komma« etabliert – für Teenager. Die Redakteurin Karin Ackermann-Stoletzky hatte ich über PUNKT kennengelernt. Aber wir erreichten nicht genug und waren noch zu zaghaft – und mussten es wieder einstellen. Förmlich explodiert ist das Ganze, als ich merkte, das spezielle Interessen und Lebensphasen ein optimaler Wurzelgrund für Zeitschriften sind …

Lebensfragen als Ausgangspunkt

Thomas: Du hast also weniger in Altersabschnitten gedacht, sondern eher: »Ich bin jetzt junger Familienvater, erlebe ganz viele andere Familien um mich herum und merke, dass die Fragen ähnlich sind …« War das der Ansatz?

Uli: Genau, ich und mein Umfeld, wir lebten ja alle in jungen Familien und merkten, wie schwierig es ist, Beruf, Familie, Ehe, Gemeinde, Hobbys unter einen Hut zu kriegen. Weil die Bezieher von PUNKT langsam mit mir älter wurden, hatten wir schon Themenhefte zum Bereich Familie gemacht. Dazu kam die Einsicht, dass ich als Redakteur und inhaltlicher Vorreiter gut eine Zielgruppe binden kann, die drei bis fünf Jahre unter dem eigenen Lebensalter liegt. Warum? Weil ich selbst das Lebensgefühl dieser Zielgruppe durchlebt habe und mit einer gewissen Autorität und Kompetenz etwas dazu sagen kann.

Bei PUNKT konnte ich das für junge Erwachsene. Als Familienvater im Kontext einer Familiengemeinschaft verstand ich auf einmal das Lebensgefühl junger Familien. Merkte etwas vom hohen Soll – Erwartungen der Eltern, der Gemeinde und auch die eigenen – und vom manchmal ernüchternden Ist. Wir hatten idealistische Ziele – aber, au Backe, das war alles ganz schön schwierig! Daraus entwickelte sich für mich eine Firmen- oder Unternehmerthese, die sich in der Gründung von Family wiederfand, nämlich: »Wo ein Problem ist, ist auch ein Markt.« Wo eine Not ist, da werden Ideen und Antworten und Austausch gesucht, da kann man mit guten Artikeln Hoffnung machen! Da sind Herzen offen, da ist eine Erwartungshaltung, da ist Zugspannung – da könnte eine Zeitschrift Erfolg haben …

Thomas: Im Unterschied zu PUNKT erschienen die neuen Zeitschriften nicht mehr monatlich, sondern vierteljährlich und sehr aufwendig in Farbe und auch am Kiosk. Weshalb?

Uli: Damals erschien gerade eine gut gemachte Musikzeitschrift von Steve Volke und mit »Lydia« gab es seit ein paar Jahren eine farbige Frauenzeitschrift – beides freie Initiativen ohne Verlag. Sie hatten zwei gute Eigenschaften: Sie waren neu und modern gemacht und sie erschienen nur viermal im Jahr. Wir hingen noch fest in monatlicher oder – beim Gärtner – sogar wöchentlicher Erscheinungsweise. Wer aber neu starten will, hat mit einem Quartalsmagazin einen Riesenvorteil: Man etabliert die Marke, aber muss nicht mit hoher Frequenz für eine noch sehr kleine Bezieherzahl monatlich etwas liefern. Das würde sofort hohe Personal- und Druckkosten bedeuten und damit den Jahrespreis, also die Eintrittsschwelle, hochtreiben.

Aus diesem Erfahrungszuwachs durch die Konkurrenz und die eigene Zielgruppenidee »Ehe und junge Familie« formte sich diese neue Idee für eine Zeitschrift, die aber richtig jung, richtig praktisch, richtig offen sein sollte. Wir druckten eine riesige Startauflage, verschenkten sie und setzten auf die Begeisterung, das Engagement und die Mithilfe der Leute. Mit Family hatten wir auch einen Namen, der sofort ein junges, modernes Lebensgefühl atmete.

Thomas: Das ist eine spannende Beobachtung. Sie hat mit der Frage zu tun, welchen Weg eine Organisation einschlagen soll: Soll er eine eher lineare Strategie mit Zukunftsvision und 5- oder 10-Jahres-Plänen verfolgen? Oder eher spontan auf Beobachtungen, Entwicklungen und gemachte Erfahrungen reagieren? Beide Wege kann man gehen, beide haben etwas Gutes. Ihr habt stärker den zweiten Weg genommen, habt spontan auf neue Gegebenheiten reagiert. Dieser agile Ansatz ist bei aktuellen Führungskonzepten hoch im Kurs. Ihr habt ihn schon vor Jahrzehnten verfolgt. Und: Du hast deinen eigenen Erlebenshintergrund in die Frage einbezogen, was Leserinnen und Leser interessiert.

Uli: Ja, und es kommt noch mehr dazu. Klassische christliche Zeitschriften bis zu dieser Zeit kamen stark vom Soll her – so kannten wir es ja aus der Gemeinde: Von der Kanzel wird verkündet, wo es hingehen soll. »Die Bibel sagt …«, »Wir müssen und sollen dies und das …« Da war immer stark der erhobene Zeigefinger in der Luft. Ich wollte stattdessen unser Ist mit einblenden – einen Wiedererkennungseffekt beim Leser erzeugen: »Ja, so geht es uns auch!«

Zugleich ging es nicht darum, auf der anderen Seite vom Pferd zu fallen. Ich wollte ja nur eine Brücke zum Soll bauen. Denn bei steilen Forderungen macht man einfach zu und schaltet ab. Zugleich hat man doch selbst den Wunsch, dass das Leben gelingt, dass Ehe und Familie gut laufen – das muss niemand verstärken, indem er auch noch ein schlechtes Gewissen macht. Was es braucht, ist dieser Weg vom Ist zum Soll – das sind gute Beispiele, Ideen, ehrlicher Erfahrungsaustausch. Hilfreich ist nicht die erneute Verlesung der Gebote, sondern Praxiserfahrung, wie man dahin kommen kann. Denn man will ja selbst auch dahin. »Wie denn?« ist insofern immer meine zentrale Leitfrage für Zeitschriften geworden – wie kann man die Brücke zwischen Soll und Ist bauen?

Thomas: War das auch eine kritische Replik in Richtung auf ältere Kollegen, die mehr im Soll-Modus arbeiteten?

Uli: Das waren alles prima Leute – aber sie waren fast eine Generation älter und stark von den alten Paradigmen der Gemeindearbeit geprägt. »Wir haben einen Auftrag zur Verkündigung. Wir sind die größte Kanzel im Bund!« Wir verkündeten den offiziellen Kurs – und in den Zielen waren wir uns sicher einig. Aber auch der Ton macht ja die Musik. Dieses »Ich sag dir, wo es langgeht!« hat mich genervt. Da war ich sicher ein bisschen Revoluzzer, nach dem Motto: »Die Leute sind nicht nur Predigtobjekt. Und es geht nicht immer nur von oben nach unten.«

ES GEHT NICHT NUR UM BIBELVERSE, SONDERN UM DIE AUTORITÄT GESAMMELTER ERFAHRUNG!

Bei Family empfand ich, dass die Leute selbst ganz viel Expertise hatten – es geht nicht nur um Bibelverse, sondern um die Autorität gesammelter Erfahrung! Wer bereits ein paar Kinder großbekommen hat, der hat vieles erlebt, der kann ganz anders darüber reden. Da gibt es Krisen- und Lernerfahrungen, die superwertvoll sind! Das Leben definiert sich nicht nur aus lauter Predigten des biblischen Wortes, die auf mich angewendet werden. Es gibt auch eine umgekehrte Richtung, dass sich unsere Lebenserfahrung zu einer Lehrkompetenz verdichtet und sich mit den biblischen Antworten verbindet!

Thomas: Du wolltest stärker von der Basis her kommen – mit Impulsen aus der Basis. Eines aber erstaunt mich an dieser Stelle: Aufgrund deiner intensiven Auseinandersetzung mit Gemeinschaft hätte ich erwartet, dass du gerade dieses Thema unter die Leute bringen willst. Das alternative Leben, den Mut zur Lebensgemeinschaft oder das missionarische Anliegen.

Uli: Da gab es einige wenige Artikel im PUNKT, aber ich war sehr zurückhaltend und stand ja immer auch unter kritischer Beobachtung. Ich hatte ein Mandat für andere – nicht dafür, meine eigenen Lebensziele hinauszuposaunen. Ich habe da früh eine meiner wichtigsten biblischen Lebensmaximen verinnerlicht: Lass die rechte Hand nicht wissen, was die linke tut! Es gab deswegen eine Keuschheit bei mir, das eigene Projekt Gemeinschaft zu sehr in den Mittelpunkt zu stellen. Gemeinde war zentral und gehörte zu meinem Mandat – aber christliche Gemeinschaft im engeren Sinne einer Kommunität, das war ein Spezialinteresse einiger weniger. Das war mein persönlicher Weg – meine linke Hand. Als Redakteur des Bundes-Verlags habe ich jedoch ein Mandat für alle – es geht nicht um mich und meinen Weg.

Deswegen war ich anfangs auch sehr zurückhaltend, eigene Artikel zu schreiben. Peter Strauch musste mich da mehrfach sehr ermutigen, bis ich mir mehr zugetraut und nach und nach das Selbstbewusstsein aufgebaut habe, dass meine Erfahrungen und Gedanken auch für andere wichtig sein könnten. Ich sah – und sehe – mich immer mehr als Vermittler und Multiplikator und Interessenträger für ein Thema, das mich selbst interessierte. Was mich begeisterte oder überzeugte, das hatte dann vielleicht auch Potenzial für andere. Insofern passte Family als Lebensfeld. Dazu kam, dass für viele das Thema junge Familie, Partnerschaft und Sexualität ein wenig bepredigtes Gebiet war. Da konnte man reinpredigen.

Thomas: »Reinpredigen« wolltest du doch gerade nicht! Das war doch der alte Weg!

Uli: Predigen ist okay, das ist unser Auftrag als Christen. Aber ich will es nicht von oben herab – das war damals das Lebensgefühl der Theologen der Generation vor mir. Ich wollte kein Therapiegefälle und kein herablassendes »Ich erkläre dir das jetzt mal, hör gut zu!«. Es ging mir um Augenhöhe, um lebendigen Erfahrungsaustausch, um das Gespräch unter lebenskompetenten Weggefährten. Dabei hatte ich durchaus eine große Mission!

Thomas: Du bist sendungsbewusst ...

Uli: Ja, klar. Und bei der Gründung von Family stand auch unsere besondere Situation mit Pate: Kinder sind unglaublich wertvoll, sie sind unverfügbares Geschenk, das war ja das Vermächtnis aus der Erfahrung mit unserer ersten Tochter Julie, die kurz nach der Geburt starb. Wir waren glücklich, erlebten Familie als großen Schatz, hatten hohe Ideale und Ambitionen. Aber Ideale müssen eben auch immer wieder in der Wirklichkeit geerdet werden.

Da hatte Gott etwas in mir angelegt, da ergab sich ein Blick, ein Mandat: Wir wollen christlichen Glauben, Jesusnachfolge und dieses Gebiet »junge Familie, Partnerschaft, Sexualität« zusammenbringen.

Thomas: War das auch Ausdruck des Suchens nach Antworten für dein eigenes Leben und des Wunsches, es mit anderen zu teilen?

Uli: Das ist bei mir immer so – was mich selbst interessiert, das bekommt Leben. Meine Kinder lebten ja hier im Haus gleich neben der Redaktion. Sie flitzten durch unsere Büros und schäkerten mit den Volontären. Manche der Anfangsfotos von Family habe ich mit meinen Kindern gemacht: Wir im Garten ... Meine kleine Tochter mit einem Polizisten der örtlichen Wache ... Wir wollten keine Agenturfotos und konnten sie uns auch oft nicht leisten – alles war handgemacht.

Und die Family-Fans machten mit, schrieben Artikel, sandten Fotos ein, hatten Ideen. Gerade dieses große Gemeinschaftsgefühl, diese Augenhöhe zueinander hat die Leute fasziniert und angezogen.

Thomas: Weil es nahe an ihrer eigenen Lebensrealität war!

Uli: Es war für sie erkennbar »normal« – sie fanden Zugang dazu. Und wir haben von Anfang an darauf gesetzt, unser Freundesnetzwerk mit in das Redaktionsteam einzubauen. Wir wollten die Stimmen der Leute, ihre Erfahrungen, ihre Kreativität, wollten die kritischen oder begeisterten Leserbriefe.

Thomas: Das klingt ein Stück nach »Grassroots-Bewegung«, bei der die Basis eine Stimme bekommt. Dünenhof war die eine Quelle. Woher kamen die Leute sonst noch? Wie bist du an weitere Impulsgeber herangekommen?

Uli: Auf dem Titelbild der Nullnummer von Family 1992 sind Sabine und Ekkehart Vetter, der heutige Allianz-Vorsitzende, mit ihrer Familie abgebildet – das ist dreißig Jahre her. Warum Ekkehart Vetter? Weil ich ihn vom Studium in Hamburg her kannte. Das war eine tolle Familie mit großer Kompetenz. Die wollte ich von Anfang an im Redaktionsteam haben. Und ihre vielen Kinder machten sich gut auf einem Foto, es signalisierte familienfreundliche Kompetenz.

Später haben wir gelernt, dass das für andere auch ein schmerzliches Signal ist – wenn du keine Kinder bekommen kannst oder gar nicht so viele möchtest. Da darf man nicht unbewusst ein falsches Ideal aufrichten – Lernkurve! Jedenfalls sagten die beiden sofort zu. Warum? Vertrauen! Wir kannten uns!

Thomas: Du hast alte Netzwerke spielen lassen. Und laufend neue gebildet. Zum Beispiel dadurch, dass jede Zeitschrift einen Kreis, einen Beirat von Leuten bekam, die wiederum auch selbst gut vernetzt waren.

Uli: Tatsächlich, das ist ein superwichtiger Faktor. Im Rückblick bin ich begeistert und stolz, weil das damals gegen einigen Widerstand durchgesetzt war: Würden die nicht ständig kritisch mitreden wollen, wurde das nicht zu kompliziert? Man sah vor allem die potenziellen Risiken. Heute weiß ich, dass die durch die Zusammenarbeit bei PUNKT und den Dünenhof gewachsene Vernetzungsidee einer der strategischen Wachstumsfaktoren war.

Wenn die Leute auch total unterschiedlich sind, sind sie sich doch einig beim Ziel Ehe und Familie! Und ein starkes gemeinsames Ziel bindet Unterschiede zusammen – das ist ja die Anwendung der christlichen Einheitserfahrung, das ist Johannes 17 live: Jesus als Mitte und eine gemeinsame Leidenschaft für ein Thema. Über diese Brücke habe ich dann viele Zeitschriften aufbauen können.

Bei Family haben wir diesen Kreis ganz strategisch gestaltet: Charismatiker und Landeskirchler und Freikirchler und schon damals ein Katholik im Team – all das war Neuland und sendete starke Signale der Identifikation. Da hatte Gott über die Zeit etwas in mir an Erfahrung wachsen lassen, das nun eine erste Blüte brachte und »segensfähig« war.

Thomas: Wie waren die Reaktionen auf Family? Eine Zitterpartie und große Unsicherheit, ob das Ding zum Laufen kommt?

Uli: Für den Verlag war es ein riesiges Risiko, es gab auch Bremser und starke Stimmen, die keine finanziellen Abenteuer wollten. Erhard Diehl hat das im Vorstand durchgekämpft – es waren bis zu 100 000 DM nötig, die wir als Verlag eigentlich nicht hatten. Zugleich gab die große Auflage die Möglichkeit, erstmals mit Anzeigen Einnahmen zu generieren und so das Risiko zu mindern.

Letztlich ging es um das Paradigma: Was mich und uns begeistert, das kann auch andere begeistern! Und wenn wir doch selbst als Ehrenamtliche gern eine gute Idee unterstützen, dann werden das auch andere tun! Also haben wir 100 000 Hefte gedruckt – das war unerhört für die Szene damals. Wir mussten dann ganz schnell 80 000 Stück nachdrucken, weil die erste Auflage im Nu verteilt war.

Und auch das war neu: kostenlose Kennenlernexemplare, verteilt über die Netzwerke des Redaktionsteams und viele Ehrenamtliche in den Gemeinden. Die große Begeisterung löste diesen Schneeballeffekt aus – und die Reaktionen waren extrem gut! Wir wurden mit Bestellungen überschüttet und Family schnellte schon nach ein, zwei Jahren auf nahezu 80 000 Abonnements hoch. Das war eine absolute Sensation – so etwas hatten wir noch nie erlebt ...

Thomas: Es war die Bestätigung dafür, dass es ein großes Bedürfnis im Land und eine hohe Empfangsbereitschaft gab.

Uli: Die Leute verstanden die Idee und waren mit uns gemeinsam begeistert. Das löste die Lawine aus. Es kamen viele Erfolgsfaktoren zusammen: die offene Art, über den Glauben zu reden. Das Lebenspraktische. Eine vierfarbige Zeitschrift. Der günstige Preis, weil es nur vier Ausgaben pro Jahr gab. Das große Team, die moderne Anmutung. Vielleicht waren alle auch ein bisschen stolz auf sich selbst: »Dass unsere fromme Szene so etwas Tolles hinkriegt!« Family hatte Exotik – durch die Themenbreite und steile, offene Themen. Und Nestwärme – man entdeckte seine eigenen Leute, vertraute Autoren. Fühlte sich beheimatet und verstanden …

Dieser erste Gesprächsteil zur Arbeit mit Zeitschriften ist für mich als ein an Führungsfragen interessierter Mensch aufschlussreich. Hier zeigt sich etwas, das für die Mehrheit von wachsenden Organisationen gilt: Wachstum und Entwicklung geschieht oft nicht dadurch, dass man umfangreichen Leitbildern und Strategiekonzepten folgt, über die man über Monate hinweg gebrütet hat. Eine Vision, ein Leitbild zu haben, ist nichts Falsches, im Gegenteil. Eine langfristige Strategie gibt Orientierung, Stabilität. Keine gesunde Organisation kann darauf verzichten. Innovation allerdings entsteht oft ungeplant. Sie erwächst aus aktuellen Entwicklungen, Gegebenheiten und vor allem: aus Gelegenheiten. Das Beispiel des Bundes-Verlags zeigt: Wer ihnen mit Spürnase nachgeht und die Gunst der Stunde nutzt, der kann scheitern – genauso gut aber einen großen Schritt weiterkommen.

Auch in unserem persönlichen Leben ist es so: Unsere größten Wachstumsschritte sind weder von langer Hand geplant noch mit Absicht gesucht. Sie ergeben sich aus überraschenden Ereignissen, aus glück- und schicksalshaften Wendungen. Nachfolge von Jesus heißt auch hier: nicht an lang gehegten Vorstellungen festkleben, wenn Gott anders kommt als gedacht. Besser hier und heute auf das antworten, was Gott vor die Füße legt, und den Schritt aufs offene Wasser wagen.

7

»EIN ECHTER LEUCHTTURM FÜR NEUES«

WIE ZEITSCHRIFTEN ENTSTEHEN

Family und AUFATMEN sind die zwei Flaggschiffe unter den Zeitschriften des Bundes-Verlags. Ich vermute, dass die Dynamik hinter diesen Pionierprojekten auf die nachfolgenden abgefärbt hat. Hier formte sich ein Muster, das sich bis heute bewährt. Meine These ist, dass es jeweils zwei ineinandergreifende Prozesse gab: einen inhaltlichen, der mit persönlichen Fragen zu tun hat, die sich im Umfeld von Ulrich Eggers auftaten. Aber auch einen handwerklichen, nämlich wie man konkret vorgeht, wenn eine Zeitschrift entstehen soll. Welche Strukturen man wählt. Welche Autoren. Welche Trägerschaft, welche Personen im Beirat. Ich will den damit verbundenen Fragen am Beispiel von AUFATMEN und Family noch mal nachgehen.

Der Start von Family

Thomas: Ich will noch einmal auf die Idee zurückkommen, eine Zeitschrift von einem Beirat begleiten zu lassen. Zu viele Leute, die mitreden wollen, können lähmen. Weshalb habt ihr trotzdem diesen Weg gewählt?

Uli: Ich hatte bei PUNKT den Nutzen von vernetztem Arbeiten über verschiedene Werke und Kirchen hinweg kennengelernt. Gleichzeitig habe ich mich darin auch oft hilflos gefühlt. Denn da waren zum Teil Theologen und Pastoren dabei, die deutlich älter waren als ich.

Thomas: Haben sie dich verunsichert?

Uli: Ich bin manchmal richtig mit Magengrimmen hingefahren, weil ich dachte: »Au Backe, was werden die jetzt theologisch wieder bringen? Wie kriegst du diese manchmal auch widerborstigen Personen eingefangen? Wer bist du denn, dass du etwas von denen willst?«

Thomas: War es tatsächlich schwierig oder war deine Angst unbegründet?

Uli: In meiner Startzeit war es manchmal schwierig. Es gab zwischen den freikirchlichen Jugendwerken und auch zwischen den Personen unterschiedliche Haltungen. Wichtig war später die Einsicht, dass man sich ja gar nicht in allen Fragen einig sein muss, sondern nur beim Ziel und Auftrag der jeweiligen Zeitschrift.

In der evangelikalen Szene gab es in den Achtzigerjahren ohnehin Spannungen und Misstrauen gegen uns junge Wilde damals - Roland Werner, Andreas Malessa, Heiner Rust, Uli Eggers – wen auch immer. Die einen waren zu charismatisch, die anderen zu politisch oder vorlaut ... Konnte man diesen Leuten wirklich trauen? Waren sie kirchenpolitisch zuverlässig? Hörte sich das nicht immer etwas zu keck und frech an? Es gab ein ganz starkes Freund-Feind-Schema. Immer diese Überlegung, wer nützlich ist für »unsere« Position – und wer vielleicht ein unsicherer Kantonist.

Ein paar gutwillige und weitsichtige Leute haben dann versucht, uns stärker zu binden. Einer, der das sehr positiv vorangetrieben hat, war Horst Marquardt, der Leiter des ERF. Er hatte ein hohes Verständnis für übergreifende, missionarische Arbeit. Ein echter Pionier und Unternehmer, der ganz viel bewegt hat. Ich schätzte ihn sehr – und das beruhte auf Gegenseitigkeit. Er lud uns Junge gegen den Widerstand einiger Württemberger, die damals eine sehr gewichtige Stimme in den Netzwerken von Allianz und Lausanner Bewegung hatten, zu Kamingesprächen ein – kleinen vertraulichen Treffen. Man bewegte die Anliegen der evangelikalen Szene. Dabei waren die Spitzen der Freikirchen und andere leitende Kirchenleute von der AMD oder aus dem württembergischen Pietismus. Man verstand sich als Türwächter der Szene und prüfte, mit wem man zusammenarbeiten konnte. Man wollte uns jungen Leuten auf den Zahn fühlen. Und stellte dann wohl fest, dass wir so schlimm nicht waren, wie man vielleicht gedacht hatte ...

Thomas: Woran hast du das gemerkt?

Uli: Diese Treffen führten unter anderem dazu, dass wir 1989 eine Einladung zum Lausanner Evangelisationskongress für Weltmission nach Manila bekamen – eine Ehre und ein Vertrauensbeweis. Das war eines meiner ersten großen Abenteuer, der Einstieg in die damals sehr vitale Welt der international vernetzten evangelikalen Bewegung. Eine starke Erfahrung, Leute zu erleben wie Leighton Ford, den Schwiegersohn von Billy Graham, Floyd McClung, Loren Cunningham, John Stott, den US-Pfingstler Jack Hayford – sie waren alle da! Ich sah diese geballte Präsenz von Christen aus 125 Ländern der Welt – ein emotionaler Moment.

Teil solch eines weltweiten Evangelisationsnetzwerkes zu sein, Teil dieser vitalen Bewegung: Das war schon stark und verpflichtend.

Thomas: In welchem Zusammenhang stehen diese Erfahrungen mit dem Netzwerk von Family?

Uli: Ich wurde ein Stück weit greifbarer und berechenbarer. »Ah, das ist dieser Uli Eggers, der war ja in Manila. Vielleicht ist er ja doch nicht so ein Schlimmer.« So fühlte ich mich ja manchmal …

Family-Werbung beim »Gemeindetag unter dem Wort« in Siegen, 1994

Thomas: Wie hast du das nach und nach gewonnene Vertrauen für das Projekt Family nutzen können?

Uli: 1989 wusste ich natürlich von Family noch gar nichts, sondern hatte eben kleine Kinder und eine besondere Geschichte mit ihnen. Als sich die Zeitschriftenidee in mir so um 1991 herum entzündete, habe ich all meine bisherige Lebenserfahrung zusammengenommen und bin dann sehr strategisch vorgegangen: Wen muss ich zuerst für diese Idee gewinnen? Wen kann ich mit welchem Namen aufschließen?

Der Erste war Horst Marquardt – er sagte zu. Als Nächstes fuhr ich zu Hartmut Steeb, der 1991 gerade der noch recht junge Generalsekretär der Deutschen Evangelischen Allianz geworden war – Angelika und er wurden von idea immer gern als die fromme Musterfamilie mit den zehn Kindern vorgeführt, die mussten also dabei sein. Ich habe übrigens immer automatisch die Ehepaare gefragt, nicht die prominenten Männer allein. Das war ja eine wichtige Botschaft in sich: Es geht um beide! Dann kamen natürlich mein Freund und Mentor Peter Strauch und seine Frau dazu – mit diesen Leuten als Grundstock konnte man schon weit springen!

Als Nächstes habe ich bewusst in Richtung charismatische Bewegung die Fühler ausgestreckt. Claudia und Eberhard Mühlan hatten mit Freunden die tolle Bewegung »Neues Leben für Familien« aufgebaut – heute Team F. Sie hatten ein großes Netzwerk – und haben gern zugesagt. Über die »Spurgruppe« der Jesusmarsch-Bewegung lernte ich Keith und Marion Warrington kennen, ein wunderbares Missionarsehepaar aus Neuseeland, die ihr Leben in unser Land investiert haben. Keith empfand ich als sehr integer, mit großer geistlicher Leidenschaft – aber mir schlug durchaus auch ein gewisses Misstrauen entgegen: Diese Evangelikalen da, waren das nicht alles irgendwie nur fromme Funktionäre und Politiker – brannte in denen wirklich Leidenschaft für Jesus, konnte man denen trauen?

Seine Vorsicht hing sicher damit zusammen, dass er in Deutschland von den traditionellen Evangelikalen seinerseits schon sehr viel Kritik und Misstrauen empfangen hatte. Und wie reagierst du auf Misstrauen? Mit Misstrauen! Das Gute war, dass wir dann mehr als ein Jahr in dieser Spurgruppe zusammen waren. Dort habe ich tolle Leute kennengelernt – und viel über Charismatiker.

Thomas: Was zum Beispiel?

Uli: Sie hatten einen komplett anderen Sitzungsstil. Ich höre noch Keiths Tonfall: »Wir müssen den Herrn suuuchen!« Bei unseren evangelikalen Sitzungen hattest du eine Tagesordnung, es wurde diskutiert und abgestimmt, fertig. Gebetet wurde bei der Andacht am Anfang – aber das war halt nur der Vorfilm, hatte mit den Sachen selbst meist wenig zu tun.

Hier lernte ich auf einmal einen anderen Stil kennen – und fand viel Gutes: Man lernte sich kennen, baute Vertrauen auf, redete – aber immer wieder ging es dann um hörendes Gebet. Und es war leidenschaftlich und emotional. Teilweise war mir das schon fremd. Ich erinnere mich zum Beispiel an Eckhard Neumann, einen ehemaligen FeGler, der eine charismatische Erneuerung erlebt und jetzt mit seinem »Missionswerk Josua« einen großen Einfluss in ostdeutschen charismatischen Netzwerken hatte. Er hatte bei unseren Treffen immer seine Schlappen an, Pantoffeln. Beim Beten musste er sich bewegen, er marschierte gerne rund um unseren Sitzungstisch. Da »suchten wir also den Herrn« – und Eckhard

Versand der kostenlosen Family-Startausgabe aus dem Cuxhavener Büro – mit Familienanschluss

schlappte mit seinen Pantoffeln im Kreis herum, schlapp, schlapp, schlapp – und betete leidenschaftlich. Es war zum Teil schon arg fremd und funny!

Ich fragte mich natürlich unwillkürlich, wie ich selbst beten sollte – sachlich, wie immer? Musste ich irgendwie aufdrehen? Wirkte ich auch fromm genug? Ich musste lernen, zu mir selbst zu stehen. Es war ein starker, respektvoll miteinander umgehender Kreis.

Aufbruch in ein neues Miteinander

Thomas: Mit dem gewonnenen Grundstock fiel es dann leichter, weitere Leute für den Beirat zu gewinnen?

Uli: Ja, diese Mischung allein strahlte etwas Neues ab, war programmatisch und vertrauensbildend zugleich: »Was, all diese Leute machen mit? Na ja, dann bin ich auch dabei …« Der Kreis wurde immer bunter, immer breiter, immer vielfältiger – es war eine neue große evangelische Allianz, wie sie eben leider damals in der Evangelischen Allianz Deutschland noch nicht möglich war. Damals gab es noch die sehr vitale Abgrenzung zu den Pfingstlern und Charismatikern durch die berühmte »Berliner Erklärung«. Da war ein Stück sehr realer »Kalter Krieg« unter den Jesusleuten, weil man meinte, sich vor dem »Schwarmgeist« schützen zu müssen.

DIE JAHRE 1979–1987

Persönliche Daten

Urlaubssemester und Umzug nach Witten: Phase 1 im Bundes-Verlag. **1979**

»Communication«, Festival in Hamburg. **1980**

Rückzug nach Hamburg, Weiterstudium und Redaktion. **1981**

»Communicultur«, Festival in Hamburg mit 8 500 Besuchern, Gründung der WegGemeinschaft e. V. **1982**

Unser »AK IGO« bei der großen Friedensdemonstration in Hamburg. Erste USA-Reise (Sider, Wallis, Bruderhof). **1983**

Zweiter Umzug nach Witten. Geburt von Tochter Julie – Tod wenige Tage später. Zweite USA-Reise, Bruderhof. **1984**

Geburt von Tochter Sonia. Das Buch »Gemeinschaft lebenslänglich« erscheint im Bundes-Verlag – und der erste »Schneider Joyce Computer« steht im Arbeitszimmer. Die WegGemeinschaft e. V. kauft den Dünenhof. **1985**

Erstes Dünenhof-Festival in Cuxhaven. **1986**

Geburt von Tochter Laura, Umzug nach Cuxhaven – die Redaktion zieht mit. **1987**

Weltgeschehen

1979 Nato-Doppelbeschluss zur Nachrüstung – atomares Wettrüsten und Friedensbewegung. Einmarsch sowjetischer Truppen in Afghanistan.

1981 Ronald Reagan wird US-Präsident.

1982 Helmut Kohl wird durch konstruktives Misstrauensvotum gegen Helmut Schmidt für die kommenden 16 Jahre zum Kanzler gewählt.

1983 Die Grünen ziehen in den Deutschen Bundestag ein.

1984 Start des privaten Fernsehens in Deutschland (SAT 1, RTL etc.).

1985 Michael Gorbatschow wird Generalsekretär des ZK. Ab 1986 beginnt die Perestroika, die Zeitschrift »Öko-Test« erscheint.

1986 Nuklearkatastrophe in Tschernobyl.

DIE WILDEN JAHRE

Family war ein wichtiges Aufbruchszeichen in ein neues Miteinander, ein echter Leuchtturm für Neues – mit Wirkung weit über das Ehe- und Familienthema hinaus. Zugleich glaube ich: Wenn es nicht um dieses schöne, bei allen gut angesehene und irgendwie »harmlose« Thema »Ehe und Familie« gegangen wäre, hätte man diese Leute damals noch gar nicht an einen Tisch gekriegt.

FAMILY WAR EIN WICHTIGES AUFBRUCHSZEICHEN IN EIN NEUES MITEINANDER, EIN ECHTER LEUCHTTURM FÜR NEUES – MIT WIRKUNG WEIT ÜBER DAS EHE- UND FAMILIENTHEMA HINAUS.

Heute sage ich lächelnd: Daraus könnte man auch systemisch lernen! Wenn du etwas ganz Schwieriges und am Ende Hochpolitisches willst, fang bei einem sehr harmlosen Thema an. Wenn du ein sehr dickes Brett bohren willst – nimm zuerst einen ganz dünnen Bohrer. Vertrauen baut sich nur langsam auf – Brücken werden erst nach und nach tragfähig … Aber diese hochstrategischen Implikationen habe ich damals noch gar nicht gesehen! Es war nur die starke Vision für Ermutigung im Bereich Ehe und Familie da – und dann eben der starke Wille und die Leidenschaft, sich durchzubeißen.

Thomas: Nun bezeichnest du dich ja immer wieder als eher schüchternen und zurückhaltenden Menschen. Hier musstest du nun aber proaktiv auf Leute zugehen, sie für deine Sache gewinnen. Wie ging das?

Uli: Das ist ja eben der Witz: Sobald ich ein Mandat und eine Überzeugung habe, vergesse ich mich selbst. Da entwickle ich eine enorme Willenskraft und lasse mich total von dem Ziel faszinieren. »Ich will da jetzt hin, koste es, was es wolle! Was muss ich tun?« Die Leute empfinden mich wahrscheinlich nicht als schüchtern. Manchmal ist das ein Problem für mich, weil andere mich eher als den »Löwen-Uli« sehen – und entsprechende Erwartungen haben. Es begegnet ihnen manchmal nur ein schüchterner »Hasen-Uli« ohne Rolle. Und der hat eine Sechs in Smalltalk und kriegt keine vernünftigen Worte raus. Das produziert dann Enttäuschung.

Thomas: Die Rolle trägt dich nach vorne?

Uli: Das Mandat, die Rolle, die Vision tragen mich voran, ja. Nicht dass ich darin nicht immer wieder auch Angst und Respekt hätte. Häufig fuhr ich ja im Auto zu den Leuten und habe mich in dieser Zeit betend an Gott festgemacht: »Herr, gebrauche mich! Ich will nicht im Weg stehen, ich will das Ding für dich bewegen.

Gib mir Mut und lass es gelingen. Es geht nicht um mich, es geht um dein Reich!« Ich habe mich innerlich und geistlich vorbereitet.

Thomas: Es war ein gewisses Vertrauen da, das dann in diesem Beirat weiterwuchs. Wurden daraus Freundschaften?

Uli: Ja, oft. Ich habe eine schöne Geschichte mit Hartmut Steeb erlebt. Er ist ein typisch württembergischer Schaffer, sehr verlässlich. An manchen Stellen das klassische Gegenbild von mir, sehr sachlich, sehr nüchtern. Hartmut ist von der Fraktion, die betont: »Sei treu im Kleinen! Dann setzt dich der Herr über Größeres.« Und da ist viel dran! Irgendwann mal wurde mir das aber zu viel, weil da ja bei vielen evangelikalen Leitenden typischerweise auch eine Abwehr gegen visionäre Pläne mitschwingt. Bloß nicht abheben wie diese Charismatiker, keine großen Zahlen, den Mund nicht zu voll nehmen! Ich habe ihn dann spontan provoziert: »Mensch, Hartmut, du redest immer über die Treue im Kleinen. Da steckt doch genauso eine dicke Gefahr drin. Damit kannst du die Leute immer schön klein halten: ›Bleib mal schön im Kleinen, sei treu und spinn nicht rum!‹ Aber wer kümmert sich eigentlich ums Große? Treue im Kleinen kann doch nur sinnvoll sein und funktionieren, wenn wir auch eine Treue im Großen haben! Eine Vision, ein großes Ziel, etwas, das begeistert und nach vorn zieht!«

Es war beglückend, dass Hartmut voll darauf eingestiegen ist: »Ja, Mensch, da hast du eigentlich recht, das muss es auch geben …!« Das war ein starker Moment – so etwas entsteht nur bei echtem Vertrauen und enger Zusammenarbeit …

Thomas: Welche zwei, drei großen Themen habt ihr in dieser Frühzeit von Family gebracht?

Uli: Mein Publizistikmodell ist ja dieser schon erwähnte Brückenbau vom Ist zum Soll und vom Soll zum Ist. Und darin immer wieder vor allem die Frage nach dem Wie: »Wie kommt meine Wirklichkeit näher an das biblische Soll?« Also hier: »Wie führe ich eine Ehe, die wirklich treu ist?«, »Wie liebe ich meinen Partner auf Dauer?«, »Wie kann ich zu mir stehen – und doch den anderen umfassend lieben?«, »Wie können wir unsere Kinder gut erziehen?«, »Wie kommen wir in eine Zukunft, die sich nicht in Belanglosigkeit erschöpft?« Dazu kommt der Erfahrungsaustausch.

Bei Partnerschaft ging es natürlich um das Thema Sexualität, das in der pietistisch-evangelikalen Szene so Ideal- und Soll-gesteuert ist: glückliche sexuelle Beziehungen, Treue, Reinheit, keine Pornografie usw. Vieles finde ich ja gut und richtig – zugleich muss es dann idealtypisch von »gar nichts« auf »100 Prozent toller Sex in der Ehe« gehen. Man merkt: Da treffen steile Ideale auf guten Willen und viel Unbeholfenheit – und alles miteinander geht nicht!

Ruth Heil schrieb am Anfang eine tolle Serie über Sex auf dem Küchenhocker und das hilfreiche kleine Fläschchen Babyöl ... Oder Sabine und Ekkehart Vetter haben offen erzählt, wie sie Sexualität erleben, wenn der eine keine Lust hat und der andere so gern will. Wir fanden diese handfeste Offenheit super, weil sonst so viel in der Grauzone steckt. Wenn es um Sex geht, sagt die christliche Szene gern »Hör nicht auf die Welt, macht nicht all diese schlimmen Dinge! Wir Christen, wir haben doch das Allerbeste! Denn wer hat's erfunden? Natürlich, unser Gott! Und die Bibel ist die Gebrauchsanleitung – schau mal ins Hohelied der Liebe ...« Nur: Dann bricht es ab! Dann kommt eigentlich nur noch, was man alles nicht darf oder wo man besser gaaaaanz vorsichtig sein soll.

Thomas: Ihr seid 1992 gestartet und habt auch junge Volontäre zu euch in die Redaktion nach Cuxhaven geholt – eine Idee, die sich bis heute im Verlag fortsetzt, oder?

Uli: Ja, da gibt es sicher bis heute über hundert solcher Leute – am Anfang waren es immer zwei pro Jahr, oft nach dem Abitur. Damals kamen zum Beispiel Melanie Carstens und Anja Schäfer zu uns, die beide nach ihrem Studium engagier-

Das Family-Team (v. l. n. r.) 1992: David Neufeld, Uli Eggers, Anja Schäfer, Melanie Carstens, Dorothe Erbe

te Redakteurinnen bei uns geworden sind und viel von diesem ganzheitlichen Spirit des Anfangs mitgenommen haben. Melanie Carstens arbeitet heute für das Frauenmagazin JOYCE, Anja Schäfer mit ihr zusammen an andersLEBEN.

Bei der Verabschiedung als SCM-Geschäftsführer, Oktober 2021 – Anja Schäfer (li.) und Melanie Carstens (r.) als BV-Redakteurinnen immer noch dabei

Früh dazu gekommen ist auch David Neufeld – ein ganz wichtiger Mitbetreiber dieser frühen Jahre. Er war zuerst Volontär, hat dann eine Ausbildung zum Medienkaufmann gemacht, Anzeigen verkauft, als Redakteur gearbeitet. Heute hat er seinen eigenen feinen Neufeld-Verlag und macht eine hervorragende, engagierte Arbeit.

Gründung des Spring-Festivals

Thomas: Aus der Arbeit mit Family entstand ein weiteres Projekt: das Spring-Festival. Wie kam das?

Uli: Alan Johnson, der Leiter des britischen *Spring Harvest*-Festivals, kam auf uns zu. Sie wollten nach Deutschland expandieren und suchten dafür Partner. Da sie das Netzwerk hinter Family sahen, kontaktierten sie uns. Ich war sofort begeistert von der Idee, es passte einfach in die Zeit: Kinder, Jugend und Gemeinde, charismatische und traditionelle Christen, Seminare, Popmusik und Urlaub – und das für alle Gemeinden eines Landes: starke Idee!

Mit Hartmut Steeb, Eberhard Mühlan und Manfred Pagel gingen wir auf Testfahrt nach England und haben uns das angeschaut – wir waren später das Kernteam und haben viele aus dem Family- und Allianzbereich mit reingezogen. Ich war die ersten vier, fünf Jahre dabei und habe mich stark im Programmbereich engagiert, mich dann aber wieder herausgezogen.

Thomas: Warum? Lief es nicht gut?

Uli: Es war super und kam hervorragend an. Spring ist in Deutschland sicher so etwas wie ein Katalysator für Zusammenarbeit geworden, allein die Bibelarbeiten: Immer drei Leute, mindestens eine Frau, ein Charismatiker, ein Freikirchler, ein Landeskirchler. Tolle Teams, wo ganz viel Lernkurve für alle dabei ist – diese Idee aus England begeistert mich bis heute! Aber für mich hätte sich Spring ausweiten müssen, multiplizieren. So wie bei *Spring Harvest* in England: Die hatten damals 60 000 Leute bei zehn verschiedenen Terminen. Das hätte eine strategische Wirkung gehabt. Bei uns aber war von Anfang an die Finanzierung grenzwertig – und das hat auch damit zu tun, dass hierzulande große günstige Ferienparks fehlen, wie es sie in England in Massen gibt.

Spring wird auf einen Termin und 4 000 Leute begrenzt bleiben – super, aber da fand ich, dass ich mein Pulver verschossen hatte. Heute ist Spring von der Evangelischen Allianz adoptiert und tolle Leute machen es weiter – genau richtig!

Thomas: Nun ist das jährlich zu Pfingsten stattfindende Dünenhof-Festival aber auch ein Format mit etwa 1 500 Teilnehmenden. Wir rechtfertigst du das auf dem Hintergrund deiner Aussagen zu Spring?

Uli: Das Dünenhof-Festival ist ja das Haus-Event unserer Gemeinschaft, da bin ich eng verpflichtet und kann meine eigene Organisation stärken. Und natürlich kann ich dort spitzere Impulse setzen und es mit AUFATMEN kombinieren. Es ist nicht ganz so aufwendig, die Leute müssen keinen so hohen Eintrittspreis zahlen – und das eigene Team ist das ganze Jahr über am Start und eben zum Teil dauerhaft vorhanden.

ICH BIN PIONIER, ICH WILL VORWÄRTS, AUSBAUEN, NEUE ZIELE ERREICHEN, WIRKUNG ERZIELEN UND VERÄNDERN.

Thomas: Spielt hier auch die Tatsache eine Rolle, dass du gerne Neues machst und nicht 20-mal dasselbe wiederholst?

Uli: Das spielt mit hinein. Ja, ich bin Pionier, ich will vorwärts, ausbauen, neue Ziele erreichen, Wirkung erzielen und verändern. Vor der Neugründung einer weiteren Zeitschrift wurde mir einmal gesagt: »Uli, du bist immer so schnell mit neuen Ideen, du hast ja gar keine Durchhaltekraft und Länge!« Da war ich ein bisschen beleidigt, weil ich Family rund zehn Jahre gemacht habe. Zugleich stimmt insofern etwas dran, als ich nie an Altem festgeklebt bin, weil es mich immer so stark zum jeweils Neuen hingezogen hat: mit gewachsenem Erfahrungshorizont die neue Herausforderung angehen.

Ein typisches Muster in der frommen Welt ist ja durchaus, dass viele an ihren Ämtern kleben und sie nicht aufgeben können. Mich hat es immer nach vorn gezogen. Ich kann mit Dank zurückgucken, aber dann auch weitergehen …

Thomas: So war es auch bei Family. Du hast die Zeitschrift nach einiger Zeit an den Redakteur Martin Gundlach weitergegeben.

Uli: Ja. Als ich Family gegründet habe, hat er PUNKT übernommen. Daraus ist dann DRAN geworden – und als ich AUFATMEN startete, hat Martin Gundlach Family übernommen. Es ist großartig: Im Sommer 2022 wird Martin Gundlach in meine Rolle bei AUFATMEN einsteigen und die DNA weiterführen – geistlicher Staffellauf.

Thomas: Damals hat sich deine Rolle im Bund FeG verändert, du wurdest nach einem gründlichen Prüfungsgespräch in der Bundesleitung Pastor des Bundes. Aber auch hier musstest du um Vertrauen kämpfen und bist angeeckt …

Uli: Na ja, in der Family-Phase der Neunzigerjahre war ich schon weitgehend etabliert – Erfolg hat ja auch immer seinen eigenen Überzeugungscharme und hilft nach. Und natürlich war ich auch älter geworden und habe mich selbst besser gesehen – manches war ja einfach auch etwas einseitige Kost auf den Flügeln der Leidenschaft gewesen.

Schwieriger war es Anfang oder Mitte der Achtzigerjahre. Ich war immer bei den jährlichen Pastorentagungen auf die Insel Langeoog eingeladen. Damals lag noch eine eigenartige Spannung im Bund. Es gab eine Unruhe, eine Ungeduld, auch eine Unrast bei vielen jungen Pastoren, die aber nicht zum Durchbruch kam. Die ältere Generation hatte sich noch nicht für die jüngere geöffnet, vieles lief etwas steif und hierarchisch. In der Zeit danach hat sich aber manches geändert, es gab ein deutlich offeneres Klima und die Bereitschaft, mehr auf die Jungen zu hören.

Und dann kam AUFATMEN

Thomas: Ende 1995 kam AUFATMEN, dein nächstes Zeitschriftenprojekt. Weshalb dieses Magazin?

Uli: AUFATMEN kam knapp fünf Jahre nach Family und war Ergebnis meiner und unserer Wachstumskurve. Der Zündungseffekt für die Vision war wieder stark biografisch. Ich war 40, das typische Alter für eine Krise! Irgendwie bist du auf dem Höhepunkt deiner Kraft – und zugleich zehrt das alles. Der Satz meines Vaters kam ins Spiel: »Die Länge trägt die Last.« Ich merkte: Vieles von dem, was ich wollte, lief aus purem Idealismus und aus Willenskraft. Ich hatte Leidenschaft und Überzeugung – aber irgendwann war die Batterie leer. Auf einmal lernte ich an mir selbst dieselben Verfallskräfte kennen, die ich an Gemeinden kritisiert hatte: Man weiß es eigentlich besser, aber da ist diese Müdigkeit, da sind die Kompromisse, das Zurückbleiben hinter dem eigenen Anspruch. Wenn du Kraft hast, kannst du dagegen angehen, es überwinden – aber du hast nicht immer Kraft. Und du willst auch gar nicht immer Kraft haben! Du hast keine Lust, dich stets tugendhaft und richtig und vorbildlich und vorneweg zu verhalten.

Diese Phase der Müdigkeit und Trockenheit war der Beginn einer Suche nach einer geistlichen Erneuerung. Ich habe damals enorm viel gelesen, gesucht – und hörte erstmals eine Predigt von Bill Hybels über genau diesen Kampf zwischen Leidenschaft und Ausbrennen. Wie wichtig für ihn die direkte Gottesbegegnung war, weil er sonst auf Dauer nicht motiviert blieb. Ich merkte, im charismatischen Bereich und in der Gemeindeszene der USA gab es eine ganze Reihe von Autoren, die mir da etwas zu sagen hatten. Sie sprachen auf eine persönliche und ehrliche Weise über ihre Suche nach Gott, wie ich das sonst selten erlebte. Deutsche predigten und legten die Bibel aus – persönliche Erfahrungen gehörten zumindest damals nicht dazu. Bei vielen dieser englischsprachigen Autoren kam die Ebene von Kopf und Herz zusammen – das erreichte mich ganz anders in meiner eigenen Suche.

Thomas: Ihr habt diese Themen vermehrt in eure Tagungen auf dem Dünenhof reingenommen und seid dabei in das eine oder andere Fettnäpfchen getreten. Da gab es zum Beispiel eine Tagung mit dem Titel »Frausein in der Kraft des Heiligen Geistes«. Wo lag das Problem, bei den Frauen oder beim Heiligen Geist?

Uli: Meine Frau Christel hatte ja durch die Kleinkindphase die Idee für Verwöhnfreizeiten für Frauen eingebracht – mittlerweile hatten sie jedes Jahr mehrere Seminare am Start. Werners waren Freunde – und charismatisch geprägt. So kamen wir auf das Thema, das wir für gut biblisch hielten. Die Tagung selbst war auch ein voller Erfolg, nur: Allein die Titelformulierung hatte einige bei uns im Bund aufgeschreckt und in Sorge versetzt: Wurden wir auf dem Dünenhof jetzt charismatisch? Musste man vor uns warnen? Wir wären gar nicht auf die Idee gekommen, dass diese Formulierung Ängste wecken könnte …

Aber natürlich hatte das auch seinen Zeithintergrund: Damals entwickelte sich der umstrittene Toronto-Segen, wo Leute massenhaft nach Toronto flogen, um eine Berührung mit dem Heiligen Geist zu haben – man fiel um oder brach in Lachen aus usw. Natürlich gab das Wirbel und Abwehr bei traditionellen Evangelikalen – zugleich zeigte es auch, wie viel Sehnsucht es gab und wie trocken die evangelikale Szene zu dieser Zeit war: so viel Theologie, so viele biblische Richtigkeiten, so vieles zum Abhaken – aber keine geweckte Erwartung, kein Stillen der Sehnsucht und des Hungers.

Thomas: Trotz dieser Sorgen und Hindernisse waren es solche Themen, die AUFATMEN den Weg bereiteten. Gab es andere Zeitschriften, die für dich da eine Art Vorbildrolle hatten?

Uli: Es gab gute Beispiele, aus denen ich die besten Ideen zu einer neuen Mischung komponiert habe. Ich lernte das »Discipleship Journal« der Navigatoren kennen. Richard Foster baute die Renovaré-Bewegung auf und hatte den großen Klassiker »Nachfolge feiern« gebracht. Mit ihm konnte ich später Interviews machen, eine Serie über Gebet – ein beeindruckender Mann. Dann gab es das »Leadership Journal« von den Leuten bei »Christianity Today« in den USA, wo auch Gordon

MacDonald mitarbeitete. Ich bin später oft in dem großen Verlagshaus in Wheaton gewesen und habe da viel gelernt.

Aber auch hier in Deutschland gab es ein Magazin aus der MBK-Bewegung: »Arbeit und Stille«. Im Grunde wollten die etwas Ähnliches, es war eine kleine, engagierte Spiritualitätszeitschrift, etwas theologischer, etwas kirchlicher, etwas schwerer zugänglich und von einer halben oder dreiviertel Generation vor mir bestimmt. Es war mir damals einen Tick zu schwer, zu steil, zu traditionsbehaftet – ich brauchte es zugänglicher und einladender, auch persönlicher, nicht so theologisch.

Das ist ja oft ein deutsches Problem, dass sich Theologen immer auf ihrer Fachebene rechtfertigen müssen und dann entsprechend steil schreiben – aber eben an mir und vielen anderen vorbei, weil es zugleich auch wenig persönlich oder biografisch ist.

Ein Einflussfaktor war auch die Begegnung mit Floyd McClung, mit dem ich 1994 für DRAN ein Interview machte. Für mich mal wieder eine Herausforderung: »Floyd McClung von Jugend mit einer Mission, großer internationaler Charismatiker – und du kleiner Evangelikaler mit deinem schlechten Englisch …« Es wurde dann eine Herz-zu-Herz-Begegnung, ein Treffen, das Gott gestiftet, gebraucht und gesegnet hat. Ich habe viel gelernt über Nachfolge, über die Verbindung von Missionarischem und Spiritualität, über Gottesbegegnung, Vertrauen und Vision.

Im Rückblick sage ich: Gott hat über die Jahre jeweils etwas in mir aufgebaut, sodass ich im Grunde für jede neue Idee wie auf den berühmten Felsbrocken im Fluss aufs andere Ufer springen konnte: Da wuchs etwas in mir – und irgendwann war es jeweils so weit. Floyd, der 2021 gestorben ist, war ein wichtiger Baustein für mich.

Thomas: War es wieder die Diskrepanz zwischen Ist und Soll, zwischen Anspruch und Wirklichkeit, die dich beim Thema Spiritualität umtrieb?

Uli: Ja, ich merkte, dass mir meine evangelikale Prägung mit all dem Bibelwissen und der Orientierung, alles richtig machen zu müssen, nicht mehr weiterhalf. Jesus – unbedingt und gern! Aber woher kriege ich auf Dauer Kraft? Wie kann ich mehr von Gott erfahren? Wie kann ich mich tiefer hingeben? Gibt es eine andere Ebene der Begegnung mit Gott als die über Denken und Aktion und Projekte?

Irgendwann war einfach klar für mich, dass ich auch in meinem Glauben mehr Ganzheit, mehr Wagnis in der Beziehung zu ihm brauchte, ein riskantes

AUFATMEN-Interview mit Dr. Reinhard Deichgräber

Besuch bei Magnus Malm in Schweden, wichtiger AUFATMEN-Autor der ersten Stunde

Ausstrecken nach ihm. Und es wuchs diese Erkenntnis: Es gelingt nur aus Gott selbst, aus der Begegnung mit ihm. Da ist eine Sehnsucht und ein Suchen in mir – und in ganz vielen anderen in unserer frommen Landschaft! Ich war ja nicht allein mit diesem Empfinden. Und zugleich war ich mir des Risikos bewusst: Gottesbegegnung kann man nicht machen. Es muss echt sein und authentisch, ehrlich und nicht emotional aufgepustet oder eingebildet. Man muss das als gebrochener, defizitärer Mensch, der man ist, als Sünder erfahren können. Wenn man es nicht in der ganz realen Wirklichkeit ansteuern und erfahren kann, nützt es nichts! Etwas anderes als unsere Wirklichkeit haben wir nicht.

Thomas: Gab es keine deutschen Autoren, die dieses Bedürfnis stillen konnten?

Uli: Es ist mir damals über internationale Impulse leichtergefallen. Bis ins Sprachliche hinein! Wer sprach denn damals über die Ebene des Herzens für den Glauben? Das war zwar absolut biblisch – aber in der deutschen Theologie und Predigt begegnete mir das nicht. Ich habe gemerkt, wie sehr die Bibel mit »Herz« unsere Ganzheit als Mensch meint. Wie sehr es da gerade um die Ebene des Glaubens geht – der eben nicht zuerst eine Frage des Verstandes ist.

»Herz« identifizierte man damals automatisch mit »Emotion« oder »emotional« – und dann war man wieder bei der charismatischen Gefahr. Heute kann man unbefangener vom Herzen als Beziehungsebene zu Gott reden – als Mitte unserer Person, Ausdruck der Ganzheit.

Aber klar, es gab im Bereich gelebten Glaubens auch gute deutsche Autoren – Reinhard Deichgräber gehört für mich dazu, er hat oft in AUFATMEN geschrieben. Und auch Peter Strauch hat Wichtiges beigetragen – Jesusnachfolge plus Ehrlichkeit, darum ging es mir doch!

Ehrlich glauben

Thomas: Das spiegelte sich auch in seinem Buch »Entdeckungen in der Einsamkeit«, das in den Achtzigerjahren erschien. Ich las es als junger Christ und war beeindruckt, wie ehrlich er über seine Fragen und Kämpfe schrieb.

Uli: Genau. Dieses Buch spricht von einer Lebenserfahrung, die meiner in Teilen ähnlich war: die Begegnung mit meiner Wirklichkeit, dem Versagen am eigenen Anspruch. Das ist ja gerade die Not von Theologen! Sie sind geistlich mit einem steilen Auftrag unterwegs. Doch was machen sie, wenn diese Leidenschaft, dieser Auftrag durch Zweifel, Sünde und ihre Wirklichkeit ausgehöhlt wird? Und dann sitzt da sonntags auch noch die eigene Frau in der Gemeinde und weiß ganz genau, wie es wirklich bei ihnen aussieht.

Viele reagieren mit einer inneren Auswanderung – man feilt an schönen Worten für die Außenseite und weiß, was man sagen muss. Aber innerlich wird man immer einsamer und verurteilt sich selbst. An dieser Stelle hat mir die Begegnung mit dem katholischen Priester und Autor Henri Nouwen sehr geholfen, der den wunderbaren Satz gesagt hat: »Der größte Gegner des geistlichen Lebens ist nicht Stolz, Macht oder Geld, sondern die Selbstverurteilung!« Ja, da ist ganz viel dran! Wenn es diesem Mann so ging: Könnte es sein, dass sich ganz viele mit diesem Zwiespalt zwischen außen und innen herumschlagen?

Thomas: In der Anfangszeit von AUFATMEN gab es eine ganze Reihe von Artikeln, in denen Menschen sich outeten, von ihren Zweifeln und ihrem Burn-out berichteten. Das war in dieser Art neu, sodass viele gerade deshalb nach dieser Zeitschrift griffen und sie lasen: Da gab es bekannte und weniger bekannte Personen, die Einblick auch in Scheitern oder Defizite gaben.

Als ich selbst Teil des freien Redaktionsteams wurde, gab es intern auch kontroverse Diskussionen zu diesem Duktus. Einige sagten: »Weshalb bringen wir dauernd diese Geschichten von Schwachheit und Scheitern? Es gibt doch auch die Schönheit und die Kraft des Evangeliums. Muss es denn immer durch Dreck, Sumpf und Scheitern gehen?« Ich empfand es als Spannungsfeld: ehrlich sein, aber darauf achten, dass die Gesamterzählung nicht zu einer christlichen Soap verkommt, die mir lauter Schicksalsgeschichten aus der frommen Welt präsentiert. Wie ging es dir damit?

Uli: Na ja, fromme Soap – wir erfinden ja keine Storys, sondern selektieren nur. Aber klar, es bleibt ein Spannungsfeld – man darf das Schöne nicht verschweigen. Jesus nachfolgen ist für mich die wunderbarste Option der Welt – es ist die absolute Sinnerfüllung unseres Lebens, diesen Zielpunkt zu haben, dieses Gegenüber. Wie arm wäre ich, wenn ich ihn nicht als Freund hätte! Das Gute und Schöne ist der große Hintergrund, auf dem wir arbeiten!

JESUS NACHFOLGEN IST FÜR MICH DIE WUNDERBARSTE OPTION DER WELT – ES IST DIE ABSOLUTE SINNERFÜLLUNG UNSERES LEBENS, DIESEN ZIELPUNKT ZU HABEN, DIESES GEGENÜBER.

Zugleich ist es witzig, denn es gibt auch die genau gegenteilige Kritik: »Warum haben eure Berichte immer ein Happy End? Warum enden alle eure Krisen im Versöhnlichen?« Klar, auch eine berechtigte Anfrage – denn im wirklichen Leben ist es ja nicht so, dass wir überall die Kurve kriegen. Nur wird man mitten in der Krise, mitten in einem ungelösten Konflikt selten Leute finden, die darüber schreiben wollen. Ehrlich wäre es. Und auch wichtig, weil sich ja viele damit identifizieren können! Wir sind oft so überzeugt mit unserer Mission unterwegs, dass wir gerne eine schöne Projektion von dem an die Wand malen, was wir uns wünschen. Und vergessen, dass dies nicht immer gelingt – oder dass jeder in seiner ganz eigenen Phase ist.

Ich erinnere mich an einen Gottesdienst bei uns, in dem ein alter Pastor mit schönem ostpreußischem Akzent sagte: »Nicht wahrrr, liebe Geschwisterrr, frreuen wirrr uns nicht alle auf den Himmel?!« Und ich saß da und dachte: »Nein, ich freue mich nicht auf den Himmel! Ich weiß ja noch nicht mal genau, ob ich Christel dort erkennen und wiedersehen werde. Wie soll ich mir das dann als Himmel vorstellen? Und ich stehe nicht auf goldene Gassen, ich stehe auf Strand und Weite!«

Ich will diese Aussage nicht kritisieren! Nur: Wir werfen einander manchmal schöne Vorstellungen zu – doch ist auch Raum da zu sagen: »Ich habe Zweifel, mir erschließt sich das nicht«? Eben – ehrlich glauben.

Thomas: Ich kann ich dir manchmal nicht ganz folgen, denn das gilt nicht für die ganze christliche Szene. Da argumentierst du aus einer speziellen Ecke der Frömmigkeit heraus. An anderen Orten ist es anders! Nicht, dass es dort keine Einseitigkeiten gibt, aber sie liegen woanders. Ich habe manchmal den Eindruck, dass du Dinge aus deinem eigenen Lager in andere hineinträgst, die dieses spezifische Problem gar nicht haben.

Uli: Das ist sicher eine berechtigte Kritik, die man an AUFATMEN haben kann. Es atmet natürlich sehr stark ein bestimmtes Lager. Das ist Pietismus, evangelikale Bewegung, auch charismatische Bewegung. In den Landeskirchen findet man so etwas sicher eher bei den Gemeinschaften. Du kommst aus der reformierten Kirche der Schweiz – das ist wieder eine andere Prägung.

Ich empfinde es so: Überall, wo jemand stark drauf pocht, dass wir dem biblischen Bild treu sein wollen, trifft man auf diese Problematik der Steilheit, der Verführbarkeit des Menschen für die eigene Anstrengung - vielleicht auch deshalb, weil man ja die Lauen kritisiert. Also muss man es selbst besser machen. Deshalb war die spätere Begegnung mit Landeskirchlern und knackigen Lutheranern wohltuend für mich. Die hatten mehr von Gnade und Barmherzigkeit verstanden als ich …

Thomas: Im landeskirchlichen Bereich ist man an anderer Stelle herausgefordert. Dietrich Bonhoeffer schrieb in den volkskirchlichen Kontext hinein, sprach vom absolut Verpflichtenden der Nachfolge Jesu und warnte vor billig gewordener Gnade, die nur noch der Selbstberuhigung dient. Der Schweizer Theologe Adolf Schlatter hat es meiner Meinung nach auf den Punkt gebracht, als er sinngemäß schrieb: Gottes Gnade beruhigt und bewegt uns. Wehe, sie beruhigt uns bloß! Dann bleiben wir deren passive Genießer. Wehe, sie bewegt uns bloß! Dann enden wir in Krampf und Gesetzlichkeit!

Uli: Sehr schönes Zitat, muss ich mir merken!

Thomas: Es ist eben beides und man muss auch beides ständig neu betonen. In einem bestimmten Kontext muss man mehr darüber sprechen, dass die Gnade beruhigt, in einem anderen stärker, dass sie bewegt. Und so waren und sind die protestantischen Großkirchen gerade dort blass an Ausstrahlung und bescheiden an Missionskraft, wo sie sich selbst zu sehr beruhigt haben. Zumindest wirft man dem Luthertum vor, dass es zu sehr zur Haltung neigt: »Alles ist Gnade, du kannst nichts machen und einen freien Willen hast du auch nicht!« Eine solche Verkürzung reißt nun wirklich keinen aus dem Sessel ...

Uli: Ja, gern eingeräumt, da bin ich natürlich sehr evangelikal-pietistisch geprägt. Auch daran merke ich, wie wichtig es ist, einander zu verstehen und miteinander unterwegs zu sein – wir bereichern einander! Deswegen ist es mir ein Anliegen, eine möglichst breite Sicht und verschiedene Erfahrungen bei AUFATMEN einzubringen.

Vermutlich gibt es dennoch in den unterschiedlichen Lagern viele Herausforderungen, die ähnlich sind: Menschen haben eine (oft verborgene) Sehnsucht nach Gott, Sehnsucht nach Gnade. Zugleich sind sie »unheilbar religiös« – sie wollen sich diese Gnade selbst erarbeiten, dafür zahlen. Sich wieder aus dem Angewiesensein auf Gnade und Barmherzigkeit herausarbeiten - durch Religiosität, Regelkonformität, Leistung. Sie haben das Bedürfnis, eine weiße Weste zu haben, gut dazustehen.

UND GIBT ES IRGENDETWAS GUTES, DAS NICHT VON EINEM MENSCHEN KOMMT, DER AUCH BÖSES TUT ODER DENKT? WOZU MUSSTE DENN JESUS SONST STERBEN?

Ich staune immer über das Staunen, wenn fromme Menschen bei einer richtigen Sünde erwischt werden. Da staunen die einen, dass so große, scheinbar heilige Namen doch nur Sünder sind. Und die anderen staunen, warum sie darüber staunen – denn wir wissen und behaupten doch die ganze Zeit, dass wir Sünder sind ... Nur wenn es ernst wird, dann merkt man etwas von dieser Diskrepanz.

Mich ärgert das richtig, weil es deutlich macht, auf wie dünnem moralischen Eis wir laufen. Wie kann man Sonntagmorgen eine Predigt über den Ehebrecher David im Alten Testament hören - und am Sonntagnachmittag so über die Sünde eines Bill Hybels staunen? Keine Frage – und sehr scharf abgegrenzt: Missbrauch ist immer Sünde und hinterlässt einen Albtraum – es ist Schuld, die eingeräumt und bekannt werden muss! Ich bin enttäuscht von einem Bill Hybels, von dem ich so viel Gutes gelernt habe, das ja auch weiter Bestand hat. Da habe ich - und haben wir alle – entschieden auf der Seite der Missbrauchten zu stehen –, was immer genau los war. Aber ist es uns denn so unvertraut aus der Bibel, dass auch gute Leute schlechte Sachen machen? Und gibt es irgendetwas Gutes, das nicht von einem Menschen kommt, der auch Böses tut oder denkt? Wozu musste denn Jesus sonst sterben?

Thomas: Der Unterschied besteht darin, dass David seinen Fehler eingestand, umkehrte und Vergebung suchte. Hoffen wir, dass sich da rund um Bill Hybels auch noch etwas bewegt. Ja, die Bibel ist voller Sünder-Geschichten, aber entscheidend ist doch, dass es darin einige gab, die sagten: »Was ich getan habe, war falsch. Es tut mir leid und ich suche den Neuanfang.«

Uli: Mir geht es um dieses pure Erstaunen der Frommen, wenn Menschen in ihrer Ambivalenz entdeckt werden. Da merkt man die Neigung, das Schwierige in uns selbst und in dem anderen abzuspalten. Damit machen wir es einander richtig schwer!

Gordon McDonald hat einmal erzählt, er habe bei den Anonymen Alkoholikern mehr Barmherzigkeit und Gnade und Realismus entdeckt als in der Gemeinde. Warum? Weil dort wirklich klar ist, dass jeder ein Süchtiger ist – man macht sich nichts vor, ist ehrlich. Und genau das ist Voraussetzung für Heilung und Durchhalten! Ja, jeder ist Sünder! Und Gemeinde ist ein Aufbewahrungsort für Sünder. Ist ein Krankenhaus, denn die Gesunden brauchen keinen Arzt. König David ist uns nahe, weil auch er ein Sünder war. Damit gut umzugehen ist ein Kampf – wir sind hartleibig, wollen das nicht wahrhaben.

Gerade diese Ambivalenz in uns allen muss in Gemeinde präsent sein: Wir wollen gut sein – und wir brauchen es, immer wieder das Nord auf dem Kompass in den Blick zu nehmen, denn wir wollen ja Kurs halten. Aber unser Leben ist voller Umwege und es geht nicht immer geradeaus: Eben dafür kam Jesus, eben dafür gibt es Gemeinde! Diese doppelte Realität steckt in AUFATMEN: Gott begegnen – weil mein Glaube Ernährung braucht! Und authentisch leben – weil ich ehrlich auf meinem Weg bleiben möchte. Ich möchte Jesus folgen, aber ich kann das nur mit dieser sehr wackeligen Ausgabe von mir und meinen gemischten Motiven.

Thomas: Dieser Grundton hat durch AUFATMEN eine große Resonanz gefunden. Ein Nebeneffekt der Zeitschrift war, dass dort viele ihre ersten Schreibversuche machten. Wir können eine ganze Zahl von Leuten aufzählen, die eher vom Rand kamen, hier aber eine Stimme bekamen. AUFATMEN war und ist auch eine Art Autorenschmiede geworden ...

Uli: Es war ein Sammelpunkt, der Menschen angezogen hat - der Geigenbauer Martin Schleske etwa hat bei uns seine ersten Artikel veröffentlicht. Bestimmt hat AUFATMEN auch viele nach einer Zeit wieder abgestoßen. Ich höre immer mal wieder die Kritik: »Eure Themen wiederholen sich ...« Und ich muss sagen: »Ja, stimmt!« Natürlich soll uns solche Kritik journalistisch und methodisch herausfordern, aber man muss auch aufpassen, nicht in eine »Besser, höher, weiter«-Falle zu geraten: noch schlimmere Storys, noch wildere Krisen, noch kuriosere Heilungen. Nur noch ehrlicher zu berichten, das ist gut.

AUFATMEN-Redaktion, 2010

Thomas: Bei Spiritualität geht es nun einmal um Wiederholung – so wie das Leben Wiederholung ist. Das ist ja auch eine starke Erfahrung bei dir und etwas, das unsere Freundschaft mitbegründet - wir beide sehen: Gottesbegegnung und Jesusnachfolge bewegt sich im Sinn einer Wendeltreppenspiritualität: Du begegnest auf deinem Wachstumsweg immer wieder denselben Dingen und erkämpfst sie dir neu. Deine Persönlichkeit hat bestimmte Probleme, mit denen du immer wieder kämpfen musst.

Du bist begeistert und überzeugt, dass Gebet wichtig ist - und vergisst es dann schnell wieder im Druck des Alltags. Du weißt, dass Stille guttut – aber brauchst immer neue Impulse, dass du sie wirklich suchst. Du willst in der Bibel zu Hause sein – aber musst immer wieder neu dazu eingeladen werden, sie zu lesen. Du hast viel erfahren und viel von Gott verstanden – und merkst dann doch, dass du es ganz schnell wieder aus dem Blick verlierst.

Uli: Gordon MacDonald hat mal gesagt: »Im Grund musst du dich jeden Morgen neu bekehren. Du musst dich jeden Morgen neu zu deiner Frau bekehren, also den gefassten Vorsatz der Liebe wirklich leben. Und du musst dich jeden Morgen neu zu Jesus bekehren: Ja, Jesus - auch heute wieder! Ich will dir folgen, ich will das Gute tun!« Zu sehen, dass ein Gordon das will, dass ein Thomas Härry das auch will, das ist etwas unheimlich Verbindendes und tut gut.

Es fällt auf, wie zentral für Uli die inhaltlichen Überlegungen sind, die hinter den beiden Zeitschriften Family und AUFATMEN stehen. Sie bilden das ausschlaggebende Motiv. Die praktischen Fragen der Umsetzung sind auch wichtig, aber sie treiben neben dem Inhaltlichen her, klären sich auf dem Weg. Das ist gut für unser Gespräch, denn so zeichnen wir hier nicht bloß das geschichtliche Werden von Magazinen nach, sondern bewegen für unseren Glauben Wesentliches. Es besteht viel Grund zur Annahme, dass der Entstehung der später lancierten Zeitschriften ähnliche Tiefenbohrungen zugrunde liegen. Dieses Thema müssen wir zu einem späteren Zeitpunkt noch einmal aufnehmen.

8

»LIEBE ÜBER ALLES ANDERE«

FAMILIE, KINDER, EHE – GESPRÄCH MIT CHRISTEL UND ULI

Im März 2006 kommt es zu meiner ersten ausführlichen Begegnung mit Christel und Uli. Davor lief unser Kontakt vorwiegend über E-Mails. Nach meinem ersten Einsatz als Referent bei einer Dünenhof-Tagung sitzen wir zu dritt in Cuxhaven in einem Café im Obergeschoss des »Steubenhöft« am Pier des Amerikahafens. Von hier aus hat man einen herrlichen Weitblick über die Elbe, sieht die Handelsschiffe kommen und gehen.

Beim Abschied drückt mir Uli sein 2002 erschienenes Buch »Überrascht von Gott« in die Hand. Auf der langen Zugfahrt zurück in die Schweiz beginne ich zu blättern. Bei der Widmung vorne im Buch komme ich ins Stutzen. Hier steht: »Meiner Frau Christel, die mein bester Freund ist. Und meinen Kinder-Überraschungen Julie, Sonia, Laura, Till und Lasse. Gott hätte keine bessere Idee haben können, um mir seine Liebe zu zeigen.« Ich weiß um Eggers' Kinder Sonia, Laura, Till und Lasse. Wer aber ist Julie? Später erfahre ich, dass Christel und Uli ihr erstes Kind kurz nach der Geburt verloren haben. Die beiden sind einverstanden, mit mir über diese traumatische Erfahrung und andere Familienthemen zu sprechen.

Julie, unser erstes Kind

Thomas: Ihr habt Julie im Mai 1984 kurz nach der Geburt verloren. Christel, was genau ist da passiert?

Christel: Die Schwangerschaft verlief normal, der Arzt hat kein Risiko festgestellt. Dann kam die Geburt. 1984 war es noch nicht überall üblich, dass das Kind bei der Mutter im Zimmer blieb. Julie kam auf die Säuglingsstation. Ich wurde zum Stillen gerufen.

Thomas: Du hattest eine normale Geburt, ihr wart beide dabei, hattet große Freude …

Christel: Genau. Später fuhr Uli nach Hause, damals lebten wir gerade zum zweiten Mal in Witten. Bei der Erstuntersuchung waren alle Werte okay. Geburt genau am errechneten Termin, 2800 Gramm, etwas leicht, aber eigentlich kein Anlass zur Sorge. Gegen Abend kam die Hebamme zu mir, sagte: »Das Kind ist etwas blau um die Lippen. Machen Sie sich keine Sorgen, es kommt bei Neugeborenen öfter vor, dass sie ein bisschen Schwierigkeiten mit der Umstellung vom Mutterleib nach draußen haben. Ich würde sie gerne zur Kinderklinik hier im Haus geben, da ich nicht die ganze Zeit neben ihrem Bettchen stehen kann.«

Als junge Mutter bist du unerfahren und weißt überhaupt nicht, was das zu bedeuten hat. Am nächsten Morgen fuhr mich Uli im Rollstuhl hin. Ich konnte nicht laufen, hatte eine große Naht. Sie da an den Schläuchen hängen zu sehen, ganz apathisch mit geschlossenen Augen, war dann ein Schock.

Uli: Mit dem Sauerstoff-Blutwechsel war etwas nicht in Ordnung.

Thomas: Davon wusstet ihr bis dahin nichts? Man hat euch nicht auf dem Laufenden gehalten, wie es dem Kind auf der Kinderstation geht?

Christel: Nein. Jedes Mal, wenn wir dann nach ihr sahen, kam uns der nächsthöhere Arzt entgegen, zuerst der Assistenzarzt, dann die Stationsärztin, die Oberärztin, die Chefärztin. Alle sagten: »Wir wissen nicht genau, was mit ihr ist, wir müssen mehr Tests machen.« Das war natürlich schwer, wir hatten überhaupt keinen Anhaltspunkt.

Ich konnte bei ihr bleiben, habe mit ihr geredet, sie gestreichelt, wie es in dem Bettchen möglich war. Sie hat einmal die Augen ganz mühsam geöffnet, so, als ob sie mich angucken und mal schauen wollte, wer die Mama ist. Ich hatte das Gefühl, dass meine Stimme und meine Gegenwart gut für sie waren. Dann kam ein Kinderarzt und versuchte mir zu erklären, dass das »Foramen ovale« sich wieder geöffnet habe. Das ist eine türartige Verbindung zwischen den Herzvorhöfen, die beim Fötus im Mutterleib den Blutübertritt vom Lungenkreislauf in den Körperkreislauf zulässt und sich nach der Geburt schließt. Dann kam ein anderer Arzt

Familie, Anfang 1990er

und sagte: »Das gibt es überhaupt nicht. Wenn ein Kind geboren ist und selbstständig geatmet hat, dann kann sich das nicht wieder rückwärts entwickeln.«

Es war sehr verwirrend. Am nächsten Tag kam die Chefärztin und sagte: »Wir haben keine Ahnung, wissen nicht, was mit ihr ist. Wir vermuten einen Herzfehler und werden sie in eine Spezialklinik verlegen.«

Picknick mit Kind – schon bettfertig

Thomas: Konntest du mitgehen?

Christel: Nein, sie haben Julie im Rettungswagen nach Sankt Augustin bei Bonn gefahren. Und Uli ist allein mit dem Auto hinterhergerast.

Uli: Dort habe ich die Nacht über bei ihr gewacht. Damals ohne Handy ... Christel und ich konnten nicht in Kontakt sein. Julie lag da in einem Brutkasten, viele Überwachungsgeräte rundherum und dieses ständige Piepen. Ich habe versucht, sie zu streicheln und Kontakt aufzunehmen. Und habe natürlich gehofft und gebetet. Ich bin raus auf den Parkplatz, habe mich vor dem Auto hingekniet, gebetet und gefleht. Ich würde heute sagen: »Solch ein Kampf um dein Kind macht dich noch einmal auf eine besondere Weise zum Vater – pure Verzweiflung, eine total hilflose Situation ... «

Später kam jemand und fragte: »Möchten Sie das Kind nottaufen lassen?« Da merkte ich, wie ernst es war und war, gleichzeitig empört – das Kind kam doch von Gott und war bei Gott! Trotzdem empfand ich eine Last: »Entscheide ich das richtig? Ich bin ja überzeugt, dass sie das nicht braucht ... «

Christel: Man sagte Uli: »Wir geben nun ein Medikament, das entweder anschlägt oder nicht.« Als spät am Abend die Lage einigermaßen stabil war, wurde Uli nach Hause geschickt.

Uli: Ich konnte ja auch nichts tun. Aber vielleicht wollten sie mich auch nur los sein oder es mir leichter machen ...

Christel: Am nächsten Morgen haben sie gegen 10 Uhr angerufen, es gebe eine Krise, es solle jemand kommen. Uli wollte mich sofort aus dem Krankenhaus holen, aber es dauerte, bis ich rausdurfte. Heute wäre ich einfach gegangen. Man hat uns mit den Entlassungspapieren von Pontius zu Pilatus geschickt. Der Oberarzt: »Und Sie kommen auch bestimmt wieder?« Ich war ja noch nicht richtig gehfähig ... Ich sagte: »Mir geht's gut, meiner Tochter geht es schlecht, bitte lassen Sie mich jetzt gehen!«

Dann sind wir nach Sankt Augustin gedüst und das spielt sich heute noch wie Kino im Kopf ab. Wir kommen auf die Station und gehen zum Platz, wo ihr Bettchen war. Aber – da ist sie nicht mehr. Uli ist völlig perplex, läuft auf den Flur und fragt: »Wo ist sie denn? Wo ist sie hin?« Die Schwester und ein junger Arzt kommen: »Sie ist gerade eben gestorben.« Und wir: »Wo ist sie jetzt? Wir möchten sie sehen! Wo ist sie jetzt?« Und dann brachten sie uns zu einer Art Abstellkammer, wo sie das Bettchen samt Julie hineingeschoben hatten. Wir baten: »Bitte, können Sie uns einen Moment allein lassen? Wir möchten uns von ihr verabschieden.« Und sie machten die Tür hinter uns zu. Da hat Uli sie mir noch mal in den Arm gelegt und sie gesegnet. Sie war noch warm, es muss kurz vorher passiert sein.

Uli: Ich sehe das Bild auch noch vor mir. Es war ein Riesenschock und eine traumatische Situation! Wir hätten mehr Zeit mit ihr gebraucht. Ich hätte sie auch noch mal auf den Arm nehmen müssen. Ich hatte natürlich eine Scheu und wusste nicht, was ging. Ich war hilflos, hatte keine Ahnung.

Christel: Und es gab blöde Sprüche. Ein junger Arzt dort meinte: »Sie sind ja noch jung, Sie können noch viele Kinder haben!«

Thomas: Das ist dieser hilflose Versuch zu trösten, der überhaupt nicht hilft. Kannst du dich erinnern, Christel, was du damals gefühlt hast, als du dein gerade verstorbenes Kind im Arm hattest?

Christel: Verkrampftes Herz. Schock. Große Trauer. Entsetzen! Mein Körper hat ja neun Monate mit diesem Kind zusammengearbeitet. Wir hatten ihm Abendlieder vorgesungen. Ich war verwundet, verletzt – nicht nur körperlich durch die Geburt, auch seelisch. Wir hatten so sehr gekämpft und gebetet und gehofft.

Thomas: Dann seid ihr nach Hause gefahren?

Christel: Ich musste noch eine Woche im Krankenhaus in Witten bleiben. In Sankt Augustin haben sie uns noch gefragt, ob sie Julie obduzieren dürfen. Die Ergebnisse könnten anderen Kindern helfen. Wir haben zugestimmt, auch weil wir wissen wollten, was mit ihr los war. Wochen später kriegten wir einen zehnseitigen Obduktionsbericht. Alle, die wir fragten, sagten: »Daraus geht nicht hervor, woran sie gestorben ist.«

Thomas: Dann gab es im engsten Freundeskreis in Cuxhaven eine Trauerfeier für Julie. Welche Erinnerungen habt ihr daran?

Uli: Das war noch mal schwer: der Beerdigungsunternehmer, der mit so einem kleinen, weißen Miniatursarg voranging. Traumatisch das Ganze …

Thomas: Nach diesem Schock – was für Gedanken, Gefühle kamen in euch beiden hoch?

Uli: Das eine war der Kampf, den ich um dieses Kind zu kämpfen versucht habe – ich habe versucht, mein Bestes zu geben, bei ihm zu bleiben, Vater zu sein. Da war eine große Hilflosigkeit und Ohnmacht. Geistlich gesehen war ich ja immer Skeptiker und Zweifler. Für mich gehörte die Tatsache, dass Kinder sterben, zu den Möglichkeiten des Lebens und auch des Glaubens. So etwas gibt es – und wenn es andere trifft, kann es auch mich treffen. Es entspricht meiner logischen Grundstruktur, mir das klarzumachen und das auch vorher im Horizont zu haben.

GEISTLICH GESEHEN WAR ICH IMMER SKEPTIKER UND ZWEIFLER.

Thomas: Damals schon?

Uli: Ja, aber unversöhnter und skeptischer als heute. Bei Christel hat das Ereignis eine große Vertrauenskrise ausgelöst, bei mir hat es eher deutlich gemacht, in welcher Bandbreite unser Glaube real ist: »Ja, das ist etwas, was passiert – auch Glaubenden. Und jetzt bist du eben dran …« Natürlich fragst du dich, warum das so sein musste. Und es vertieft sich dieses Bild eines Gottes, der eben nicht berechenbares Gegenüber ist, sondern unverfügbar.

Später habe ich das Buch »Überrascht von Gott« geschrieben, weil ich gerade durch unsere späteren Kinder wieder so viel Vertrauen gewonnen habe – Gott doch noch einmal auf eine andere Weise erkannte, umfassender, komplexer. Eben letztlich in seiner großen Liebe, die mir aber unverständlich und undurchschaubar bleibt. Damals empfand ich allerdings nur eine große Erschöpfung ...

Thomas: Wie war es für dich, Christel?

Christel: Für mich brach eine Welt zusammen. Ich bin in der Gemeinde aufgewachsen, war dort aktiv: Gitarrenchor, Jugendchor, Jugendarbeit. Ich war voll positiv »auf Gottes Seite«, missionarisch engagiert unterwegs, habe meine ganze Sozialpädagogikklasse bekehren wollen und dabei auch kein Blatt vor den Mund genommen ... Und jetzt wusste ich auf einmal nichts mehr zu sagen! Mein Bild von Gott und mein Glaube brachen zusammen ... Ich konnte nicht beten. Ich war über ein halbes Jahr lang wie innerlich erstarrt – vereist.

Nach der Beerdigung fuhren wir für zwei Wochen in eine einsame Hütte nach Norwegen. Wir brauchten eine Auszeit. Ich wusste: Ich müsste eigentlich alleine auf den nahen Berg gehen und meine Trauer und Verzweiflung herausschreien – Gott anschreien. Denn ich war wütend und voller Ohnmachtsgefühle. Ich fand Gott grausam, mir mein Kind wegzunehmen. Aber ich habe mich nicht getraut. Später verstand ich, warum: In meiner Prägung war Gott zu heilig dafür. Man durfte ihn nicht anschreien oder anklagen, er war ja der Große und der Allmächtige. Was hatte ich kleiner Wurm schon zu sagen?

Thomas: Geschah auch Heilsames?

Christel: Es war für mich ein langer Heilungsprozess, der insgesamt zwölf Jahre dauerte, mit vielen Mosaiksteinchen. Eines davon war eine Veranstaltung in Wuppertal, ein halbes Jahr nach Julies Tod. Dort wurde zu Beginn ein alter Choral gesungen. Die Worte, das Singen der Gemeinde in mein vereistes Herz haben diesen Knoten in mir gelöst, sodass ich das erste Mal weinen konnte.

Ein weiterer Mosaikstein vier Jahre später war Dorit Haefner, die mich im Haushalt unterstützte. Wir waren gerade nach Cuxhaven umgezogen, Sonia und Laura noch ganz klein. Dorit war Praktikantin im Verlag, aber zwei Stunden am Tag bei mir im Haushalt angestellt. Die junge Frau hatte erst vor Kurzem zum Glauben an Christus gefunden. Sie wusste nichts von unserer Geschichte, krempelte die Ärmel hoch, stellte sich zum Abwaschen hin und sagte: »Hey, Christel, Gott ist so gut!« Und ich: »Warum denn? Warum ist Gott gut?« – »Eine Frau aus unserer

Gemeinde hat mir Geld gegeben, damit ich zu diesem Seminar kann. Ist Gott nicht gut?« Und ich: »Okay, Gott ist gut …« Für mich war Gott unberechenbar, vielleicht sogar grausam – und sie kam und hatte jeden zweiten Tag ein Erlebnis, das ihr zeigte: »Gott ist so gut!« …

Thomas: Das hat dich dann aus deinem Schmerz hervorgelockt?

Christel: Es hat mir wieder Mut gemacht zu fragen: »Ist Gott vielleicht doch auch gut und nicht nur grausam?« Sie war mein Engel, sage ich heute. Ich wollte wieder wissen, wie Gott wirklich ist. Dann erst konnte ich auch meine Gedanken und Gefühle so richtig vor ihm loswerden.

Ein zusätzlicher Druck, den ich empfand, war Ulis Beruf. Wenn ich nicht glaubte, wäre das ja saublöd für unsere Ehe … Es war immer wieder Kampf, es ging in Phasen. Irgendwann saß ich auf dem Sofa und kam zu dem Schluss: »Weißt du was, Gott? Meinem Mann habe ich versprochen, dass ich zu ihm halte, auch wenn er mal Mist baut. Wenn das für ihn gilt, dann gilt es jetzt auch für dich. Mehr habe ich nicht zurzeit, damit musst du nun fertigwerden …« Das war ein Wendepunkt.

Uli: Wir merkten außerdem nach und nach, wie viele Paare auch solch ein Leid in ihrem Leben hatten – man redete nur nicht darüber. Auf einmal kam das alles heraus: »Wir hatten eine Fehlgeburt!« – »Ja, bei uns ist auch ein Kind gestorben!« Wir verstanden, dass es eine Wirklichkeit des Lebens gab, die unter der Oberfläche lag – da war viel mehr, als wir sahen und wussten …

Das wurde ein Mandat später bei Family – wie ja überhaupt diese Zeitschrift mit einer Art Vermächtnis von Julie zu tun hat: Wir wussten auf einmal sonnenklar, dass Kinder unverfügbares Geschenk sind! Wir machen keine Kinder – Gott lässt sie ins Leben kommen. Familienplanung – bildet euch mal nichts ein, Gott ist Teil dieser Sache. Leben ist unverfügbar, kein Planungsgegenstand. Und Tod und Leben liegen nah beieinander.

Thomas: Heilt die Zeit Wunden?

Christel: Nein, so einfach ist das nicht, kein Automatismus. Aber man wird ein Stück ruhiger. Im Nachhinein würde ich sagen: Julies Tod hat in unserem Leben auch manch Gutes bewirkt. Uli hätte manchen Karriereschritt machen können, hätte manche Angebote gehabt – aber Familie war für uns immer ein wichtiger

Faktor, eine Leitplanke, für die man verzichtet. Es ist wie bei einer Muschel: Da ist das Sandkorn, das stört und reizt – aber daraus wächst die Perle. Da hat Julie schon einiges in unserem Leben bewirkt. Aber jedem, der mir sagen würde: »Deshalb musste Julie sterben!«, würde ich an den Hals springen! Niemals …

Uli: Es war die Geburtsstunde, in der ich dieses Bibelwort tiefer verstanden habe: »Denen, die Gott lieben, dienen alle Dinge zum Besten.« In habe gemerkt, dass ich diesen Satz immer falsch gehört habe, nämlich: »Für die, die Gott lieben, ist alles gut!« Das steht da nicht, aber viele haben es unbewusst so abgespeichert wie ich: Die Bibel sagt, dass für Christen auch das Schlechte gut ist – und das musst du aushalten und Gott irgendwie damit harmonisieren. Was für eine Verdrehung und Qual!

SELBST DAS BÖSE – KANN ZUM BESTEN DIENEN WERTSCHÄTZUNG FÜR DAS LEBEN! MANDAT FÜR DIE KOSTBARKEIT VON FAMILIE UND EHE!

Heute weiß ich: Vieles, was uns passiert, ist eben einfach schlecht oder böse. Und so muss und darf man es dann auch nennen! Julies Tod war abgrundtief schlecht, finster und böse. Doch auf lange Sicht, unter der Perspektive einer durchkämpften Krise und wieder gewachsenen Vertrauens, merkt man: Selbst das Böse – kann zum Besten dienen. Wertschätzung für das Leben! Mandat für die Kostbarkeit von Familie und Ehe! Unbedingte Treue und Zusammenhalt – in guten und bösen Tagen.

Christel: Es ist wie mit einer Narbe, die bleibt. Sie ist da und es wird ruhiger drum herum. Aber manchmal frage ich mich schon: Wie wäre Julie wohl geworden? Gerade wenn ich die anderen wunderbaren Kinder sehe. Dennoch: Es ist zu einem Frieden gekommen. Der auferstandene Jesus zeigt seinen Jüngern ja auch seine Narben. Im Sinne von: »Da ist ein Frieden da und Ruhe – aber es gehört zu mir.«

Uli: Es bleibt ein Stück Wehmut, aber wie ein Schatz. Wir mögen den Namen »Julie« nach wie vor gerne …

Christel: Für mich war es schwierig, dass Uli anders getrauert hat als ich – er war genauso tief getroffen, aber es hat ihn nicht so komplett überrascht, so sehr sein Bild von Gott zerstört. Es heißt, dass 75 Prozent der Ehen den Tod eines Kindes nicht verkraften. Man muss lernen, dass man dem anderen seine Art des Trauerns zugesteht und nicht denkt: »Der trauert ja gar nicht richtig!« Er verarbeitet es einfach anders.

Thomas: Welche Unterschiede gab es bei euch?

Christel: Ich war am Boden zerstört – und Uli war sozusagen vorbereitet. Ich konnte nicht mehr an einen guten Gott glauben. Am ersten Sonntag danach brachte Uli mir die neue Ausgabe unserer Gemeindezeitschrift ins Krankenhaus mit. Vorne auf dem Titelbild stand der Bibelvers: »Wenn ihr nur Glauben hättet, so könntet ihr bitten, worum ihr wollt, und Gott wird es euch geben!« Das war wie eine Ohrfeige für mich! Ich habe niemals so gebetet wie in den drei Tagen vor Julies Tod! Und dann das!

Thomas: Uli, konntest du es eher über den Verstand bewältigen?

Uli: Ja. Das heißt aber nicht, dass ich nicht getrauert habe, doch sicherlich anders. Gerade dieser vergebliche Kampf um Julie im Krankenhaus, das war eine traumatische Situation, eine der schlimmsten meines Lebens. Ich habe dort alles gegeben – und es hat nichts genützt. Hilfreich für mich war danach, dass ich eine Aufgabe als Ehemann hatte – und das war eben die, Christel aufzubauen, zu trösten, zu umsorgen. Kreativ zu sein, um sie zu halten und zu fördern. Eine wichtige Phase für uns – ich lebe ja von Zielen her. Und das war ein wichtiges!

Die Familie wächst

Thomas: Christel, war deine nächste Schwangerschaft mit Sonia nach allem Erlebten von der Angst geprägt, es könnte wieder passieren?

Christel: Total! Die Ärzte hatten gesagt, wir sollten ein halbes Jahr pausieren, dann könnten wir wieder schwanger werden. Doch dann klappte es nicht ... Das war stressig. Als wir endlich schwanger waren, musste ich ab der 21. Woche mit vorzeitigen Wehen ins Krankenhaus, brauchte Infusionen. Wieder ein Kampf!

Thomas: Ich kann mir vorstellen, dass die unmittelbare Zeit nach den Geburten eurer Kinder von der bangen Frage begleitet war, was in den nächsten zwei, drei Tagen passiert. War das so?

Christel: Bei Sonia war es ganz schlimm. Die alte Chefärztin sagte mir direkt nach der Geburt: »Aufgrund Ihrer Geschichte werden wir das Kind jetzt sofort auf die Kinderstation verlegen, damit jemand gut drauf aufpassen kann.« Wieder wurde mir das Kind weggenommen! Uli ist mit dem Bettchen mit ihr mitgegangen. Ich hatte Sonia noch kaum richtig gesehen, noch kaum im Arm gehabt. Das war schrecklich! Ich hatte ja gedacht: »Endlich habe ich ein Kind, endlich halte ich es im Arm!« Und dann ging alles schnell – und mein Kind war wieder weg. Lauras Geburt war dann für mich wie Balsam: Ich durfte sie bei mir haben.

Uli: Es wurde immer leichter für uns. Tatsächlich stimmt das so universell: Die ersten beiden Kinder sind viel schwerer als die nächsten zwei. Man kennt alles, ist erfahren, wird gelassen, nimmt es leichter – und es geht auf einmal alles viel besser!

Thomas: Eure insgesamt vier Kinder folgten nahe aufeinander?

Christel: Nach drei Geburten innerhalb von drei Jahren ging ich auf dem Zahnfleisch. Deshalb kam Till vier Jahre später. Noch mal drei Jahre später die Frage: »Wollen wir noch ein viertes bzw. fünftes Kind? Schaffe ich das?« Uli guckte mich morgens an und sagte: »Heute ja!«

Am nächsten Tag meinte er nach einem Blick auf mein Gesicht: »Heute nein!« Irgendwann habe ich gesagt: »Jetzt ist Schluss, ich muss mich entscheiden, sonst wird der Abstand zwischen den Kids zu groß –warum frage ich eigentlich nicht Gott, was das Beste für mich ist?«

Es war ein Sonntagmorgen und ich habe mich mit Losung und Bibel auf meinen Sessel verzogen. Es war »zufällig« der Sonntag »Quasimodogeniti« – wie die neugeborenen Kindlein. Doch ich brauchte bei meiner Geschichte noch ein bisschen mehr Ermutigung … Und dann war in den Bibeltexten, die zu dem Sonntag gehörten, einer von Paulus dabei: »Hat Gott nicht erwiesen, dass er freundlich ist?« Das wurde mir trotz der Erfahrung mit Julie zu einer Ermutigung. Und dann war ich auch blitzschnell schwanger …

Thomas: Also: Sonia, Laura, Till und Lasse. Im Rückblick auf die Geburt unseres ersten Kindes sage ich oft: »Da ist nicht nur ein Mädchen auf die Welt gekommen – auch ich bin dabei auf die Welt gekommen.« Sprich: Es hat alles verändert und ich fand mich in einer mir unbekannten Welt wieder. Wie ging es euch mit der Elternrolle, mit Erziehung und allem, was damit zusammenhängt?

Uli: Es war wirklich nur gut – klar, mit dieser Vorgeschichte! Geholfen hat aber auch, dass mein Bruder Dieter und seine Frau Renate schon Kinder hatten und wir manch andere Vorbilder hatten. Wir waren voller Ideale und wollten sie umsetzen: Zeit für die Kinder haben, sich die Aufgaben teilen, zärtlich mit ihnen sein. Viel spielen, viel am Wasser, viel im Garten. Es war – auch durch die Gemeinschaft – schon ein bisschen Bullerbü-Kindheit. Kinder waren enorm wichtig für uns …

Christel: Natürlich haben wir auch viel gelesen und ein anregendes Umfeld gehabt. Aber mit dem ersten Kind war ich als junge Mutter auch sehr unsicher. Was hatte sie, wenn sie schrie? Wie viel Stillen war gut? Wo musste ich konsequent sein, wo nicht? Eben wie es den meisten jungen Müttern mit dem ersten Kind geht …!

Uli: Und nicht falsch verstehen: Es war schön, heißt nicht: Es war einfach! Ich bin in Witten öfter mit dem Kinderwagen dreimal um den Block gerannt, damit sie nun endlich mal einschläft …

Christel: … haben mit Kreide auf den Fußboden gemalt, wo man nicht hintreten darf, weil die alten Dielen so knarrten. Und waren verunsichert über »Chemie in Lebensmitteln« oder das Atomunglück in Tschernobyl – Themen jener Zeit …

Erziehung

Thomas: Was habt ihr im Umgang mit euren Kindern bewusst anders gemacht, als ihr es selbst bei euren Herkunftsfamilien erlebt habt?

Christel: In meiner Familie gab es diese Frömmigkeit mit Tischgebet vor und nach dem Essen und Kalenderzettel lesen. Als Kinder waren wir damit total überfordert. Das wollte ich so nicht.

Uli: Da ich eine glückliche Kindheit erlebt habe, war für mich das Motto: »Ich will es mindestens so gut machen wie meine Eltern!« Bei mir war ja vieles ganz rund gelaufen – in den Grenzen der damaligen Zeit …

Thomas: Da hast du wieder ein großes Ideal aufgerichtet. Dabei hast du doch gegen die steilen Ideale deiner Familie angekämpft!

Uli: Nein, nicht gegen die Ideale! Ambitionen, hohe Ziele haben, das gehörte immer dazu. Nur ehrlich und realistisch sein, dass nicht alles gelingt! Barmherzig sein, wenn es nicht gelingt. Da wird heute oft etwas verwechselt: Nur weil man auch viel Schwieriges hört oder es Probleme gibt, wird dann das Ziel sofort niedriger gehängt, gibt man sich schnell zufrieden. Ich würde es genau umgekehrt sehen: Idealist sein, hohe Ziele haben – aber realistisch, barmherzig mit sich selbst und den Kindern, ohne Illusion, dass immer alles gut gehen muss! Wir brauchen einen klaren Kompass und gute Ziele – warum nicht von einem Ideal schwärmen? Da hinein investieren. Das Leben sorgt schon dafür, dass am Ende nur die Hälfte davon etwas wird.

Wir sind superdankbar für unsere Kinder. Alle haben ihren Weg gefunden, stehen im Beruf, tasten sich durch den Glauben, sind in Gemeinde engagiert. Das hast du absolut nicht in der Hand – nicht mit den besten Zielen! Aber eben: Mit guten Zielen musst du dir zumindest nicht vorwerfen, es gar nicht erst gewollt zu haben! Und wir haben wohl zumindest kein abschreckendes Beispiel für Glaube und Leben geliefert.

Ich glaube, wenn es ein Rezept gibt, dann sicher nur dies: Glückliche Eltern haben sicher eher auch glückliche Kinder. Und wo Liebe über alles andere wichtig ist, verbiegt und bricht man Kinder nicht unter hohen Zielen – jedes ist unendlich kostbar und wichtiger als jedes Ideal! Wir haben versucht, es gut zu machen – und sind tief dankbar, wie alles geworden ist.

Christel: Es gab in meiner Ursprungsfamilie auch Ideale, es gab engagierten Glauben. Aber man hat nicht diskutiert oder hinterfragt. Wenn ich am Sonntag nach Hause kam und mit den Eltern über die Predigt reden wollte, hieß es: »Über die Predigt wird nicht diskutiert!« Das war auch etwas, was ich anders machen wollte. Ich denke, Uli hat viel dazu beigetragen, dass immer ehrlich geredet werden konnte, dass nichts unter den Teppich gekehrt oder ein Schein aufrechterhalten werden musste.

Uli: Uns war wichtig, dieses Klima zu schaffen, in dem die Kinder wussten, dass sie einfach supergeliebt sind.

Thomas: Ihr habt wie alle Eltern aber auch Fehler gemacht, oder?

Uli: Ja, leider und natürlich, das darf man nicht missverstehen, wenn ich über unsere Freude an den Kindern rede! Wir haben bei jeder und jedem sicherlich jede Menge spezifische Fehler gemacht, es gab Versäumnisse, Dinge, die ich nicht gut erkannt habe, nicht schnell genug verstanden. Sachen, die ich leichtsinnig gesagt oder getan oder unterlassen habe, das passiert einfach – manchmal sogar mit scheinbar guter Absicht oder Sorge. Erst hinterher verstand ich, dass ich versagt hatte. Jedes Kind müssen wir immer wieder um Vergebung bitten, wenn wir etwas erkennen oder gesagt bekommen – manches wird einem erst heute in seinem Gewicht klar, weil selbst kleine Worte oder Taten schmerzlichen Langzeitschaden anrichten können.

WER WAS MACHT – MACHT AUCH WAS VERKEHRT.

Hier oder da haben wir nicht erkannt, dass Kinder in der Schule in Phasen gemobbt wurden, das tut mir heute noch total weh! Eines unserer Kinder war zu Hause witzig und sprühend und keck – und in der Schule phasenweise eher schüchtern und introvertiert. Wir haben das nicht gemerkt, konnten nicht helfen. Ganz klar: Erziehung geht nicht ohne Fehler. Wer was macht – macht auch was verkehrt. Vielleicht sind manche unserer Kinder auch gemobbt worden, weil sie aus so einer merkwürdigen idealistischen Familie und diesem Gemeinschaftsumfeld kamen …

Christel: Sie durften die angesagten Serien in den Privatsendern nicht sehen, die fanden wir zu schrill und werbelastig. Das war vielleicht falsch – heute würde ich sagen: Hätten wir uns zusammen ansehen sollen statt verbieten, dann hätten sie in der Klasse wenigstens mitreden können. Da waren wir nicht fantasievoll genug …

Uli: Gründe für Fehler sind ganz verschieden – Überforderung, Kraftlosigkeit, Gedankenlosigkeit. Und manchmal sogar guter Wille und Überambition. Alle Kinder habe ich ja bewusst im Sommer eine Woche mit nach Willow Creek genommen, weil wir ihnen diese starke Erfahrung in den USA gönnten. Von Kollegen aus dem deutschen Büro hatte ich gehört, dass jemand dabei sogar eines seiner Kinder in das Team der Ehrenamtlichen eingeschleust hatte, die beim Kongress mithalfen. Wow, mitarbeiten bei Willow Creek in einem englischsprachigen Team, das klang nach einer starken Idee! Auch der Teenager, der in jenem Jahr gemeinsam mit mir auf Tour war, wollte diesen Weltenwechsel samt Sprachherausforderung nach einigem Überlegen wagen. Und ich war stolz darauf und fand das klasse! Hätte aber merken müssen, dass die Idee ein bisschen zu ambitioniert war: Die vielen neuen Eindrücke nach einem langen Flug, das fremdsprachige Teenieteam, das an »internationaler christlicher Begegnung« eher uninteressiert war, das Riesenhaus und die überwältigend fremdartige Umgebung – es war eine Komplettüberforderung! Gut gemeint von allen Seiten, doch angesichts von Tränen haben wir schnell die Notbremse gezogen und schließlich herrlich einträchtig miteinander das spannende Kongressprogramm erlebt. Viel besser als die blöde Idee, die von zu viel Idealismus gesteuert war …

Christel: Im Nachhinein denke ich, dass es wichtig gewesen wäre, jedem Kind noch mehr Zeit einzuräumen – auch mit den Älteren mal etwas einzeln zu unternehmen. Das bedaure ich heute manchmal – dass ich zu wenig Zeit mit jedem Kind einzeln verbracht habe.

Uli: Ich bin sparsam geprägt, das sitzt tief. Ich würde heute sagen: »Mensch, ein paar Eis mehr, ein bisschen offenere Taschen!« Und dann ist es sicher so, dass uns damals schon alle gesagt haben: »Die Zeit mit den Kindern geht so schnell vorbei, kostet es aus! Investiert.« Wir haben sicher viel getan, aber es hätte noch mehr sein können. Wir waren natürlich auch an vielen Baustellen engagiert und haben versucht, das Beste aus allen Welten herauszuholen. Nur eben: Du kannst nur einmal investieren …

Geschichten einer Ehe

Thomas: Sprechen wir über eure Ehe. Was hat bei euch gleich von Anfang an gut geklappt, weil es große Übereinstimmung gab?

Uli: Uns war von Anfang an klar, dass wir gemeinsam im Reich Gottes etwas bewegen wollen. Ein echtes Geschenk war auch, dass wir beide »Zweisamkeit« als Liebessprache haben. Und Transparenz ist mir und uns wichtig: Wir haben keine Geheimnisse voreinander. Es gibt nichts, was sie nicht wissen darf oder soll ...

Thomas: Heißt das auch, dass du mit Christel über jedes Thema gleich gut und gleich leicht reden kannst?

Uli: Wir können über alles reden – und wir reden auch über alles. Wir reden vermutlich viel miteinander, denk an die abendlichen Runden bei uns. Aber klar, es gibt natürlich Gebiete, wo man sich schon ein bisschen verbraucht hat …

Thomas: Wo es schwieriger ist?

Uli: Das sind oft eingefahrene Bereiche – Wünsche, Hoffnungen, Erwartungen, der Tunnelblick auf Dinge. Etwa im Bereich der Sexualität, wo die Unterschiedlichkeit der Geschlechter immer Aufgabe bleibt. Man hat vielleicht was kapiert, aber eben nur theoretisch. Und es gibt immer Stellen, wo man verletzlicher ist, wund ist, wo man nicht mehr so leicht redet – oder besser auch mal die Klappe hält. Manchmal ist ja gerade auch alles gesagt und Pause dran, Geduld, Warten. Das ist für mich dann Lerngebiet ...

Thomas: Ich finde diesen Unterschied wichtig: Es ist super, wenn man über alles reden kann. Aber es wäre ein überhöhter Anspruch zu meinen, man könne und müsse über alles gleich leicht und gut reden können. Es entlastet ja auch, wenn man sich eingestehen kann, dass es bei manchen Themen schwieriger ist als bei anderen.

Uli: Und ich bin da sicherlich der steilere Kandidat von uns beiden, der beim Reden dominanter ist. Da hat es Christel öfter mal schwer oder macht dann auch zu ...

Christel: Auch da wieder spielt das Elternhaus hinein, die Prägung. Ich war 17, als ich die Familie von Uli kennenlernte und feststellte, wie anders es dort am Esstisch zu- und herging. Ich kannte das nicht, dass man Dinge kontrovers diskutiert, dass man anderer Meinung sein kann, aber sich trotzdem lieb hat. Familie Eggers hatte eine Offenheit am sonntäglichen Mittagstisch (inklusive Schwager Dieter und seine Frau), die mich schier umgehauen hat. Da wurde die Predigt des Vaters heftigst diskutiert. Das musste ich erst mal lernen ...

Thomas: Es war wie ein Muskel, der nicht trainiert war. Und nun musstest du es rasch lernen, weil es sonst schwierig gewesen wäre mit einem Mann, der auf eine Art und Weise mit dir kommuniziert, die sich für dich wie eine Bedrohung anfühlt.

Christel: Ja, auch weil ich nicht geübt war, die Gefühle aus meinem Bauch in den Mund zu kriegen. Wenn es in den ersten Ehejahren zum Streit kam, konnte ich die Diskussion immer nur kurz aushalten und bin oft rausgelaufen. Weil ich das Gefühl hatte, dass er mich an die Wand redete. Uli musste lernen, dass ich einen Moment Besinnung brauchte, um mich wieder zu »sortieren« und dann weiterzumachen.

Uli: Ich glaube, es ist in jeder Ehe so: Es gibt Bereiche, wo man versöhnter ist und leichter drüber reden kann. Es ist aber nicht gut, wenn man auf Dauer Themen vermeidet. Zugleich, und das musste ich lernen: Es ist bestimmt nicht richtig, zu jeder Zeit über etwas Schwieriges reden zu wollen. Da wollte ich oft mit dem Kopf durch die Wand und musste lernen, einfach mal die Klappe zu halten, den richtigen Moment abzuwarten.

ICH MUSSTE LERNEN, EINFACH MAL DIE KLAPPE ZU HALTEN, DEN RICHTIGEN MOMENT ABZUWARTEN.

Christel: Wir halten es nicht aus, wenn wir miteinander quer sind. Dann können wir nicht arbeiten, können uns nicht konzentrieren. Von daher müssen wir schon zusehen, dass wir immer auch schnell wieder eine Klärung hinkriegen. Eine Grundsatzentscheidung hat uns geholfen: Ehe geht vor Kindern. Immer!

Uli: Wieder nach dem Muster: Wenn es dem anderen gut geht, geht es mir gut. Wenn es dem anderen und der Ehe gut geht, geht es den Kindern gut.

Die Familie, 2006

Thomas: Ich vermute mal, dass manches bei dir, Uli, auch damit zu tun hatte, dass du in deiner Familie der Jüngste warst. Es gab einen deutlichen Abstand zu deinem älteren Bruder. Du warst schon fast ein Einzelkind. Die direkte Reibung an deinen Brüdern gab es kaum – sie waren schon zu weit weg. Und so lebtest du ein Stück in einer eigenen Welt, die dir selbstverständlich war. In der Beziehung mit Christel hast du dann aber gemerkt, dass nicht jeder ist wie du …

Uli: Ja, absolut. Das spielt eine große Rolle, sich da zu entziffern und fair zu verstehen. Und geduldig zu sein und einen anderen Weg mitzugehen. Da beginnt dann Liebe.

Thomas: Christel, gibt es so etwas wie eine gemeinsame Spiritualität in eurer Ehe?

Christel: Vermutlich anders, als man es sich in manchen christlichen Kreisen vorstellt oder wünscht. Ich glaube, das ist wie ein Fingerabdruck, für jedes Paar ganz individuell. Beim allerersten gemeinsamen Silvester sind wir zu zweit auf das Dach des Gemeindehauses geklettert – Weitblick! Silvester in Cuxhaven – die Glocken läuten, die Schiffe tuten. Dort habe ich Ulis Hand genommen und gefragt: »Magst du einen Segen für uns sprechen?« Bei ihm sträubten sich alle Zehen- und Fingernägel: »Nein! Mag ich nicht.«

Uli: Das war mir zu heilig und unheimlich – ich fühlte mich überfordert, als müsste ich eine religiöse Hoch-Oktanzahl an Segenskraft ablassen. Ich merkte, sie wollte gern – aber ich habe mich verweigert … Christel war dann enttäuscht, fragte nach: »Warum nicht?« Ich habe keine Augenhöhe empfunden, es war eher wie ein Wunsch an einen Vater: »Gib mir deinen Segen! Übernimm eine führende Rolle.« Aber ich war der Partner. Und als Partner …

Christel: … jetzt machst du es dir ein bisschen einfach!

Uli: … als Partner mochte ich mich nicht verbiegen, um für dich eine religiöse Leistung zu erbringen, nach der mir nicht war. Heute wäre ich da wohl freier, ja. Etwas souveräner. Zugleich ist das vielleicht auch ein Männer-Frauen-Ding, das da reinspielt.

Christel: Als Tochter aus frommem Haus habe ich mir gut biblisch vorgestellt, dass der Mann das Haupt ist, also eine Verantwortung für uns beide hat und die Führungsrolle übernimmt. Da hat Uli sich aber regelmäßig stur verweigert und heute bin ich dankbar dafür. Ich musste meine eigene Weise, meine eigene Reise, meine eigenen Wege, meine eigene Spiritualität entdecken und entwickeln. Ich bin selbst verantwortlich für mein geistliches Leben. Heute würde ich jeder Frau sagen: Du bist verantwortlich für deine Beziehung zu Jesus, dein Leben, das du gestalten musst.

Thomas: Also keine einseitige Unterordnung der Frau unter den Mann?

Uli: Unterordnung geschieht gegenseitig, es geht um Liebe – einer komme dem anderen mit Ehrerbietung zuvor. Geistliche Führung mag ich ungern für mich reklamieren, da steckt so ein Gefälle drin, das ich nicht sehe. Ergänzung! Und klar, ich habe keinen Mangel an geistlich-visionärem Vorausgehen und Input, darum geht es nicht. Aber da haben zwei Partner einander Gleichwertiges zu bieten!

Christel: Uli hat mir einen superguten Rahmen geboten, in dem ich mich entfalten und blühen konnte. Ich denke, das ist mit »geistlicher Verantwortung« des Mannes für die Frau gemeint. Darin fühle ich mich pudelwohl. Und ich biete ihm einen guten Rahmen.

Uli: Ja, ich habe eine Verantwortung für Christel, auch eine geistliche für sie und die ganze Familie. Aber sie hat auch eine für mich! Und ich habe eine für mich selbst – und sie hat eine für sich selbst. Da spielt alles zusammen.

Christel: Wir können einander heute auch stärker als früher gegenseitig stehen lassen. Wir wissen um die Klippen und wie wir sie umschiffen können. Wir beten aber nach wie vor selten intensiv zu zweit, aber vor allem zu den Mahlzeiten danken und freuen wir uns vor Gott, beten für unsere Anliegen – zum Beispiel für die Kinder und Enkelkinder. Und wir sehen oder hören gern Predigten, diskutieren über die vielen Texte, die bei uns durch die Redaktion laufen. Aber dieses ganz intime Gespräch mit Jesus, das gehört für jeden von uns in sein stilles Kämmerlein ...

Thomas: Das ist ja auch ein Klischee, bei dem man Spiritualität darauf reduziert, dass man zusammen in der Bibel liest und betet. Karin und ich teilen einander viel von den Schätzen mit, die wir in der Bibel, beim Lesen, im Leben entdecken. Das ist für uns auch Spiritualität, weil wir einander damit gegenseitig bereichern. Das alles geschieht ja in Gottes Gegenwart und ist deshalb genauso Spiritualität, wie wenn wir die Hände falten und die Augen zum Gebet schließen ...

Uli: Dieses Teilen ist allein durch den Beruf und die Gemeinschaft sehr stark bei uns. Wir haben den Riesenvorteil, dass wir beide begeistert davon sind. Christel ist einfach mein bester Spielkamerad – für alles! Ich teile alles mit ihr und jede meiner Begeisterungen und Entdeckungen. Bei ihr ist das ganz ähnlich. Das schafft eine ungeheure Nähe.

Christel: Es ist uns in die Wiege gelegt, dass wir beide begeisterungsfähige Typen sind, leicht entflammbar! Keiner löscht den anderen aus ...

Uli: Manchmal im Urlaub entdecken wir etwas Schönes, das wir uns anschauen wollen. Auch wenn es regnet oder stürmt, ganz spät ist oder auch früh: Ich weiß, Christel kommt mit! Sie ist bei mir! Wir machen das zusammen. Wir können gemeinsam Pferde stehlen. Wir haben miteinander schon so viel Schönes entdeckt, hatten kostbare Momente. Und das finde ich stark!

Von Baustellen und Herausforderungen

Thomas: Was ist in eurem Miteinander bis heute eine Baustelle geblieben?

Christel: Ich würde mir wünschen, dass ich manchmal schneller die Sachen vom Bauch in den Mund kriege, Dinge aussprechen kann. Auch Grenzen setzen, Nein sagen, ist mein Dauerthema. Ich will ja lieb sein, es allen recht machen …

Thomas: Auch deinem Mann?

Christel: Ja, natürlich! Ganz stark sogar. In meiner Herkunftsfamilie habe ich als Älteste die Rolle übernommen, immer zu schauen, dass es möglichst jedem gut geht. Es gab oft Spannungen zwischen Mutter und Oma. Zu vermitteln oder auch meine Bedürfnisse zurückzunehmen, ist mir in Fleisch und Blut übergegangen – ich musste mich richtig freikämpfen, nicht nach den anderen zu schauen, sondern mein Ur-eigenes zu finden. Mich selbst wichtig zu nehmen. An welchen Stellen muss ich etwas tun und wo darf ich etwas anderes? Wo muss ich einen Pflock einschlagen und nicht nachgeben? Wenn ich mich selbst nicht ernst nehme, tun es die anderen erst recht nicht! Da kämpfe ich immer wieder mal.

Uli: Ich muss noch ein weicheres Herz kriegen, wo ich Wünschen von Christel einfach nachkommen muss, auch wenn ich sie nicht verstehe. Früher musste ich da mit dem Kopf durch die Wand, heute arbeite ich daran, meine innere oder äußere Klappe zu halten. »Christel wünscht es sich jetzt so – und deswegen machst du das einfach. Du sollst sie lieb haben, darum geht es!«

DU SOLLST SIE LIEB HABEN, DARUM GEHT ES!

Thomas: Du stellst dich unter ihr Bedürfnis und nimmst es ernst.

Uli: Das kann man gar nicht genug lernen! Ich arbeite daran, mal sehen, was sie mir in fünf Jahren für ein Zeugnis ausstellt …

Thomas: In einer beruflich dicht gefüllten Zeit gab es ein einschneidendes Erlebnis: Christel wurde von einer Nachbarin physisch angegriffen.

Uli: Das war eine völlig überraschende Situation. Christel ist eine so warmherzige, gutherzige Frau, ein Herz auf vier Rädern, sage ich immer. Wir hatten eine asiatische Nachbarin, die hierher geheiratet hatte und sich schrecklich fremd fühlte, anfangs nur Englisch sprach. Christel hat sich auf Bitten des Ehemannes um sie gekümmert. Nach einer Totgeburt und vielen schwierigen Jahren wurde diese Frau – von uns unbemerkt – psychisch krank. In einem Supermarkt hat sie dann Christel aus dem Nichts tätlich angegriffen und ihr Pfeffer ins Gesicht geworfen.

Christel: Ich hatte das Gefühl zu ersticken, das Gesicht brannte und ich hatte natürlich einen Schock! Ich stieß die Frau von mir und rief um Hilfe, worauf diese sich entfernte. Die Polizei kam – eine Anzeige wurde aufgenommen, aber es hatte keine weiteren Folgen.

Uli: Das Ganze geschah am Anfang meiner Wittener Verlagsleitungszeit. Christel rief mich während einer Sitzung an. Ich ging nicht ans Telefon. Es war mitten in der Übergabe der Arbeit, mein alter Chef war noch da, ich als der neue wollte zeigen, dass ich einsatzwillig und verlässlich war.

Später habe ich mir am Telefon von Christel die Situation schildern lassen, merkte etwas von ihrer Erschütterung. Aber sie war wieder zu Hause und meiner Meinung nach in Sicherheit. Also bin ich bis zum Ende der Sitzung am nächsten Tag geblieben und erst abends heimgefahren. Heute weiß ich, dass das Wichtigste in solch einer traumatischen Situation das Gefühl von Sicherheit ist. Ich hätte sofort kommen sollen! Denn für Christel war es eine große Erschütterung, eine Beschädigung und tiefe Verunsicherung. Das habe ich aber nicht schnell genug erkannt, einfach blöd.

Ich wollte mich im Verlag als belastbarer Profi zeigen. Heute sage ich: voll falsch, voll dumm! Da hast du deine Frau verraten, das wolltest du doch niemals tun! Ich hätte zu Christel stehen sollen, sehr klar.

Christel: Das Fass zum Überlaufen brachte für mich das Gefühl, wegen Ulis Job normal funktionieren zu sollen. Er kam am nächsten Abend zurück und das Erste, was er wollte, war: Lass uns noch mal gemeinsam zum LIDL gehen, damit sich da nichts Negatives festsetzt. Ich hatte das aber schon mit meiner Tochter gemacht – genau aus diesem Grund. Es hat mich sehr verletzt, dass ich – bevor er mich überhaupt richtig gefragt hatte, was geschehen war und wie es mir ging –schnell wieder »funktionieren« sollte.

Thomas: Konntet ihr das später nachbearbeiten?

Christel: Zum Glück hatten wir unsere Eheauszeit zwei Wochen später bereits gebucht. Diese jährliche, fest geplante Zeit hat uns schon oft geholfen.

Die ehemalige Nachbarin hat mich 18 Monate später ein zweites Mal angegriffen, was mein Gefühl von Verunsicherung verstärkte. Ich fühlte mich in unserer Kleinstadt nicht mehr sicher, hinter jeder Ecke konnte sie lauern. Die Polizei hatte mich gewarnt, die Frau leide an einer paranoiden Schizophrenie mit Verfolgungswahn: »… das nächste Mal könnte sie ein Messer dabeihaben.« Aber ohne eine Gewalttat gibt es keine Handhabe, eine solche Person aus dem Verkehr zu ziehen. Eine schwere Belastung für mich – im Grunde hätte erst ganz Schlimmes passieren müssen …

Uli: In diesem ganzen Prozess habe ich sie nicht gut verstanden und nicht optimal begleitet. Da war sie ein Stück allein. Ich bin froh, dass Freundinnen aus der Gemeinschaft ihr gutgetan haben. Das Ganze hat insofern nach drei Jahren ein dramatisches Ende genommen, als diese Frau – noch gar nicht alt – völlig überraschend gestorben ist.

Christel: Ich habe nach dieser Erfahrung, was ein solches Trauma mit einem macht und wie man darin Gottes Hilfe erfahren kann, ehrenamtlich eine Webseite aufgebaut (www.trauma-overcome.com), auf der Menschen von ihren Traumaerfahrungen berichten und von Gottes Hilfe erzählen.

Uli: Ich bin beeindruckt – sie hat so viel durchgemacht und sich dann auch noch dieses Mandat für andere darin erkämpft! Aber es bleibt: Ich habe die Dimension, die Tiefe ihrer Not und Verzweiflung nicht erkannt. Ich bin froh, dass sie das alles so gut überwunden hat – und wir sind versöhnt miteinander: Ehe geht nicht ohne Schuldigwerden und Vergebung.

Nach diesem Gespräch verstehe ich noch besser, wie stark Themen und Motive aus dem Leben von Christel und Uli in ihre Arbeit mit den Zeitschriften eingeflossen sind. Es ist, als wären die dortigen Texte aus eigener Feder oder von anderen Autorinnen und Autoren immer auch ein Stück Plattformen der persönlichen Verarbeitung gewesen. Andockstellen für andere, die sich in ihrem eigenen Erleben, ihren Kämpfen und Erfahrungen abgeholt und verstanden fühlten.

Das ist es ja, was gute Texte ausmacht: Ihr Inhalt bleibt nicht abstrakt, auf schöne Richtigkeiten reduziert. Sie betten die tiefen Wahrheiten des Lebens und des Glaubens in nachvollziehbare Lebensbezüge ein. Gleichzeitig vermeiden sie die Gefahr, die auf der anderen Seite lauert: die Nabelschau und Zurschaustellung des Eigenen, oberflächliche literarische »Selfies« ohne Verankerung in den objektiven Wahrheiten des Glaubens, ohne Nährwert. Es gibt nicht viele, welche da die gute und fruchtbare Mitte finden.

9

»WO EINE NOT IST, IST EIN MARKT«

UND NOCH MEHR ZEITSCHRIFTEN

Unser früheres Gespräch über die Zeitschriften Family und AUFATMEN hat deutlich gemacht, wie sehr die dort aufgegriffenen Themen im Kontext des persönlichen Lebens von Uli, aber auch von Christel und ihrer WegGemeinschaft verwurzelt sind. Gibt es diese Brücke auch bei den später lancierten Zeitschriftenprojekten des Bundes-Verlags? Darum soll es unter anderem in unserem nächsten Gespräch gehen.

Für Frauen: JOYCE

Thomas: Nach Family und AUFATMEN kamen im Lauf der Jahre andere Magazine hinzu, sodass der Verlag heute 19 Zeitschriften herstellt. Stimmt es, dass jeder ein ähnlicher Denkweg vorausging? Wenn du und andere ein Problem wahrnahmen, würde es dafür auch einen Markt geben?

Uli: Wir haben die Grundannahmen, »Wo eine Not ist, ist ein Markt« und »Von der Wiege bis zur Bahre«, immer besser verstanden. Auf dieser Grundlage machen wir zielgruppenorientierte Magazine. Zugleich gab es für jedes natürlich auch noch mal einen eigenen Weg. Früher neigte man dazu, ein christliches Universalmagazin zu machen – eines für alle. Primär für Erwachsene, aber mit Kinder- und Jugendseiten. Uns war klar: Damit kriegst du die Zukunft nicht gebacken. Wir brauchen für spezifische Zielgruppen eigene Magazine.

Thomas: In deine Phase als Leiter der Bundes-Verlags gehört auch die Gründung von JOYCE, einer Frauenzeitschrift. Weshalb noch eine? Es gab damals ja bereits Lydia. Wettbewerb belebt den Markt?

Uli: Richtig, Lydia war schon auf dem Markt – und sie gehörte damals noch nicht zu unserer Verlagsgruppe. Eine tolle, visionär gemachte Zeitschrift, mit der Elisabeth und Dietmar Mittelstädt schon rund fünf Jahre vor Family losgelegt hatten. Sie hatten Hilfe über das Netzwerk von »Christianity Today« in den USA. Im Grunde bauten sie Lydia als Spendenprojekt und Missionsarbeit auf.

Ich schätze die beiden sehr, sie sind ganz feine und zutiefst geistlich motivierte Leute, die mittlerweile in die USA zurückgezogen sind. Elisabeth hat hier ein großartiges Fundament für die Selbstwahrnehmung von Frauen in der Kirche gelegt und hat die Jesusbeziehung gestärkt, war sehr evangelistisch unterwegs.

Zugleich hatten wir den Eindruck, dass sie eine etwas ältere Zielgruppe anspricht. Unsere Erfahrung war ja, dass jede Redakteurin und jeder Redakteur von seinem Lebensgefühl her am besten eine Leserschaft etwas unter sich selbst erreicht. Christel war durch die Arbeit der WegGemeinschaft viel mit jüngeren Frauen unterwegs – da hatte sich ein eigenes Netzwerk aufgebaut. Diese jüngeren Frauen hatten etwas andere Lebensmodelle, waren stärker in Gesellschaft und Beruf eingebunden, waren nicht mehr durchweg nur auf Familie fokussiert, hatten unbequeme Fragen, wollten aufbrechen.

All das merkten Christel und ich auch im Kontext der Arbeit des Dünenhofes – und das ließ uns wach werden: In unserem Verlag fehlte noch etwas speziell für Frauen – könnten wir da nicht gemeinsam etwas machen? Ich hatte die handwerkliche Expertise, Christel das Netzwerk und die Leidenschaft dafür und Lust, einzusteigen – die Kinder waren aus dem Gröbsten raus. Im September 2001 startete die Nullnummer – eine Riesenauflage von über 200 000 Stück, die wir wieder in den Netzwerken kostenlos verschenkten.

Treffen des Joyce-Herausgeberbeirates, 2003 – Christel, 3. v. l.

Thomas: Wie reagierten die Leute von Lydia?

Uli: Die waren anfangs etwas verschnupft – klar, Konkurrenz ist ja nie angenehm. Deswegen hatten wir bewusst und als geistlichen Schritt schon mit der Nullnummer kommuniziert: »Achtung, da gibt es noch eine andere Frauenzeitschrift, die wir schätzen, das sind Kolleginnen und Kollegen. Die sind gut unterwegs und machen eine großartige Arbeit.« Ich glaube an positive freundschaftliche Konkurrenz. Das braucht es.

Christel und Elisabeth kannten sich schon einige Jahre über das Netzwerk »Hope for Europe«. Am Anfang war das nicht ganz einfach – aber das Verhältnis hat sich auf gute Weise eingespielt. Christel hat JOYCE fünf Jahre gestaltet, dann kam der Einschnitt für unsere Familie: Ich wurde Verlagsleiter des Bundes-Verlags, übernahm die Nachfolge meines Mentors Erhard Diehl. Da war für uns klar: Ich konnte meine Rolle im JOYCE-Team neben AUFATMEN nicht mehr ausfüllen. Christel hätte mehr als 50 Prozent arbeiten müssen – das war damals noch zu viel, unsere Kinder waren Prio 1. Am Ende fanden wir eine schmerzliche, aber letztlich beglückende Lösung: Christel stieg mit ihrer halben Stelle bei AUFATMEN ein. Zwar war ich viel mehr im Land unterwegs und musste öfter in Witten sein – aber nun konnten wir gemeinsam für das eine Magazin arbeiten.

Thomas: Hat das wirklich funktioniert? Manche Leute würden vielleicht die Hände über dem Kopf zusammenschlagen – als Ehepaar zusammenarbeiten?

Uli: Na ja, wir hatten ja schon geübt. Aber klar: Es war nicht nur einfach – Chef und Angestellte als Ehepaar. Was für ein Titelbild nehmen wir? Kommt der Artikel rein oder nicht?

Thomas: Ich stelle es mir ähnlich vor wie bei einem Paar, das ein Haus renoviert und sich nun über jedes Detail einigen muss: Welche Kacheln im Bad, welcher Boden, welcher Anstrich …

Uli: Genau, man fetzt sich schon mal. Aber für uns war es ein Segen, denk an unsere Liebessprache! Jetzt hatten wir ein gemeinsames Projekt, an dem wir wuchsen. Die Komposition einer Zeitschrift ist wie ein Kind, das du gebierst. Es steckt unheimlich viel Sorgfalt und Mühe in jedem Detail – wir lesen jedes Komma, ringen um die Fotos. Gerade da geht der Geschmack oft auseinander! Aber am Ende hat man ein gemeinsames Kind, erlebt den Segen und die Rückmeldungen, das ist etwas Großartiges. Es schweißt zusammen und verbindet tief, weil man all diese Rohdiamanten gemeinsam für die Lesenden zugeschliffen hat.

Für Bibelmüde und Bibelbegeisterte: Faszination Bibel

Thomas: Ein anderes Magazin ist Faszination Bibel. Ich erinnere mich, wie du im Kontext der Entstehung dieser Zeitschrift ein paar steile Thesen aufstelltest: »Alle finden die Bibel superwichtig, aber kaum einer liest sie! Alle tun so, als ob es nichts Spannenderes gäbe, als Bibel zu lesen, aber wie ist das wirklich?« Auch hier fragte ich mich, ob das so stimmte.

Uli: Tatsächlich ist Faszination Bibel auf dem Hintergrund meiner eigenen Bibelmüdigkeit oder Erwartungslosigkeit entstanden, die allerdings durchaus in Spannung zu Christels Bibelbegeisterung steht. Sie berichtet mir immer wieder von tollen Fundstücken und lebt intensiv mit der Bibel. Das freut mich total! Ich höre gern zu, wenn einer seine Bibelbegeisterung teilt! Nur – mir geht es anders, was soll ich machen?

Wenn ich hier ans Meer gehe, dann habe ich eine Erwartung, ich weiß, was kommt – es ist immer wieder anders und immer wieder schön. Wenn ich in die Bibel gehe, empfinde ich: »Wahrscheinlich kennst du das schon. Oder es ist mühsam, ich muss mich da reinwühlen …« Ich will diese Einstellung nicht verteidigen und schon gar nicht idealisieren! Ich merke aber: Mein Verhältnis zur Bibel war und ist geprägt vom Pflichtgedanken.

Ich sage manchmal: »Wenn du im Ruhestand bist, dann nimmst du dir noch mal Zeit, da ist bestimmt vieles auf Erwachsenenniveau zu entdecken!« Es ist wie mancher Unterricht in der Schule: Wenn du ihn zu früh kriegst, schlägt er als Last auf, du bekommst keinen Zugang. So wie bei mir Deutsch und Literatur – langweilig! In Wirklichkeit: total spannend! Aber die Kurve muss man kriegen. So ging es mir mit der Bibel: Ich habe wohl zu früh zu viel gekriegt. Und vermute einfach, dass auch manch anderer nicht auf gute Weise in die Bibel eingeführt wurde …

Thomas: Ist es überhaupt berechtigt, ein steil aufgestelltes Soll des Bibellesens zu propagieren? Es steht ja nirgends in der Bibel, dass du ein schlechter Christ bist, wenn du nicht jeden Tag intensiv in ihr liest.

Uli: Ja und nein. Die Wichtigkeit des Wortes Gottes wird ja schon bezeugt – süß wie Honig, unendlich kostbar. Zu blöd, wenn man das nicht empfinden kann. Ich fühle mich da immer missverstanden – ich will doch nichts schlechtmachen, wenn ich das so analysiere! Ich will auch kein falsches Vorbild setzten, wenn ich meine Unlust zugebe, das Gegenteil ist der Fall: Ich sehe das Problem und will eine Therapie finden, das ist mein Mandat! Aber dazu gehört eben auch die ehrliche Analyse – was nützt ein Arzt, der Sand in die Augen streut? Ich bin tief überzeugt: Wir sollten mit biblischen Inhalten »gesotten« und vollgesogen sein wie ein eingelegter Hering! Das ist wichtig – aber eben: Da müssen wir helfen, nicht schlechte Gewissen erzeugen!

ICH BIN TIEF ÜBERZEUGT: WIR SOLLTEN MIT BIBLISCHEN INHALTEN »GESOTTEN« UND VOLLGESOGEN SEIN WIE EIN EINGELEGTER HERING!

Thomas: Geht es dir darum, dass Menschen ihren eigenen Zugang zur Bibel finden und nicht an einer einseitigen Vorstellung darüber zerbrechen, wie es geschehen sollte?

Uli: Ich möchte Erwartung erzeugen, will neugierig machen, möchte ein Sprungbrett für Interesse bauen. Deswegen Faszination Bibel – die Idee dahinter: Ich behaupte das Gegenteil meines Symptoms und sammle die besten Leute in einem Magazin, um zu beweisen, dass die Bibel faszinieren kann. Zeigt es mir! Denn wer seine Leidenschaft teilt, kann damit anstecken! Das ist der Weg – nicht schlechtes Gewissen und Druck.

Manchmal haben wir in Bezug auf die Bibel vielleicht auch eine magische Vorstellung – ich glaube, sie will erklärt und erschlossen werden. Es braucht Zugänge und Brücken in sie hinein. Ich entdecke aber auch, dass viele schon zufrieden sind, wenn wir ganz viele Bibeln verteilen. Nur: Das allein entfaltet keine Wirkung – ich muss einen Schlüssel mitliefern, muss mich um Zugänge bemühen!

Thomas: Ist es dieses Anliegen, das hinter der Zeitschrift »Faszination Bibel« steht?

Uli: Ja, das ist die Idee: Wir nehmen das angenommene Problem auf die Hörner und umarmen die Leute positiv, indem wir provokant behaupten: Die Bibel ist faszinierend! Wir setzen das mal steil so hin und lassen die Leute mal hingucken! Tatsächlich hat es auch da richtig gut geklappt. Wir haben mit Dr. Ulrich Wendel einen super Redakteur und großen Bibelliebhaber gefunden. Er hat die Idee adoptiert und füllt sie total gut aus.

Thomas: Hat es die Leute erreicht, die sich mit der Bibel schwertun und jemanden brauchen, der sie an die Hand nimmt? Oder spricht es doch eher diejenigen an, die schon Bibelfreaks sind?

Uli: Auch da muss man ehrlich sein: vermutlich beides! Wir müssen wahrscheinlich immer wieder überprüfen, ob wir die Skeptischen, die Zweifler oder die Müden weiterhin so erreichen, wie wir möchten. Das bleibt aber das Ziel – Satte brauchen kein Essen!

Thomas: Das heißt, man muss sich bei einem Produkt immer wieder fragen: Dient es noch dem Anliegen, für das es gedacht war?

Uli: Wir machen das im Bundes-Verlag ohnehin: Wir relaunchen jede Zeitschrift nach vier, fünf Jahren und erneuern die Marke.

Thomas: Gab es nicht beim Auftakt gerade auch Kritik von Bibelfreunden?

Uli: Ja, da habe ich auch wieder gelernt – und geschluckt. Wir haben als Auftakt in der Nullnummer ein großes Interview über das Bibellesen gemacht und ich war Teil der Gesprächsrunde. Darin habe ich von meiner Bibelmüdigkeit erzählt – natürlich, um Leuten Identifikationsmöglichkeiten zu geben und sie einzuladen! Aber da hatte ich was gesagt …! »Was, der Verleger des Bundes-Verlages hat keine Lust auf die Bibel? Keinen Spaß am Bibellesen? Unerhört! Und dann eine Zeitschrift dazu herausgeben?«

Vielleicht hätte ich als Funktionär die Klappe halten sollen – aber eben: Das wäre unehrlich gewesen. Und es war ja gerade meine eigene Geschichte, die mich auf die Idee für das Magazin gebracht hatte. Ich zuckte und dachte: »Okay, ich könnte mich auch besser verkaufen!« Aber gleichzeitig bin ich bereit, solche Prügel einzustecken. Was Leute sagen, muss mir egal sein. Denn was zählt, ist die

Frage, ob es ein paar Menschen geholfen hat, die wirklich bibelmüde sind. Daran will ich mich messen lassen ...

Aber solche Kommentare tun natürlich weh. Du merkst das versammelte Misstrauen von Leuten, die bei solch einer Ehrlichkeit rund um den Glauben unterstellen: »Der glaubt ja gar nicht richtig! Das ist doch ein Verführer! Was will der eigentlich?« Ich will Menschen tiefer in die Bibel hineinhelfen – gern auch mir selbst. Aber wer einmal misstraut und eine Brille aufhat, der bestätigt sich dann oft nur noch selbst ...

Thomas: Dieses Anliegen, bewusst etwas zu teilen, was Identifikation schafft und Betroffenen erlaubt, sich einer unangenehmen Wahrheit über sich selbst zu stellen, macht schon Sinn, finde ich. Ich tue das manchmal beim Predigen. Ich erzähle bei bestimmten Themen bewusst und strategisch von einer eigenen Erfahrung, bei der ich nicht gut wegkomme. Und erlebe auch, dass manche Leute damit nicht klarkommen: »Was, der hat dieses Problem? Und spricht jetzt auch noch darüber?« Leute, die Predigende gerne auf einen Heiligkeitssockel stellen, sind irritiert oder verärgert. Es gab mehrere Personen, die unter anderem deshalb die Gemeinde verlassen haben, in der ich Pfarrer war, weil ich ihrem Heldenbild nicht entsprochen habe. Das hat mir wehgetan.

ICH WILL, DASS MENSCHEN WAHR UND EHRLICH UND TRANSPARENT SIND; ICH WILL, DASS WIR UNS NICHTS VORMACHEN – ABER WIR MÜSSEN AUF DEM WEG DORTHIN BARMHERZIG SEIN!

Ich musste mir aber dasselbe sagen wie du vorhin: Das Bekenntnis zu meiner Schwäche war nicht für sie bestimmt. Es war für diejenigen, die mit der stillen Hoffnung dasitzen, dass sie nicht die Einzigen sind, die damit ein Problem haben. Diese Leute sind es, die nach einer solchen Predigt auf mich zukommen und sagen: »Das hat mir so gutgetan. Deshalb bin ich hier, denn diese Offenheit erlaubt es mir, meine Schwächen nicht zu verstecken, sondern darüber zu reden.« Natürlich geht es um ein gutes Maß. Es bringt nichts, ständig das eigene Versagen nach außen zu tragen. Aber an der richtigen Stelle hat es etwas Befreiendes.

Uli: Das ist genau das Modell, wie ich arbeiten möchte: Ich möchte die wirkliche Zielgruppe ansprechen. Das entspricht auch Jesus, der sagte: »Die Gesunden brauchen keinen Arzt! Die Kranken brauchen ihn!« Denen will ich helfen. Manche unterstellen uns dann, dass wir die Ziele zu niedrig hängen. Dabei will ich beides: den Einstieg leicht machen – und die Ambition anstacheln.

Bei meinem Buch »Ehrlich glauben« kam von einem einflussreichen Funktionär die leutselige Reaktion: »Bruder Eggers, ich denke ja auch, wir sollten das mit der Ehrlichkeit nicht immer ganz so hoch hängen. Es wird doch nichts so heiß gegessen, wie es gekocht wird!« Falsch verstanden, ich denke das eben nicht! Ich will, dass Menschen wahr und ehrlich und transparent sind; ich will, dass wir uns nichts vormachen – aber wir müssen auf dem Weg dorthin barmherzig sein! Ja, es gibt Gründe und Versuchungen, unehrlich zu sein – aber mein Ziel ist doch Ehrlichkeit! Wenn ich einräume, dass wir als Christen so leicht in Versuchung kommen zu lügen, will ich doch nicht sagen, dass das gut ist und keine Rolle spielt. Ich will erklären, warum wir vor dieser Versuchung stehen, ein besseres Bild von uns abzugeben. Ich will es nicht legitimieren, sondern verstehen und dafür sensibilisieren. Ich will wahrhaftig leben – dazu gehört, dass ich einräume, wie die Wirklichkeit ist. Und wenn ich will, dass Menschen die Bibel lieben, dann muss ich einräumen, dass es viele gibt, die sie nicht so lieben oder erst noch entdecken müssen. Und dann muss ich ihnen Leute vorstellen, bei denen bei dem Thema die Augen leuchten und die sie für einen Schatz halten!

Für Gemeindebauer: 3E

Thomas: Diese Leidenschaft für Ehrlichkeit scheint mir so etwas wie der rote Faden in deiner Biografie. Das schlägt bei den Zeitschriften Family, AUFATMEN, Faszination Bibel durch. Bei anderen sehe ich das weniger. Nehmen wir 3E, das Magazin ist ja vielleicht auch weniger bekannt. Hier sehe ich keinen Ansatz für die Spannung von Ideal und Realität. Diese Zeitschrift zielt auf den volkskirchlichen Kontext und ermutigt zum missionarischen Gemeindeaufbau. Wie war hier die »Geburtsbefindlichkeit« bei dir?

Uli: Auch hier gibt es eine klare biografische Linie, die sich aus vielen Quellen speist. 3E ist aus dem Willow-Kontext geboren. Bill Hybels hat mal gesagt, die Vision einer Gemeinde sei dann am schwersten hochzuhalten, wenn es um Evangelisation gehe. Diesen Wert, zu Jesus einzuladen, verliere man am leichtesten wieder aus den Augen und konzentriere sich nach innen, drehe sich um sich selbst als Gemeinde. Evangelisation brauche den größten Kraftimpuls. Es sei das Anliegen, an das man am häufigsten erinnert werden muss.

Das leuchtete mir sofort ein, das konnte ich im Blick auf die mir bekannten Gemeinden bestätigen. Ich merkte: »Dafür muss man etwas tun!« Und: Am stärksten bringen mich dabei gute Vorbilder in Gang – etwas, das mich inspiriert und überzeugt …

Thomas: Warum gerade die Zielgruppe der Landeskirchler?

Uli: Als Freikirchler bist du ja schnell mal hochnäsig, weil du vielleicht einmal im Jahr eine Evangelisation machst und sonntags viele Leute im Gottesdienst hast. Schön – nur: Die viel größere missionarische Chance hat die Landeskirche! Sie hat eine enorme Berührungsfläche mit der Gesellschaft – da liegen Chancen, die Freikirchler gar nicht haben! Man kann missionarisch Kinder taufen und beerdigen. Man ist bei der Kindergarteneröffnung dabei und in den Netzwerken – das alles kann man missionarisch nutzen, wenn man die Vision dafür hat! Und das haben viele.

Ich wollte gute Modelle breit bekannt machen. Daraus formte sich die Idee: Wir machen ein Magazin mit den besten Ideen aus der Landeskirche. Und wir machen es ohne freikirchliche Nebentöne, sondern pur – angepasst und fokussiert auf ein bestimmtes Biotop.

Wir haben zwar freikirchliche Wurzeln als Verlag – aber unsere Leserinnen und Leser sitzen zu mehr als 50 Prozent in der Landeskirche. Das gibt uns doch ein Mandat, oder? Und so habe ich es nach dem üblichen Muster gemacht: Ich suchte nach einer vertrauensbildenden Kernperson, die ich gewinnen wollte – und fand sie in Professor Michael Herbst.

Ich sehe Michael und mich noch in Witten da oben im Hotel sitzen, wo ich ihm erstmals von dieser Idee erzählte. Er hat sie sofort verstanden und gesagt: »Okay, Uli, wenn ihr das als Verlag vorantreibt, bin ich dabei!« Mit seinem Votum bin ich dann zu Dr. Erhard Berneburg gegangen, dem damaligen Generalsekretär der AMD. Dann kam Dr. Michael Diener vom Gnadauer-Verband dazu und zusätzlich Markus Weimer, ein junger Pfarrer aus der württembergischen Landeskirche, der mit den Freunden von der Church Convention einen tollen missionarischen Gemeindeerneuerungskongress in Süddeutschland organisiert hatte. Er brachte eine ganze Reihe junger Pfarrerinnen und Pfarrer mit ein. Von Andreas Schlamm, dem heutigen Generalsekretär der AMD, kam dann die Idee für den Namen »3E« – echt, evangelisch, engagiert. So gingen wir an den Start.

Mittlerweile läuft das Magazin seit vielen Jahren – und ich habe immer noch so eine kleine Sonderfreude daran, weil wir als Verlag in gewisser Weise fremdbeglückt haben. Ich habe nur die Grundidee geformt, das Netzwerk gebaut, die Vision gefestigt, den Redakteur gefunden – dann ging es dank des Engagements ganz vieler Leute voran. Manchmal merkte ich fragende Blicke: »Hey, du bist doch ein Freikirchler, wie kannst du das wollen?«

Thomas: Genau! Ich setze mir mal den Hut des Landeskirchlers auf, eines Pfarrers, einer Superintendentin, eines Bischofs. Dann schaue ich auf die Zeitschrift und denke: »Ja, schön, dass es das gibt. Aber woher kommt das eigentlich? Aus einem freikirchlichen Verlag? Wollen die Freikirchler uns mal wieder sagen, was wir zu tun haben?« Da vermute ich als Erstes eine Abwehrreaktion …

Uli: Freikirchliche Wurzeln sind ja etwas anderes als eine freikirchliche Ausrichtung. Die haben wir nicht, sondern dienen bewusst allen, die unsere geistliche DNA schätzen. Es geht uns um Jesusnachfolge und missionarischen Gemeindebau - egal, wo und wie. Alles läuft über Vertrauen und eine gute Zielvision. Ich kannte die Leute ja alle schon. Das war wichtig. Und so sagte ich einfach: »Wir als Bundes-Verlag haben eine Expertise für gute Zeitschriften, die Partner für die Situation in den Landeskirchen. Also bilden wir da einfach ein Team!«

Ich trauere, dass es manchmal noch Vorurteile gibt. Einen freikirchlichen Hochmut, eine Arroganz, genauso Minderwertigkeitskomplexe und Leiden aneinander – vermutlich auf beiden Seiten. Freikirchler sehen sich natürlich öfter mal an den Rand gedrängt, in die Sektenecke …

Thomas: Theologisch kann es aber auch umgekehrt laufen. Da fühlen sich viele Freikirchler so, als gäbe es die wirklich Frommen nur in ihren Reihen!

Uli: Ja, natürlich! »Bei uns kommen sonntags richtig viele in den Gottesdienst – was, bei euch nur zehn Leute?« Als ob Gottesdienstbesuch die einzige Messlatte für Gemeinde wäre und Jesus vor allem sonntags genau hinguckt! Aber klar: Dieser Sektengeruch, der tut schon weh.

Nur gemeinsam kommen wir überhaupt voran. Wenn du in diesem Land wirklich geistliche Erneuerung fördern und Gemeinde vorwärtsbringen willst – was ich ja als Lebensberufung sehe –, dann kann ich als Freikirchler nicht anders, als alles zu fördern, was dieses Anliegen weiterbringt – gerade in den Landeskirchen.

Thomas: Trägt sich das Magazin eigentlich auch finanziell?

Uli: Das ist der Knackpunkt, Volltreffer! Trotz einiger Zuschüsse der AMD und des EKD-Pressefonds und viel engagierter Mithilfe – nein, finanziell ist das eine Katastrophe! Wir haben damit bestimmt schon 500 000 Euro versenkt, weil es kaum über eine Auflage von 3 000 Exemplaren hinauskommt. Da haben wir uns grob verschätzt: 25 Millionen Kirchenmitglieder – und dann das?

Wir machen es aus Überzeugung – dafür sind wir ja ein gemeinnütziger Verlag. Aber es hat uns erstaunt und uns noch eine andere Seite der Landeskirche gezeigt – unser Blick war da naiv freikirchlich: Dort sind es Ehrenamtliche gewohnt, für ihr Engagement Geld auszugeben. Landeskirchlich geprägte Menschen erwarten, dass die Kirche ihnen das Ding kostenlos gibt – schließlich zahlen sie ja Kirchensteuer.

ALLES ANDERE PASST NICHT IN UNSERE ZEIT – UND NOCH WENIGER IN DIE ZUKUNFT!

3E ist zu einem Brückenbauinstrument geworden, auch für mich selbst und unseren Verlag. Ich bin überzeugter Freikirchler und bleibe das auch gerne. Aber ich habe einen großen Respekt für Landeskirche gewonnen und bin fasziniert, wie viel geistliche Tiefe, wie viel Leidenschaft, wie viel Engagement, wie viele tolle Leute dort unterwegs sind. Wir gehören zusammen, haben einen gemeinsamen Auftrag – egal was auf unseren »Filialen« für eine Marke klebt. Alles andere passt nicht in unsere Zeit – und noch weniger in die Zukunft!

Für Zukunftssucher: andersLEBEN

Thomas: Ich will noch auf eure neueste Zeitschrift zu sprechen kommen: andersLEBEN. Darin geht es um Lebensstilthemen: um die Gesellschaft und das Ringen der Menschen um Klimaerwärmung, Grenzen wirtschaftlichen Wachstums, Überflussgesellschaft, Ökologie, Ressourcen, aber auch um Schönheit und die Bewahrung der Schöpfung. Zu all diesen Themen gibt es mehr Fragen als Antworten. Welchen Beitrag will diese Zeitschrift leisten?

Uli: In gewisser Weise knüpfe ich da ja an alte Zeiten an – aber doch ganz anders und natürlich unendlich viel professioneller. Auch dieses Projekt hat alle klassischen Zutaten von Neugründung, wie sie bei mir immer mitspielten. Der Sitz im Leben ist meine Corona-Erkrankung im März 2020 in der Folge des Willow-Creek-Kongresses, den wir abbrechen mussten, weil einer der Referenten positiv getestet wurde. Dadurch habe ich einen sensibleren Blick für die momentan so tiefe Verunsicherung der Menschen bekommen. Für die Zerbrechlichkeit des Lebens und die damit verbundenen Fragen, die sich Menschen stellen. An der Pandemie konnte man sehen, wie schnell sich die Perspektive durch einen Virus verändern kann, der mal eben die ganze Welt lahmlegt! Bei meinen Kindern bemerkte ich ihr Fragen nach der Klimakrise, ihre wachsende Sensibilität für gesunde Nahrung und bewusstes Leben. Ich empfinde, dass viele Menschen Verunsicherung empfinden, nicht nur wegen Corona. Es geht auch um Klima, Lebensmittel, Ernährung, Ressourcen und so weiter. Leute beginnen nachzudenken: »Wie kann es weitergehen? Wie können wir denn leben? Wir kann ich persönlich leben?«

Thomas: Diese Themen bewegen viele Fachleute oder eben auch Interessierte schon seit Längerem. Nun aber formt sich ein breiteres Bewusstsein. Es kommt endlich vermehrt in der Mitte der Gesellschaft an …

Start-Team andersLEBEN (v. l. n. r.): Melanie Carstens, Martin Gundlach, Ulrich Eggers, Marc Brocksieper, Anja Schäfer

Uli: Klar, es gab schön früher einen harten Kern von Ökologieinteressierten. Jetzt empfinde ich eine derartig heftige Dimension, dass ich auch eine geistliche Herausforderung sehe. Da ist ja eine fundamentale Lebensangst ins Spiel gekommen, eine totale Verunsicherung über die Zukunft. Was hält eigentlich diese Welt – wer hält sie? Auf einmal geht es nicht nur um Ökologie, sondern auch um Spiritualität, um Sinnerfüllung. Leute fragen: »Ist es wirklich richtig, immer mehr zu wollen? Wohin führt das alles?«

In dieses Lebensgefühl einer verunsicherten Gesellschaft und auch von verunsicherten Christen wollen wir hineinsprechen und eben auch die christlichen Aspekte einbringen. Wir können erinnern: Die christliche Tradition hat viele Anknüpfungspunkte, die helfen können! Die Bibel hat Enormes über unser Leben und über Sinnerfüllung zu sagen. Unsere Grundängste können ganz anders beantwortet werden als allein durch hektische Forschung und einen anderen Lebensstil – so wichtig das ist!

Thomas: Ich persönlich bin ein Fan dieser neuen Zeitschrift, schreibe ja selbst dort mit – und frage mich dennoch manchmal: Brauchen wir wirklich noch mehr Zeitschriften? In einer Zeit, wo Leute vielleicht sowieso weniger lesen?

Uli: Das ist natürlich eine spannende Frage! andersLEBEN ist ganz stark gestartet und hat schon über 6000 Abonnenten – es wird weitergehen! Braucht es noch mehr Zeitschriften? Wir merken: Wo wirkliche Fragen sind und echtes Interesse auf eine gut gemachte Antwort trifft, wird sich ein Magazin durchsetzen – eben gerade wegen des besonderen Formats. Eine Zeitschrift ist wie ein schön komponierter Blumenstrauß – sie hat eine haptische, eine sinnliche, kreative und inhaltliche Dimension!

EINE ZEITSCHRIFT IST WIE EIN SCHÖN KOMPONIERTER BLUMENSTRAUSS.

Es gibt natürlich auch Leute, die uns sagen: »Ihr müsst das alles im Internet machen!« Klingt erst mal gut, nur: Das Internet finanziert sich nicht! Und ich frage spitz zurück: »Ist ja schön, dass alles im Internet ist – aber warum soll ich es dort finden? Warum und wie werde ich darauf aufmerksam – warum soll ich wiederkommen?«

Eine Zeitschrift kannst du weitergeben, auslegen – du greifst immer wieder zu ihr. Das Internet ist super – aber eine gut gemachte Zeitschrift behält als eine Art Gesamtkunstwerk ihren Wert. Du vertraust einer Marke und den Leuten hinter ihr. Die treffen für dich eine gute inhaltliche Vorauswahl. Diese Zusammenstellung ist wie ein Qualitätssiegel – du kannst diesen Leuten vertrauen! Du kennst ihre Intention! Du musst nicht alles mögen – aber du befindest dich in guten Gewässern. Und du triffst dort Leute deines Biotops, aber zugleich wirst du herausgefordert und inspiriert. Und du hast diese sinnliche Ebene, die Kreativität und innere Spannung eines guten Magazins.

Thomas: Geschlossenheit und Vielfalt zugleich …

Uli: Genau. Ich sage manchmal: »Es ist wie ein richtig klug und gut gekochtes kulinarisches Wunder, ein tolles Gericht, bei dem du weißt: super Zutaten, tolle Farbe, wunderbare Gewürze, handwerkliche Kunst im Zubereiten, fantastische Anrichtung, gemütliches Ambiente!« Wenn jetzt einer kommt und sagt: »Das brauchst du alles gar nicht. Du kannst ja auch in den Supermarkt gehen, da liegt es in Plastik eingeschweißt…«, dann sage ich: »Ja, genau, da liegt es in Plastik – alles auf Vorrat wie im Internet. Wir bieten das gesamte Happening, eine durchkomponierte Vitaminbombe!« Wir wollen das Gesamte, die Farbe, die Anmutung, den Geruch, den Geschmack, die Komposition, die sorgfältig durchdachte und verlässliche Qualität – und das ist Zeitschrift!

Thomas: All diese Gründungen und das starke und schnelle Wachstum auf beinahe zwanzig Zeitschriften in ein paar Jahren – plus alle anderen parallel laufenden Projekte, über die wir noch gar nicht alle gesprochen haben – verlangen dir ein hohes Lebenstempo ab. Ist das nicht auch Ausdruck einer gewissen Ruhelosigkeit? Musst du denn immer irgendetwas lostreten?

Uli: Leben ist Bewegung – ohne Bewegung kein Leben. Ich bin wohl ein ausgesprochener Pionier – ein Starter. Ich sehe eine Not, habe eine Idee, kann Menschen einbinden, eine Idee entzünden – und es dann auch wieder abgeben, andere machen lassen. Wenn es überlebt, gut! Wenn nicht, auch nicht schlimm. Es war den Versuch wert. Mich leiten Sätze wie: »Wann eigentlich, wenn nicht jetzt? Oder: Wer eigentlich, wenn nicht ich?« Die haben für mich auch auf dem Hintergrund der deutschen Geschichte und des Gegenübers zu Jesus eine starke Dimension.

WANN EIGENTLICH, WENN NICHT JETZT? ODER: WER EIGENTLICH, WENN NICHT ICH?

Aber natürlich bleiben tausend Ideenzettel liegen. Mein Schreibtisch wimmelt von solchen Zettelleichen … Aber viel wichtig ist eine andere Erfahrung: Ich habe jahrelang gehofft, dass ich nur eine Idee hochwerfen muss – und dann schnappt sie ein anderer auf und macht alles genauso, wie ich gedacht habe. Ach wäre das schön! Doch Pustekuchen – Ideen kann man nicht auf andere abschieben, du musst sie selbst entzünden, so weit ausbauen, dass sie laufen können, fliegen: Wer die Vision hat, muss sie leben.

Es ist aber kein Getriebensein – ich kann ja das Leben genießen und auch innehalten. Es ist pure Lebenslust! Ich muss ja nicht alles tun. Ich besitze durchaus einen Papierkorb.

Bei diesem Gespräch wurde deutlich, welche Stärken Uli bei der Entwicklung neuer Zeitschriften einbringt: zunächst die nüchterne Wahrnehmung, wie leicht christliche Impulsgeber, ob Zeitschriftenmacher oder Verkündiger, an der Lebensrealität der Menschen vorbeikommunizieren. Dann der Wille, dies zu ändern und Leute dort abzuholen, wo sie wirklich stehen. Sie an die Hand zu nehmen und auf den guten Wegen des Glaubens weiterzuführen. Beides gekoppelt mit großer Schaffenskraft und der Fähigkeit, die gewonnenen Einsichten in anderen zu entzünden, ein Team zu formen und in konkrete Printprodukte zu gießen. Auf dem Hintergrund dieser Kombination entstanden einige der wichtigsten Akzente, die Uli in den vergangenen Jahrzehnten in der christlichen Szene setzen konnte.

Damit verbunden ist ein mir grenzwertig erscheinendes Lebenstempo. So lautet einer seiner regelmäßig eingeworfenen Nebensätze in der Alltagskonversation: »Mensch, hier ist grad wieder viel los!« Und alte Redakteurskollegen grinsen dann und sagen lachend: »Ja, ja – und nächstes Jahr wird alles besser … !« Gerade viel los – gerade das scheint ihm voll zu entsprechen …

10

»ALS MENSCH IST ER SICH TREU GEBLIEBEN«

CHRISTEL EGGERS ÜBER IHREN MANN

Christel, die Frau an Ulis Seite. Von Anfang an war klar, dass ich im Rahmen der Interviews auch ein Gespräch mit ihr führen wollte. Ohne diese Perspektive würde etwas Entscheidendes fehlen. Niemand ist bei diesem Mann so nah dran wie sie und kann ihn gleichzeitig in ihrer ganz eigenen Wahrnehmung beschreiben.

Bei diesem Interview ist Uli bewusst nicht anwesend. Während wir Kaffee nachschenken, die Aufnahmegeräte einschalten und loslegen, zieht er sich in sein Büro eine Etage tiefer zurück und beantwortet Mails. Es ist still im Haus, nur Vogelgezwitscher dringt durchs offene Fenster …

Mehr Ideen als ein Hund Flöhe

Thomas: Christel, beschreibe mir deinen Mann in seinen Zwanziger- und Dreißigerjahren. Was war typisch für den jungen Uli Eggers?

Christel: Tatkräftig, begeisterungsfähig, ständig Ideen, Gemeindemensch, Idealist, Romantiker, Multitalent, Musiker und Ästhet.

Thomas: Von dieser Musikerseite habe ich noch nicht so viel wahrgenommen. Erzähl mir davon.

Christel: In der Gemeinde gab es einen Kantor, der wollte Uli gerne mit einer klassischen Gesangsausbildung versehen. Uli hat eine gute Stimme.

Thomas: Er hat eine tiefe Stimme, einen Bass …

Christel: Na ja, Bassbariton. Er hat Gitarre gespielt, einen Jugendchor gegründet und geleitet, später hat er sich das Klavierspielen selbst beigebracht, Akkorde von den Griffen der Gitarre aufs Klavier transponiert. Er spielt einfach alle Lieder nach Gehör, findet die Akkorde, variiert, improvisiert, ich höre ihm total gerne zu.

Das junge Paar Ende der Siebziger

Thomas: Du hast viele gute Eigenschaften erwähnt. Hat dich das damals eher angezogen oder manchmal auch abgeschreckt?

Christel: Nur angezogen. Ich bin ja selbst ein begeisterungsfähiger und flexibler Mensch …

Thomas: Es fiel dir nicht schwer, dich zu verlieben?

Christel: Wir haben uns ja auf einer Norwegenfreizeit kennengelernt. Ich war 17, hatte gerade eine heftige Enttäuschung erlebt und überhaupt kein Auge für Jungs. Meine Freundin und ich waren in einem Mehrbettzimmer untergebracht Nach ein paar Tagen sagten die anderen Mädchen: »Merkst du gar nicht, dass der Interesse an dir hat? Dass er hinter dir her ist?« Und ich: »Nö!« Ich wollte gar nicht! Ich hatte gerade die Nase voll. Aber dadurch schaute ich doch noch mal genauer hin: Was war das für ein Typ, was war ihm wichtig, gab es Themen, wo ich andocken konnte? Das waren dann recht viele …

Thomas: Du hast den jungen Uli beschrieben. Wenn du den heutigen, den 65-jährigen Uli jetzt beschreibst: Sind das dieselben Stichworte oder kommen andere dazu?

Christel: Er hat immer noch »mehr Ideen als ein Hund Flöhe« – das kopfschüttelnd staunende Kompliment seines Vaters. Er ist immer noch sehr begeisterungsfähig, tatkräftig, initiativ und geplant. Er ist Romantiker und Idealist, aber natürlich alles ein Stück gesetzter, reifer – mit weniger Illusionen. Der junge Mensch ist radikaler, will die Welt verändern. Das würde er heute auch immer noch wollen, aber um vieles reifer und bedachter, sorgsamer, mit einem besseren Urteil durch all die Lebenserfahrungen. Als Mensch ist er sich treu geblieben.

Für mich ist etwas hinzugekommen, was ich sehr bewundere: Er hat keine Angst vor schwierigen Fragen. Es gibt kaum eine Situation, der er sich nicht gewachsen fühlt, und kaum eine, die ihm Angst macht – außer, der PC stürzt ab!

Eine seiner Stärken – ein guter Analytiker zu sein – hat mit den Jahren noch gewonnen. Er hat eine eher seltene Kombination und kann sowohl analysieren als auch mit Zuversicht und Wirklichkeitssinn Lösungen finden, realistische Etappen beschreiben, Win-win-Situationen kreieren. Das hat ihn zu einem super Netzwerker werden lassen. Menschen spüren, es ist ihm ernst. Ein Lebenstraum hinter allem bei ihm ist frei nach Bonhoeffer: »Ich möchte Zeitgenossenschaft leben!« – also mit Freunden, vertrauten Beziehungen, guten Netzwerken leben. Ich kenne keinen anderen Menschen, der so viel Gestaltungswillen und Gestaltungslust hat, manchmal denke ich, Uli lebt drei Leben. Das ist mitunter für mich, die ich kontemplativer veranlagt bin, doch etwas anstrengend.

ICH KENNE KEINEN ANDEREN MENSCHEN, DER SO VIEL GESTALTUNGSWILLEN UND GESTALTUNGSLUST HAT, MANCHMAL DENKE ICH, ULI LEBT DREI LEBEN.

Thomas: Wir haben vor einer Weile mal über das Urteilsvermögen als zentrale Führungskompetenz gesprochen. Magnus Malm schreibt in seinem Buch »In Freiheit dienen«, ein gutes Urteilsvermögen sei die wichtigste Eigenschaft einer Leitungsperson. Deine spontane Reaktion war: »Ja, das hat Uli!« Woran machst du das fest? Wie zeigt sich das bei ihm?

Christel: Er reagiert spontan, schnell und intuitiv auf eine Situation richtig. Überschlägt blitzschnell Folgen und Möglichkeiten, wie bei einem Schachspiel. Er erkennt nicht nur Problem und Ziel, sondern hat zusätzlich die Fähigkeit, prozesshaft die Schritte von A nach B zu beschreiben. Er hat ein gutes Gedächtnis. Er weiß, dass man schnell und gut kommunizieren muss. Er kann eine Thematik intellektuell durchdringen, hat umfangreiches Wissen, beachtet sein Gegenüber, kann sich immer auch sofort in dessen Situation versetzen, seine Interessen, Möglichkeiten und Grenzen sehen … Und sicher ist er entscheidungsfreudig.

Thomas: Zeigt sich das vor allem in seinem beruflichen Umfeld oder auch privat im Umgang mit den Kindern, mit dir als Ehefrau, mit Bekannten?

Christel: Auch für mich ist er ein Troubleshooter. Wenn ich Stress mit den Kindern habe oder eine Situation, mit der ich nicht gut klarkomme, ist sein Rat oft einfach gut, er findet einen nächsten Schritt oder eine Lösung. Ich hätte in meinem Leben ohne ihn so manchen Scherbenhaufen mehr hinterlassen.

Thomas: Geht dir das manchmal auch zu schnell?

Christel: Für manche Menschen ist seine Schnelligkeit wohl beängstigend, aber nein, ich habe das gerne in Anspruch genommen – es brachte mir ja häufig Frieden, hat einen Konflikt gelöst. Oft bringt er mich mit seinem Humor zum Lachen, auch über mich selbst. Ich liebe und brauche das. Aber klar, manchmal kracht es auch, wenn ich mehr Zeit benötige oder stärker in emotionalen Widerständen gefangen bin – wir haben da gut gelernt, einander nachkommen zu lassen …

Ein gutes Team

Thomas: Du hast einmal gesagt, Uli sei ein resilienter Mensch. Was meinst du damit?

Christel: Ich glaube, dass Uli durch seine Krankheitszeit in Kindheit und Jugend gelernt hat, mit Widerständen zu leben und nicht mit Standardnormalität zu rechnen. Daran bildet sich ja Charakter. Wenn Plan A nicht klappt, dann ist Plan B dran – und wenn der nichts wird, eben C.

Thomas: Resilienz ist auch eine Bewältigungskompetenz. Man traut sich zu, Schwieriges bewältigen zu können, und wenn man es nicht selbst schafft, weiß man sich die Ressourcen zu beschaffen, dank denen es dann doch gelingen kann. Trifft das so auch auf Uli zu?

Christel: Absolut, ja. Er ist ein sehr zuversichtlicher Mensch, sehr optimistisch. Und zugleich ein unglaublich dankbarer Mensch, da kann ich mir eine Scheibe von abschneiden.

Thomas: Kommt es auch vor, dass ihn Dinge belasten und niederdrücken?

Christel: Klar, nicht nur manchmal. Wir sind jetzt 42 Jahre verheiratet und hin und wieder schmunzelt er und sagt: »Du kennst mich aber gut!« Ich merke sofort, wenn er down ist. Er tigert vor großen Hürden herum, sieht zu ihnen auf. Seine psychische Anspannung ist greifbar. Wenn er mal Klavier spielt oder herumblödelt, ist er eine Last losgeworden. Und er ist nicht unverwundbar, natürlich ist es schöner, wenn Plan A klappt. Er hat eine große Sensibilität, denkt sorgfältig vor, hat viel Fantasie, es arbeitet in ihm lange nach …

Thomas: In welcher Hinsicht braucht Uli dich in besonderer Weise? Wo bist du ihm eine Hilfe und eine Ergänzung?

Christel: Uli sagt gern, ich sei seine sichere Burg. Viele öffentliche Termine sind ja Wagnis, viele Sitzungen auch Anspannung. Ich weiß, wie es ihm geht, vor mir ist er total offen und ich kann ihn in aller Regel lesen wie ein Buch. Ich weiß, dass ich ihm sehr viel bedeute – ich bin ein wichtiger Teil seiner Stärke. Er fährt sehr ungern weg von zu Hause, trennt sich schwer. Zugleich ist er aber auftragsgetrieben ganz da, wo er ist.

Ich glaube außerdem, dass ich ihm mit meinem gegensätzlichen Temperament guttue. Ein sehr reflektierter, sich selbst beobachtender Mensch hat es manchmal schwer, sich loszulassen, im Moment zu sein, sich fallen zu lassen. Da bringe ich ihm vielleicht manchmal eine Leichtigkeit, die er sonst nicht so hat.

Thomas: Also würdest du sagen: Ohne dich wäre er manchmal noch ungebremster in seinem Zug nach vorne, du kannst ihn ab und an rausholen und aufatmen lassen?

Christel: Aufatmen lassen ja, den »Zug nach vorne« bremsen kann ich nicht! Er hat einfach so einen PS-starken Motor. Ganz, ganz wichtig für ihn ist das Kameradsein.

Thomas: Was heißt das für euch, einander Kamerad zu sein?

Christel: Füreinander sein. Ein Beispiel: Als die Kinder klein waren und er abends nach Hause kam, hat er nie gemeckert, wenn noch nicht aufgeräumt war, was zu der Zeit meine Aufgabe in unserer Arbeitsteilung war, sondern packte an. Das war nie ein Thema zwischen uns. Er kocht gern und kreativ, räumt die Spülmaschine ein, saugt Staub – wir teilen uns die Aufgaben.

Genauso andersherum: Ich packe bei ihm mit an. Wir sind ein gutes Team und auch – superwichtig! – gute Spielkameraden. Dass ich begeisterungsfähig bin, dass ich mit auf seine spontanen Touren gehe, dass ich Bücher lese, die ihn gerade inspirieren, dass ich mit durch den Regen stapfe, Wolkentheater und das Wetter genieße – ich lösche seine Begeisterung nicht ab, er nicht meine, das ist etwas ganz Kostbares zwischen uns, was ihn eben auch immer wieder erdet und Entspannen ermöglicht. Wattlaufen, abends unsere Runde am Wasser drehen – selbst noch ganz spät. Wenn er den ganzen Tag im Büro sitzt, müssen wir einmal »ans Wasser«.

ICH LÖSCHE SEINE BEGEISTERUNG NICHT AB, ER NICHT MEINE, DAS IST ETWAS GANZ KOSTBARES ZWISCHEN UNS.

Thomas: Gibt es etwas, das Uli ohne dich nicht sein könnte?

Christel: So glücklich und dankbar sein, wie er ist, ganz klar.

Thomas: Oder etwas, das er ohne dich nicht tun könnte?

Christel: Er lebt von der Harmonie mit mir. Wenn wir Streit haben oder im Clinch liegen, dann können wir beide nicht richtig Gas geben. Es muss erst bereinigt sein. Er betont immer wieder: »Was ich mache, ist auch ›wir‹. Ohne dich wäre mir vieles nicht möglich. Ohne dich würde mir das alles gar keinen Spaß machen!«

Thomas: Hast du schon mal den Atem angehalten, wenn Uli als Verleger oder Autor ein Thema eingebracht hat, bei dem du sagtest: »Mensch, das kannst du nicht machen! Das ist mir peinlich!« Etwas, das für dich schwierig oder zu intim war?

Christel: Es hieß oft von Lesern: »Ihr packt die heißen Eisen an!« Da habe ich schon manchmal gedacht: Was jetzt wohl kommt? Müssen wir demnächst einen Fish&Chips-Laden eröffnen, weil er rausfliegt? Wir haben ja, besonders am Anfang, auch allerlei Erfahrungen gemacht mit Druck und Kritik, Wünschen von Leitenden, die manches gerne anders gesehen hätten.

Thomas: Aber nicht so, dass du nicht damit klargekommen bist?

Christel: Nein, wir hatten es vorher immer so weit ausdiskutiert, dass ich mich davon nicht überfremdet oder überrascht gefühlt hätte, wir haben immer eine gemeinsame Linie gefunden.

Thomas: Gerade kürzlich hörte ich von einer Pastorenfrau und ihrem Interessenskonflikt zwischen Ehemann und Gemeinde. Die Gemeinde kam mit ihm nicht klar und sie stand dazwischen. Sie verstand die Gemeinde und wollte es den Leuten recht machen. Gleichzeitig wollte sie es ihrem Mann recht machen. Ist es dir auch schon so ergangen?

Christel: Unsere Lesegemeinde ist ja zum Glück deutlich mehr auf Distanz und nur indirekt zu spüren. In einer Gemeinde vor Ort ist das natürlich richtig schwierig. In letzter Konsequenz ist mir klar, dass ich immer auf der Seite meines Mannes zu stehen habe. Er ist mein »Jerusalem«, wo es zuerst stimmen muss (Apostelgeschichte 1,8). Aber klar: Ich mute ihm meine Meinung zu und halte mich nicht zurück. Nicht meckern oder nörgeln, das ist blöd. Aber Argumente bringen. Ich hatte allerdings nur vergleichsweise Harmloses auszustehen. Es kam manchmal auf Tagungen vor, dass Leute mich instrumentalisieren wollten, doch das konnte ich gut abweisen: »Bitte sprecht ihn selbst an!«

Mai 2012

Was es mir in den Publikationen leichtgemacht hat: Ich bekomme alles, was er schreibt, vorher zur Korrektur. Er wünscht mein Prüfen, meinen Blick und meine Kritik: »Du, an der Stelle könnte man das missverstehen«, oder: »Da muss noch ein Satz mehr rein, das hast du im Kopf, aber der Leser kann es nicht so schnell nachvollziehen.« Ich bin da eingebunden, auch das ist ein Wir.

Thomas: Du hast im Blick auf Ulis Krankheitsgeschichte einmal gesagt, dies sei analog zu Paulus in 2. Korinther 12,7 der »Pfahl im Fleisch« von Uli. Was daran würdest du als besonders belastend bezeichnen, aus dem aber wie bei Paulus auch etwas Gutes geworden ist?

Christel: Ich weiß, dass er manchmal Jogger beneidet – gerade hier bei uns in der Bucht sieht man die häufig. Er ist traurig darüber, dass er mit seinen Kindern nie Fußball spielen, nicht so ausdauernd toben konnte. Unsere Kinder haben wahrgenommen, dass er Luftnot bekam, wenn im Ferienhaus die Betten bezogen wurden. Da hat er trotz Asthmaspray halt seine Einschränkungen. Wenn es einen steilen Berg raufgeht, wird er langsam. Fünf Stockwerke die Treppe hoch machen ihm Mühe. Er hat physische Grenzen.

Thomas: Das heißt, dass ihr gewisse Dinge nicht so wie andere tun und unternehmen konntet?

Christel: Na ja, das selektiert sich: Keine Riesenfahrradtour. Keine große Bergwanderung, kein Langlauf, schon ein Sprint zum Flieger oder Zug ist eine Herausforderung. Beim Schwimmen muss er aufpassen, dass die Strecke bis zur nächsten Sandbank nicht zu lang ist. Die Einschränkung ist ganz real. Zugleich hat ihn das sensibilisiert für Menschen, die nicht so können, für Schwächere. Barmherzig zu sein, hinzuschauen, nicht zu spotten, sich nicht lustig zu machen. Ein Nachteil, den diese Krankheit mit sich brachte und wo ich heute als Ehefrau Sorge habe, ist, dass er von Kind an gelernt und verinnerlicht hat, dass sein Körper ein Stück weit sein Feind ist, den er nicht bekämpft, aber besser links liegen lässt.

Thomas: Wie meinst du das?

Christel: Ein Pfahl sticht ja immer ins Fleisch und gegen diesen ständigen Schmerz kann man nicht gewinnen. Da gibt es keinen Plan B. Er ignoriert ihn deshalb so weit wie möglich, schenkt ihm keine Aufmerksamkeit. In gewisser Weise ist das auch gut, weil es ihn nicht am Vorwärtsgehen hindert, aber irgendwann – so meine Sorge – schreit sein Körper mal laut »Alarm!« und er hört ihn nicht, weil er daran gewöhnt ist, ihn zu ignorieren. Ich habe Angst, dass irgendwann der Körper streikt, ohne dass Uli die Warnsignale wahrnimmt.

Thomas: An anderer Stelle hast du gesagt, Uli sei der barmherzigste Mensch, den du kennst. Ist er das auch mit sich selbst?

Christel: Ich glaube nicht so sehr, wie er es mit anderen ist, aber ist das nicht immer so? Sich selbst kann man fast am schwersten verzeihen …

Thomas: Es gibt auch Menschen, die mit sich selbst barmherzig sind, aber nicht mit anderen.

Christel: Klar. Aber bei Uli hat das viel mit seiner Sensibilität zu tun. Du hast vorhin gefragt: Was ist die positive Seite von diesem Pfahl? Und das ist wirklich die Sensibilität und auch das Hinschauen und das Menschsein. Das Wissen, dass man manchmal nicht kann, wie man möchte. Ich glaube, dass er deshalb barmherziger mit anderen ist. Auch seine starke Reflektiertheit kommt daher, dass er sich in die Schuhe der anderen stellt und sagt: »Das könnte ich doch auch sein«, oder: »Das könnte mir doch auch passieren, warum soll ich den jetzt verurteilen oder ihm noch eins auf den Deckel geben, wenn er eh schon am Boden liegt?«

Von Lebenshunger und Sparsamkeit

Thomas: Ein weiteres Zitat von dir lautet: »Uli ist ein Nimmersatt und gleichzeitig ein Sparsam-Geiziger«. Wie drückt sich beides bei ihm aus?

Christel: Nimmersatt im Sinne von lebenshungrig, er will Neues entdecken, Zusammenhänge verstehen, Schönheit tanken, Natur erleben. Wir sagen gern: »Interesse weckt Interesse.« Seine Bücherstapel sprechen Bände – am liebsten würden wir die Lesezeit mit einkaufen. Harzgewinnung im DDR-Kiefernwald – guckt er sich mal an! Talsperrenbau, Seemannsgeschichten, Nachkriegserfahrungen, Verlegerbiografien, Flugzeugbau – her damit!

Die Sammelleidenschaft kann in jedem Jahr andere Gestalt annehmen. In einem Jahr bekam unser Garten ganz viele Rosenstöcke. Ein anderes Mal ein Kartoffelbeet. Jetzt gibt es ein Tomatengewächshaus – niemals nur eine Sorte.

Wir lieben es, samstagmorgens über den Flohmarkt zu gehen, ermahnen uns vorher gegenseitig: Eigentlich brauchen wir gar nichts! Am Ende heißt es: »Du hast aber viel mehr als ich!« Er ist einfach lebenshungrig, »ein Leben ist nicht genug« wäre da schon auch ein schöner Titel.

Thomas: Nimmersatt bezieht sich also nicht aufs Geld.

Christel: Nein, gar nicht. Auch beim Geld hat er die Devise: »Gott misst uns das Maß! Er versorgt uns gut. Und ich will ein guter Hausvater sein, der seine Verantwortung wahrnimmt.« Klar war immer, dass wir unseren Zehnten geben, auch mal darüber hinaus spenden, offen sein wollen für Not.

Am Anfang haben wir sehr wenig verdient, da war er sehr sparsam – das kam durch die Prägung des Vaters und den Druck der Verantwortung für uns. Er wusste ja nie so ganz sicher, ob er vielleicht rausfliegen würde. Das konnte bis hin zum Geiz gehen, aber da hat er dazugelernt. Mir macht es zum Beispiel sehr viel Freude, Leute zu beschenken, da halte ich ständig die Augen auf, kaufe aus seiner Sicht dann auch mal »nutzlose« Sachen. Es hat lange gedauert, bis er verstanden hat, dass es mir reine Freude bedeutet. Irgendwann hat er mir ein Extrakonto mit einer größeren Summe nur dafür eingerichtet, um ein Zeichen der Offenheit zu setzen.

Wir sind auf einem guten Weg. Es war nie ein Problem, auch große Summen zu spenden. Geld sollte dienen, nicht herrschen. Aber dieser Verantwortungsblick und die Sparsamprägung, die schlägt immer mal durch. »Willst du auch ein Eis?« – »Nee. Na ja, ja – aber eine Kugel reicht mir …«

Thomas: Gab es Pläne, Leidenschaften von Uli, bei denen du nicht gut mitgehen konntest, weil es nicht deins war oder einfach zu viel?

Christel: Absolut. Er war ganz und gar in seinen Gaben und Fähigkeiten, als er 2006 den Bundes-Verlag neben der Chefredaktion von AUFATMEN übernommen hat – das war Cuxhaven und Witten, ambitioniert, aber es passte noch. 2014 die

Lønstrup 1998
40

Gesamtgeschäftsführung der SCM-Gruppe mit zu übernehmen, das war echt heftig. Er hat sich 14 Tage Zeit ausbedungen. Wir haben hin und her überlegt und sind am Ende gemeinsam zu dem Schluss gekommen, dass einiges dafür sprach und es unter gewissen Umständen gehen könnte. Aber wir wussten auch, dass es grenzwertig werden würde – vom Norden aus drei Standorte im Westen und Süden zu leiten.

So kam es dann auch: Der Stresstunnel durch die operativen Anforderungen als Geschäftsführer wurde immer länger für ihn. Er ist ein Inhaltsmensch, er fliegt dabei, Inhalte und Ideen voranzutreiben, Projekte zu starten. Auf der anderen Seite ist er Unternehmer, kann vieles. Aber es strengt ihn mehr an und kostet einen anderen Preis. Zum Glück kam dann sein langjähriger Kollege Marco Abrahms als kaufmännischer Geschäftsführer zurück in die Gruppe, das hat ihn enorm erleichtert, die beiden spielen optimal zusammen und ergänzen sich gut.

In diesen Jahren hat er sicher manche Erwartungen der Kollegen vor Ort nicht erfüllen können – er war ja sozusagen immer gerade woanders. Insofern waren diese letzten gut sieben Jahre mit all ihren Megaherausforderungen deutlich lang genug! Jeremias Gotthelf sagte: »Wir brauchen ein hartes Herz fürs Leben und ein weiches Herz fürs Lieben.« Jetzt, finde ich, ist es an der Zeit, den Fokus wieder mehr auf Letzteres zu legen.

ER IST EIN INHALTSMENSCH, ER FLIEGT DABEI, INHALTE UND IDEEN VORANZUTREIBEN, PROJEKTE ZU STARTEN.

Thomas: Wo hast du Uli am glücklichsten erlebt?

Christel: Es heißt ja, dankbare Menschen sind glückliche Menschen – nicht: Glückliche Menschen sind dankbar. In diesem Sinne ist Uli ein wunderbar glücklicher Mensch. Sein Leben besteht aus lauter Anlässen, dankbar zu sein – wenn ein »Berg« hinter ihm liegt, wenn ein Traum wahr geworden ist, wenn Zusammenarbeit klappt, wenn er neue Menschen kennenlernt, erfolgreich Brücken bauen kann – oder einfach nur heil von seinen Fahrten zurückkehrt. Dann feiern wir unser wiedergewonnenes Zusammensein.

Auch bei diesem Erleben von Zeitgenossenschaft. Wenn Menschen ihn in seiner Sehnsucht und Leidenschaft erkennen und sich nicht scheuen, ihre eigenen Ideen einzubringen.

Wenn er sieht, dass etwas im Reich Gottes ins Leben kommt, wenn er Hebamme sein darf, Multiplikator und Weiterdenker für gute Ideen. Er macht ja gern dumme Sprüche – aber es ist was Wahres dran: »Es ist so schön, dich wiederzusehen!« sagt er, wenn wir uns im Supermarkt am Ende von getrennt gegangenen Wegen zulächeln. Das Zusammensein feiern, wenn wir morgens gemeinsam Zeitung lesen, wenn wir über den Wochenmarkt streifen, mit dem Enkelkind durch den Hafen fahren und Schiffe gucken – einfach da sein, miteinander sein, dankbar für das Jetzt und Hier …

»Alte Liebe« heißt ein Lieblingsort von Christel und Uli an der Elbmündung in Cuxhaven. Sie wurde schon mehrmals erwähnt. An die »Alte Liebe« muss ich nach diesem Gespräch denken. Diese Bezeichnung für eine Aussichtsplattform lässt sich ebenso gut über das Miteinander von Christel und Uli stellen. Ihre Ehe ist sturmerprobt und dennoch ungebrochen. Sie ist auf ihre Weise eine »alte Liebe«. Sie musste sich bewähren, war manchmal herausgefordert, Stürmen ausgesetzt. Aber sie hat gehalten, sich vertieft, ist Liebe geblieben, hat an Liebe dazugewonnen. Es gibt also mindestes zwei »Alte Lieben« in Cuxhaven: eine am Pier und eine ein paar Hundert Meter hinter dem Deich.

11

»OHNE AUGENHÖHE UND WEITES HERZ FUNKTIONIERT ES NICHT«

EINHEIT: EVANGELIKALE, CHARISMATIKER, KATHOLIKEN

Seit unserer ersten Gesprächsserie sind ein paar Wochen vergangen. Ende September 2020 steht im kleinen Dörfchen Fleeth, Mecklenburg-Vorpommern, die Fortsetzung an. Nach einer langen Autofahrt komme ich an einem frühen Sonntagabend dort an. Uli und ich richten uns in dem gemütlichen Ferienhäuschen ein, entfachen ein Feuer im Kamin und bereiten uns auf die nächsten Tage vor. Neben einigen Absprachen für die Interviews müssen wir die leibliche Versorgung klären: Wer kocht wann und trägt was bei? Es ist ruhig auf dem Gelände, die anderen Ferienhäuser stehen leer. Am nächsten Morgen gehen wir als Erstes zur nahen Badestelle am Vilzsee. Es ist ein stiller, verträumter Ort, ein kleines Naturparadies, das Urlaubsgefühle weckt.

Für uns ist es zugleich ein trauriger Ort, denn hier ist vor zwei Jahren völlig unerwartet unser Gefährte und Freund Martin Schramm beim Schwimmen gestorben. Martin teilte unsere Leidenschaft für diese Gegend und einige der darin verwurzelten Autoren. Wir stehen am See und sprechen über ihn. Über Pläne, die wir mit ihm zusammen gerne umgesetzt hätten. Er fehlt uns ... Ich merke mir vor, dass wir später auch in unseren Interviews über ihn sprechen müssen.

Nach dem Frühstück beginnen wir unser erstes Gespräch. Wir tauchen ein in eines von Ulis großen Lebensthemen: sein Bemühen um Verständigung zwischen Christen unterschiedlicher kirchlicher Prägung.

Die Spannung zwischen Evangelikalen und Charismatikern

Thomas: Eng verwoben mit den Zeitschriften ist bei dir das Thema Einheit zwischen Christen verschiedener Konfessionen. Begonnen hat das mit dem Wunsch nach Annäherung zwischen Charismatikern und traditionellen Evangelikalen. Was war der Auslöser dazu?

Uli: Eine wichtige Rolle spielt das ja schon erzählte Erlebnis mit meinem Bruder, der aus dem FeG-Bund ausgeschlossen wurde, weil er Erfahrungen mit dem Heiligen Geist suchte und förderte. Otto war so ein außerordentlich freundlicher, gutmütiger, im besten Sinne harmloser Christ, der einfach Jesus nachfolgen wollte und sich für die Wirkungen des Heiligen Geistes interessierte. Die Trennung von ihm empfand ich als nicht richtig. Man hat ihn nicht gut behandelt. Auf der anderen Seite erlebte ich das Mitleiden meiner Eltern – wie konnte es sein, dass Konflikte unter Christen so viel Schmerz erzeugten?

Thomas: Erstaunlich – und auch wieder nicht: Erneut wächst bei dir aus einer biografischen Erfahrung eine Lebensaufgabe!

Uli: Es bildete sich daraus eine grundlegende Überzeugung: So etwas ist nicht gut, da muss man was machen! Hinzu kam, dass wir uns auch als WegGemeinschaft für Impulse geöffnet hatten, die aus dieser Ecke kamen. Wir haben Keith und Marion Warrington und Jugend mit einer Mission kennengelernt, manche Bücher gelesen, bestimmte Anbetungslieder gesungen. Es war eine unbekümmerte Offenheit für das Neue, das uns hier begegnete. Und so bezogen wir entsprechende Leute in die Gründung von Family mit ein. So geschahen Annäherungen.

Auch im Team für den Jesusmarsch und den Jesustag kamen Abgesandte der Evangelikalen und der Charismatiker zusammen und lernten sich kennen. In der Haltung zur Bibel war man sich einig, da gab es eine Brücke. Aber schon in der Form der Gebetsgemeinschaft lief es unterschiedlich.

Thomas: Was war bei den Charismatikern anders?

Uli: Gebet war freier, brauchte mehr Zeit, es war mehr ein Hinhören, ein Wahrnehmen von Gottes Impulsen. Dennoch war vieles eingeübt und ritualisiert – man nahm zuerst die Größe Gottes in den Blick, ehrte seine Gegenwart – war nicht gleich bei der Tagesordnung wie ich.

Dieser Blick auf unterschiedliche Traditionen tut gut, macht selbstkritisch, gibt Impulse. Das hat mir gefallen und ich lernte diese andere Art kennen, den Glauben ernst zu nehmen. In der Szene damals gab es eine Ambivalenz. Einerseits echtes Bemühen um Miteinander, andererseits auch viel Unverständnis. Man fühlte sich angegriffen vom anderen, abgewertet. Wir Evangelikalen fühlten uns rechts überholt von der Frömmigkeit der Charismatiker – und dabei waren doch eigentlich wir die Frommen! Da standen dann all diese Vorurteilsbilder im Raum: emotionale Toronto-Segen-Leute-Umschmeißer hier kontra staubtrockene Theologie mit Betonherz dort. Ich hatte das Empfinden: Da muss man doch was machen! Daran kann Jesus doch keine Freude haben …

Thomas: Ich erinnere mich, dass dabei auch dein Erleben auf dem Evangelisationskongress 1989 in Manila eine entscheidende Rolle spielte.

Uli: Ja, das war schon ein Stück Ur-Erfahrung für mich – eine archaische Situation: Bei einer der großen Plenarveranstaltungen saß links von mir ein feiner Schweizer Freund, Martin Voegelin, Leiter der Schweizer Allianz-Mission. Und rechts saß Gerhard Hörster, Direkter des Theologischen Seminars – ein einflussreicher und hervorragender Theologe bei uns im deutschen Bund FeG. Diese Session war speziell, schon vorher umstritten in der deutschen Delegation, die mehrheitlich charismatisch-kritisch aufgestellt war: Der große Pfingstler Jack Hayford aus den USA hielt einen Vortrag. Am Ende gab es einen flammenden Gebetaufruf, sich dem Herrn neu hinzugeben. Mein Herz war berührt – ich hatte keine Vorbehalte. Aber Gerhard Hörster neben mir war doch bei uns in der Bundesleitung, ich schätzte ihn – und er hatte Einfluss! Er war erregt, sprang auf, rang die Hände und wurde laut: »So geht das doch nicht! Das kann man doch nicht machen!«

Und links von mir? Da kniete sich Martin Voegelin hin und betete hingegeben mit – warum auch nicht? Nur ich – ich blieb hin- und hergerissen zwischen den beiden sitzen. Mein Herz war durchaus offen – aber ich hatte nicht genug Mut, mich gegen meinen prominenten FeG-Kollegen zu stellen, dessen Einfluss ich im Blick auf mein Mandat für die Zeitschrift fürchtete: »Was, der Eggers lässt sich vom Schwarmgeist packen?«

Was für eine Zwickmühle! Welch widerstreitende Gefühle! Ich blieb dann sitzen, schloss die Augen – und betete mit. Knien – sitzen bleiben – erregt kritisieren: die volle Bandbreite unserer Szene!

Dieses Erlebnis wurde im Nachhinein zu einem Stück Berufungserfahrung für mich: »Es kann doch nicht sein, dass ich aus Angst mein Herz beuge! Es kann doch nicht sein, dass wir einander so kritisch begegnen, so viele Vorbehalte haben! Das muss doch bei Jesusleuten anders gehen können!« Und ich sagte mir wie damals bei Otto: »Das darf nicht sein!«

So entstand die Idee, über das Mandat von AUFATMEN ein Forum zu veranstalten, wo Begegnung und Gespräch möglich sein sollte. Und wieder half mir das Vertrauen, das gewachsen war: Hartmut Steeb und Peter Strauch wurden für die Evangelische Allianz Mitveranstalter, Astrid Eichler und Heiner Rust bereiteten mit vor. Und wir gingen nach Bad Blankenburg, in das Haus der Evangelischen Allianz.

Thomas: Wer kam zu diesem Forum?

Uli: Es waren etwa 120 Leute aus Deutschland, Österreich und der Schweiz eingeladen – erstmals auch Freunde aus der charismatischen Erneuerung in der Katholischen Kirche. Und es war eine sehr gute gemeinsame Erfahrung. Das Entscheidende waren vermutlich gar nicht die Vorträge und Diskussionen, vielleicht auch nicht Gebet und Singen oder Lobpreis. Entscheidend war das Treffen an sich, die Begegnung, der gute Wille zueinander. 120 sehr unterschiedliche Leute in einem Raum, die genug Vertrauen zueinander hatten, um zu kommen. Und dann ganz viel Zeit zur Begegnung beim Mittagessen, in den Gängen, bei den Pausengesprächen. Hier sind sich die Leute zum ersten Mal ungezwungen begegnet, haben miteinander gesprochen und gemerkt: »Das sind ja ganz normale Leute! Die sind ganz ähnlich wie wir! Man kann ganz normal mit denen reden!«

Das war stark. Wir waren weder theologisch sehr hochkarätig, noch haben wir alle Probleme der Welt gelöst oder theologische Fragen ausdiskutiert – darum ging es auch gar nicht. Das Wesentliche geschah auf der atmosphärischen Ebene – nd hat etwas verändert.

Thomas: Um diese Zeit herum bewegte sich auf dem internationalen Parkett auch theologisch etwas. Ich erinnere mich an die großen Diskussionen, die ich als Ju-

Eröffnung AUFATMEN-Forum im Allianzhaus Bad Blankenburg, 2000

gendlicher mitbekam, den Streit um die Geistestaufe: ob es sie überhaupt gibt, ob jeder sie erfahren muss und ob Zungenreden der Beweis dafür sei. Die meisten Pfingstler waren davon überzeugt, konservative Evangelikale lehnten beides rundweg ab. Auf der Ebene des weltweiten Dialogs zwischen den beiden Strömungen gab es dann auf theologischer Ebene das Eingeständnis einiger Theologen der Pfingstbewegung, dass man die ihnen so wichtige Geisterfahrung nicht zwingend als »Geistestaufe« bezeichnen müsse. Man könne dabei auch von »Geisterfüllung« sprechen.

Es ging damals um solche Begriffsklärungen und damit verbundene, mir endlos erscheinende biblische Begründungsversuche auf beiden Seiten. Ich erinnere mich deshalb so gut daran, weil ich als landeskirchlicher Jugendlicher, der gerade eine Geisterfahrung gemacht hatte, voll zwischen die Fronten geriet und wegen dieser Kontroversen persönlich in große innere Not geriet. Parallel dazu bewegte sich auch auf Seiten der Konservativen etwas: Man begann in Gottesdiensten Lieder zu singen, die aus dem Lager der »gefährlichen« Charismatiker kamen. Es hat vermutlich auf beiden Seiten im Laufe der Zeit auf der Ebene der Theologie, aber auch der spirituellen Ausdrucksformen Annäherungen gegeben. Euer Forum war diesbezüglich wohl ein entscheidend wichtiger Verstärker.

Uli: Ja, auch Musik war ein Thema. Anbetungslieder wurden in gewisser Weise stigmatisiert, indem man sagte: »Ach, diese ewigen Wiederholungen! Da muss ich fünfmal hintereinander ›Preist den Herrn‹ singen!« Ich habe dazu immer gesagt: »Das sagt gerade ihr aus kirchenmusikalischem Hintergrund mit all den Chorälen von Bach und Schütz, in denen sich auch dieselben Worte fünf- oder zehnmal wiederholen! Das ist doch Liebessprache, Anbetung! Das ist doch Ganzheitlichkeit des Menschen. Es ist antiintellektuell, einander so etwas vorzuwerfen, das ist Stammtisch-Niveau!«

So was hat mich immer geärgert. Da kann ich schon fast unbarmherzig werden, wenn Realität verdreht wird. Da wird einfach Stimmung gemacht …

DA KANN ICH SCHON FAST UNBARMHERZIG WERDEN, WENN REALITÄT VERDREHT WIRD.

Thomas: Ja, denn die ehrliche Aussage wäre: »Ich kenne mich mit dieser Frömmigkeit, mit diesen Liedern nicht aus. Ich fühle mich unsicher, trau mich aber nicht, das zuzugeben.« Stattdessen wählt man Distanz und abfällige Kommentare.

Uli: Es ist Angst, Verunsicherung. Vielleicht auch ein Gefühl von Zurücksetzung, Angegriffensein von etwas Intensiverem. Eifersucht und Neid, weil Leute das gut finden – was auch immer. Dann geht man in die Defensive, fährt Argumente auf. Man darf ja gern kritisieren und diskutieren – das ist doch der Reichtum des Unterschiedlichen! Aber man darf einander nicht fertigmachen oder demagogisch verdrehen, damit man in den eigenen Kreisen Zustimmung findet …

Thomas: Vor rund zehn Jahren hast du bei einer Beiratssitzung von AUFATMEN die Frage aufgeworfen, ob es nicht eine Neuauflage dieses Forums geben sollte. Besonders Heiner Rust, der Pastor der Friedenskirche in Braunschweig, hat sich sehr dafür ausgesprochen. Es ist dann aber doch nicht dazu gekommen. Lag das daran, dass sich der Pionier Uli damit schwertat, diese Sache zu wiederholen, weil er lieber Neues ausprobiert?

Uli: Es hat schon davor, nämlich 2002, ein zweites AUFATMEN-Forum gegeben. Das war eine gute Fortsetzung. Aber ja, es ist tatsächlich so, dass ich oft dieses Empfinden habe: Wenn man etwas mehrfach machen muss, ist der Landgewinn am Ende nur noch marginal. Wir hätten ein weiteres Forum machen können und es wäre bestimmt gut geworden. Aber es gab gar nicht mehr so viele, die man symbolträchtig hätte einladen können. Und ich glaube, es gibt heute weit schwierigere Fragen, wo viel mehr Trennung da ist – das große Schibboleth der Bewertung von Homosexualität etwa, die Fragen nach Zusammenarbeit der Missionarischen in den verschiedenen Kirchen. Hier müssen wir Brücken zueinander bauen. Unsere Zukunft verlangt das. So schmerzlich die Unterschiedlichkeit der Sichten ist: zurück an die Arbeit Richtung Auftrag Jesu!

Thomas: Ihr wart also auch ohne weiteres Forum schon gut miteinander unterwegs?

Uli: Ja, es hat sich daraus manches entwickelt. Ich bin dankbar für Leute wie Hartmut Steeb und Peter Strauch, später auch Jürgen Werth und Ekkehart Vetter als Allianzvorsitzende, sie haben das großartig weiterbewegt. Vieles ist ja mittlerweile geheilt oder auf Realmaß geschrumpft. Ein großer Schritt war, dass man die unselige Berliner Erklärung korrigiert hat – es gibt jetzt eine Kasseler Erklärung, die ein neues Miteinander begründet. Viele Leitungskreise sind mittlerweile breiter besetzt – diese Wunde unserer Landschaft hat sich weitgehend geschlossen. Man ist sich sicher noch nicht überall einig – muss man aber auch nicht.

Freundeskreis seit der Zeit des AUFATMEN-Forums (v. l. n. r.): Hartmut Steeb, Jürgen Werth, Hanspeter Wolfsberger, Peter Strauch

Thomas: Das Anliegen hat auch Niederschlag in der Zeitschrift AUFATMEN gefunden. Ich erinnere mich an das darin abgedruckte Gespräch zwischen Walter Heidenreich und Peter Strauch. In einer anderen Ausgabe gab es ein Gespräch mit Wolfgang Bühne.

Uli: Ja, Wolfgang Bühne steht für den stark konservativen Flügel, für die Brüderbewegung und den sogenannten Darbyismus. Diese Geschwister kämpfen bis heute am stärksten aus ihrem theologischen Verständnis gegen die charismatische Bewegung. Sie sind der Meinung, dass die Wirkungen des Heiligen Geistes nach der Zeit der frühen Christenheit aufgehört haben. Darauf möchte ich am liebsten immer sagen: »Dann sollten wir auch aufhören zu beten!«

Wenn sich Wundersames, die Kraftwirkungen des Glaubens nicht mehr ereignen können, warum bete ich dann? Wenn Gott nicht mehr in meine Wirklichkeit eingreifen kann oder will, dann erledigt sich auch Gebet. Dann bleibt das nur Psychologie oder ein klärendes Selbstgespräch. In solchen Argumenten scheint mir die Abwehr einer Szene zum Ausdruck zu kommen, die auf der einen Seite von der Orthodoxie her behauptet: »Der Gott der Bibel ist wahrhaft Gott und kann alles!« Auf der anderen Seite sagt sie: »Aber Wunder tut er heute nicht mehr. Kraftwirkungen des Geistes Gottes, das kann es nicht mehr geben!«

Warum wird das behauptet? Weil aus ihrer Sicht alles Emotionale viel zu gefährlich ist. Weil es Spaltung und Aufruhr bringt. Das war bestimmt immer wieder auch so, ja! Glauben ist so gefährlich wie das Leben, wie Sex oder Süßigkeiten: In all diesem Guten kann man sich verlieren, kann eine gute Jesusmitte aus dem Blick geraten. Nur: Deswegen das Schöne gleich unter Generalverdacht stellen und fesseln? Deswegen die Theologie verändern? Das empfinde ich qualitativ als eine genauso interessegeleitete Relativierung biblischer Aussagen, wie man es gern den Liberalen im Blick auf die Göttlichkeit Jesu oder die Auferstehung unterstellt. Viele stimmen dann solch einer konservativen Kritik zu, kennen aber gar nicht die Theologie dahinter. Da bilden sich Zweckbündnisse, die aus sehr gemischten Quellen gespeist werden.

Und bitte nicht falsch verstehen: Kritik ist okay, muss beantwortet werden und bietet ja oft gute Lernerfahrungen! Aber unter Christen sollte es dieses Maß an Verdächtigung und Ablehnung und unsouveränem Reden übereinander statt miteinander nicht geben.

Thomas: Wie hast du diese Gespräche atmosphärisch in Erinnerung?

Uli: Bei Peter Strauch und Walter Heidenreich gab es im Vorfeld eine große Spannung. Am Ende aber war es für beide Seiten eine beglückende Erfahrung. Das ist ja ein Stück prototypisch: Man begegnete sich, konnte einander den Glauben abnehmen, einander wertschätzend gegenüberstehen und war schlussendlich vielleicht froh, ohne versengte Federn aus dem Gespräch herausgekommen zu sein. Ich denke, was oft fehlt, ist Begegnung! Eine Chance auf Vertrauen - die Leute müssen miteinander reden!

Thomas: Mir kommt Wolfram Kopfermann in den Sinn, der als charismatisch geprägter Pfarrer in den Achtzigerjahren mit Poltern aus der Landeskirche austrat und eine eigene Kirche gründete. Ich könnte mir vorstellen, dass er im Nachhinein, im Zuge der erneuten Annäherungen vielleicht auch gemerkt hat, dass man nicht nur auseinandergehen, sondern auch aufeinander zugehen kann. Die ideologischen Gräben waren vielleicht gar nicht so tief, wie man dachte. Vielleicht wäre es sogar möglich gewesen, zu bleiben und sich von innen für den gewünschten Aufbruch starkzumachen.

Uli: Die Erfahrung von Wolfram Kopfermann ist sicher ein Stück paradigmatisch – auch wenn ich sie im Einzelnen nicht bewerten kann und will. Er war ein starker Theologe und feiner Mensch! Nur eben sicher auch am Ende mit einem verengten Blick unterwegs – was ja auf beiden Seiten vorkommen kann: dass man aufgrund seiner Leidenschaft und Lage einen verengten Blick bekommt.

Die Anti-Charismatiker haben einen verengten Blick, weil sie mit ihrer Brille immer nur auf die Dinge gucken, die nicht gut laufen: die vollmundigen Heilungsversprechen, die Emotionalisierung, Instrumentalisierung und Manipulation. Wer genau hinschaut und sucht, wird da sehr viel finden und sich in seiner Abwehr immer wieder bestätigt sehen. Genauso kann ich kritisch auf die Landeskirchen gucken – und werde extrem viel Futter für meine Kritik finden. Wenn man auf die weltweiten Aufbrüche im charismatischen Bereich schaut, sieht man sich vielleicht bestätigt: »Schaut, es geht doch! Man kann Gemeinde ganz anders machen! Erweckung ist möglich! Wir müssen nur genug beten!« Damit legst du dir selbst den Ball so weit vor, dass du am Ende nur scheitern kannst.

Ich glaube, das ist bei Wolfram Kopfermann passiert – er hat die Landeskirchen verlassen und damit ganz viel Vertrauen und Berührungsfläche verloren. Am Ende war er mit seiner Anskar-Kirche dann eine Freikirche unter anderen, hat sicher eine gute Arbeit gemacht, aber nicht diese Explosion von Glauben erlebt, die er sich erhoffte.

Thomas: Im Sommer 2006 gab es im Olympiastadion Berlin ein Großevent, auch da hast du wieder eine verbindende Rolle gespielt. Es hatte den ambitionierten Titel »Calling All Nations«. Das klingt in meinen Ohren nach »Völker, kommt nach Deutschland!«

Uli: Ich habe mich gemeinsam mit Roland Werner dafür eingesetzt, Vertrauen zu schaffen und die charismatischen Veranstalter mit der evangelikalen Szene zu vernetzen. Initiator war Noel Richards, ein englischer Anbetungsmusiker. Er hatte im Wembley-Stadion bereits große Worshipkonzerte mit 70 000 Leuten veranstaltet. Es ging ihm um die Einheit der Christen und ein geistliches Zeichen gegenüber der Gesellschaft.

Thomas: Weshalb wollte er das für Deutschland, es gab für ihn ja keine naheliegende Verbindung zu diesem Land?

Uli: Richards hatte einige Jahre zuvor Berlin besucht, sah sich dabei auch das Olympiastadion an und entdeckte dort die große Glocke, die noch von den Olympischen Spielen 1936 stammt. Darauf steht: »Wir rufen die Jugend der Welt!« Ein sportlicher Impuls, der von Hitler demagogisch missbraucht wurde.

Aber Richards sprach gerade das an: Könnte man so nicht auch die Jugend der Welt rufen, damit sie ihren wirklichen Herrn verehrt? Das fand ich einen starken Impuls und ein gutes Anliegen und habe dafür gerne meinen Namen gegeben. Ich empfand eine Verpflichtung zusammenzustehen. Man merkte aber bald, dass die Vorbehalte gegen Charismatiker noch sehr stark waren. Kritische Stimmen wurden in der christlichen Presse laut und Fürsprecher bekamen wenig Raum – das ist ja oft Klientel-Politik, »Warner« haben bei uns immer Konjunktur. Man findet schnell die schlechten Rosinen im Kuchen der anderen, backt aber selbst nichts Besseres.

Am Ende waren dann immerhin 25 000 Menschen im Stadion, eine großartige Veranstaltung, ermutigend und erhebend. Man ist finanziell und sachlich mit einem blauen Auge davongekommen – aber die Hoffnungen waren größer.

Ein Herz für Ökumene

Thomas: Später hast du das Anliegen der gegenseitigen Begegnung auch auf ökumenischer Ebene eingebracht. Damit aber hast du doch letztlich auch ein Stück gegen die Überzeugung deines Vaters gearbeitet, dem die Unterscheidung zwischen den großen Landeskirchen und der kleinen Schar der Freikirchler wichtig war und der sich selbst aus dieser Minderheitenstellung und dem Gegenüber definierte. Hätte er es gutgeheißen, dass du im Blick auf den missionarischen Kontext zunehmend von der Chance auf Zusammenarbeit mit der evangelischen und der katholischen Kirche sprichst?

Uli: Vermutlich hätte er große Sorgen gehabt und wäre kritisch gewesen. Viele Freikirchler definieren sich ja immer noch ganz stark über ihre Gründungsherkunft und von daher über Abgrenzung: Wir taufen keine Babys, wir halten es mit dem Abendmahl anders, wir sind nicht Amtskirche, wir verwalten die Sakramente nicht als Macht- und Bindungsinstrument, wir sind anders!

Insofern: Mein Vater war da sicher Kind seiner Prägung – wer mit Schmerz aus der Landeskirche herausgegangen ist, der kann sie nicht gleich wieder umarmen. Er wäre bei alldem ein Mahner gewesen. Als klassischer Evangelikaler hätte er seine Vorbehalte gehabt. Insofern habe ich bei alldem, was ich in Richtung Annäherung von Charismatikern und Evangelikalen getan habe, immer auch die Haltung und Stimme meiner Eltern im Kopf gehabt. Und es ist ja gut, solche kritischen Fragen mitzudenken …

Thomas: Was haben dir diese Stimmen zugeflüstert?

Uli: »Junge, sei vorsichtig! Bleib nüchtern!« An vielen Stellen meines Lebens habe ich die Stimme meiner Eltern im Kopf, mit der ich liebevoll umgehen möchte. Sprich: Ich beachte sie! Ich bin vorsichtig. Ich bin nicht blauäugig und ich kenne in gewisser Weise die Kritik schon, die mich bei manchen meiner Schritte treffen wird, weil ich weiß: Genau so was hätten meine Eltern auch gesagt! Und so muss ich da und dort mit dieser Stimme richtig umgehen und sie auch mal überwinden, um mich von ihr nicht zu sehr zurückbinden zu lassen.

Thomas: Das Anliegen, dass Christen mit unterschiedlicher Herkunft und Prägung miteinander reden und sich näherkommen, ist wichtig. Dringend finde ich das Bemühen um gemeinsame Verständigung aber noch aus einem anderen Grund: Alle Kirchen in der westlichen Gesellschaft schrumpfen oder stagnieren. Sie verlieren im Lebensalltag der Menschen an Relevanz und Prägekraft. Was für bei vielen Freikirchen auf dem Banner steht, betonen seit einigen Jahren auch katholische Repräsentanten: »Die Antwort auf die Säkularisierung heißt Mission. Es geht darum, Menschen den christlichen Glauben nahezubringen!« Ich vermute, dass sich unter diesem Anliegen ein gemeinsamer Boden finden lässt, auf dem mehr Begegnung und gute Synergien wachsen könnten, oder?

ICH GLAUBE, DASS WIR UNS IN ZUKUNFT ZUNEHMEND NICHT ÜBER DAS GEGENEINANDER, SONDERN ÜBER DIE GEMEINSAME NACHFOLGE VON JESUS UND DAS BEFOLGEN SEINES AUFTRAGS DEFINIEREN MÜSSEN.

Uli: Es wird sicher ein sehr langer Weg werden – die Strukturen haben ja ein enormes Eigenleben und eine Beharrungskraft. Aber ich glaube, dass wir uns in Zukunft zunehmend nicht über das Gegeneinander, sondern über die gemeinsame Nachfolge von Jesus und das Befolgen seines Auftrags definieren müssen: Wer tut, was Jesus möchte, der ist sein Nachfolger. Und der kann mit dem zusammen unterwegs sein, der das auch will – egal, wie seine Kirche heißt.

Ich vermute, dass die beiden Punkte Jüngerschaft und Mission immer entscheidender werden! Es kann gut sein, dass es vor Ort in zehn, zwanzig Jahren zunehmend unwichtig werden wird, ob jemand freikirchlich, katholisch oder evangelisch ist und wie die Gemeinde sich nennt, in der er diese beiden Werte lebt. Es ist diese doppelte DNA, die Christen aneinanderbindet: Jesus nachfolgen und seinen Missionsauftrag weiterleben, sodass Kirche Zukunft hat. Das halte ich für wesentlich und deshalb arbeite ich in dieser Richtung. Wieder mit großer Vorsicht, weil ich nicht naiv sein will. Und als die kleine Stecknadel im Heuhaufen, die hier oder da mal einen kleinen Pieks versuchen kann und Menschen in eine Begegnung bringt.

Da bewegt sich etwas – und vielleicht hat Jesus Freude daran. Mal sehen, was möglich ist. Ein Weg zu kirchlicher Einheit oder Zusammenschlüssen ist das sicher nicht, weder glaube ich daran, noch scheinen sie mir nötig. Eigene Wurzeln sind ja gut und wichtig, Grenzen dürfen sein. Aber, wie hat es Richard von Weizsäcker so schön im Blick auf Deutschland und Polen gesagt: »Man kann Grenzen ihren trennenden Charakter nehmen.«

Thomas: Also keine Einheitskirche – alles unter einem Dach und einer Führung?

Uli: Nein, das scheint mir sinnloser Kraftaufwand, unrealistisch und vermutlich auch theologisch bedenklich – es kann ja nicht um einen profillosen Brei gehen. Es geht um Jesus, kostspielige Nachfolge. Also mehr um einen Vertrauensruf in Richtung auf all jene, die Jesus folgen und ihn an die nächste Generation weitergeben wollen. Ich glaube, dass an dieser Stelle eine enorme Verbindlichkeit und ein Vertrauen zueinander entstehen können, sodass wir über Kirchengrenzen hinweggucken. Aber genau das hätte ich vor zehn Jahren noch nicht so formulieren können. Und vor zwanzig Jahren wäre ich sogar skeptisch gewesen …

Thomas: Weshalb?

Uli: Weil ich auch ein tiefes Befremden gegenüber der katholischen Kirche empfand: das Dogma der Irrtumslosigkeit des Papstes, das Normative, die Hierarchie, Reichtum, Prunk und Protz, das Übergehen von Frauen, das Zölibat. Die zu große Bedeutung der kirchlichen Tradition gegenüber dem meines Erachtens einzig gültigen Maßstab der Bibel. Da bin ich klassischer Evangelikaler, gelernter Freikirchler. Wir machen Gottesdienste in Schuhkartonhäusern, nüchtern und eckig, alles sehr einfach. Und so hat mich all das an der katholischen Kirche abgestoßen.

Thomas: Wobei umgekehrt ein Katholik genauso befremdet ist, wenn er eine Freikirche besucht. Er wird da vieles finden, was ihn irritiert. Das hat ja auch mit Sozialisierung, Prägung und Gewohnheit zu tun.

Mit den SCM-Verlagsleitern bei einer ökumenischen Studienreise vor dem Petersdom in Rom (v. l. n. r.): Uli, Detlef Holtgrefe (Gerth), Hans Werner Durau (R.Brockhaus und Hänssler)

Teilnahme an der Generalaudienz mit Papst Franziskus

Uli: Bestimmt. Aber ich würde stark zwischen biblischem Befund und kirchlichem Gewordensein unterscheiden. Zugleich musst du erst mal genügend Flughöhe bekommen, um all diese Fragen in ihrem Stellenwert relativieren und überhaupt fair bewerten zu können. Auch da hat mir AUFATMEN geholfen, das Beschäftigen mit Spiritualität. Wenn es um Stille, Gebet, um gute liturgische Formen oder die sinnliche Dimension des Glaubens geht, dann kann man ganz viel Gutes in der katholischen Kirche entdecken. Kerzen, Weihrauch, Schönheit, Räume, Licht – da haben wir Evangelischen viel verloren. Besonders wir Freikirchler. Da ist in Überschwang und Abwehr vieles über Bord gekippt worden, was heute fehlt oder wiederentdeckt wird.

Ich habe Mühe mit der oft so pompösen Tradition – für mich ist Jesus die Inkarnation des demütig Schlichten. Aber ich verstehe das Gewordensein und den Impetus mancher Dinge mittlerweile und kann daran anknüpfen. Wenn wir uns an diesen Motivationswurzeln treffen können, dann finden wir eine große Nähe – und entdecken mit Sicherheit eigene Schwächen und Defizite! Und da empfinde ich bei manchem Katholiken mehr Nähe als zu einem hochkirchlich evangelischen Liberalen, wo mir Gott in seiner Unverfügbarkeit und Heiligkeit manchmal nicht mehr ernst genommen scheint. Ich habe heute ein offenes Interesse und eine Kennenlernneugierde. Manchmal entdecke ich Berührendes – manchmal überwiegt das Befremdende.

Thomas: Du verstehst heute besser, warum ein Magnus Malm, der schwedische AUFATMEN-Autor, 1989 nicht nach Manila zur Konferenz »Lausanne II« mitkommen wollte – es waren dort keine Katholiken eingeladen …

Uli: Zunächst war ich befremdet. Magnus Malm war mit seinem Heldenbuch superwichtig für uns geworden, er war eng mit John Stott und vielen US-Evangelikalen vernetzt. Und dieser tolle Typ schrieb mir, dass er nicht da sein werde? Warum? Dann kam die Begründung mit den dort fehlenden katholischen Geschwistern. Und ich fragte mich: »Warum ist ihm das so wichtig?«

SOLCH KLEINE ERFAHRUNGEN SIND FÜR MICH OFT ZU WICHTIGEN BAUSTEINEN GEWORDEN, WO SICH SPÄTER SPUREN VERDICHTET HABEN.

Nach und nach habe ich die Dinge besser verstanden und Wichtiges dabei gelernt. Warum konnte oder wollte Lausanne in Manila keine stärkere Berührung mit der katholischen Kirche? Na, weil diese Kirche auf den Philippinen extrem dominant und theologisch stark überformt von sehr verwaschener Volksfrömmigkeit ist. In dieses schwierige Gelände wollte man in Manila nicht vordringen. Auf der anderen Seite war da ein Magnus Malm, der schon früh Erfahrungen mit der ignatianischen Spiritualität gemacht hatte. Mit Ganzhingabe, Tagzeiten-Gebeten, geistlichen Übungen, Exerzitien – kennengelernt durch katholische Geschwister in Westschweden, die ihm ans Herz gewachsen waren.

Auf diesem Hintergrund konnte er es ihnen nicht antun zu sagen: »Ich fahre auf einen Kongress, an dem ihr nicht zugelassen seid.« In diesem Zusammenhang habe ich auch etwas über die katholische Kirche in Schweden gelernt, die dort fast wie eine Freikirche agiert – alles andere als dominant. Wenn du Minderheit bist, hältst du zusammen, vertraust einander, Unterschiede relativieren sich, Label werden unwichtig. Da entsteht automatisch Augenhöhe. Die Freikirchen sind in Schweden größer als die Katholiken – und das macht was im Verhältnis zueinander. Das war für mich ein erstes Aufmerken: »Aha, wenn der Malm da Vitamine ziehen kann und wenn der Vertrauen hat, dann muss da was sein! Halt mal die Augen offen.« Solch kleine Erfahrungen sind für mich oft zu wichtigen Bausteinen geworden, wo sich später Spuren verdichtet haben.

Das Ziel im Blick halten

Thomas: Lass uns darüber reden, was dies für die lokale Ebene bedeuten kann. Auch da sind die Entwicklungen in den letzten Jahren (zumindest in der Schweiz) an manchen Orten in dieser Richtung verlaufen: Da ist ein Dorf, eine Kleinstadt mit Katholiken, Reformierten, Freikirchlern. Bei bestimmten Anlässen spannt man zusammen und tritt gemeinsam auf. Nicht nur beim Allianzgottesdienst, sondern auf ökumenischer Ebene. So habe ich es als Pfarrer in Aarau erlebt. Man traf sich regelmäßig und hat gefragt: »Was können und wollen wir für diese Stadt gemeinsam machen?« Eine der ersten Reaktionen an der freikirchlichen Basis war aber auch da immer wieder: »Einheit hat ihre Grenzen. Wir dürfen uns nicht anpassen, unsere theologischen Überzeugungen nicht verraten.« Wenn dich nun ein freikirchlicher Pastor oder ein Gemeindeglied fragt: »Wo sind denn die Grenzen von Einheit?« Was ist deine Antwort? Wo muss man sagen: »Dies und das geht unmöglich!«?

Uli: Einheit scheint mir weniger von den Grenzen als vom Ziel her zu leben. Sie muss die Zielgebung haben, die für Jesus wichtig war. In Johannes 17 spricht er vom Einssein, damit die Welt ihn und den Vater erkennt und glauben kann. Einheit hat also eine missionarische Dimension! Und deswegen würde ich immer fragen: Was ist das Ziel von Einheitsbemühungen? Einheit entsteht nicht beim Diskutieren über Unterschiede und Theologie. Sie entsteht in der Nachfolgebewegung, will hinter Jesus her das tun, was ihm wichtig war: »Damit die Welt erkennt …« Einheit durch theologische Harmonisierung anzustreben, das scheint mir naiv. Genauso wie Einheit ohne Befremdendes und unterschiedliche Sichtweisen. Wenn Einheit – dann in Vielfalt und Unterschiedlichkeit.

So ist es ja tatsächlich auch jetzt schon etwa in der Evangelischen Allianz zwischen Frei- und Landeskirchlern. Unsere Haltung zu Kindertaufe, Abendmahl, Kriegsdienst ist nichts Unwichtiges. Früher hat man sich deshalb gespalten oder »Wiedertäufer« sogar umgebracht. Heute ist klar, dass wir mit diesen Unterschieden dennoch gemeinsam hinter Christus her sein können. Die Grenze der Einheit ist da erreicht, wo wir im Kern nicht gleicher Überzeugung sind – also wenn es um die Person von Christus und seinen Auftrag geht. Im Bereich der Evangelischen Allianz reden wir von der Glaubensbasis, auf der man sich einig ist. Wo der Kern stimmt, kann ich an den Rändern ein weites Herz haben – auch wenn Unterschiede befremden oder wehtun können.

Thomas: Wichtig scheint mir auch, dass wir einander nicht ständig zu belehren versuchen. Dass wir gemeinsame Gottesdienste nicht zum Anlass nehmen, den anderen wieder mal durch die Blume zu sagen, was ihnen fehlt oder wo sie falsch liegen. Das habe ich so erlebt und es war mir absolut peinlich. Gleichzeitig muss ich als Leiter akzeptieren, dass gemeinsame Aktionen nicht nach den Regeln und Formen meiner eigenen Kirche gestaltet sein müssen. Auch darin muss es ein Aufeinanderzugehen geben.

Uli: Absolut. Ohne Augenhöhe und weites Herz funktioniert es nicht. Aber in der Begegnung, im gemeinsamen Tun für Jesus, da wächst etwas. Deswegen halte ich so viel von diesem Spruch »Einheit entsteht unterwegs«. Auf diese Weise lerne ich die anderen kennen, kann sie befragen, erwerbe Respekt und Vertrauen. Ganz klar: Das ist oft noch ein weiter Weg. Aber es beginnt in diesem Miteinander, wo man mehr voneinander verstehen lernt.

Neulich war ich bei einem festlichen Eröffnungsgottesdienst einer katholischen Alpha-Konferenz im Dom von Fulda. Sehr ungewohnt für mich, sehr glanzvoll. Hinterher saßen wir an einem Tisch zusammen und ein Weihbischof meinte, es sei ja besonders intensiv »inzensiert« worden – ich verstand erst mal nur Bahnhof. Worum ging es da? Ach, um den intensiven Einsatz von Weihrauch, okay. Und das war wichtig?

Thomas: Charismatiker hätten vielleicht Fahnen mit biblischen Symbolen geschwenkt, was wiederum die Katholiken irritiert hätte …

Uli: Was auch immer! Ich habe verstanden, dass dieser intensive Weihrauch die Gegenwart Gottes besonders reichlich symbolisieren sollte. Es war dem Bischof wichtig, Gottes Gegenwart deutlich zu machen. Vielleicht auf diese Weise auch seine besondere Wertschätzung auszudrücken …

WENN ICH MIR KLARMACHE UND BESSER WEISS, WAS DIE INTENTION IST, WAS FÜR EINEN HINTERGRUND EINE SACHE HAT, DANN NIMMT FREMDHEIT AB – UND ICH KANN ES SOGAR SCHÄTZEN.

Thomas: Möglicherweise sogar ein Zeichen der Wertschätzung gegenüber den anwesenden Nichtkatholiken …

Uli: Ich merke jedenfalls: Wenn ich mir klarmache und besser weiß, was die Intention ist, was für einen Hintergrund eine Sache hat, dann nimmt Fremdheit ab – und ich kann es sogar schätzen: Hier hat einer den tiefen Wunsch, uns in diesem Moment Gottes Wirklichkeit besonders deutlich vor Augen zu führen. Das sagt etwas über sein Herz aus. An diesen Wunsch kann ich andocken …

Thomas: Es geht bei diesen Dingen um etwas, das grundlegend für ein gutes Miteinander ist: dass man willig ist, einander grundsätzlich gute Absichten zuzuschreiben. Und aktiv nach den Anzeichen dafür sucht, ohne Fremdes ausblenden zu müssen.

Uli: Es ist die simple Frage, ob ich sofort zumache – oder bereit bin, mein Gegenüber als Schwester und Bruder zu entdecken und sein Herz zu lassen. Das fällt manchmal schwer unter dem Ballast des Äußerlichen, unter dem Offenheit ersticken kann. Ich schaffe das auch nicht immer – manchmal pralle ich ab, ärgere mich. Ich habe kein dauerhaft bestehendes Wohlwollen, das fest gesichert wäre, es ist ein Kampf. Aber eben: Wenn es um Christus in der Mitte geht – wenn es über ihn laufen kann, dann haben wir eine Chance, Fremdheit zu überwinden.

Manchmal sind es tiefe inhaltliche Reflexionen, die uns helfen, über den eigenen konfessionellen Zaun zu blicken. Manchmal aber auch simple Alltagsfügungen. Vor zwanzig Jahren fand ich mich nach einer Nasenoperation im Zweierzimmer neben einem katholischen Theologen wieder, der den gleichen Eingriff hinter sich hatte. Da lagen wir, noch beduselt von der Anästhesie und mit dicken Nasen, in denen meterlange Wattetampons steckten. Nach vorsichtigem geistigen Beschnuppern (ein anderes war nicht möglich …) freuten wir uns an dieser Kleinstökumene im Krankenhauszimmer. Wir haben viel erzählt, viel gelacht – und jeden Abend den Tag mit gemeinsamem Gebet abgeschlossen.

12

»JEDES MAL WAR WIEDER ETWAS GANZ NEU«

INTERNATIONALE ERFAHRUNGEN

Auf meinem Interviewplan steht als nächstes Thema »Internationale Erfahrungen«. Das passt insofern ausgezeichnet, als das Gespräch über Einheit zwischen traditionell-evangelikalen und charismatisch Geprägten, zwischen Evangelischen und Katholiken bereits gezeigt hat, dass dieses Anliegen mit Erlebnissen verknüpft ist, die Uli im Ausland gemacht hat. Im Blick über den nationalen Gartenzaun liegt ein großes Potenzial. Da ist die andere Kultur, die selbst innerhalb einer vergleichbaren Denomination für große Unterschiede sorgt. Gleichzeitig kann man gerade im Ausland die Entdeckung machen, wie sehr der Glaube über Denominationsgrenzen hinweg verbindet. Viele in Afrika, Asien, Lateinamerika und anderswo tätige Missionsorganisationen erfahren das auf der Ebene ihrer international zusammengewürfelten Teams und auf der Ebene der Zusammenarbeit mit Einheimischen.

Kann es sein, dass Uli auf seinen Auslandsreisen ähnliche Erfahrungen gemacht hat? Solche, die sein Anliegen für überkonfessionelle Projekte im deutschsprachigen Raum über seine schon gegebene Sicht von Einheit verstärkt haben? Gerade erst ist er von einer Begegnung mit Papst Franziskus aus Rom zurückgekehrt. Da lohnen sich ein paar Tiefenbohrungen …

Rom, Vatikan

Thomas: Was sind deine wichtigsten Auslandserfahrungen im Kontext deines beruflichen Engagements?

Uli: In einer frühen Phase war es die bereits erwähnte Reise in den Achtzigerjahren zu Ron Sider, Jim Wallis und den Bruderhöfen. Im Blick auf mein heutiges Wirken noch wichtiger waren die Reisen nach Manila zum Kongress von Lausanne II, die Reise nach Portland zu einer großen Evangelisation mit Billy Graham und einige Jahre später die erste von vielen Reisen nach Chicago, wo ich Willow Creek kennengelernt habe. In jüngerer Vergangenheit war die Reise in den Vatikan prägend.

Thomas: Beginnen wir mit der Romreise, da wir gerade über die katholische Kirche gesprochen haben. Gibt es eine Verbindung zwischen deinem Wunsch nach sinnvollen Wegen der Zusammenarbeit mit Katholiken und deiner Vatikanreise?

Uli: Insofern, als dass diese Reise einen sinnlichen Eindruck hinterlassen hat, das war für mich wichtig: Ich muss die Dinge sehen, berühren und empfinden. Anlass war ein ökumenisches Medientreffen, wo ich von unserer evangelischen Seite ein Referat halten sollte. Unsere katholischen Kollegen waren die Gastgeber und kannten sich natürlich hervorragend in Rom aus. Auf dem Programm stand auch eine Generalaudienz mit dem Papst mit Fototermin und eine Begegnung mit dem aus der Schweiz stammenden Ökumene-Kardinal Kurt Koch. Das war für mich spannend, weil er davon sprach, dass es weder eine vatikanische noch eine wittenbergische, lutherische, sondern eine Jesus-Ökumene geben müsse. Ich war überrascht und dachte: »Ja, genau, das muss es sein! Anders kann es nicht gehen.«

Thomas: Hast du in Rom die katholische Kirche als solche noch einmal anders wahrgenommen als in Deutschland?

Uli: Ja, vor allem in ihrer Dimension als Weltkirche mit dem Vatikan als Mittelpunkt. Es war bewegend, in solch einer ganz normalen Generalaudienz auf dem Petersplatz die Gruppen aus der ganzen Welt zu sehen – schon ein bisschen christliche Weltversammlung. Auf einmal wurde die Funktion des Vatikans, des Papstes, der Hierarchie, des Apparates sichtbar. Ich habe deutlicher verstanden, wie extrem schwierig es sein muss, solch eine Weltkirche zusammenzuhalten oder zu bewegen. Wie wenig Spielraum vermutlich da ist – wie zentralisiert andererseits Impulse möglich sind im Gegensatz zu uns zersplitterten Evangelischen.

Ich habe mich früher immer gewundert, warum irgendwelche Staatsmänner den Papst besuchten. Der Vatikan ist doch bloß ein Mini-Staat, ein Stadtteil Roms. Auf einmal verstand ich: »Kleiner Freikirchler, du ahnst gar nicht, was für eine weltweite Einflussmacht diese Kirche repräsentiert!«

Thomas: In den Ländern vieler dieser Staatschefs spielt die katholische Kirche vermutlich eine wichtige Rolle.

Uli: Genau. Zu sehen, was für ein im Grunde unvergleichlicher Einflussfaktor da weltweit besteht, war neu für mich. Ich erinnerte mich an ein Wort von Bill Hybels, der mal gesagt hat, dass – etwa in Afrika – Kirche im Grunde das einzige Netzwerk ist, wo man helfen und Einfluss nehmen kann, ohne sofort Korruption befürchten zu müssen …

Thomas: Es ist zugleich dieser Einfluss, vor dem sich viele Kritiker des Vatikans fürchten und vor dem sie warnen. Aber man kann dieses Phänomen auch als positive Chance verstehen.

Ich erinnere mich an ein Gespräch mit dem Führungsexperten Fredmund Malik zum Thema Komplexität des Führens. Malik sagte damals: »Wenn Sie Führung verstehen und erlernen wollen, dann kommen Sie an der katholischen Kirche nicht vorbei. Sie ist die älteste Organisation dieser Welt und hat sich bis in die Gegenwart gehalten. Kein anderes Unternehmen existiert so lange. Sie muss also ein paar Dinge richtigmachen, um ihre Identität wahren und ihren Auftrag erfüllen zu können. Hinzu kommt, dass sich in ihr Personen und Mentalitäten aus allen Erdteilen zusammenraufen und in aller Vielfalt eine Übereinstimmung in ihren Grundwerten finden und bewahren müssen.«

Kritiker sagen jetzt natürlich sofort: »Das geht nur mit Macht und Unterdrückung!« Das ist vielleicht nicht ganz von der Hand zu weisen und ist dennoch zu einfach. Es gab weit unterdrückerischere Systeme in der Geschichte – dennoch sind sie alle eher früher als später wieder verschwunden.

Uli: Und es ist spannend, wenn man den heutigen Papst Franziskus sieht, das sendet schon ein starkes Signal: ein Mann, der bewusst einen demütigen Stil verfolgt und sich in Teilen Protz und Prunk entzieht, indem er normalen Menschen begegnet, Gefangenen die Füße wäscht usw. Da denkst du: »Was für eine starke Symbolik, wenn da der richtige Mann an der richtigen Stelle sitzt.« Und dennoch crashen aus meiner Sicht Systeme aufeinander, die mich sehr befremden. Ein Glaube, der Barmherzigkeit, Verzicht und Liebe verkündet – parallel dazu gerade in Rom ein extrem machtvolles, in Tausenden von Immobilien sichtbar goldverziertes, pompöses, quer durch die Geschichte wirksames System. Und so etwas ist Kirche Jesu, geht zusammen mit Matthäus 25 und den Armen, Gefangenen, Verfolgten, denen unsere Fürsorge gilt? Zugleich: Wir Evangelischen laufen natürlich auch nicht in Sackleinen herum …

Manila, Lausanne II

Thomas: 1989 fand in Manila der Kongress für Weltevangelisation »Lausanne II« statt und du warst dabei – deine erste Begegnung mit Asien. Wir haben über den Schlüsselmoment »zwischen den Stühlen« gesprochen. Manila hat aber noch eine andere Bedeutung für dich …

Uli: Manila war für mich ein Kulminationspunkt vieler Erfahrungen, die seit meiner Jugend in mir angelegt waren, nämlich der ganze Strom missionarisch-evangelikaler Theologie, die sich stark verband mit einer Öffnung für Themen wie Armut, Gerechtigkeit und deren politische Implikationen.

Thomas: Fühltest du dich in Manila ein Stück bestätigt und verstanden in diesen Anliegen, für die du Jahre zuvor einige Kritik einstecken musstest?

Uli: Manila war wie ein Aufeinandertreffen mit dieser Wirklichkeit, die für mich so wichtig geworden war – dort gab es jede Menge Slums, es gab die Leute auf dem sogenannten »Smokey Mountain«, die vom Müll lebten. Ich kam aus einer klar evangelistisch geprägten Freikirchenkultur, wo immer auch Nothilfe mit im Blick war. Aber es fehlte eine gute theologische Begründung, es gab auch die kritischen Stimmen, die sich um diesseitige Weltrettungsillusionen sorgten, sofort eine Politisierung witterten. In Manila sah ich: Wow, das sind hier Leute, denen das gemeinsam wichtig ist – die haben es tief verinnerlicht! Denen schlägt das Herz an derselben Stelle!

Thomas: Beim Manila-Manifest spielte nicht nur Leighton Ford, sondern vor allem der britische, anglikanische Evangelikale John Stott eine entscheidende Rolle. Schon 1974, bei »Lausanne I« in der Schweiz, hat er beharrlich und gegen viel Widerstand aus den eigenen Reihen betont: »Es gibt keine Reihenfolge bei der missionarischen Verkündigung des Evangeliums und der sozialen Tat. Beides gehört untrennbar zusammen! Alles andere schwächt unsere Glaubwürdigkeit!« Er hat es ständig in die öffentlichen Erklärungen und Grundlagenpapiere eingebracht und wurde dafür oft angegriffen. Es dauerte 15 Jahre, bis es dann in Manila so klar und deutlich zum Ausdruck kam.

Uli: Stott hat die Abschlusserklärung von Manila, das wichtige »Manila Manifest«, wesentlich beeinflusst und ist dort auch aufgetreten: »Das ganze Evangelium durch die ganze Kirche für die ganze Welt« – das waren starke Sätze! Stott war ein großartiger Mann, der dieses Anliegen sehr stark verkörperte – im Grunde fehlt unserer Bewegung heute solch eine Leitfigur, die Identifikation und Richtung erzeugt.

Solchen Menschen zu begegnen, war wichtig für mich. Es war auch intern wichtig für das Weitergehen mit den Leuten aus Deutschland, mit denen ich dort war: Rolf Scheffbuch, Hartmut Steeb, Ulrich Parzany. Man begegnete sich und lernte sich besser kennen. Man hat sich untereinander natürlich auch kritisch beäugt. »Wie ist denn der jetzt?« – »Von dem jungen Eggers da habe ich ja schon mal was gehört …«

Es war auch ein Stück Bewährungsprobe für mich. Wie sollte ich mich in dieser Gruppe verhalten? Da kam dann wieder meine Schüchternheit. Ich bin ein Mensch, der mit weit offenen Augen und Ohren Impulse aufnimmt. Bin in solchen Settings auch leidenschaftlich und habe beim Auftritt der »Kings Kids« Tränen vergossen. Aber es war für mich auch noch Formungsphase. Sie hat vieles eröffnet, was später seine Spuren hinterließ.

Thomas: Ich frage mich manchmal, bei wie vielen Teilnehmern aus dem deutschen Sprachraum es eine solche Wirkung hatte wie bei dir. Ich unterstelle mal, dass manche zwar teilnahmen, mit vielem auch einverstanden waren, zu Hause dann aber doch in ihrem Trott weitergefahren sind. Es hat danach wieder eine Generation gedauert, bis vor allem Jüngere kamen, die sagten: »Wir wollen dieses Miteinander von Verkündigung und sozialer Verantwortung aktiv leben und fördern!« Denn unmittelbar nach Manila brach bei den Evangelikalen ja nicht gerade eine soziale Revolution aus.

Uli: Na ja, man muss auch fair sein: Nach dem Kongress brach unser Weltsystem des Kalten Krieges zusammen! Die Mauer fiel, die große politische Konfrontation war weg – Globalisierung und Internet veränderten die Welt. Aber ich sehe in Manila einen der Gründe, warum die späteren Willow-Creek-Kongresse in Deutschland so explosiv einschlagen konnten – das übergreifende Netzwerk in Deutschland war gestärkt und die wesentliche Rolle von Gemeinde mit ihrem ganzheitlichen doppelten Anliegen war angelegt.

Thomas: Parallel zur Entdeckung des Modells von Willow liefen starke Bemühungen, mit proChrist die klassische Evangelisation wiederzubeleben, die bei Billy Graham so gut funktionierten.

Uli: Ja, eine großartige Bewegung – ich habe in proChrist immer eine wunderbare Ergänzung zu Willow Creek gesehen –, die taten und tun das punktuell und als Höhepunkt, was missionarische Gemeinde das ganze Jahr über leben soll. Es braucht dieses kluge Miteinander.

ICH BIN ÜBERZEUGT, DASS WIR EINE BUNTE MISCHUNG VON IDEEN UND WEGEN BRAUCHEN UND UNS ERGÄNZEN MÜSSEN.

Ulrich Parzany hat großartig den Impuls von Billy Graham aufgenommen und fortgeführt. ProChrist wurde und wird gern kritisiert, weil es dort zu den Entscheidungsaufrufen kommt, der Einladung, nach vorn zu kommen. Ich verteidige diesen methodischen Schritt und halte ihn für richtig – es ist gut, Menschen eine Form anzubieten, die eine innere Bewegung zum Ausdruck bringt. Zugleich sind wir auch da ja wieder als großes Orchester unterwegs – nicht jeder muss dieselbe Methode wählen! Ich bin überzeugt, dass wir eine bunte Mischung von Ideen und Wegen brauchen und uns ergänzen müssen.

Thomas: Diese Kritik hatte zur Folge, dass die meisten heute aktiven jungen Christinnen und Christen deutlich seltener für eine rein verbale Form von Verkündigung plädieren. Das Ganzheitliche ist ihnen selbstverständlicher geworden. Kann man sagen, dass es heute auch bei Evangelikalen eher die andere Tendenz gibt, dass man nämlich das Soziale in den Vordergrund rückt?

Uli: Ich glaube, dass das evangelistische Anliegen immer der gefährdetere Teil ist, ja. Soziale und diakonische Not sieht man leichter – innere Not und Wurzellosigkeit wird schnell übersehen und unterschätzt.

Portland, Billy Graham

Thomas: Mich interessiert eine weitere deiner Auslandsreisen: die Teilnahme an der Evangelisation mit Billy Graham in Portland im Jahr 1992. Weshalb bist du dorthin gefahren?

Uli: Ich wurde dazu eingeladen und bin noch heute extrem dankbar dafür – auch da wieder hat sich eine ganz eigene Welt aufgetan. Die Reise war eine Vorbereitungsfahrt für die proChrist-Evangelisation mit Billy Graham in Deutschland. Es waren unter anderem deutsche Journalisten eingeladen. Man sollte Einblick bekommen, wie so etwas abläuft.

Thomas: Was ist dir da begegnet? Ich nehme an, das war in einem großen Stadion.

Uli: Es war ein bisschen wie die Reise zum Vatikan: Ich sagte zu, reiste mit – wusste aber vorher gar nicht, was mich erwartete. Wolfgang Baake leitete die Gruppe, ein starker Typ mit großem evangelistischem Herzen, den ich hier besser kennenlernte. Ich lernte auch die Organisation solch einer Evangelisation kennen, die große Zusammenarbeit aller christlichen Gemeinden einer Region, kriegte alle möglichen strategischen Hintergrundinformationen durch die Begegnungen. Dann konnten wir am Rande auch mal Billy Graham die Hand schütteln, saßen mit auf der Bühne in dem großen Rund des Stadions – und ich war einfach fasziniert.

Thomas: Was hat dich an Graham beeindruckt?

Uli: Ein ganz einfacher Mann – groß, schlicht und extrem eindringlich. Eine starke Art zu predigen, kein Drumherumreden, aber große Güte. Mich beeindruckt einfach zu sehen, wie jemand sein Leben hingibt für eine Mission, für eine Vision. Wir nahmen an drei oder vier Abenden im großen Baseballstadion der Stadt Portland teil. Es waren vielleicht 30 000 bis 40 000 Menschen da. Portland liegt an der Westküste der USA, es war ein Sauwetter, regnete fast jeden Abend. Und trotzdem strömten diese unzähligen Menschen in ihren Schulbussen zum Stadion, drängten mit ihren bunten Regenjacken auf die Ränge! Und dann der klassische Verlauf einer Billy-Graham-Evangelisation: Der riesige Chor singt, die bekannten Popsänger bringen ihren Beitrag …

Die Predigt war sehr klar, sehr einfach, mit guten, handfesten Glaubensbeispielen. Ich erinnere mich, dass Graham die alte Geschichte mit dem Balancekünstler erzählte, der auf einem Seil mit einer schwer beladenen Schubkarre die Niagarafälle überquert. Die Leute sind begeistert – und dann fragt der Artist: »Glaubt ihr, dass ich das auch mit einem Menschen machen kann?« – »Na, klar …« – »Also dann, wer traut sich, in der Schubkarre zu sitzen und mit mir über das Seil zu kommen?«

DIE JAHRE 1989–2006

Persönliche Daten

Teilnahme an der Lausanne-Konferenz in Manila. **1989**

Aufnahme in die Pastorenschaft des Bundes »Freier evangelischer Gemeinden« **1990**

Geburt von Sohn Till. **1991**

Die Zeitschrift Family startet in Großauflage und wird ein sensationeller Erfolg.
Teilnahme an Evangelisation mit Billy Graham, Portland, Oregon. **1992**

Geburt von Sohn Lasse. Nullnummer des Magazins AUFATMEN. **1995**

Erster Willow-Creek-Kongress in Hamburg. **1996**

Erstes »GemeindeFerienFestival Spring«. **1997**

Willow Creek-Kongress-Oberhausen –
in der Folge alle zwei Jahre als Leitungskongress. **1998**

AUFATMEN-Forum in Bad Blankenburg,
Stiftung Christliche Medien gegründet. **2000**

Zeitschrift JOYCE erscheint. **2001**

Zweites AUFATMEN-Forum – das Buch »Überrascht von Gott« erscheint. **2002**

Übernahme des 1. Vorsitzes von Willow-Creek-Deutschland
von Lou Huenecke. **2003**

Übernahme des Posterholungsheimes in Berensch
als »Dünenhof Ferienhotel«. **2004**

Übernahme der Verlagsleitung im Bundes-Verlag, Start von »Das HauskreisMagazin«. **2006**

Weltgeschehen

1989 Deutsche Einheit und Start des »World Wide Web« – Beginn der internationalen Globalisierung.

1990 Wiedervereinigung Deutschlands.

1991 – 2001 Beginn der Jugoslawien-Krise – viele präsente Kriege: Kuwait-Krise und Golfkrieg.

1994 Beginn des Völkermords in Ruanda.

2001 »9/11« und Start von Wikipedia – ein rasanter Aufstieg Chinas zur Wirtschaftsmacht. Der Krieg gegen Afghanistan beginnt.

2002 Einführung des Euros.

2003 EU-Erweiterung um zehn Staaten.

2005 Angela Merkel wird Bundeskanzlerin für die kommenden 16 Jahre.

FRUCHTBARE ZEIT

Graham hat daraus den Vergleich zum Glauben gezogen: »Wagst du den Schritt auf Gott zu? Wagst du selbst das Risiko, vertraust du? Es ist ein Schritt …« Typisch für Graham war: wenige, aber große, einfache und populär sitzende Beispiele, die in Verbindung mit seiner klaren evangelistischen Verkündigung entlang der großen Lebensthemen zur Einladung hinführten, sein Leben Christus zu geben.

Thomas: War Manipulation mit im Spiel? Das Gefühl, dass da ein wenig gepusht wird?

Uli: Aus meiner Sicht nicht. Es waren eindrückliche, aber immer klare, ruhige Worte. Kein Drängen, sondern eher die Kraft der Argumentation. Sicherlich war es auch eine charismatische Persönlichkeit, die da redete. Die wusste, was sie sagte, die sich traute, es zu sagen. Die auch den Einfluss des Settings hinter sich kannte und klug gewählt hatte – die Menge im Stadion, der große Chor. Natürlich: Da war nicht nur der Kopf im Spiel …

Thomas: Am Schluss lief es dann vermutlich auf einen Entscheidungsmoment hinaus, bei dem die Leute aufgefordert wurden, nach vorne zu kommen und ihr Leben Jesus zu geben?

Uli: Dieser große Moment ist mir bis heute tief im Herzen verankert – ich kann da Filme in mir abrufen. Da ist dieses starke Lied, das der große Chor singt: »Just as I am«. Darin der Refrain: »O Lamb of God, I come…«. Einerseits dachte ich: »Wow, das ist echt ein bisschen aus der Zeit, diese alte Hymne!« Andererseits: »Aber es sagt genau das, worum es geht! Und es rührt das Herz an.«

DA KÖNNEN MIR NOCH HEUTE DIE TRÄNEN KOMMEN.

Dann strömten die Helfer und die Leute von den Tribünen herunter. Und ich sehe immer noch eine kleine Szene vor mir, als ein dunkelhäutiger Vater um die 35 mit seiner kleinen Tochter an der Hand nach vorne ging. Da können mir noch heute die Tränen kommen: »Wow, dieses kleine Mädchen – vielleicht acht oder neun Jahre alt. Sie und ihr Vater gehen nach vorne und geben ihr Leben Jesus! Das ist doch einfach nur gut! Ich möchte auch, dass meine Kinder das erfahren!« Diese Einladung, nach vorne zu kommen, die innere Hürde zu überwinden und dem Ausdruck zu geben, was einem im Herzen berührt hatte, das hatte etwas Starkes, Verbindliches.

Evangelisation mit Billy Graham in Portland, Oregon

Thomas: Eine Art Nachhausekommen …

Uli: Absolut! Es hat etwas Emotionales, aber hey, Menschen sind doch auch emotional, wir sind nicht nur Kopf! Es ist ja ein Höhepunkt des Lebens, wenn ich dieses Leben einem Gott anvertraue, den ich nicht sehen kann. Das ist was Großes, Emotionales! Das hat mich tief motiviert, es entspricht uns als Menschen! Ich bin bis heute davon überzeugt, dass es gut ist, Menschen eine Chance zu geben, sich zu entscheiden, sie zu einem Schritt aufzurufen. Dass es gut ist, einem inneren Geschehen in einer Symbolhandlung auch äußeren Ausdruck zu geben.

Thomas: Du hast einmal gesagt, dass es an dieser Stelle einen Unterschied zwischen amerikanischen und hiesigen Verkündigern gibt: In den USA traut man sich viel eher, die Zuhörenden zu einem konkreten Schritt einzuladen. Sie vor die Entscheidung zu stellen, eine sichtbare Antwort zu geben.

Uli: Im Grunde habe ich das schon in der Zeit meiner Jugendarbeit als gut und hilfreich empfunden. Es liegt ja unserer Jesusbewegung generell nahe, in diese Richtung irgendetwas anzubieten. In Portland habe ich deutlicher gesehen, wie hilfreich es für Menschen ist, wenn ein Prediger sie ohne Rücksichtnahme auf sich selbst und mögliche Kritik einlädt, einen Schritt zu gehen.

Jeder Leitende in unserer Bewegung sollte sich überlegen: Welche vergleichbare Form biete ich den Leuten an? Es gibt ein falsches Zögern, weil man sich zu sehr mit den kritischen Fragen beschäftigt und überdifferenziert ist. Aber meiner

Meinung nach entspricht es Menschen, ihrer inneren Bewegung einen äußeren Ausdruck zu geben.«

Ganz klar: Es ist angesichts der deutschen Geschichte mit ihrem massiven Missbrauch von Emotion und Propaganda absolut verständlich, sich da sehr verantwortlich zu verhalten. Unter Hitler hat man gesehen, wie Menschen manipuliert und Massen aufgepeitscht werden können. Doch statt Abwehr, nur weil einmal Missbrauch im Spiel war, gilt es, erst recht einen guten Gebrauch zu fördern und einzuüben! Denn Abwehr schlägt irgendwann wieder ins Gegenteil um, wird zum Pendelschlag aufgrund eines Defizites! Gerade wenn es um das Kostbarste geht, was der Glaube bieten kann, nämlich darum, zum Vertrauen auf Jesus einzuladen, dann muss und darf ich kreativ auf die Ganzheit des Menschen zielen, meine ich.

Thomas: Gleichzeitig ist es mit einem solchen Schritt nicht getan. Das wissen gute Evangelisten ja auch: Es braucht eine Begleitung danach. Und so frage ich immer, wenn mit geschwellter Brust Bekehrungszahlen genannt werden: »Wo sind diese Leute in einem Jahr? Wer nimmt sich Zeit für sie, betet mit ihnen, beantwortet ihre Fragen und hilft ihnen, die grundlegenden Schritte der Nachfolge einzuüben?« Was danach kommt, ist vermutlich deutlich anspruchsvoller, als jemanden dazu zu bewegen, in einem berührenden Moment nach vorne zu kommen und ein Hingabegebet zu sprechen.

Graham mit Johnny Cash

Uli: Absolute Zustimmung – Evangelisation à la Billy Graham oder proChrist macht nur Sinn in enger Zusammenarbeit mit Gemeinden. Sie ist der punktuelle Höhepunkt von Gemeindearbeit – was dort nicht gesät und gepflegt und nachhaltig begleitet wird, das wird nicht zu wirklicher Frucht. Spricht das gegen diese Starterfahrung? Nein, überhaupt nicht! Im Gegenteil, es ergänzt sich. Jede Reise beginnt mit einem ersten Schritt …

Chicago, Willow Creek

Thomas: Eine wichtige nächste Erfahrung im Ausland waren die Reisen zur »Willow Creek Community Church« nach Chicago. Mich interessiert die Initialzündung: Wie bist du mit dieser Gemeinde erstmals in Berührung gekommen?

Uli: Von Willow Creek und Bill Hybels' zum ersten Mal gehört habe ich durch Ulrich Parzany und sein missionarisches Magazin »Schritte«. Darin berichtete jemand über Willow Creek als positives Beispiel evangelistischer Gemeindearbeit. Parallel dazu habe ich Hybels' Bücher zu lesen begonnen. Ich fand sie sehr herausfordernd und gut. Eines hieß: »Honest to God«, also Gott gegenüber ehrlich zu sein. Das war ja genau mein Thema.

Dann kam Hybels erstmals zu einem Gemeindekongress 1993 nach Nürnberg, bei dem ich allerdings nicht dabei war. Ich hörte mir hinterher unterwegs im Auto die Kassetten davon an und war sehr berührt, wie die Gemeinde aus einer Jugendgruppe heraus aufgebaut worden war. Mich beeindruckte diese konsequente Ausrichtung auf Kirchenferne und die damit verbundene Übersetzungsarbeit: Wenn ich Menschen draußen erreichen will, muss ich mich von meinen Traditionswurzeln befreien und ihre Sprache sprechen, für sie verständlich sein. Dann kam es zu einem glücklichen Umstand, dass mich Wilfried Bohlen, der Leiter des Bereichs »Heimatmission« in der baptistischen Zentrale in Bad Homburg, einlud, in den Vorstand für einen nächsten deutschen Kongress mit Hybels zu kommen.

Thomas: Dadurch lerntest du dann Willow Creek vor Ort in Chicago kennen?

Uli: Als Vorbereitung für den Kongress sind wir als kleines Team in die USA geflogen. Wir lernten Lou Huenecke kennen, einen der Ehrenamtlichen von Willow mit deutschen Wurzeln – er wurde hier in den nächsten zehn, fünfzehn Jahren zum eigentlichen Entwickler unserer Arbeit und hat enorm viel investiert! Lou hat genau das verkörpert, wofür Willow stand: Er kam aus einem kirchenfernen Hintergrund und hatte in dieser Gemeinde zum Glauben gefunden. Wir lernten die Gemeinde durch ihn von innen kennen.

So etwas hatte ich bisher noch nirgendwo kennengelernt: Ich war restlos fasziniert von der absichtsvollen Durchdachtheit der missionarischen Strategie. Dieses Motto: »Alles, was wir in der Gemeinde tun, ist unserem missionarischen

Paradigma unterworfen. Verlorene Menschen bedeuten Gott etwas. Er sucht die Menschen. Kirche ist die Hoffnung für die Welt. Wir sind die Organisation, die für Menschen die Hoffnung von Jesus ausstrahlen kann. Alles in der Gemeindearbeit ordnet sich diesem Ziel unter, ist total pragmatisch darauf fokussiert!«

Dies vor Ort verkörpert zu sehen, wo ja all das blühte und lebte mit Kunst, Musik, Theater und starken diakonischen Elementen – etwa mit der Autowerkstatt, wo Alleinerziehende Autos bekommen oder reparieren können, denn es gibt ja kaum öffentliche Verkehrsmittel in den USA. Zu sehen, wie Gemeinde praktisch funktionieren kann mit den beiden Händen Christi, die mir von der Lausanner Bewegung her ja wichtig waren, hat mich einfach restlos begeistert. Ich kam nach Hause und habe mich mit großer Überzeugung eingesetzt, die Philosophie und Praxis dieser Gemeinde in Deutschland bekannt zu machen. Darum ging es ja vor allem bei den ersten Kongressen.

Thomas: Weshalb war es so wichtig, Willow in den deutschsprachigen Bereich zu holen? Die USA mit ihren Megakirchen und unsere deutschsprachigen Länder sind zwei sehr unterschiedliche Welten. Macht es Sinn, solche Modelle zu importieren?

Uli: Am Anfang war Willow Creek tatsächlich vor allem eines: »Wir zeigen euch unser Modell und vermitteln euch, warum wir Gemeinde so bauen, wie wir es tun«. Mich begeisterte: Da wurde eine Gemeinde ausschließlich an einer missionarischen Strategie ausgerichtet. Es wurde gemacht, was dieser Strategie diente, und es wurde nicht gemacht oder wieder gelassen, was ihr nicht diente. Das gegen unsere Kirchenwirklichkeit zu halten, war sensationell! Und zwar egal, ob in Frei- oder Landeskirchen: Da gab es überall enormes Lernpotenzial. Du merktest, wie viel bei uns nur deshalb gemacht wurde, weil man es eben schon immer so gemacht hatte. Wie wenig oft noch übrig war von dem, was die Vision für Kirche ist – ihr Auftrag. Deswegen war das Bonhoeffer-Wort von der »Gemeinde für andere« am Anfang als Verstehenshilfe so wichtig für mich. Wegkommen vom Totalfokus auf sich selbst.

Es geht nicht um eine Evangelisation im Jahr – was ja schon gut ist. Es geht um eine evangelistische Existenz, um einen zutiefst missionalen Ansatz: Christen sind Teil der Mission Gottes – wo immer sie sind. Und Gemeinde ist der strategische Knotenpunkt für diesen Auftrag, Tankstelle, Oase, Fokuspunkt, Lernort. Und das quer durch die Woche. Bei Willow sahen wir auf einmal, wie anders eine Organisation auf diese strategische Mission hin ausgerichtet sein kann. Was es heißt, eine Gemeinde auf diese eine Sache zu fokussieren. Natürlich war auch die Größe beeindruckend, diese enormen Möglichkeiten, die riesige Opferbereitschaft der Mitglieder. Aber es ging niemals um die Größe, sondern darum, die Vision zu kapieren und in unsere Situation zu übersetzen!

Thomas: Managementlehrer wie Peter Drucker brachten Firmen bei: »Kenne dein Produkt, kenne den Kunden, richte alles darauf aus, damit du deine Sache an den Kunden bringst.« Dass nun auch Kirchen so zu denken begannen, hat die Kritik ausgelöst, dass man dort mit Marketingmethoden zu arbeiten beginnt. »Das ist nicht biblisch!«, waren viele überzeugt. Wie habt ihr darauf reagiert?

Uli: Ich halte den Vorwurf für absolut unberechtigt – und verstehe ihn zugleich. Natürlich steht sofort der Verdacht im Raum, hier würde auf Machbarkeit gesetzt. Nur eben: Schon die Bibel lehrt uns doch logische Zusammenhänge von Saat und Ernte! Ist das Glaube an Machbarkeit? Nein! Es ist die simple Erinnerung daran, dass man nicht ernten kann, wenn man das Säen vergisst! Und das Säen wird superleicht vergessen und gar nicht ernst genommen, wenn ständig andere Themen im Blick sind!

Natürlich ist Gemeinde kein Wirtschaftsunternehmen und kann letztlich auch nicht so geführt werden. Gemeinde heißt: Alle Generationen sind da, Starke und Schwache, es gibt Hilfe und Predigt nach innen – und nach außen. Hier stößt ein rein funktionaler Wirtschaftsblick immer an Grenzen. Aber: Wenn sich Gemeinde um den Missionsauftrag schart, wenn sie Rettungsstation am Ufer des Meeres ist, dann macht das etwas mit dem Gemeindebild! Man kann dieses Bild kritisieren. Aber es zeigt, dass darin jeder seine Aufgabe hat.

Das bedeutet nicht, dass wir ständig in den Wellen rumkreuzen. Aber es bedeutet eben auch nicht, dass wir ständig Schulung oder Party im Rettungsschuppen machen – und das Rettungsboot abwracken. Gemeinde hat einen Auftrag – nach innen und nach außen. Auch da wieder macht es die Balance. Und es bleibt eine Spannung, wie wir dafür Geld, Zeit, Fokus gut verwalten. Am Ende hat der Auftrag Jesu Priorität.

Thomas: Willow Creek, Saddleback von Rick Warren und auch Timothy Kellers »Redeemer Church« in New York hatten aus meiner Sicht bei vielen eine stark inspirierende Wirkung. Man wollte dann ihr Modell übernehmen, wollte bis in Details hinein Kirche so gestalten wie sie. Einige hatten damit Erfolg, andere sind gescheitert, weil das mit dem Kopieren nicht funktionierte. Ich habe wahrgenommen, dass die Leute bei Willow realisierten und deshalb immer wieder betonten: »Ihr könnt uns nicht einfach nachmachen! Das Motto heißt: ›Kapieren statt Kopieren‹«.

Ich erinnere mich etwa, dass Willow schon früh mit Theaterszenen im Gottesdienst arbeitete. Nach und nach hörten sie damit auf und setzten stärker auf Video und Filme, betonten das Momentum, das es im Gottesdienst geben müsse: sogenannte »tender moments«, Momente der Stille, der Gottesbegegnung. Das hat manche Willowfans irritiert, weil sie gerade erst begonnen hatten, mit Theaterszenen im Gottesdienst die Predigt zu unterstützen. Nun änderte Willow seinen Stil, weil ihnen anderes effektiver schien. Viele hierzulande stürzten sich zu stark auf die Methodik und suchten darin das Gültige und Verlässliche. Nun mussten sie lernen, dass man nicht blind nachmachen soll, was Willow gerade tut.

Was denkst du: Hat Willow an dieser Stelle selbst einen Lernweg vollzogen vom »Schaut her, so machen wir es und du kannst es auch so machen!«, zum: »Nein, macht uns nicht alles nach, findet heraus, was bei euch geht«? Denn später bewegten sich die Willow-Konferenzen deutlicher weg vom Beschreiben, was genau Chicago tut, und beschäftigten sich stärker mit grundlegenden Fragen von Evangelisation, Leadership und Gemeindeaufbau. Hat da ein Umdenken stattgefunden?

Erste Pressekonferenz mit Bill Hybels, 1996 (v. l. n. r.): Friedhelm Bürger, Lou Huenecke, Bill Hybels, Ulrich Eggers, Wilfried Bohlen

Uli: Willow ist einen Weg gegangen, den jede Gemeinde gehen muss, wenn sie lebendig bei ihrem Auftrag bleiben will, nämlich den Weg der ständigen Veränderung. Sie haben aus ihren Erfahrungen gelernt, ihr Programm angepasst. Aber das alles hat eine viel tiefere Dimension: Willow besteht ja nicht aus Methoden, sondern aus einer fokussierten biblischen Genetik: Auftrag, Gemeindeverständnis, Werte, Schritte, Methoden. Die Dinge sind von innen nach außen durchdacht – das Innen ändert sich nicht, das Außen ständig!

Ich bin über viele Jahre jeden Sommer eine Woche zur Konferenz gefahren – oft mit Pastorengruppen. Und jedes Mal war wieder etwas ganz neu, ganz anders. Aber immer zutiefst durchdacht! Purer Pragmatismus, wenn es um Methoden geht: Man misst sich und gibt sich Rechenschaft. Wenn eine Sache nicht mehr funktioniert, schafft man sie gnadenlos ab und erfindet etwas Neues. Natürlich irritiert das, wenn man gerade meint, man habe das Erfolgsmodell kapiert. Aber das Modell ist die Entwicklung aus einer evangelistischen Genetik und dem Neuen Testament: Bewegte Menschen, die bewegen. Eine Gemeinde, die dafür eine Struktur und Hilfe gibt. Methoden, die sich im Sinne von »best practice« ständig daran orientieren, ob man wirklich macht und schafft, was man vorhat. Diese Freiheit, sich selbst ständig zu korrigieren, in ständiger Veränderung zu sein, empfinde ich als Qualitätszeichen jeder Organisation und besonders von Willow.

Thomas: Ich glaube, dass die Mehrheit von Leitenden und Gemeinden lieber kopieren und damit Erfolg haben will, statt die biblische Philosophie dahinter zu verstehen und im eigenen Kontext auf eigene Weise danach zu handeln.

Uli: Nachhaltige Entwicklung und Wachstum können aber nur so gelingen: Ich prüfe eine Idee im Blick auf ihr Herz, auf ihren Grundimpetus. Warum ist sie gut? Ich gehe zurück an die Wurzel eines Modells, einer Form, einer Sache und prüfe es dort – sogar an dem Saatkorn dafür. Wenn die Wurzel gut ist, dann gewinnt das Projekt Formfreiheit, denn es geht ja um die Wurzel und nicht um die Form!

Und da gibt es das Missverständnis: Willow als magische Abkürzung. Wir würden so gern eine super Idee und Formel finden, um all dieses mühsame Säen und Ernten, diesen langen, zähen Prozess von Beziehungsaufbau und Begleiten abzukürzen. Aber Liebe ist nun mal einfach Arbeit und Entscheidung – es gibt keine wundersame Abkürzung für sie. Und deswegen geht es an der Stelle um das eigene Herz – und um das der Gemeinde: Wollen wir denn überhaupt missionarisch sein?

Mir ist mal klar geworden, dass eben deswegen Gebet für Mission so wichtig ist. Denn zumindest mein Normalzustand ist der: Ich habe überhaupt keine Lust dazu! Ich bin feige und bequem und müde und abgelenkt. Und deswegen startet jeder Willow-Ansatz mit Gebet. Für wen? Für mich selbst: »Herr, berühr mein Herz, verändere mich, gib mir offene Augen für einen Menschen, gib mir neue Liebe!« Wenn das viele tun, wenn das eine Gemeinde will – dann kann sich von innen her all die Kreativität und Leidenschaft entwickeln, die so etwas wie Willow möglich macht.

WENN DEIN HERZ NICHT BEWEGT IST, BEWEGST DU AUCH NICHTS …

Wenn mein Herz sich öffnet, dann kann das Mittel »W« wie Willow helfen, aber dann hilft vielleicht auch das Mittel »X« – vor allem dann, wenn es noch besser ist als »W«. Aber wenn dein Herz nicht bewegt ist, bewegst du auch nichts …

Thomas: Bill Hybels hat immer wieder betont: »One life at a time« – was genau meinte er damit?

Uli: Es geht um den einen Menschen ganz persönlich. Es geht nicht um große Zahlen, das ist unreif und albern! Ein Leben! Eines, das durch die Arbeit, Hingabe und Leidenschaft eines anderen Lebens befruchtet wird.

An dieser Stelle war Willow Creek für mich immer so nah an dem, was ich mit AUFATMEN will – auf die Hingabe an Jesus zielen. Von dort leben alle Dinge! Ohne eine lebendige Hingabe an Jesus, ohne Nachfolge, mich ihm im Gebet hinhalten, immer wieder um neues Vertrauen kämpfen, gehorsam sein – ohne all das funktioniert Gemeindebau nicht. Dann kann ich alle die bunten Scheinwerfer, schönen Videoclips und tollen Internetauftritte auch lassen. Deswegen gehört für mich AUFATMEN und evangelistischer Lebensstil total eng zusammen. Spiritualität und Evangelisation ist untrennbar verbunden. Alles wächst aus meiner Beziehung und Bindung zu Jesus: Dort wird mein Feuer ernährt.

Thomas: Du bist seit vielen Jahren 1. Vorsitzender von »Willow Creek Deutschland«, hast viele Kongresse mit bis zu 12 000 Teilnehmenden mitverantwortet. Was ist für dich die schönste Frucht, die aus diesem Engagement gewachsen ist?

Uli: Aufmerksamkeit und neu gewachsener Wille und Hoffnung für die strategische Rolle von Gemeinden und Leitenden für Mission und Evangelisation. Dieser sehr steile und ambitionierte Satz von Hybels, dass Gemeinde die Hoffnung der

Welt ist, hat etwas freigesetzt. Gemeinden sind eben die Quelle des Christuszeugnisses. Ich habe den Glauben in irgendeiner Weise durch Gemeinde empfangen – und er geht nach mir durch Gemeinde weiter. Oder nicht!

Thomas: Mir fällt auf, dass eine beeindruckend große Zahl von Gemeinden maßgeblich durch Willow und besonders die Kongresse in Deutschland inspiriert wurden. Als ich vor einigen Jahren für AUFATMEN Gemeindeportäts machte, fiel in den Interviews auffällig häufig dieser Satz: »Wir waren als Leitungsteam beim Willow-Kongress und haben diese oder jene Inspiration mitgenommen. Das haben wir dann hier bei uns auf diese oder jene Weise umgesetzt!« Die Leitungskongresse haben vielen Gemeindeteams neue Hoffnung gegeben, sodass sie sich gesagt haben: »Kommt, wir wollen neue Wege wagen, Menschen für Christus zu erreichen!«

Uli: Ja, das ist stark! Und es ist kein Zufall, dass tatsächlich dort am meisten in Bewegung kommt, wo Teams gemeinsam mit ihren Leitenden kommen und als Team vor Ort nach Wegen der Umsetzung suchen. Gott weist uns ja immer wieder auf die Kraft von Gemeinschaft und auf das Miteinander hin! So ist Willow Creek entstanden – ein Visionär allein reicht dafür nicht! Aber ein Team ohne Leitung arbeitet auch unter seinen Möglichkeiten. Gemeinsam wird es strategisch und bewegt!

Bei Willow nehmen wir unseren Erfahrungsschatz und unsere Praxis und bilden eine Plattform auch für andere, die ihre eigenen Erfahrungen, Ideen und Modelle einbringen – das ist ja der Sinn dieses »best practice«-Ansatzes: Schauen, wo etwas gut funktioniert, und davon lernen! Nicht abwehren oder defensiv werden, weil man Konkurrenz wittert, sondern umarmen und lernen und demütig integrieren! Deswegen binden wir gern auch jüngere Initiativen ein, die sich noch in einer hochinnovativen Phase befinden.

Es geht um den Missionsauftrag, den *einen* konkreten Menschen, um die Chancen missionarischer Gemeinde, um Ganzheitlichkeit. Gemeinde als Hoffnung für die Welt, weil Jesus in ihr verkündet wird. Es soll Menschen dort dienen, wo sie sich einbringen – egal ob in Freikirchen, evangelischen Landeskirchen oder katholischen, egal ob in einem Betrieb oder einer Schule. Deshalb begeistert mich diese Arbeit bis heute so.

Thomas: Wir werden zu einem späteren Zeitpunkt noch über Bill Hybels und die schmerzhaften Vorfälle sprechen, die in den letzten Jahren ein großes Thema waren. Lass uns an dieser Stelle nochmal aus der Adlerperspektive auf diese Gemeinde und die daraus entstandene Bewegung blicken. Diese Kirche ist einen langen, guten, »erfolgreichen«, auch mit mancher Krise verbundenen Weg gegangen, aber letztlich doch mit einem konstanten Zug nach vorne. Nun ist durch das Ausscheiden von Hybels und die damit verbundenen Vorwürfe von Machtmissbrauch und sexuellen Übergriffen eine richtig starke Zäsur passiert. Und so muss diese Gemeinde in gewisser Weise aus dem Zerbruch heraus wieder neu beginnen. Vielleicht kann sie gerade darin wieder ein Vorbild sein, denn es gibt viele Leitende und viele Gemeinden mit Zerbruchsgeschichten. Was wie ein Schlusspunkt aussieht, wird vielleicht zum Doppelpunkt – nicht das Ende, sondern ein hoffnungsvoller Neubeginn. Wie siehst du das?

Uli: Das hoffe ich auch und dafür bete ich – manchmal. Ich müsste es mehr tun, denn es ist ein Kampf dort. Krise ist in der unmittelbaren Begegnung nichts Schönes, Willow läuft sicher etwas holprig zurzeit. Aber das ist nun mal das Wesen der Krise. Ich glaube, zwei große Dinge kann man daraus lernen: einmal persönlich, einmal institutionell. Erfolgsphasen und Höhepunkte unterliegen automatisch einer Gefahr, nämlich diesem Gefühl: »Jetzt haben wir es gepackt, wir haben es begriffen. Wir wissen, wie es geht!« Das geht mir persönlich in meiner Nachfolge mit Jesus auch immer wieder so. Es gibt Momente in der eigenen Entwicklung, in denen man denkt: »Jetzt bin ich so weit, dass ich ein Stück Boden unter den Füßen habe! Ich habe etwas erlebt oder begriffen!« Mit diesem Gefühl im Rücken segelt man dann eine Strecke. Und auf einmal kommt der Absturz, weil man merkt: »Nix habe ich unter den Füßen, nix habe ich im Griff, und ich krebse genau an denselben Stellen oder ähnlichen Stellen wieder neu rum, muss wieder lernen.«

Die Gefahr des Höhenflugs besteht in einem selektiven Ausblenden der eigenen, noch immer vorhandenen Versuchlichkeit, Schwäche und Grundproblematik: Ich nehme mich mit ... Trotzdem kannst du etwas lernen. Deswegen spreche ich an dieser Stelle eben von Wendeltreppen-Spiritualität: Du hangelst dich durch schwere Erfahrungen langsam empor und wirst reifer – aber du kommst nie raus aus dieser Schraube und Spannung! Und das ist auch bei Gemeinden und Organisationen so. Es ist gefährlich, wenn du Erfolg hast. Es lässt dich schweben, sodass du dich blenden lässt und nicht mehr glaubst, dass nach dem Gipfel vermutlich ein Tal kommt oder gar ein Abgrund. Und du bist auch gar nicht darauf vorbereitete, weil diese Art der Flughöhe mit Herausforderungen verbunden ist, die du nicht kennst, denn du warst noch gar nie da, wo du jetzt stehst.

Deshalb denke ich heute, dass die vielleicht schönste Phase im Leben die ist, wenn die Aufwärtsbewegung nicht zu schnell verläuft. Das hat etwas sehr Befriedigendes. Schnellen und großen Erfolg zu haben und zu verkraften, ist extrem schwierig, denn es kann danach nicht viel mehr kommen – außer einem Absturz. Und da gibt es tausend Gründe dafür. Wenn jemand seine eigenen Erfolge überlebt, dann kannst du zu Recht sagen: »Wow, das ist stark; das verdient besondere Hochachtung!«

Vatikan, Weltevangelisationskongress in Manila, Großveranstaltungen mit Billy Graham, »Willow Creek Community Church« in Chicago – eine große Spannbreite und doch ein roter Faden in allem: das Anliegen, Menschen das Evangelium von Jesus Christus nahezubringen. Insofern fügen sich diese Erfahrungen nahtlos in den inneren Werdegang von Uli ein. Andererseits sorgen sie bei ihm immer auch für einen gehörigen »Boost«, der zu neuen Überzeugungen und Engagements führt.

Neben allen damit verbundenen inhaltlichen Reflexionen und Lernkurven zeigt mir dieser Einblick noch etwas anderes, nämlich wie sehr wir alle von außen kommende Inspiration für unseren Glauben brauchen.

Vor einigen Jahren las ich in einer Zeitschrift ein Interview mit David Zac Niringiye, damals Assistent des anglikanischen Bischofs in Uganda. Ein Abschnitt darin ließ mich nicht mehr los. Er lautete sinngemäß: Ihr aus dem Westen helft uns Afrikanern wenig, wenn ihr ständig kommentiert, was bei uns nicht läuft, und uns Verbesserungsvorschläge macht. Ich wünsche jedem christlichen Leiter, dass er sich einmal in seinem Leben Zeit nimmt, hierherkommt und einfach nur mit uns zusammen ist. Ohne Agenda, ohne Versuch, uns etwas beizubringen. Schau einfach zu und lerne, wie wir mit Gott leben!«

Ich ließ mich davon herausfordern und verbrachte 2009 mehrere Wochen mit einem Bibelübersetzungsteam im Norden Ghanas. Ich kann schwer beschreiben, wie wichtig diese Erfahrung für mich und meinen weiteren Weg war. Und kann deshalb gut nachvollziehen, weshalb Uli so viel Wesentliches aus seinen Auslandserfahrungen zieht. Dinge, die weit mehr sind als ein paar Reiseeindrücke fürs Fotoalbum. Es waren und sind verändernde Impulse, die sein weiteres Leben und Arbeiten in der eigenen Heimat kraftvoll beleben.

13

»WENN ICH WAS ENTDECKE, MUSS ICH ES ANDEREN ERZÄHLEN«

IMMER NEUE PROJEKTE

Im Jahr 2010 wurde im deutschsprachigen Raum eine breit angelegte Kampagne mit dem Titel »Jahr der Stille« lanciert. Der Bundes-Verlag unter der Leitung von Uli spielte dabei eine wichtige Rolle. Im selben Jahr begann meine vier Jahre dauernde Teilzeitanstellung als Redakteur bei AUFATMEN und als Theologischer Leiter des Schweizer Zweigs im Bundes-Verlag. Bald darauf gab es eine weitere Kampagne mit dem Titel »Glaube am Montag«. Über einige dieser Initiativen, in denen er eine Schlüsselrolle spielte, soll es in unserem nächsten Gespräch gehen.

Astrid Eichler und EmwAg

Thomas: Eine der Initiativen, bei denen du Geburtshelfer warst, ist EmwAg (»Es muss was Anderes geben«), heute Solo & Co. Singles, das Thema Gemeinschaft und der Dünenhof spielen dabei eine Rolle. Wie kam es dazu?

Uli: Die Grundidee stammt von Astrid Eichler, für sie wurde es ihr geistliches Lebenswerk, in das sie unglaublich investiert hat! Sie hatte für uns in der SCM ein Buch geschrieben: »Es muss was Anderes geben«. Darin geht es ihr unter anderem darum, dass Singles nicht »auf dem Bahnsteig des Lebens warten« und ihr Glück von einem möglichen Partner abhängig machen, sondern dieses »Andere« suchen: Gottes Leben in Fülle, das er jedem verheißen hat – und die Kraft von Gemeinschaft, denn »es ist nicht gut, dass der Mensch allein sei«.

Astrid hat von Anfang an bei AUFATMEN mitgearbeitet und war für mich eine ganz wunderbare Entdeckung – eine der wenigen »Ost-Frauen«, die sich sehr initiativ mit westlichen Netzwerken verbunden haben. Eine tolle Frau mit großer Treue, großer Hingabe, großer Ehrlichkeit. So etwas löst bei mir sofort Sympathie aus!

Ihr starkes Votum und ihre Suche nach Gemeinschaft in ganz unterschiedlichen Formen fand ich so wichtig, dass ich der Sache gern zu mehr Eindringtiefe verhelfen wollte. Nicht für sich allein leben, nicht ichfokussiert das eigene Glück suchen, sondern sich hinter Jesus her vernetzen! Ich dachte mir: »Mit diesem Impuls könnte man doch auf die Gemeindeverbände zugehen, Tagungen machen,

Astrid Eichler bei einem AUFATMEN-Interview, rechts Thomas Härry

Gleichgesinnte suchen. Astrid hat das sofort aufgenommen – und ich sehe uns noch beim historischen Termin in einem Kasseler Hotelzimmer stehen: Gemeinsam mit Manfred Pagel haben wir zu dritt erste Pläne und Termine für Treffen entworfen. Rund um Astrid hat sich heute ein starkes Netzwerk entfaltet: Solo & Co (www.soloundco.net).

Thomas: Ihr hattet ja mit der Lebensgemeinschaft und dem Dünenhof in diesem Zusammenhang auch etwas anzubieten …

Uli: Ja, wir hatten mit Astrid gemeinsam schon öfter starke Tagungen gemacht und konnten eben auch den Wert von Gemeinschaft gut einschätzen. Mich begeistert, dass bei Solo & Co eine große Offenheit für ganz unterschiedliche Formen von Gemeinschaft gewachsen ist. Es geht nicht um eine Engführung im Sinne von Kommunitäten, sondern um den Segen, der auf Gemeinschaft aller Art ruht – Singles und ein Ehepaar; Singles, die sich immer wieder mal treffen; Singles, die zusammenziehen; Singles, die bewusst zusammen ihren Urlaub gestalten, sich per Skype treffen, eine gemeinsame geistliche Regel haben – was auch immer! Es gibt was Anderes als Alleinsein!

Jahr der Stille

Thomas: Eine wichtige Rolle spieltest du beim »Jahr der Stille« 2010, einer Kampagne im ganzen deutschsprachigen christlichen Raum. Wir haben schon darüber gesprochen, dass du eigentlich nicht so der klassische Stilletyp bist. Wie passt das dann zusammen?

Uli: Gerade weil ich so bin, passt das super zusammen. Und ich vermute, dass viele so sind wie ich: Wir sind nicht von Natur aus meditativ und still! Wir brauchen Ideen oder Anstöße, müssen einen Weg für uns finden. Die ursprüngliche Idee zum »Jahr der Stille« kam durch unseren damaligen SCM-Geschäftsführer Frieder Trommer – er wollte ein Jahr zur Stillen Zeit. Aber er war in seiner Funktion so stark beschäftigt, dass er jemanden zur Umsetzung suchte – und hatte mich im Blick, zumal das doch nach einem Projekt in Richtung AUFATMEN klang. Ich habe anfangs eher genervt reagiert, weil ich persönlich ja ein »Stille Zeit«-Geschädigter bin – ich habe mein Leben lang darunter gelitten, dass mir Leute immer wieder eingetrichtert haben, ich müsste unbedingt meine Stille Zeit halten. Da wollte ich keinesfalls selbst anderen Druck machen …

Thomas: Du liest am Morgen eher die Cuxhavener Nachrichten oder den Spiegel …

Uli: Genau, ja. Ich habe mich jahrelang mit meinem damaligen Bundesjugendleiter oder Leuten vom Bibellesebund über den Stellenwert der Stillen Zeit gezankt. Ich habe die Erfüllung dieser – an sich ja wirklich guten! – Idee immer für einen unangemessenen Messpunkt für den Reifegrad eines Christen gehalten: »Wenn du deine Stille Zeit machst, dann bist du auf dem guten Weg. Wenn nicht …«

Es wirkte gesetzlich und stur. Ich weiß, so was ist ja gut gemeint, aber ich war nie gut mit Bibelleseplänen. Heute fällt mir eine gewisse Regelmäßigkeit leichter, früher hatte ich dafür zu viel Pfeffer im Hintern. Zugleich hatte ich nie das Gefühl, ich hätte zu wenig Bibelwissen. Die Bibel ist mir ja wirklich sehr präsent und wichtig – ein klares Licht auf meinem Weg! Aber eben: Meines Erachtens erobert man sie sich nicht über Druck und Zeigefinger.

Ich konnte allerdings gut mitmachen bei dieser Idee, wenn man formoffener von »Stille« reden würde. Stille als Idee und geistliche Hilfe halte ich für superwichtig. Sie ist Eingangspforte für alles Mögliche an Gutem, auch für die Bibel! Stille war mir als großes Thema der Spiritualität von AUFATMEN her sehr vertraut. Wir brauchen Stille, brauchen Unterbrechung in unserem Rennen. Aber man kann sie ganz unterschiedlich füllen – betend, hörend, lesend, mit Bibeltexten, Liedern. Für ein »Jahr der Stille« konnte ich mich sofort begeistern – das Leben funktioniert in Rhythmen! Aber: Jeder muss und darf sein eigenes Muster finden. Und: Weil es jeder braucht, lohnt sich die Suche und lohnt das Probieren.

Ich habe dann in Absprache mit Frieder den Vorsitz übernommen und wir haben die Sache gemeinsam mit einem großen Team aus Werken und Verbänden angeschoben. Vernetzung und Partnerschaft rund um ein Projekt hatte ich ja inzwischen oft eingeübt – es fand sich rasch eine erstaunlich große Koalition von landeskirchlich bis freikirchlich. Ein schlankes und zeitlich begrenztes Projekt findet viel leichter Mitwirkende. Wir haben ein gemeinsames Ideenheft erstellt, viele Partner haben Projekte eigener Art angeboten. Und auch mit AUFATMEN konnten wir eine Sondernummer machen, die sich 150 000 Mal verkauft hat. Eine enorme Zahl in unserer Szene.

WIR BRAUCHEN STILLE, BRAUCHEN UNTERBRECHUNG IN UNSEREM RENNEN.

Thomas: Gibt es Wirkungen aus dem Jahr der Stille, die bis heute wahrnehmbar sind?

Uli: Ich glaube, dass seither Stille in unserem geistlichen Biotop einen deutlich positiveren Ruf bekommen hat – sie ist raus aus einer entweder hochliturgischen oder gesetzlichen Ecke und gehört mehr zum Eingemachten des Glaubens, ist für viele etwa Teil des Jahreslaufs geworden – Stille Tage, eine Auszeit zum Jahresanfang. Und es hat die Fantasie geweckt, dass jeder seine Form finden kann.

Meine Stille ist ja oft mit dem Autofahren verbunden – mich muss man stilllegen, sonst mache ich irgendwas. Früher habe ich auf meinen Fahrten oft nur Radio gehört. Später habe ich kapiert, dass im Auto für mich die optimale Zeit ist, um eine gute Predigt zu hören, ein paar gute Lieder – und dann zum Beten und Hören. Ich habe nie so viel gebetet wie im Auto – und das ist bis heute so. Meine Gedanken können wandern. Sie wandern zu meinen Sorgen, zu meinen Plänen, meinen Träumen und zu Gott. Ich mache mich frei für das Wichtige. Ich bringe es in Berührung mit Gott und halte es ihm hin, versuche, meine Motive zu reinigen.

Hanspeter Wolfsberger hat einmal diese schöne Geschichte von Simeon aus Lukas 2 erzählt, der das kleine Jesuskind in den Arm nimmt, segnet und hinhält. Das ist mir ein starkes Bild geworden: Wir können unsere Themen Gott hinhalten. Können unsere Seele formulieren lassen, was an Not oder Hoffnung oder

Angst, Leidenschaft, Verknotung da ist. In diesem Hinhalten und Aussprechen geschieht etwas mit uns. Dieses Stillhalten ist wichtig – auch dass es nicht sofort wieder durch ein Programm, durch eine Gebetsliste, einen Text, eine Aufgabe gefüllt wird. Es geht um Stille, die erst mal leer ist. Und die sich von Gott her und von uns her füllen darf.

Glaube am Montag

Thomas: Dann kam ein ähnlich aufgezogenes Projekt: »Glaube am Montag«.

Uli: Das war tatsächlich ganz mein Kind und hat einen tiefen Sitz im Leben bei mir. Über die Jahre habe ich gemerkt, wie sehr wir unbewusst Heiliges von Normalem trennen. Das wirkt fromm – ist aber eine Reduktion. Jesus geht es um Ganzheitlichkeit, um Glauben, der in den Alltag integriert ist – um ein tiefes Ineinander-Verwurzeltsein von Heiligem und Normalem.

John Ortberg hat einmal gesagt: »Gott ist nicht interessiert an deinem geistlichen Leben …« – »Wie bitte?«, fragen wir Frommen da empört, aber er fährt fort: »… sondern an deinem Leben!« Was für eine Revolution des Denkens und Verhaltens! Da ist ein liebender Gott, der sich um mich sorgt – immer und sowieso! Und deswegen kann ich ihm vertrauen – immer und überall. Und mit ihm leben – nicht nur sonntags, sondern quer durch die Woche: Das ist Glaube am Montag!

GOTT IST NICHT SONNTAGMORGENS STÄRKER ALS AM MONTAG!

Nachfolge Jesu betrifft doch gerade den Alltag, sie ist Leben, nicht geistliche Übung für den Sonntagmorgen. Ich bin jederzeit und überall unterwegs in der Wirklichkeit Gottes – sonst mache ich mir etwas vor! Gott ist nicht sonntagmorgens stärker als am Montag! Und die große Chance des Glaubens ist ja gerade, Salz und Licht unter der Woche zu sein. Aber das läuft nicht auf Batterie, sondern nur im fließenden Stromverbund mit der Kraft Gottes. »Glaube am Montag« will uns wach machen dafür, dass wir in die Woche ausgesandt sind als Gottes Freunde und Zeugen – in seiner Kraft!

Thomas: Dazu gab es diese tolle Postkarte, die bildlich darstellte, dass nicht nur die Kirche ein Ort ist, der Licht verbreitet. Am Montag leuchten die Menschen über eine ganze Stadt verteilt an den Orten, wo sie leben und arbeiten: in den Häusern, in den Geschäften, in den Büros, in den Krankenhäusern – überall, wo Christen sind, ist auch Christus, leuchtet sein Licht in die Welt hinein. Diese einfache grafische Umsetzung vermittelte eine tiefe theologische Wahrheit und Ermutigung.

Postkartenentwurf

Uli: Christen sind eine strategische Macht Gottes mitten in dieser Welt an allen Orten, wenn sie Christus Raum geben, wenn sie Gottes Wirklichkeit wahrnehmen, mit ihr rechnen, den Heiligen Geist einladen, zum Durchbruch zu kommen.

Bis heute habe ich das Gefühl, sowohl das »Jahr der Stille« als auch »Glaube am Montag« könnte man sofort wiederholen. Beides sind Einsichten, die uns leicht wegrutschen. Wir müssen ständig neu daran erinnert werden, dass Gott jetzt und hier real da ist. Wir müssen jeden Tag hören: »Du bist nicht allein! Lass Gott wirken. Er ist deine Kraft, auch wenn du dich schwach fühlst.«

Thomas: Bei »Glaube am Montag« gab es erneut ein AUFATMEN-Sonderheft, aber ja nicht nur ...

Uli: Es ging weitgehend um Impulsmaterial, Ideen, Gottesdienstentwürfe. Auch kleine Gimmicks als Hilfe, etwa diesen Einkaufswagenchip mit den Worten »Gott ist da!«. Wir haben einfach versucht, die Wirklichkeit Gottes in den verschiedenen Lebenswelten deutlich zu machen. Wie kann sie gelebt werden – auch jenseits des Gemeindehauses: in der Familie, in der Ehe, am Arbeitsplatz, in der Gesellschaft, in der Politik?

Mir wurde damals noch mal klar, was für ein enges Verständnis ich hatte. Als jugendlicher Gemeindemensch habe ich jeden, der in den Sportverein ging oder sich für eine Partei engagierte, als Verlust für die Gemeinde betrachtet: »Der oder die ist ja keiner oder keine von unserem Kernteam, kein Intensiv-Mitarbeitender!« Was für ein Tunnelblick! Klar: Gemeinde braucht Ehrenamtliche! Aber bei »Glaube am Montag« ist die Vision größer: »Sendet die Leute, die ihr habt, dorthin, wo ihre Leidenschaft ist! Wenn sich jemand als Christ in die Politik oder andere Ehrenämter einbringen möchte, dann sendet ihn dorthin und sagt ihm: ›Wir segnen dich dafür und bitte, berichte regelmäßig! Und wenn du Sorgen hast, komm – wir sind deine Gemeinde!‹«

Ob in Sport, Naturschutz, Polizei, Finanzamt, Schule oder Betrieb: Wir haben als Gemeinde superstrategische Missionare – wenn wir das begreifen und sie ausrüsten und vernetzten und stärken und ermutigen … Politik, Beruf, Fußball, Feuerwehr sind nicht Konkurrenz zur Gemeinde und ihren Veranstaltungen, sondern ein super Ort für unseren Glauben, wenn wir sicher sind, dass Gott dort mit seiner Kraft auf uns wartet.

Thomas: Wenn ich auf dein Engagement in solchen Projekten blicke, dann zeigt sich darin, wie sehr du ein Ideenmensch bist, auch ein Projektmensch. Das heißt aber auch: Du hast eine Idee, du findest Leute, die das mit dir und für dich machen. Du rührst die Kelle, es gibt Kampagnen, Events, Produkte – und dann verschwindet das Thema wieder. Auch bei dir. Du bist nicht derjenige, der sich dieses eine Thema für den Rest seines Lebens auf die Fahne schreibt. Du ziehst weiter, sodass wir davon ausgehen können, dass in den nächsten Jahren noch ein paar Dinge von dir kommen werden …

Uli: Es ereignet sich für mich additiv. Meine Leidenschaft und mein Wissen häuft sich aufeinander und vernetzen sich. Vieles, was ich jeweils machen konnte, hätte ich fünf Jahre früher noch nicht hingekriegt. Ich bin vom Typ her einer, der sagt: »Wenn ich was entdecke, wenn mich was begeistert, dann muss ich es anderen erzählen!« Ich bin nicht damit zufrieden, nur für mich selbst etwas kapiert oder entdeckt zu haben! Ich muss es teilen und multiplizieren. Und tatsächlich zünden Ideen dann am besten, wenn ich in mir selbst den Prozess von Not, Problem und Lösung durchgemacht habe. Aber ich vergesse einmal Erkanntes nicht, sondern es addiert sich jeweils für das Nächste, die Dinge werden nach und nach runder und reifer.

Es ist fantastisch, wie sich Entdeckungen vernetzen, man immer mehr über Glaube und Leben versteht – und dann daran Anteil geben kann. Diese Erfahrungswege in der eigenen Biografie geben eine besondere Autorität – man hat etwas selbst erlebt. Deswegen ist für mich eine gute Predigt immer auch biblischbiografisch. Menschen lernen nicht nur, wenn sie ein Programm bekommen. Sie lernen auch durch die Erfahrung und das Vorbild dessen, was andere gelernt haben. »Guck mal, der war auch einsam, der war auch zerbrochen, der war auch in der Krise. Vielleicht zeigt sich da ein Weg für mich!« Denn darum geht es ja: Erfahrungen auswerten, systematisieren, vergleichen. Daraus Wege ableiten und sie mit biblischer Weisheit und Wegweisung verwurzeln.

Das ist übrigens etwas, wo wir beide uns sehr nahe sind. Du hast dieses wunderbare Buch zum Thema »Lebenswunden als Auftrag und Chance« geschrieben. Genau das ist es: Nimm deine Verletzungen, deine Irrwege, deine Niederlagen, verarbeitete sie, halte sie Gott hin, lerne von ihnen – und daraus wächst eine Autorität und ein Mandat für andere. Bibel und Leben kombiniert schaffen Resilienz und Wurzeln.

Kampagnen sind nicht jedermanns Sache. Bei mir zum Beispiel gibt es einen Reflex der Zurückhaltung, wenn etwas allzu massig und breit wie eine Sturmflut daherkommt – und über Nacht wieder verschwunden ist. Wie viel bleibt da geistlich nachhaltig? Gleichzeitig habe ich als Pastor den Wert von Gemeindekampagnen und Predigtreihen kennengelernt: die Möglichkeit, sich gemeinsam einem wichtigen Thema für eine bestimmte Zeit intensiv und in einer gewissen Ausschließlichkeit zu widmen. Das hat seine Wirkung und bleibt manchen noch über Jahre hinweg präsent. Beim »Jahr der Stille« habe ich Ähnliches erlebt und höre bis heute Stimmen von Menschen, die daraus Wertvolles für sich entdeckt haben. Es braucht sie schon, die guten Aktionen. Auch wenn es nicht immer einfach ist, sich im Dschungel christlicher Konferenzen und Aktionen zurechtzufinden.

14

»ERFOLG IST IMMER TEAMLEISTUNG«

WACHSENDE LEITUNGSROLLEN

Niemand kommt als Leiterin oder Leiter zur Welt. Kaum jemand blickt auf einen Fünfzehnjährigen und denkt sich: »Alles deutet darauf hin, dass dies einmal ein großer Leiter wird!« Was formt einen Menschen zu einer Führungskraft? In der Bibel ist es oft der Zufall bzw. Gottes unerwartete Wahl eines Menschen, an den zunächst mal keiner gedacht hat: Mose, Josua, David, Jeremia, letztlich auch Jesus, Petrus, Paulus und Timotheus.

In der Weltgeschichte wie im Reich Gottes ist es oft eine schicksalhafte Verknüpfung mehrerer Umstände, die zu großen Leitungstaten führt: eine Notsituation, ein Ruf, ein Wagnis und eine verfügbare Person, die im Leiten lernt, wie leiten geht, und sich so bewährt. Die, hätte sie gewusst, was auf sie zukommt, vielleicht das Weite gesucht hätte.

Wie war das bei Uli? Wie sind ihm seine Leitungsrollen zugewachsen? Wie hat er Führung gestaltet? Was ist darin gelungen? Was war und blieb kräftezehrend und schwer? Und was mich besonders interessiert: Was lernen wir daraus?

Leiter des Bundes-Verlags

Thomas: 2006 wurdest du Chef des Bundes-Verlags. Damit warst du zunehmend als Leiter gefordert. Bisher warst du in erster Linie Innovator, Journalist, Netzwerker. Wie leicht fiel es dir, den Leitungsmuskel verstärkt zu gebrauchen?

Uli: Ich war ja mit vielem sehr vertraut und hatte ein super Team vor Ort. Es waren knapp 60 Leute, rund vier Millionen Euro Umsatz, für die ich zuständig war. Es ging um Ergebnissicherung, Teamleitung, Verantwortung für die Jahresplanung. Neu war für mich, dass ich ein Gesamtsystem vorwärtsbringen und in der Hand halten musste. Und das in Witten, 350 Kilometer von meinem Zuhause entfernt. Das war schon ein großer Schluck, unsere Kinder waren noch nicht alle aus dem Haus. Aber wir dachten: Es geht.

Thomas: Hand aufs Herz: Kann man einen Verlag mit so vielen Mitarbeitenden führen, wenn man nicht konstant vor Ort ist? Wird man den Leuten gerecht?

Uli: Durchgeschlagen hat für mich vor allem das viele Unterwegssein – auch als Belastung für meine Familie. Ich fahre nicht gern weg, nehme nicht gern Abschied, komme unheimlich gern wieder nach Hause. Und klar: In einer flachen Hierarchie, wo 80 Leute auf einen Leitenden zugreifen, geht es sicher nicht. Aber mit gut gestaffelten Verantwortungen und Gaben eben doch. Wir hatten und haben einen starken Leitungskreis und zwei richtig gute Abteilungsleiter mit langjähriger Erfahrung. Martin Gundlach leitete die Redaktion und hatte die alltäglichen Abläufe im Blick. Marc Brocksieper leitete Vertrieb und Umsatzplanung und ist seit Herbst 2021 mein Nachfolger in der Verlagsleitung. Mein Teil war das Bündeln innerhalb der Gruppe und das Vertreten in den Netzwerken, neue Ideen und Impulse für Wachstum und Strategie und die geistliche Endverantwortung.

Wir drei haben uns einfach super ergänzt und spielten uns die Bälle zu, da war großes Vertrauen und große Erfahrung. Jeder konnte so sein Bestes geben – und es lief gut ohne meine Dauerpräsenz. Du brauchst jede Gabe im Team und bist abhängig vom guten Miteinander. Als Pionier und Innovator bist du nichts ohne Leute, die es verstehen und gut umsetzen!

ALS PIONIER UND INNOVATOR BIST DU NICHTS OHNE LEUTE, DIE ES VERSTEHEN UND GUT UMSETZEN!

Thomas: Jeder Nachfolger ist anders als sein Vorgänger; du bist anders als Erhard Diehl vor dir. Nun musstest du auf einmal seine Stiefel anziehen und damit loslaufen. Ging das gut?

Uli: Ich habe da eigentlich erst gemerkt, wie gut wir uns ergänzt haben und wie sehr wir uns in der Rolle vorher auch gegenseitig brauchten. Steckt man mittendrin, nimmt man das nicht immer wahr. Man sieht den anderen oft einseitig. Er konfrontierte mich mit den Regeln des Systems, mit strukturellen Fragen, finanziellen Begrenzungen, der Wirklichkeit eines Vorstandes und lauter unangenehmen Sachen, die mich als innovativen Typen behinderten. Ich dachte oft: »Mensch, ist das mühsam! Muss das jetzt schon wieder sein?«

Übernahme der Verlagsleitung im Bundes-Verlag von Erhard Diehl, 2006

Als ich dann selbst in der Verlagsleiterrolle war, sah ich deutlicher, dass Erhard für mich als Pionier an vielen Stellen die notwendige Struktur gebaut hat. Gleichzeitig hat er mir den Rücken freigehalten von all den Fragen ums Controlling, die Betriebswirtschaft, das Personalwesen, nach Brandschutztüren im Haus. Ich konnte mich auf die neuen Ideen und die kreative Umsetzung konzentrieren.

Thomas: Jetzt auf einmal warst du für diese Dinge zuständig.

Uli: Genau, all das sind Dinge, die gut versorgt sein müssen und ineinandergreifen. Du brauchst Struktur und Rahmen – und du brauchst einen, der als kreativer Motor agiert. Jemanden, der Zeit hat, vorwärtszugehen und Neuland zu erobern und der nicht nur das alte Land bebaut und pflegt. Heute verstehe ich, dass gute Leitung immer diese beiden Pole umfassen muss. Manchmal wachsen kreative Leute so hoch hinauf, dass sie sich am Ende durch Verwaltung und Leitung selbst lahmlegen.

Ab 2006 habe ich diese beiden Rollen ein Stück in mir selbst vereinen müssen. Es ist nur deshalb gut gegangen, weil ich in die größere Struktur der SCM Verlagsgruppe eingebunden war – es gab ja noch die Geschäftsführung – und in Witten ein so starkes Team hatte. Erfolg ist immer Teamleistung – wie im biblischen Bild des einen Leibes mit vielen Gliedern.

Thomas: Hat dir für die neue Rolle auch dein Erfahrungskontext WegGemeinschaft geholfen?

Uli: Ja. In einer Lebensgemeinschaft lernst du, Konflikte zu behandeln und anzusprechen. Du lernst, dass du nicht alles, was gesagt wird, sofort eins zu eins glauben musst. Dass hinter vielen Aussagen eine zweite oder dritte Ebene liegt. Du lernst, immer beide Seiten zu hören. Dass Gespräch unter vier Augen wichtig ist. Dass es immer sinnvoll ist, Dinge direkt anzusprechen und nicht zu verschleppen.

Jede verbindliche Gemeinschaft ist im Blick auf diese Dinge eine extrem gute Leitungsschulung. Christliche Gemeinschaft gibt dir eine besondere Art von Autorität und Kompetenz im Lesen von Menschen und im Umgang mit ihnen.

Thomas: Nun kann sich aber nicht jede Führungskraft schnell mal eine Lebensgemeinschaft organisieren, damit er diese Dinge lernen kann. Wird sie deshalb schlechter leiten?

Uli: Nein, sie bringt vielleicht an anderer Stelle Kompetenzen mit. Leiten kann man ja auch zu einem guten Maß lernen. Es hat vor allem mit Charakter und Integrität und guten Werten zu tun. Und: Jede Form von Gemeinschaft, die dich zu mehr zwingt, als es normalerweise eine Kirchengemeinde tut, bereichert dein Leiten.

Thomas: Ja, das Wesentliche, was mit guter Führung zu tun hat, ist lernbar. Man muss es aber lernen wollen und sich die richtigen Wege dazu erschließen. Gleichzeitig habe ich Dietrich Bonhoeffer im Ohr, der in »Widerstand und Ergebung« schreibt, dass die meisten Menschen nur durch Erfahrung am eigenen Leib klug werden. Er fährt dann fort: »Nur so erklärt sich die erstaunliche Unfähigkeit der meisten Menschen zu präventivem Handeln jeder Art – man glaubt eben immer noch, um die Gefahr herumzukommen, bis es schließlich zu spät ist.«

Das stimmt wohl genauso wie die These, dass gute Führung lernbar ist. Im Zusammenhang mit deiner Einbettung in eine Lebensgemeinschaft interessiert mich aber noch etwas anderes: Beides, Verlagsleitung und WegGemeinschaft inklusive Dünenhof, sind je für sich genommen höchstanspruchsvolle Aufgabengebiete. Konntest du gleichzeitig beiden gerecht werden?

Uli: Sicher nicht. Die Phase nach der Übernahme der Verlagsleitung hat auch Defizite erzeugt. Sie sind am ehesten dort sichtbar geworden, wo vorher andere Kür-Gebiete waren. Familie und Ehe war für mich Pflicht. Da habe ich versucht, mein Bestes zu geben. Und so hat am ehesten die Gemeinschaft und die Mitarbeit auf dem Dünenhof gelitten. Da war ich dann einfach weniger belastbar, weniger frei, weniger in der Lage, Gedanken und Taten reinzugeben, wie es früher der Fall gewesen war.

Vom Jonglieren mit anderen Lebensbereichen

Thomas: Wäre es nicht konsequent gewesen zu sagen: Die WegGemeinschaft war ein Stück Lebensphase, ich schließe ab und gehe raus?

Uli: Unsere Gemeinschaft ist verbindlich, sie ist lebenslänglich angelegt, auch wenn wir einander eine jährliche Erneuerung unseres »Jas« zueinander geben. Wir tun das, weil wir gelernt haben, dass die großen Worte und Zusagen nicht viel nützen, sondern man sie immer wieder erneuern und vital halten muss. Jedes Jahr bei unserer Jahresklausur feiern wir – oft nach langen Diskussionen und Aufarbeiten von Problemfeldern – Abendmahl zusammen und sagen: »Ich bin ein weiteres Jahr dabei!«

Thomas: Welche Folgen gab es für die Gemeinschaft und den Dünenhof?

Uli: Wir waren damals insgesamt in einer schwierigen Phase. Alles lief mit enormem Einsatz und hoher Kompetenz, aber durch das Wachstum der Arbeit sind wir in schwieriges Gewässer geraten. Auch da spielt hinein, was ich eben sagte: Wenn Kreative sich mit Leitung und Administration überladen, legen sie sich auch ein Stück lahm, es gibt so etwas wie ein Überwachstum.

Mit der Übernahme des Ferienhotels waren wir größer geworden, als wir es unmittelbar verkraften konnten. Auf einmal hatten wir nicht mehr 150, sondern 270 Betten in grundverschiedenen Häusern. Es wurde eine Professionalisierung nötig, die auch einen Verlust an Nähe und Einfluss bedeutete. Die Systeme des Betriebs haben sich mehr verselbständigt. Dadurch haben sich auf allen Seiten die Ansprüche, Forderungen, Erwartungen erhöht. Und das hat letztlich jeden von uns betroffen. Doch ich war verstärkt in Witten gebunden.

Thomas: Richteten sich viele Erwartungen an dich?

Uli: Auch auf dem Dünenhof und in der Gemeinschaft lief ja ganz viel durch gute Ergänzung von Gaben. Ich war zu Beginn derjenige, der eine starke Gründungsvision eingebracht und viele inhaltliche Programme und Entwicklungen vorangetrieben hat. Manfred und die anderen haben das optimal durch ihre Gaben ergänzt und umgesetzt.

Es gibt ja dieses Bild vom Pionier und Farmer – der eine erobert neues Land, der andere bebaut es und macht es auf Dauer fruchtbar. So war es auch bei uns. Aber diese gute Balance wurde nun doppelt angegriffen – überall wurde »unser Hemd zu kurz und knapp«. Das Ganze war multikausal, es gab nicht den einen Grund für Probleme, sondern es war die zunehmende Komplexität in jedermanns Leben und auf dem Dünenhof und in unserem Miteinander als Gemeinschaft. Das hat uns stark gefordert und auch überfordert. Und so gerieten wir in ein Spannungsfeld, wie es jede Gemeinschaft mit Auftrag kennt: Wie stark sind wir an unseren Auftrag gebunden und darin absorbiert – und wie stark tragen wir auf der anderen Seite Sorge für unser Miteinander? Wie bleiben die Dinge in guter Balance?

GEMEINSCHAFT IST WIE EINE KIRCHENGEMEINDE EIN SICH IN STÄNDIGER BEWEGUNG BEFINDLICHES SYSTEM.

Thomas: Ihr wart mittlerweile an einem Punkt, wo die Aufgaben das Miteinander eher belasteten und zu überlagern drohten.

Uli: Diesen klassischen Konflikt haben wir erlebt, ja. Jeder war funktional voll gefordert. Es blieb wenig Zeit, einander auch geistlich zu begleiten, für positive Erfahrungen in der Gemeinschaft zu sorgen, für zweckfreies Zusammensein. In dieser Zeit haben wir dadurch gegengesteuert, dass wir unser wöchentliches Treffen mit einem gemeinsamen Essen starteten. Wir versuchten, auf die erkannten Nöte zu reagieren. Aber Gemeinschaft ist wie eine Kirchengemeinde ein sich in ständiger Bewegung befindliches System. Man sucht dauernd nach neuen Antworten. Manche Idee oder Methode ist für ein paar Jahre lang gut, dann aber verbraucht sie sich und ist abgenutzt. Und so begleitete uns diese Grundspannung: Wie sehr ist die WegGemeinschaft eine Dünenhof-Betriebsgemeinschaft mit Manfred in der problematischen Doppelrolle eines leitenden Angestellten und Gemeinschaftlers, wie sehr ist sie eine Lebensgemeinschaft? Diese Spannung begleitete uns durch unsere 30 gemeinsamen Jahre.

Manfred bildete das Gelenk zwischen Gemeinschaft und Betrieb, war das Nadelöhr für gegenseitige Kommunikation. Einmal war er der Kommunikator zwischen Gemeinschaft und Dünenhof, dann wieder zwischen dem Dünenhof und der Gemeinschaft. Er musste auch Erwartungen der 50 Mitarbeitenden an uns ausbalancieren, von denen wir uns als Ehrenamtliche manchmal überfordert fühlten.

Ich weiß heute aus eigener Erfahrung, dass diese Rolle für jeden Geschäftsführer ein Problem ist: Nadelöhr zwischen Vorstand und Mitarbeitenden zu sein, Lebensgefühle und Aufträge von beiden Seiten zu steuern und zu kommunizieren. Und dabei selbst noch zu überleben in dem Druck, der von beiden Seiten fließt. Wir haben erst nach vielen mühevollen Jahren miteinander entdeckt, dass es gar nicht nur um persönliche Begabung oder Einsatz allein geht, sondern dass das einfach ein systemisches Problem ist, das überall existiert. Mittlerweile kenne ich es genauso aus meinen anderen Leitungsämtern und verstehe es besser.

Thomas: Was hat das mit deiner persönlichen Freundschaft zu Manfred gemacht? Rollenvermischungen sind ja immer konfliktanfällig und schwer zu bewältigen.

Uli: Ja, ein dickes Brett! Was bin ich jetzt gerade? Ein Freund? Vorstand? Gemeinschaftsmitglied, einer unter anderen? Bin ich gerade Übersetzer der Gemeinschaft gegenüber Manfred oder von Manfred gegenüber der Gemeinschaft? Bin ich gerade Staatsanwalt, Verteidiger oder Richter bei einer Sache – oder halte ich mich besser ganz raus? Das waren schon auch harte Jahre für alle Seiten, einfach weil sie uns Prüfungsaufgaben auferlegten, für die wir nicht vorbereitet waren. Es ist erstaunlich, mit welcher Zähigkeit und Treue wir bis heute Gemeinschaft geblieben sind. Unter dem Strich blieb die Arbeit vital und gesegnet.

Thomas: Was rätst du auf dem Hintergrund deiner Erfahrungen einer Führungskraft, die fragt: »Wo hole ich mir das nötige Know-how, wenn meine Führungsaufgaben an Komplexität zunehmen? Wie kann ich mich parallel zu den steigenden Anforderungen mitentwickeln?« Gibt es einen bestimmten Weg, den man dabei gehen kann und muss, oder reicht das richtige Buch?

Uli: Es gibt eine theoretische und eine praktische Antwort. Die theoretische besteht in einem Rat, den ich jeder Organisation geben möchte: Bildet euren Nachwuchs gut aus! Lasst eure Nachwuchsleiter so viel wie möglich über Leitung lernen! Das praktische Problem ist nur, dass die meisten unserer christlichen Organisationen und Gemeinden gar nicht wissen, wer ihre Nachwuchsleiter sind. Wer von den Leuten, die da sind, hat denn echtes Leitungspotenzial? Ich merke, dass das im laufenden Betrieb ein Riesenproblem ist. Du bist als Leitender so darauf gepolt, Probleme zu lösen und den ganzen Apparat am Laufen zu halten, dass extrem viel Kraft im Status quo gebunden ist. Leitungsausbildung und -begleitung wirkt da oft wie eine Kür, die man sich »gerade« nicht leisten kann. Man füllt Löcher für heute und morgen – für übermorgen fehlt oft die Zeit. Auch ich war da nicht wirklich gut in diesem hektischen Galopp.

Thomas: Und wie lautet die praktische Antwort, die mit der Realität kompatibel ist, wie du sie vorgefunden hast, nämlich, dass du ohne langes Training in Leitungsrollen befördert wurdest?

Uli: Leitung hat meines Erachtens schon auch viel mit Begabung, Persönlichkeit, Autorität und Charakter zu tun. Das hast du und erwirbst du dir – oder nicht. Aber dazu kommt das andere: Lerne so viel wie möglich. Lies Bücher, lerne über persönliche Beziehungen, hab gute Vorbilder, schau genau hin, suche nach Mentoren. Die Willow-Creek-Kongresse und Netzwerke waren mir da immer eine super Hilfe. Aber klar, ich hätte für mich selbst das Leben gerne mal für ein paar Monate angehalten und noch ein paar Grunddinge gelernt. Ich bin am Ende nur das, was ich geworden bin, ein Visionär und Pionier, der um seiner Projekte und seines Vorwärtsgehens willen zum Leitenden wurde. Für mehr formale Ausbildung blieb nie die Zeit.

Thomas: Aber du hattest in deiner Frühzeit Förderer, die dir etwas zutrauten, die an dein Potenzial glaubten.

Uli: Ja, das waren vor allem Förderer auf der geistlichen Ebene und im Blick auf meine Persönlichkeitsentwicklung. Bei ihnen habe ich viel gelernt, was mit Charakter und Integrität zu tun hat. Aber es bezog sich nicht auf Kommunikation, Teamführung, Management und diese Dinge. So ist es in vielen christlichen Organisationen: Leitung und deren Entwicklung geschieht meist »on the job«. Du bist irgendwie drin, wirst grenzwertig gefordert – und wenn du dich darin bewährst, ist es das Sprungbrett für die nächste Entwicklungsstufe.

Es wird noch komplexer

Thomas: So war es auch 2014, als du die SCM-Geschäftsführung übernahmst. Nun umgab dich eine noch viel größere Struktur mit viel komplexeren Aufgaben als bisher. Da musst du ein paar schlaflose Nächte gehabt haben, oder?

Uli: Es war der Sprung in sehr viel höheres Umsatzvolumen, heute sind es 33 Millionen Euro und 350 Mitarbeitende an drei Standorten quer durch Deutschland. Ja, das war richtig viel mehr. Und es ist auch nicht eine wirklich gute Idee, von Cuxhaven im Norden aus drei Standorte im Westen und Süden des Landes leiten zu sollen und zu wollen. Aber es begab sich halt so – und es ging deshalb, weil wir das wiederum als Team machten. Wir waren ja drei Geschäftsführer in unterschiedlichen Gebieten.

Aber der Anfang war auch ein Stück Krise für mich. Voraus ging der Rücktritt meines sehr engagierten Vorgängers, sodass ich dann vom Vorstandsvorsitzenden Friedhelm Loh überraschend gebeten wurde, die Rolle als CEO und Gesamtleiter zu übernehmen. Es ist ja schon seit zwanzig Jahren eine insgesamt schwierige Zeit für Verlage! Wir haben den Medienwandel, die Digitalisierung, den Rückgang von Glaube und Lesefreude. In einem schrumpfenden Markt innerhalb einer schrumpfenden Kirche eine solche Firmengruppe zu führen, ist für jeden eine heftige Herausforderung, da gibt es einfach nicht immer nur gute Jahre. Die Anfrage damals hat mir deswegen erst mal einen gehörigen Schrecken eingejagt. Die Leitung des Bundes-Verlags war vertrautes Land. Jetzt noch einen Schritt in doch ziemlich unbekanntes Land weiterzugehen, war eine enorme Herausforderung.

Thomas: Du hättest sie nicht annehmen müssen.

Uli: Es kamen mehrere Dinge zusammen: Zum einen waren unsere Kinder groß und aus dem Haus. Wir waren frei. Dazu kam, dass keine Alternativen in Sicht waren und »halbgare« Alternativen am Ende auf mich als Leitenden durchgeschlagen hätten. Auch das Ja meiner Frau spielte eine große Rolle. Ich habe Gott aufrichtig darum gebeten, dass er mich unruhig macht, wenn das nicht sein Weg und Ruf ist. Wir haben außerdem mit vielen Freunden gesprochen, unterschiedliche Resonanz erfahren, aber am Ende den Eindruck gewonnen, dass durch den Erfahrungsvorlauf in Witten manches doch dafür sprach …

Thomas: Du fühltest dich vorbereitet?

Uli: Zumindest in Teilen, ja. Wir haben die Abmachung mit dem Vorstand getroffen, nach 18 Monaten eine Sollbruchstelle einzubauen, um gemeinsam zu besehen, ob es ein guter Weg ist. Das war dann am Ende nicht mehr so im Blick, weil so viel Drive und Druck auf dem Kessel war und die Zeit einfach mit uns durchgegangen ist.

Heute bin ich froh und extrem dankbar, dass Gott seine Hand über unsere Verlagsgruppe gehalten hat und es trotz mancher Krisen und Probleme über die letzten sieben Jahre gelungen ist, weiter Kurs zu halten. Auch da wieder: Das ist Teamleistung und hat ganz viele Ursachen in ganz vielen Menschen, die gemeinsam ihr Bestes gegeben haben.

Thomas: Was hätte besser laufen können?

Uli: Ich habe ja eben schon angedeutet: Es wäre gut gewesen, ich hätte eine formale Einführung und eine wirkliche Lernkurve haben können. Ich bin ins Wasser gesprungen und musste schwimmen. Aus heutiger Sicht hätte ich mir viel mehr

Wechsel vom Verleger und Geschäftsführer der SCM zu Dr. Christian Brenner: mit Marco Abrahms (kaufm. GF, 2. v. l.) und Marc Brocksieper (Nachfolger Bundes-Verlag, 2. v. r.), 2021

Zeit für das Kennenlernen der Menschen und Systeme am Standort Holzgerlingen nehmen müssen. Mein Vorgänger hatte vor Ort gewohnt, war sichtbar und anzufassen. Er war dafür weniger in Witten – aber da war ja ich, das war kein großes Problem. Jetzt aber gab es in Holzgerlingen ein Präsenzvakuum, das ich nicht füllen konnte.

Als richtigen Fehler sehe ich im Nachhinein, dass ich nur über die Abteilungsleitenden gearbeitet habe, statt zu Beginn jeden Mitarbeitenden zumindest kurz kennenzulernen, um Menschen und Funktionen und Arbeitssysteme besser zu verstehen. Vielleicht hat da auch wieder meine Schüchternheit mit reingespielt, eine Unsicherheit, die man mir vermutlich meistens nicht so anmerkt. Zugleich stand ich ja auch unter dem Zugzwang, dass ich nicht zu lange von der Familie, von Witten und meinen anderen Aufgaben weg sein wollte – ich hatte mir bewusst ausbedungen, weiter AUFATMEN zu leiten, ich wollte weiter selbst inhaltliche Impulse senden können. Unser Vorstand hat mir das zugestanden, wahrscheinlich nicht wissend, was ich mir damit antue. Heute sage ich: Das war natürlich die perfekte Selbstbestrafung! Das alles miteinander zu schaffen, war kaum möglich und ging nur durch große Erfahrung und ständiges »Unter Strom«-Stehen.

DAS ALLES MITEINANDER ZU SCHAFFEN, WAR KAUM MÖGLICH UND GING NUR DURCH GROSSE ERFAHRUNG UND STÄNDIGES »UNTER STROM«-STEHEN.

Thomas: Das muss herausfordernd gewesen sein …

Uli: Ja, das war schon eine große Einsamkeit mit manch schweren Tagen und Wochen, auch eine geistliche Herausforderung. Doch als Marco Abrahms als kaufmännischer Geschäftsführer zurückkam, konnte ich vermehrt wieder das sein, was ich bin, nämlich Pionier, Inhaltsmensch, Unternehmer, Netzwerker – aber nicht Strukturleiter. Das ist eine ganz eigene und superwichtige Herausforderung, die enorme Kompetenz und Fachwissen verlangt. Und: Das Zusammenspiel geht nur mit großem Vertrauen, hoher Loyalität und gutem Zuspiel ohne Konkurrenzneid. Wir brauchen einander, jeder kann das Seine – und keiner will den Job des anderen. Das war bei uns so, ich bin extrem dankbar für ihn!

Thomas: Was du erzählst, ergibt ein schönes Lehrstück von Leitung. Erstens: Du wurdest hineingeworfen, hast dich hineinwerfen lassen. Du hattest Mut, hast es gewagt, dich damit aber auch ein Stück weit überfordert. Das Zweite: Du hattest eine Beziehung zu Marco Abrahms. Ich vermute mal: Wäre da keine Verbindung gewesen, hätte er sich den Wiedereinstieg kaum vorstellen können. Drittens: Dadurch konntest du wieder auf deinem besten Instrument spielen, dich mehr auf deine Stärken konzentrieren. Diese drei Komponenten haben ermöglicht, dass es gut kam.

Ich sehe noch ein viertes Element: die inhaltliche Spürnase, die so ein Verlag braucht und die dir gegeben ist. Wir haben viel über Leitung, auch Strukturen gesprochen, aber letztlich geht es in dieser Branche darum, die christliche Welt und den Glauben zu verstehen, einschätzen zu können, was für Inhalte, was für Autoren, was für Themen es braucht. Denn ohne diese inhaltliche Kompetenz nutzt alles Führenkönnen und -wollen nichts.

Uli: Wahrscheinlich ist es für viele Systeme so: Du brauchst ein Gesicht und eine Autorität nach außen, jemanden, der für Lesende und Autoren und Künstler und Kreative etwas abstrahlt oder Leitfigur ist. Und du brauchst hervorragende Leitung nach innen für die Prozesse und das ganze Innenleben einer Firma. Nur so kann es gut laufen. Ganz klar: Dazu gehört ein ganzes Leitungsteam aus Verlags- und Abteilungsleitenden, die jeweils das Ihre geben. Es braucht viele Kompetenzen in gutem Zusammenspiel.

Friedhelm Loh

Thomas: Du hast bei der SCM viele Jahre unter dem Vorstandsvorsitzenden Professor Friedhelm Loh, einem erfolgreichen Unternehmer und engagierten Christen, gearbeitet – er ist rund zehn Jahre älter als du. Wie kommen zwei so ambitionierte Männer wie ihr beide miteinander klar?

Uli: Er war mein Verantwortungsgegenüber, wir agierten beide in Rollen und hatten Mandate, das ist natürlich per se kein Freundschafts-Ponyhof wie etwa in meiner Beziehung zu anderen älteren Mentoren. Friedhelm Loh ist eine faszinierende Persönlichkeit, ein Unternehmer par excellence. Er hat eine enorme Wachstumskurve mit seiner Firmengruppe erlebt, bringt großes Wissen mit und vor allem einen intensiven missionarischen Spirit. Er will unsere Gesellschaft mit dem Glauben erreichen, an dieser Stelle finden wir uns immer wieder sehr gut.

Prof. Friedhelm Loh (r.), Vorstandsvorsitzender der SCM Verlagsgruppe und Begleiter seit 1985 – mit Präsident Obama, Kanzlerin Merkel 2006 bei der Hannover Messe

Als leidenschaftlicher Christ hält er mit seinem Glauben nicht hinter dem Berg und ist da immer wieder ein starkes Zeugnis, absolut vorbildlich! Er will mit Geld und Zeit verantwortlich umgehen und nutzt seine Möglichkeiten, um an verschiedensten Stellen des Reiches Gottes Dinge vorwärtszubringen. Wo immer Evangelisation gefördert und innovativ gearbeitet wird, freut er sich mit.

In diesem Sinne ist er einer, der uns als SCM antreibt, fördert und eine mich anrührende Mitfreude hat, wenn die Dinge gut laufen. Er führt eine Firmengruppe mit 12 000 Mitarbeitern und 2,6 Milliarden Umsatz, trifft Frau Merkel mit Wladimir Putin an seinem Messestand oder fliegt mit einer Industriellengruppe zum französischen Präsidenten, um über die Förderung des Mittelstandes zu beraten. Er ist enorm innovativ, hat etwa in Westnorwegen einen riesigen unterirdischen Datenspeicher aufgebaut, um die Unabhängigkeit europäischer Cloud-Daten voranzubringen. Da könnte man viel erzählen und staunen.

Dadurch gibt es für beide Seiten manchmal vermutlich ein Anpassungsproblem – die SCM ist ja im Verhältnis eine kleine Firma. Aber er hat immense Wirtschaftserfahrung und ein großes Herz für uns, wir können enorm profitieren und müssen dann eben manches in unsere Verhältnisse übersetzen. Ich habe ihn relativ früh kennengelernt, weil er seit der Neugründung des Bundes-Verlages 1985 bei uns engagiert ist und auch die Stiftung Christliche Medien ins Leben gerufen hat – insofern eine langjährige Beziehung.

Thomas: Passten diese Niveauunterschiede zusammen? Da begegnen sich ja Welten. Stahlindustrie und kreatives Verlagshaus liegen nicht gleich nebeneinander. Und dazu dann du als junger Revoluzzer mit schrägen Gedanken …

Uli: Manches war für ihn sicher schwer einzuschätzen und er musste irgendwie damit umgehen. Und ich kann in Dankbarkeit gegenüber Gott und auch Personen wie ihm sagen: Die haben mich irgendwie ertragen und vielleicht auch entziffert, das war für beide Seiten nicht immer einfach.

Dass ein systemisch sicherlich viel reinrassig denkender Unternehmer wie Friedhelm Loh als Vorstandsvorsitzender unsere ganze Entwicklung quer durch Ideen und Projekte mitgegangen ist, zeugt ja auch von einem mitlaufenden Respekt seinerseits. Vielleicht war es manchmal auch ein im Stillen murrender oder schimpfender Respekt. Und natürlich war es auf meiner Seite manchmal auch so – es ist ja nichts Ungewöhnliches, dass zwischen Vorstand und leitenden Mitarbeitern ein wenig Dampf auf dem Kessel ist. Auch wenn einem das im Moment nicht gefällt, empfinde ich es auf lange Sicht so, dass solch eine Verantwortungsspannung, solch ein kritisches Gegenüber absolut notwendig und hilfreich ist.

In den sieben Jahren meiner Geschäftsführung haben wir uns noch mal auf eine neue Weise gefunden und erkannt, die mich schon auch beglückt. Ich habe bewusst immer versucht, sehr sorgfältig zwischen Ehrenamt und Berufsmandat zu trennen – »lass die linke Hand nicht wissen, was die rechte tut«. Deswegen hat er mein Engagement rund um Willow Creek und meine tiefe Vernetzung mit der übergreifenden Gemeindewelt auch erst spät vertieft kennengelernt und einschätzen können. Und auch ich habe seinen geistlichen Impetus im Lauf der Jahre immer besser verstanden. Er ist ein begeisterter Jesusnachfolger, der sich wünscht, dass Menschen zu Christus finden und dass Gemeinden missionarisch fokussiert unterwegs sind. An dieser Stelle denkt Friedhelm Loh sehr unternehmerisch, hat einen klaren Blick für Nebensachen und Hauptsachen. Auch wenn das manchmal unbequem ist, man kann immer davon lernen! Und ich liebe seine unternehmerische Art: »Ein Unternehmer muss was unternehmen!«, sagt er. Ein simpler Satz, der mir aber aus dem Herzen spricht und sich mit meinem Satz trifft: »Wer eigentlich, wenn nicht ich?« Da passt also auch etwas zusammen und da fließen immer wieder gute Impulse …

Thomas: Wie muss ich mir das vorstellen: Ist das ein Miteinander, das sich im Ringen um den besten Weg gegenseitig stark fordert, am Ende aber fördert?

Uli: Es ist ein Ringen, bei dem man sich nicht automatisch einig ist. Da habe ich enorm viel über Vorstandsarbeit gelernt, was ich dann wieder auf anderen Ebenen verwerten konnte. Vorstand heißt Verantwortung, ist kein Vergnügen und kein Freundschaftsklüngel. Wir können uns nicht über mangelnde Verantwortung eines Willow-Ältestenkreises bei Bill Hybels aufregen – und dann meinen, beim eigenen Vorstand ginge es nur ums Kaffeetrinken.

Als Leitender brauche ich ein verantwortungsvolles Gegenüber, das mich hinterfragt. Und ich maule und schimpfe vielleicht, weil es unbequem und nervig ist, aber es ist durchaus ein läuternder Prozess, der mich noch ein zweites, drittes, viertes Mal in die Denkrunde schickt. Man geht nicht immer gerne zu einer Vorstandssitzung und man kommt manchmal geknickt nach Hause. Natürlich treffen da Welten aufeinander, aber es ist systemisch richtig so. Dafür bist du ja Geschäftsführer, dass du mit solchem Druck umgehen lernst, ihn kreativ umwandelst. Deswegen: Unter dem Strich ist da große Dankbarkeit, hoher Respekt und ein wachsendes Verständnis.

Thomas: Nun behaupten manche, dass Friedhelm Loh als finanzschwerer Geschäftsmann manches sponsert und durchschleppt. Dass er der SCM mit seinem Geld ermöglicht, kleinere Player auf dem Markt zu schlucken. Fällt mal das Loh-Geld weg, dann bricht alles zusammen. So habe ich es schon gehört …

Uli: Schön wär's, wenn das Leben so einfach wäre. Wir müssen unser Geld allein verdienen und klarkommen. Es kann ja gar nicht sein Interesse sein, uns künstlich am Leben zu erhalten, er denkt zukunftsorientiert und über sich hinaus. Ja, es gibt von ihm hier oder da mal eine Anschubfinanzierung für missionarische Projekte – sein Geld hat zum Beispiel während der großen Flüchtlingskrise Hunderttausende mehrsprachige Begrüßungsmagazine ermöglicht, die wir produziert haben. Aber gegen alle Mythen: Er engagiert sich nicht in der Dauerfinanzierung von Projekten, die sonst nicht leben könnten. Er hat nie unsere laufende Arbeit finanziert, für schwarze Zahlen müssen wir selbst sorgen – und das ist harte Arbeit eines großen Teams in einem umkämpften Markt von Christen, die sehr genau auf das Geld schauen. Manchmal ist es leichter, eine Spende von frommen Leuten zu bekommen als den Preis für ein Buch oder eine CD – Verlagsarbeit ist nicht einfach!

Friedhelm Loh will Vitalität und Fokus auf die Inhalte – und deswegen leidet er, wenn in der frommen Szene manches holpert und stolpert und jeder das Rad selbst neu erfinden will. Von dieser visionären Denke profitieren wir – und sie erhält im Sinne des Verlagswesens ja gerade Bandbreite und Markenvielfalt. Viele wünschten sich von uns, dass nur eine theologische Färbung unser Haus verlässt. Aber wir wollen bewusst von adeo als Marke für Sinnsucher bis Hänssler für den frommen Kernmarkt Vielfalt erhalten und verschiedensten Zwecken dienen. All das unterstützt er durch seine Zeit, durch sein Wissen und auch hier oder da mal durch sein Geld bei missionarischen Projekten. Er sitzt uns im Nacken, damit die Firma sich selbstständig finanziert, und das ist manchmal unangenehm und oft harte Arbeit …

Der Schüchterne

Thomas: Zurück zu dir. Nun ist es für einen Leiter ein gewisses Handicap, wenn er schüchtern ist. Wo konkret stand dir das im Weg?

Uli: Es hat mich lebenslang ein Stück behindert. Wobei, noch mal: Leute, die mich in meinen Funktionen und offiziellen Anliegen kennen, glauben das oft nicht so recht. Sie erleben mich eher als leidenschaftlichen, inhaltlich flammenden, von Ideen überzeugten Menschen. In mir aber ist eine hohe Selbstdistanz. Vielleicht ist es vom erzwungenen Umgang mit Krankheit geprägt oder davon, dass ich als Pastorenkind häufig umziehen und mich immer wieder in neue Systeme eingewöhnen musste. Ich bin jemand, der sich in dem, wie er ist und sich gibt, viel beobachtet und mit hohen Forderungen begleitet.

Thomas: Wie muss ich mir das vorstellen, ein sich selbst beobachtender Uli?

Uli: Selbstkritisch. Auch auf dem Hintergrund, dass ich immer wieder viel Kritik gekriegt habe und mich viel verantworten musste. Ich musste mir ständig reflektierende Gedanken über mich selbst machen, habe ständig aus verschiedenen Blickwinkeln mein Verhalten hinterfragt und innere Dialoge geführt. Das hat dazu geführt, dass ich einerseits meinen Kurs sehr bewusst gewählt und meine Handlungen durchdacht und strategisch geplant habe. Zugleich führt diese Selbstdistanz dazu, dass ich nicht einfach mache und losrede und »bin« und laut und raumfüllend werde …

Thomas: Was du hier beschreibst, hat für mich aber nichts mit Schüchternheit zu tun.

Uli: Aber es hat diese Rückseite, dass da, wo ich keine Rolle, keine Leidenschaft, keinen Auftrag, kein Ziel, kein Mandat habe, eher unsicher bin, was ich soll und bin. Zum Beispiel: Ich bin nach dem Gottesdienst in der Gemeinde und begegne Leuten, die ich irgendwie kenne. Und mir fällt gar nichts Vernünftiges ein, worüber ich mit ihnen reden soll. Ich steh da wie der Ochs vorm Scheunentor – für die simpelste Frage zu blöd!

Mit Mandat leidenschaftlich, privat schüchtern – Pressekonferenz, Willow 2020

Wenn ich jemanden fragen will, wie es ihm geht, drehe ich erst mal eine innere Selbstdistanzrunde nach dem Motto: »Wie wird er das jetzt aufnehmen? Nimmt er das als echtes Interesse wahr oder nicht? Ist das eine billige Formel? Kann er darauf sinnvoll antworten? Überfordere ich die Situation?« Was für ein Quark! Ich weiß das eigentlich, aber mir fehlt die Leichtigkeit des Small Talks, da ist eine Unsicherheit im gesellschaftlichen Umgang.

Meine Eltern waren schüchtern. Ich bin schüchtern und manchmal fast unbeholfen – es sei denn, ich bin in meiner Leidenschaft. Da kann ich mutig und rücksichtslos sein und dicke Bretter bohren und Mauern durchbrechen.

Thomas: Heißt das, dass du ohne Stütze einer Rolle letztlich unsicher bist?

Uli: Mag sein, vielleicht mag ich einfach auch kein großes Aufheben um mich machen. Es gibt eine ganze Reihe von Situationen, in denen ich mich schwertue. Ich bin beim Arzt und soll meine Gesundheitsinteressen verteidigen, noch mal nachfragen, noch mal nachbohren – sagt meine Frau zumindest hinterher vorwurfsvoll. Das fällt mir schwer, irgendwie habe ich das nicht gelernt, ich will mich nicht so wichtig nehmen. Ich habe eine Grundschüchternheit zu überwinden, die von anderen nicht so gedeutet wird, sondern eher als Arroganz oder Signal, dass mir die Leute egal wären. Das tut mir dann richtig weh. Und es ist für mich Antrieb, an mir zu arbeiten. Ich muss lernen, mich dem Außenbild gerecht zu verhalten – aber das ist pure Arbeit für mich!

Menschen haben Erwartungen an Leiter – sie sehen zu Recht die Rolle, nicht die Person. Es gibt diese Typen, die allen ein wunderbares Gefühl geben können. Das bin ich nicht. Ich muss sogar üben, laut »Guten Tag« oder »Hallo!« zu sagen, wenn ich in einen Raum komme. Ich gebe keine drei lauten, fröhlichen Sätze von mir, schüttele allen die Hand, frage nach Wetter und gutem Essen und sonst was. Ich tu mich da schwer, aber ich habe ein warmes, herzliches Verhältnis zu jedem, der mich um etwas bitten würde oder dem ich helfen kann. Ich bin jedem wohlgesonnen, kriege es in Anfangssituationen allerdings nur schwer rüber ...

Thomas: Ich erinnere mich an ein Beiratstreffen in der Schweiz, wo du einen Impuls gehalten hast. Dann gab es eine Pause und man wollte noch mit dir ins Gespräch kommen ...

Uli: ... aber da war ich schon klammheimlich verschwunden. Ich bin schnell abgehauen, weil ich diese Spannung schwer aushalten kann: »Will da jetzt jemand was von mir? Werden die Leute auf meinen Input reagieren? War das jetzt überhaupt gut genug dafür?«

Thomas: Ja, und wir waren tatsächlich irritiert: »Ach, er ist schon weg? Dabei wäre es so gut gewesen, er wäre noch einen Moment dageblieben.«

Uli: In solchen Momenten brauche ich einen, der mir hilft. Das ist total ambivalent: Ich kann jeden, der ernsthaft Interesse zeigt, in meiner Begeisterung an die Wand reden und müdequasseln. Aber ich kann schwer Pausen überbrücken und Spannungen in Situationen aushalten, die ich nicht einschätzen kann. Christel sagt mir dann: »Lass doch mal Leute zu Wort kommen!« Und ich habe es schwer, weil ich dann denke: »Tun sie das jetzt bloß aus Höflichkeit?« Das fände ich ganz bescheuert und würde es nicht wollen …

Thomas: Kannst du in dieser Eigenart auch eine Stärke sehen?

Uli: Vielleicht neige ich in meiner Zurückhaltung nicht dazu, ein Selbstdarsteller zu sein. Es ist ja auch ein guter Schutz, nicht ständig groß rauskommen zu wollen. Dadurch werde ich eher mal unter- als überschätzt. Aber besser so als andersherum.

Zu meinen Lieblingsautoren bei Führungsthemen gehört der Managementdenker Jim Collins. In einem seiner Bücher (»Der Weg zu den Besten«) zitiert er den Unternehmer Walter Bruckart, der nach den fünf wichtigsten Kriterien für die gute Entwicklung eines Unternehmens gefragt wurde. Bruckarts Antwort: »Erstens die Leute, zweitens die Leute, drittens die Leute, viertens die Leute, fünftens die Leute.«

An diesen Satz muss ich nach diesem Gespräch denken. Viele Unvollkommenheiten einer Leitungsperson bleiben ein Stück relativ, wenn sie von guten Leuten umgeben und ergänzt wird. Noch etwas betont Collins, das auch auf Uli zutrifft. Er schreibt, dass wirkungsvolle Leiter oftmals eher unscheinbare Menschen sind. Viele von ihnen sind ruhig, zurückhaltend und schüchtern (!). Fragt man die Leute auf der Straße nach ihrem Namen, kommt es nicht selten vor, dass man sie nicht kennt. Und das ist gut so, denn am Ende zählen Resultate, nicht Berühmtheitswerte und Likes.

15

»FREUNDE SIND ETWAS GENIALES!«

FREUNDSCHAFTEN, NETZWERKE, BEZIEHUNGEN

Ein Markenzeichen von Uli ist, dass er selten den Alleingang sucht. Schon in früheren Gesprächen wurde sichtbar, dass er den Schulterschluss mit Gleichgesinnten liebt, um wichtige Anliegen gemeinsam nach vorne zu bringen. Das setzt ein großes Beziehungsnetz voraus. Bei Uli reicht es über Deutschland hinaus in die Schweiz und nach Österreich. Gerade hier hat er sich in den letzten Jahren Kontakte erschlossen, die sich für einige seiner neueren Ideen als besonders wichtig erweisen könnten. In diesem Gespräch wollen wir einige davon in den Blick nehmen. Ich will besser verstehen, weshalb sie für Uli von so großer Bedeutung sind.

Neben vielen dieser eher funktionalen Beziehungen interessieren mich aber auch Ulis Freundschaften. Gerade die schon länger andauernden zeichnen sich ja dadurch aus, dass sie freier sind von Illusionen und unrealistischen Erwartungen. Man kennt sich, weiß um Stärken und Schwächen. Macht sich im Blick auf den anderen nicht mehr viel vor. Man kennt die Reibungsflächen genauso wie die Inspiration, die das Gegenüber ins eigene Leben bringt. »Jeder ist normal, bis du ihn kennenlernst«, heißt ein Buch des amerikanischen Autors John Ortberg.

Auf Augenhöhe

Thomas: Was bedeutet für dich Freundschaft?

Uli: Tiefe Verbundenheit. Meine Frau ist meine beste Freundin, mein bester Freund. Was ja nach Ansicht mancher Christen gar nicht sein darf …

Thomas: Wer sagt das?

Uli: Freundschaft ist ja ein schönes christliches Thema. Ich glaube, dass sich alle Menschen danach sehnen und dass viele daran vorbeigehen. Dass viel Unbeholfenheit da ist. Es gibt in der Literatur und all dem, was darüber gepredigt wird, eine häufig wiederkehrende These. Die ist, dass Männer einen besten Freund brauchen – und dass dieser beste Freund nicht die Frau sein kann, weil sie das angeblich überlastet …

Thomas: Ich bin dieser These noch nicht begegnet ...

Uli: Vielleicht kommt das wie so oft aus den USA. Wenn so was apodiktisch gesagt wird, bin ich immer skeptisch und gehe dagegen an. Das ist ja auch mein Typus. Wenn einer behauptet: »Das geht nicht!«, dann sage ich: »Das wollen wir doch mal sehen! Wieso denn nicht?«

Aber klar: Ich verstehe die Aussageabsicht beim Thema Männerfreundschaft so: Männer brauchen Männer als Freunde, weil sie all diese gruseligen Themen rund um Sexualität mit einem Mann besprechen müssen, denn eine Frau kann sie nicht verstehen. Okay, aufgenommen – aber ich halte es trotzdem für verkehrt und für eine unter Wert vergebene Chance. Für mich ist Christel bester Freund im Sinne von: Ich habe keine Geheimnisse vor ihr, ich würde ihr niemals etwas verschweigen, weil ich meine, ich müsste sie schonen. Ich bin ein Mensch, der stark von und zu einem Gegenüber lebt. Ich möchte Freude teilen, Entdeckungen, Gutes, Schweres. Da würde ich immer Christel jedem anderen vorziehen. In diese Vertrautheit und Tiefe und dieses Maß an Offenheit, wie ich es mit ihr habe, wird nie jemand anderes kommen können.

WENN EINER BEHAUPTET: »DAS GEHT NICHT!«, DANN SAGE ICH: »DAS WOLLEN WIR DOCH MAL SEHEN!«

Thomas: Ich würde sagen: Das ist doch wunderbar! Und dort, wo eine Partnerschaft aus irgendeinem Grund nicht diese Intensität und Tiefe findet, ist es gut, wenn man Freunde hat.

Uli: Absolut, Freunde sind etwas Geniales! Ob es den einen besten Freund geben muss, weiß ich nicht. Was ich sagen kann: Menschen brauchen tiefe Beziehungen, und je mehr tiefe Beziehungen du unterhalten kannst, umso besser ist es für dich. Von daher: Wage Ehrlichkeit! Vertraue Menschen. Gib Beziehungen eine Chance. Ich bin einfach nur misstrauisch, wenn es heißt, als Mann brauche man männliche Freunde, um all die schwierigen sexuellen Themen zu besprechen. Das mag ich nicht, das klingt immer so, als könnte man seine Sexualität und auch das Problematisch-widersprüchlich-Schwierige rund um Sexualität nicht mit dem liebsten Menschen auf der Erde teilen. Das kann doch nicht wahr sein!

Thomas: Doch, ich begegne regelmäßig Männern, denen es so geht.

Uli: Aber warum ist das so?

Thomas: Ich weiß es nicht, es gibt unterschiedliche Gründe und Geschichten, weshalb es schwer oder unmöglich ist.

Uli: Wo soll ich denn weniger Scham empfinden als vor dem Menschen, der mir am nächsten ist? Klar, ich muss nicht zwanghaft alles sagen und heraussprudeln, das kann belasten. Und ich brauche auch mal neutralen Rat, den Außenblick. Aber das widerspricht dem gar nicht …

Thomas: Gab es neben deinem Jugendfreund Manfred weitere Freunde?

Uli: Freundschaft ist ja ein nicht genau definiertes Wort. Es gibt viele enge Vertrauensbeziehungen. Natürlich sind da mein langjähriger Mentor Peter Strauch oder Gordon MacDonald. Dazu habe ich ein, zwei kleine Freundeskreise, mit denen ich mich regelmäßig treffe. Sie entsprangen dem Wunsch, mit Menschen auf Leitungsebene zusammen unterwegs zu sein und mit ihnen eine vertrauensvolle Beziehung zu haben. In dem einen Kreis bin ich mit vier anderen Leitern unterwegs, die mittlerweile alle im Ruhestand sind. Wir haben einander über zwanzig Jahre intensiv begleitet, konnten miteinander sehr ehrlich sein und das hat einfach gutgetan. Ein zweiter Kreis mit jüngeren Leitenden entwickelt sich nach einer Zäsur eventuell gerade neu.

Thomas: Wie zweckfrei sind diese Kreise? Dienen sie am Ende eher der Vernetzung oder ist das für dich dasselbe wie Freundschaft?

Uli: Die Verzweckung kann eine Gefährdung sein. Beide kleine Kreise sind klar vertraulich. Es dringt nichts über den Kreis hinaus. Und es ist ein gegenseitiges Verstehen da, dass man die Beziehung nicht instrumentalisiert. Zugleich würde ich sagen, dass Beziehung und Vertrauen vieles ermöglichen: Das Reich Gottes funktioniert dadurch. Ich habe viele Projekte vorwärtsbringen können, weil ich schon ein Vertrauen zu Menschen hatte und sie zu mir, bevor ich etwas von ihnen wollte oder sie von mir. Und das halte ich für eine wichtige Sache. Viele Menschen wollen etwas von Leuten, ohne dass Vertrauen da ist. Und viele Leute wollen nur Vertrauen aufbauen, um etwas zu wollen. Aber darum kann es nicht gehen, das wäre der Tod im Topf für die Beziehung …

Thomas: Wie definierst du Freundschaft – was gehört dazu?

Uli: Zuerst kommt mir da mein Lebensthema Ehrlichkeit in den Sinn, absolute Ehrlichkeit untereinander. Dann sicher Nähe, Sympathie, Wertschätzung. Ich muss den anderen loben und selbst Lob empfangen und annehmen können. Es ist leicht, von Leuten kritisiert zu werden, aber es gibt wenige Menschen, die dir – ohne Hintergedanken – sagen, was du gut kannst.

Dann Augenhöhe: Kein dauerhaftes Gefälle zwischen zwei Personen, sodass der eine immer nur was vom anderen empfängt oder immer nur was vom anderen will. Und dann natürlich, wenn es wunderbar und glücklich läuft, ein paar gleiche Interessen, ein paar Ebenen, auf denen man ähnlich tickt und sich ergänzen und inspirieren kann.

Gordon MacDonald

Thomas: Dein intensivster Kontakt in die USA ist der zu Gail und Gordon MacDonald, die gute Freunde von dir und euch geworden sind. Gordon war in den vergangenen Jahren öfter im deutschsprachigen Raum als Referent unterwegs, und das hat auch mit dir und eurer Beziehung zu tun. Wie habt ihr einander kennengelernt?

Uli: Ich habe vor vielen Jahren seinen Bestseller »Ordne dein Leben« gelesen. Er hatte eine Ehekrise, eine Affäre, und er hat dann nach einiger Zeit dieses Buch als ein Stück Reaktion auf diese Phase der Selbstüberforderung und das Karrierestreben eines Pastors geschrieben. Darin geht es um gelebte Nachfolge, Stille, Gebet, Tagebuchschreiben, Selbstreflexion usw. Das fand ich hochinteressant. Als er dann einmal einen Termin in Basel bei Chrischona hatte, führte David Neufeld ein AUFATMEN-Interview mit ihm.

Thomas: Ich vermute, dass du ihn schon bald darauf zum Dünenhof eingeladen hast?

Uli: Genau – viele meiner Beziehungen verlaufen so. Das Interview war ein Sprungbrett, dann luden wir ihn ein. Er hat sich bei Ron Sider über uns erkun-

Gordon MacDonald beim Abendmahl auf dem Dünenhof-Festival

digt: »Was sind denn das für Leute?« Dann kam er – und wir waren sofort fasziniert voneinander.

Thomas: Wann war das?

Uli: Es muss kurz nach der Jahrtausendwende gewesen sein. Gordon war damals Anfang 60 und stand kurz vor seinem Ausstieg als leitender Pastor der Grace Chapel bei Boston, einer der ersten Megachurches. Er merkte, dass er als Pastor immer mehr Managementaufgaben zu bewältigen hatte, sich selbst aber in einer anderen Rolle sah: als Inhaltsmensch und Prediger. Er wollte noch einmal inhaltlich investieren und stieg deswegen aus.

Parallel dazu baute er sich einen kleinen Freundeskreis auf. Es waren fünf, sechs Ehepaare, die sich einmal im Monat für einen ganzen Tag trafen mit Essen, Gebet, Austausch. Das war eine für ihn zur Nachfolge Jesu gehörende Lebensversicherung: Sei gemeinsam unterwegs mit anderen, lass nicht zu, dass du vereinsamst. In dieser Lebensphase passten wir einfach optimal zusammen: Da gab es eine kleine christliche Gemeinschaft in Deutschland, neun Leute, die verantworten ein relativ großes Tagungszentrum rund um Spiritualität und Nachfolge, wo die Referenten durch das ganze Seminar begleitet wurden. Eben nicht der typische christliche Veranstalter, wo man hinfährt, seine Vorträge abliefert, das Honorar kassiert und wieder fährt.

Thomas: Heißt das, er wurde für euch als ganze WegGemeinschaft eine wichtige Bezugsperson?

Uli: Wir haben ihn immer wieder zu Tagungen eingeladen und er kam dann oft ein, zwei Tage früher. Wir haben uns zum gemeinsamen Essen getroffen, jeder hat erzählt. Er hat nach unserem Ergehen gefragt, viele kluge Fragen gestellt, uns auch ein Stück als Mentor im Blick auf unseren Kurs beraten. Als dann das Ferienhotel dazukam, hat er sorgenvoll die Augenbrauen hochgezogen. Er sprach vom kleinen Schiff, das jetzt aus der Elbe heraus auf das große Meer fährt, und hat uns gefragt, ob wir uns da nicht übernehmen. Auch Gail kam immer wieder einmal mit und hat ihre eigenen Beziehungen zu uns aufgebaut – sie ist ja seine Herzenskönigin, die er verehrt und eng in alles einbezieht. Auch da waren wir uns nah.

Immer wieder haben die beiden uns in die USA eingeladen – 2006 war es wirklich ein Höhepunkt, gemeinsam zu neunt zu ihnen zu fliegen und einige Tage bei ihnen zu Hause in Peace Ledge zu sein. Natürlich haben wir das auch mit einem Besuch bei Willow verbunden ...

Thomas: Gab es ein bestimmtes Programm bei den MacDonalds oder war das einfach ein informeller Besuch?

Uli: Wir haben unglaubliche Gastfreundschaft erlebt, morgens stand frisch gepresster Orangensaft vor der Tür. Gail hatte alles sorgsam vorbereitet, unsere Zimmer waren niedlichst geschmückt und sie haben sich enorm viel Mühe gegeben. Wir haben zusammen gegessen und auch gemeinsame Ausflüge gemacht. Es gab viele Gesprächsrunden rund um den Glauben, um Nachfolge, um den Dünenhof, um Seminare. Er hat uns in seine Gemeinde mitgenommen, wir hatten eine Begegnung mit seiner Tiefgänger-Gruppe, über die er später auch Artikel und ein Buch geschrieben hat.

Thomas: Das alles hat sich zu einer tiefen Freundschaft entwickelt …

Uli: Ja, für mich ist daraus eine enge Freundschaft gewachsen. Ich bin dann mit Gordon auch mal auf eine Tournee hier in Deutschland gegangen. Es waren Gemeinde-Impulsabende mit 500 oder 600 Besuchern. Da habe ich ihn gefahren und übersetzt, was uns auch sehr aneinander geschmiedet hat.

Im Oktober 2021 wäre er wieder bei uns auf dem Dünenhof gewesen und staunten, dass er sich das mit seinen 82 Jahren noch zugetraut hätte. Geplant war, dass er bei der formellen Übergabe des Dünenhofes an das Missionswerk »Wort des Lebens« mitwirkt, das unsere Arbeit weiterführt. Doch wegen der andauernden Einschränkungen konnte er leider nicht anreisen. Die Übergabe an WdL fand aber statt. Da hat sich eine starke Lösung gefunden: Unsere Kernausrichtung auf geistliche Erneuerung findet so eine Zukunft und wird zugleich durch den jugendmissionarischen Fokus von WdL ergänzt. Wir sind dankbar für diesen Weg der Integration der beiden Werke und sehen gute Synergien.

Thomas: Ist Gordon für dich eine Art Vaterfigur?

Uli: Nein, das ist nicht die Ebene – und dieser Platz wird von meinem eigenen Vater gut eingenommen. Es ist schon eine Augenhöhe-Beziehung – und zugleich ist er der Ältere, der vor mir unterwegs ist und mir deshalb manches sagen und zeigen kann. Jemand, den ich respektiere und achte: seine Liebe zur Bibel, seine Kenntnis, seine Erfahrung als Leiter, auch seine Verwobenheit mit der Willow-Creek-Bewegung. Er hat mehrmals auf deutschen und auch internationalen Kongressen gesprochen. Er kennt Bill Hybels gut – war mit ihm zusammen Seelsorger von US-Präsident Bill Clinton. Er hat einen starken Blick für missionarische Gemeindeentwicklung, ist aber durchaus kritisch gegenüber manchem, sodass wir immer sehr vitale Gespräche haben. Als wir den Willow-Creek-Kongress 2020 in Karlsruhe abbrechen mussten, verbrachte er seine Corona-Quarantäne bei uns zu Hause.

Thomas: Diese Konferenz musste ja wegen eines sehr frühen Corona-Falles in Deutschland abgebrochen werden. Ihr wurdet als ganzes Team, inklusive Referenten, in die Quarantäne geschickt. Und da haben Christel und du ihn zu euch nach Hause mitgenommen?

Uli: Ja. Er war mein langjähriger Freund – was hätte er in einer Karlsruher Quarantäne-Kaserne allein machen sollen? Und natürlich war das alles auch eine Sorgenzeit: die Unruhe seiner Familie in den USA, mangelnde Arznei, Flugumbuchungen, die ständige Selbstbeobachtung, Fiebermessen, Kontrolle durch das Gesundheitsamt. Dann die Warum-Fragen: Du kommst nach Deutschland, um bei dem Kongress zu predigen, hast dich vorbereitet – aber noch vorher bricht alles ab. Du bist in einem fremden Land, bist tief verunsichert, bist in der Risikogruppe als Älterer und neben dir läuft alles in einer fremden Sprache ab. Das war für ihn schon richtig traumatisch.

Es gab einen überstürzten Aufbruch vom Hotel, aber auch große Dankbarkeit bei Gordon, dass er mitten in der Situation zu seinen guten Freunden fahren konnte. Dann kam das Warten und Grübeln: Was macht Corona jetzt mit uns? Sind wir positiv? Ich habe ihm vorher gesagt: »Gordon, du bist sehr herzlich eingeladen! Du musst nur wissen: Wenn Christel und ich positiv sind, dann bist du bei uns wie im Gefängnis, wir hängen zusammen!« Er wollte es dennoch.

Fünf Tage später war ich Corona-positiv und hatte natürlich eine innere Panik: Was passiert jetzt mit Gordon? Und zugleich: Wie wird es mir gehen? Da war Druck auf dem Kessel!

Thomas: Du hattest neben großer Sorge um euer eigenes Leben jemanden im Haus, der eigentlich in die USA zurückwollte.

Uli: Ja. Christel hat sich alle Mühe gegeben, Gordon beizustehen. Zugleich litten wir alle unter der Situation: Gordon unter dem Druck von zu Hause: »Was ist mit dir? Kriegst du noch einen Flieger?« Das war alles sehr unübersichtlich und schwierig. Würde das Gesundheitsamt ihn reisen lassen? Seine Medizin kam nicht ins Land, hing beim Zoll fest. Dann Christels Stehen zwischen ihrem positiv getesteten Mann und der dunklen Ahnung: Wenn mein Mann positiv ist, dann werde ich auch bald positiv sein ... Dazu die Schwierigkeit, sich mit Gordon zu verständigen – er ist schwerhörig und hatte zur Schonung der Batterien seine Hörgeräte ausgeschaltet, was wir nicht wussten. Es hat Christel schier zur Verzweiflung getrieben, weil sie ständig im Kommandoton mit ihm kommunizieren musste.

Am ersten Sonntag haben wir zusammen im Internet den Gottesdienst in seiner Heimatgemeinde angesehen, das war ein schöner Moment. Zu Beginn der Quarantäne hatten wir noch einen Plan, wollten ein paar Interviews machen. Daraus wurde nichts, weil wir alle psychisch und physisch viel zu angespannt waren. Ich hatte die Symptome, Christel wurde dann auch positiv getestet, entwickelte ziemliches Fieber und Schwäche und wir waren einfach nur erleichtert, als es gelang, für Gordon am letzten möglichen Tag einen Flug in die USA zu buchen und ihn mit Papieren des Gesundheitsamtes auszustatten. Seine große Sorge war ja, dass sie ihn nicht zu Gail zurückließen, einen Tag später waren die Flughäfen in den USA dicht. Gott sei Dank hat er sich nicht angesteckt ...

Beziehungen zur Schweiz

Thomas: Richten wir unseren Blick von den USA auf etwas nähere Länder. Die Kampagnen »Jahr der Stille« und »Glaube am Montag« liefen nicht nur in Deutschland, sondern auch in der Schweiz und Österreich. Du hast dich auch sonst immer wieder in diesen beiden Ländern bewegt und Kontakte gehabt. Welche Beziehungen waren in diesem Zusammenhang für dich wichtig?

Uli: Wir haben dort wunderbare Freunde, viele haben wir über die Arbeit des Bundes-Verlags kennengelernt, weil sie in der Schweizer Redaktion oder an den Magazinen mitarbeiteten, wie etwa Niklaus Mosimann, der unsere Schweizer Tochterfirma leitet. Es ist völlig egal, ob du Schweizer oder sonst was bist: Wir alle sind Jesusleute auf der Suche, und das ist großartig.

Thomas: Gab es Personen, bei denen du eine ähnliche Wellenlänge gefunden hast?

Uli: Eine frühe Begegnung, die mich geprägt hat, war die mit Hanspeter Nüesch von »Campus für Christus«, einem großartigen Visionär für gemeinsame Anliegen im Reich Gottes. Er ist ein Mann mit einem ganz eigenen Charme; auch mit einer enormen Hartnäckigkeit, das durchzusetzen, was er als Vision vor Augen hat. Er hat viel in der Schweiz bewegt und Campus bei euch zu einer überragenden Vernetzungsstellung verschiedenster Initiativen verholfen. Bei Hanspeter beeindruckt mich, dass er dir mit seinen Anliegen im Nacken sitzen kann – es nötigt mir immer Respekt ab, wenn einer für seine Sicht kämpfen kann.

WIR ALLE SIND JESUSLEUTE AUF DER SUCHE, UND DAS IST GROSSARTIG.

Für uns ganz großartig und wichtig war und ist die Zusammenarbeit mit Vreni Theobald. Sie hat viele Seminare bei uns auf dem Dünenhof gehalten und schreibt großartige Artikel für AUFATMEN. Dieter und Vreni mussten den Schmerz über ihre Kinderlosigkeit verarbeiten – und so etwas produziert Perlen tiefer Erkenntnis, die sehr hilfreich für andere sind. Manchmal werden solche Leute reduziert auf schöne Andachten und ermutigende kleine Worte. Aber Vreni ist eine, die auch große, steile, eckige Dinge über das Leben und den Glauben schreiben kann, ganz stark.

Thomas: Später gab es Begegnungen mit Andreas Boppart, Boppi, dem Nachfolger von Hanspeter Nüesch.

Uli: Ich habe Boppi jahrelang auf der Jugendevangelistenschiene wahrgenommen – Motto: fröhlich, jung und unterhaltsam. Sicherlich wichtig, aber für mich nur so am Rande. Aber Boppi hat weit mehr drauf, er ist ein strategischer Denker mit Leidenschaft. Hat tolle Leute um sich herum bei Campus, das er jetzt leitet. Er hat für uns zwei starke Bücher geschrieben, die ich sehr respektiere – sie sind meines Erachtens in ihrer Bedeutung noch immer nicht voll entdeckt.

Er ist natürlich stark gefordert als Leiter dieses Werks – jetzt zusätzlich auch in Deutschland. Ihr habt da einen Visionär unter euch. Ich wünschte mir oft, mit diesen Freunden einfach mal länger zu sitzen und die verschiedensten Themen zu durchdenken, richtig in die Tiefe zu gehen.

Thomas: Da fehlt dann oft die Zeit …

Uli: Ja, es ist immer ein hoher operativer Druck da. So etwas zehrt aus, es fehlt manchmal der kreative Freiraum, in dem Neues und Grundsätzliches wächst. Da ist unsere Szene klein und sehr beansprucht. Es gibt meines Erachtens wenig evangelikal-pietistisch-charismatisch geprägte Menschen, die es schaffen, aus einer Denkruhe heraus Gültiges, Mahnendes, Wesentliches zu sagen. Da sind Leute in einem Wahnsinns-Leitungsgalopp unterwegs, können aber ihren vermutlich doch auch vorhandenen geistlichen Tiefgang kaum in die Breite übersetzen.

Thomas: Es fehlt der Freiraum für inhaltliches Denken und Schreiben. Du hörst das auf jedem Führungsseminar. Da wird rhetorisch gefragt: »Wo liegt für Männer und Frauen in Leitungspositionen die größte Herausforderung?« Antwort: »In der ständig zunehmenden Komplexität.« Bei Leuten, die leiten, bringt fast jeder Tag ein Stück Feuerwehrrealität. Es brennt hier, es brennt dort und du rennst von einem zum anderen. Der volle Alltag gibt dir wenig Freiraum, dich in das Inhaltliche und auf große neue Themen einzudenken.

Dahinter liegt aber noch ein anderes Problem, das Leute haben, die gerne schreiben würden: Du kannst davon nicht leben! Wenn du kein Bestsellerautor mit Hunderttausender-Auflage bist, dann ist Schreiben immer ein Hobby. Ich würde mich ja auch gerne wie der von uns beiden geschätzte DDR-Autor Erwin Strittmatter auf ein Bauerngut zurückziehen und drauflosschreiben. Aber am

Ende musst du ja von etwas leben können! Es geht nicht ums Reichwerden, einfach gut durchkommen wäre das Ziel. Der deutschsprachige Raum aber ist so klein, dass er das nicht hergibt.

Zugleich will ich das nicht als billige Ausrede vor mir herschieben, denn Schreiben ist für mich auch eine Frage des Auftrags von Gott. Und da erlebe ich, dass mich manche Themen über Monate, manchmal Jahre einfach nicht in Ruhe lassen. Im Gespräch mit Gott ahne ich, dass er dahinterstehen könnte und mir zuraunt: »Tu es! Suche einen Weg, schreib es nieder und erlaube mir, es für meine Ziele zu verwenden.« Am Ende braucht es dann aber doch die Extrakraft neben all dem anderen, was das Leben sonst fordert. Erfordert den Kraftakt, mich vom Alltag nicht vollends auffressen zu lassen und es irgendwie möglich zu machen. Aber das ist eine Gratwanderung.

Uli: Wenn wir Menschen literarisch, gedanklich als Vorbilder empfinden, sind es oft diejenigen, denen es gelungen ist, sich ein Stück von ihrer beruflichen Pflicht zu trennen. Ich denke da zum Beispiel an Gordon, der nun zwanzig fruchtbare Jahre nach seiner Aufgabe als leitender Pastor gestaltet hat. Ich sehe es auch bei jemandem wie Magnus Malm aus Schweden. Wieso hat er es geschafft, mit seinem Buch »Gott braucht keine Helden« so viele Christen zu prägen? Ich denke, Ursache ist, dass er nach einer beruflichen Krise ausgestiegen ist und sich in eine wagemutige Art von Mischfinanzierung begab, indem er Seminare hält und Bücher schreibt. Und wahrscheinlich sehr einfach lebt. Er hat diese Tiefenbohrung gewagt, zu der viele nicht in der Lage sind.

Du machst es ja ganz ähnlich mit mehreren beruflichen Segmenten – und ich weiß, dass sich diese Verpflichtungen oft gegenseitig bedrängen. Aber du hast dir für das Schreiben einen echten Prozentanteil eingeräumt und verteidigst ihn durch gute Bücher …

Als Verleger und literarisch Interessierter empfinde ich das als Riesendilemma und ärgere mich, dass wir es als christliche Verlage nicht besser gewährleisten können, dass Menschen diesen Freiraum zum Schreiben haben. Dass wir Talente und gute Denker nicht so weit fördern können, dass sie sich mal ein halbes Jahr aus dem Verkehr ziehen, um ein Buch zu schreiben. Gerne wollen Leute schöne Bücher aus ihren letzten dreißig Predigten machen – aber so etwas wird selten ein großer Erfolg. Das hat vielleicht mal vor fünfzig Jahren bei Wilhelm Busch geklappt, aber es ist auch da die große Ausnahme.

Thomas: Ich erinnere mich an einen deiner Besuche vor vielen Jahren in der Schweiz. Du sahst die vielen Schweizer Fahnen in unseren Schrebergärten und sagtest: »Das wäre bei uns so kaum möglich!« Weshalb nicht?

Uli: Weil solche Traditionen und Symbole hier in Deutschland fast immer verdorben sind durch die Nazizeit. Da ist ja alles missbraucht worden: die Kirche, die Autorität, die Fahne. Ein kompletter Pendelschlag von übertriebener Begeisterung zu großer Abwehr. Diese Diskontinuität in der Geschichte, dieses sich selbst nur aus Brüchen heraus zu verstehen und kaum Zugang zur eigenen Traditionswurzel zu finden, das ist ein großer Verlust für unser Land – und viele verstehen das noch nicht einmal und flüchten sich in einen profillosen Internationalismus.

Ich war mit großem Schmerz zusammen mit Christel in Estland bei einem großen Sängerfestival, das alle fünf Jahre stattfindet. Man redet ja bei den baltischen Ländern von der »Singenden Revolution«. Volkslieder haben dort einen enorm hohen Stellenwert – wie das auch in Deutschland mal der Fall war. Was wir da in Tallinn bei solch einem Sängerfest mit 20 000 Sängern und 60 000 Zuschauern erlebt haben, löst bei mir ein schmerzliches Verlustgefühl aus – denn das könnte es auch in Deutschland geben, dass Menschen zusammen die Hymnen und Lieder ihres Landes singen und daraus ein Zusammengehörigkeitsgefühl entwickeln. Das ist in Estland schon fast religiös, weil es das ganze Land bewegt – jeder Ort schickt seinen Chor – und es eint. Das hat vermutlich auch seine Rückseiten, aber an der Vorderseite empfinde ich jetzt erst mal: Wow, die haben ein sehr glückliches Verhältnis zu Tradition und Modernität! Das ist bruchlos verbunden – so empfinde ich es auch für die Schweiz. Man pflegt seine alten Volkstraditionen und man steht ungebrochen zu seiner Herkunft – gleichzeitig ist man aufgeschlossen und modern.

... und Österreich

Thomas: Werfen wir einen Blick auf Österreich und deine Beziehungen dort. Wie bist du mit diesem Land vernetzt und vertraut?

Uli: Österreich ist für mich ein eigenes Kapitel und in gewisser Weise eine junge Entdeckung. Für uns deutsche pietistisch-evangelikal geprägte Christen war Österreich vor allen Dingen ein Land mit einer ganz starken katholischen Mehrheitskirche, zu der unser evangelikales Biotop sich eher in scharfer Opposition verstand. Wenn wir vor zwanzig Jahren schon mal mit Vorsicht hier oder da leicht die Fühler in Richtung katholische Christen in Österreich ausgestreckt haben, dann wurden wir von dortigen Freikirchlern eher gebremst.

Das hat sich verändert und ist für mich ein hochspannendes Thema. Ich glaube, da kann sich in Zukunft etwas ganz Neues entwickeln, vielleicht eine übergreifende christliche Bewegung im deutschsprachigen Raum, die auch durch Leute wie Johannes Hartl mit der Mehr-Konferenz und seinem enormen Einfluss in den sozialen Netzwerken mit angestoßen wird. Dazu kommt der Glücksfall eines Kardinal Schönborn in Wien, der viele evangelikale Ideen in die katholische Kirche eingebracht hat: Alphakurse, 24/7-Prayer, Jüngerschaftskurse von Jugend mit einer Mission. Wir saßen bei Johannes Fichtenbauer im Büro, der schon bei den AUAFTMEN-Foren dabei war und als Katholik mit einem runden Tisch in Österreich sehr viel für eine wachsende Einheit der Christen getan hat, besonders für die Freikirchler dort. Bruce Clewett, US-Missionar von Jugend mit einer Mission, hat Jüngerschaftskurse dort populär gemacht. Auch die Loretto-Bewegung um Maxi Oettingen und Patrick Knittelfelder mit seiner tollen HomeBase in Salzburg bringt vieles voran. Und das bricht grenzüberschreitend auf und wird nicht nur von einem Kopf getragen …

Thomas: Du sprichst den »One mission«-Gedanken an, der dich in den letzten Jahren stark begleitet. Worum geht es da genau?

Uli: Ich glaube, dass Gott da etwas in mir entzündet hat. Der vorletzte Willow-Creek-Kongress in Dortmund spielte dabei eine wichtige Rolle. Es war der bisher größte mit 12 000 Besuchern. Wir haben dort erstmals versucht, stärker auch auf katholische Christen zuzugehen und unseren Kongress ökumenischer aufzustellen. Johannes Hartl war dabei und Christian Hennecke vom Bistum Hildesheim, der mittlerweile auch im Vorstand von »Willow Creek Deutschland« ist.

Als Vorsitzender habe ich im Vorfeld um eine Öffnung für diese Breite gekämpft. Das ist immer mit einem Risiko behaftet, auf dem Rechtsaußenflügel gibt es da starke Kritik. Ich kenne die Stimmen, wenn man zu naiv an ökumenische Zusammenarbeit herangeht. Da ist das Eis sehr dünn. Am Schluss des Kongresses gab es für mich einen sehr emotionalen Moment. Es war die Einsicht, dass die missionarische Aufgabe, vor der wir als Kirchen stehen, so riesig ist, dass wir sie nur

DIE JAHRE 2006–2021

Persönliche Daten

Nachfolge der Verlagsleitung des Bundes-Verlags von Erhard Diehl an Ulrich Eggers. **2006**

Start des Magazins LebensLust und Faszination Bibel – »Jahr der Stille« als übergreifendes Projekt. **2010**

Projektjahr Glaube am Montag, Start des Magazins 3E. **2012**

Das Buch Ehrlich glauben erscheint. **2013**

Übergang der Geschäftsführung der SCM Verlagsgruppe von Frieder Trommer auf Ulrich Eggers. Start des Männermagazins MOVO. **2014**

Eingliederung von Gerth Medien in die SCM Verlagsgruppe. Das Liederschatzprojekt startet – kleine Idee auf dem Hintergrund meiner Hymnenliebe. **2016**

Abbruch des Willow-Creek-Kongresses in Karlsruhe aufgrund von Covid-19. Neuerscheinung des Magazins andersLEBEN als Folge von Klima- und Corona-Krise. **2020**

Eintritt in den Ruhestand ab Herbst – Weiterarbeit für AUFATMEN und »Willow Creek Deutschlnd«. Übertragung des Dünenhofes zur Weiterarbeit an das Missionswerk »Wortdes Lebens«. **2021**

Weltgeschehen

2007 – 08 Weltweite Bankenkrise, das iPhone von Apple kommt auf den Markt.

2008 Barack Obama wird zum Präsidenten der USA gewählt und im Januar 2009 ins Amt eingeführt.

2009 Facebook wird das größte soziale Netzwerk Deutschlands.

2010 Der »Arabische Frühling« beginnt.

2013 Beginn des Ukraine-Konflikts mit Protesten der Bevölkerung in Kiew.

2014

2015 Flüchtlingskrise.

2016 Beschluss zum Brexit.

2017 Beginn der Präsidentschaft von Donald Trump in den USA.

DAS LEBEN RUNDET SICH

gemeinsam bewältigen können! Es ist zu überwältigend für den Einzelnen und für eine einzelne Kirche. Und wir haben diesen biblischen Auftrag zur Mission ja auch gemeinsam als Christen empfangen! Für mich ist da dieser Gedanke der »One mission« entstanden – dieser gemeinsame große Auftrag Gottes, der alle Kräfte erfordert.

Thomas: Was heißt das im Blick auf die Kritiker einer Zusammenarbeit mit den Katholiken?

Uli: Ich habe bei diesem Kongress gemerkt, dass es falsch ist, aus Angst heraus Dinge nicht zu wagen, die ich geistlich als richtig empfinde. Als junger Christ gab es bei mir ja auch deshalb ein Stück Entfremdung von Gemeinde und Kirche, weil ich so viele Kompromisse und Schwierigkeiten sah. Das war zum Teil völlig arrogant. Dann fand ich wieder zu einer Wertschätzung zurück, auch über Hybels und Willow Creek. Wenn es Menschen gibt, die Jesus folgen und missionarisch engagiert sein wollen, dann gehören sie zusammen – egal, in welcher Gemeinde sie sich engagieren! Und dann muss ich alles tun, um diesen Zusammenhalt zu fördern und Nähe und Gemeinsamkeit und Vertrauen zu schaffen, die in eine Zukunft führen.

Das ist damals in Dortmund wie ein neuer Auftrag über mich gefallen, da mit Mut voranzugehen! Du darfst nicht auf andere warten, du darfst nicht Angst haben! Wieder: »Wer, wenn nicht du? Wann, wenn nicht jetzt?« Auf dem Rückweg

Willow Creek Kongress in Dortmund, 2018

vom Kongress hat Christel im Auto wild notiert, was bei mir an Gedanken floss. Ich habe das nur an wenigen Stellen meines Lebens so intensiv erlebt, es war wie ein himmlisches Diktat von Ideen und Gedanken, was ich tun müsste, um vorwärtszukommen. Mittlerweile ist einiges hinter den Kulissen passiert – und es ist kein einfacher Weg, denn da ist eine gehörige Fremdheit durch Theologie und Tradition, die man überwinden muss. Aber wenn wir gemeinsam Jesus folgen wollen und seinen Auftrag zur Mission ernst nehmen, dann ist das ja sehr viel, eine starke Gemeinsamkeit!

Gerade neulich hörte ich bei einer ökumenischen Tagung einen starken Satz von Professor Christoph Raedel: »Den kleinsten gemeinsamen Nenner suchen – um den größten gemeinsamen Auftrag vorwärtszubringen.« Darum geht es mir, da will ich gern etwas bewegen, weil ich es als Zukunftsmodell des Glaubens sehe.

WENN ES MENSCHEN GIBT, DIE JESUS FOLGEN UND MISSIONARISCH ENGAGIERT SEIN WOLLEN, DANN GEHÖREN SIE ZUSAMMEN – EGAL, IN WELCHER GEMEINDE SIE SICH ENGAGIEREN!

Thomas: Inwiefern Zukunftsmodell?

Uli: Ich denke, dass sich in zwanzig oder dreißig Jahren die größte Nähe zwischen Jesusnachfolgern nicht mehr im Rahmen bisheriger Kirchengrenzen ereignet, sondern quer durch alle Kirchen und Gemeinden dort, wo Menschen wirklich Jesus nachfolgen und Jüngerschaft in biblischer Orientierung einüben. Und wo sie missionarisches Zeugnis sind und den Missionsauftrag Jesu mit ihrer Gemeinde umsetzen. Wer das will, der fühlt sich dem anderen nahe – egal, ob er das mit seiner evangelischen, pfingstlichen oder katholischen Gemeinde tut. Dieser kleinste gemeinsame Nenner von Jesusnachfolge und der größte gemeinsame Auftrag zur Mission hat eine unglaubliche Bindungskraft, erzeugt Vertrauen und Nähe.

An der Stelle mischt sich Willow Creek mit meiner Rolle als Verleger. Und hier können wir uns als Christen gegenseitig ergänzen und voneinander lernen. Die katholische Kirche hat knapp zweitausend Jahre durchgehalten – ein Phänomen. Evangelische Christen trennen sich mit jeder neuen Einsicht – und ich meine das nicht despektierlich, denn es geht ja immer um tiefe geistliche Wahrheiten! Zugleich haben wir als Evangelikale oder Charismatiker eine große Kompetenz in persönlicher Nachfolge Jesu: Wie geht eigentlich Glaube? Wie lebt man als Christ im Alltag? Wie gehören Gebet und Bibel und Gemeinde auf gute Weise zusammen? Da nehme ich in der katholischen Kirche auch eine Hilflosigkeit wahr – Ehrenamtliche packen mit an, aber in geistlichen Fragen fühlen sie sich oft nicht kompetent: »Ja, da fragen Sie besser den Herrn Pfarrer!« Die Evangelischen und Evangelikalen bringen die starke Kompetenz des allgemeinen Priestertums ein – solche Lernerfahrungen könnten total befruchtend für die katholische Kirche sein.

Neulich hörte ich von einer katholischen Katechetin, dass sie das »Taufbewusstsein« bei ihren Leuten wecken möchte. Gleichzeitig merktest du schmerzlich, dass in der katholischen Kirche getauft und gefirmt wird – aber am Ende doch wenig Wissen über die Praxis eines alltäglichen Glaubens da ist. Großartig, dass es da vermehrt Jüngerschaftskurse gibt. Großartig, dass Leute wie James Mallon eine katholische Alphakursbewegung aufgebaut haben – da bricht weltweit etwas auf, das Kirchengrenzen durchbricht und Menschen an der Basis hilft!

Es ist übrigens schon fast ein Witz: Dieser James Mallon hat als Kanadier enorm viel von Willow Creek gelernt und ist regelmäßiger Besucher der Leitungskonferenzen – deswegen haben wir ihn 2022 auch nach Leipzig eingeladen.

Thomas: Wovon konkret träumst du?

Uli: Der eben erwähnte Bruce Clewett aus Wien, ein US-Evangelikaler und Freikirchler, sagte mir mal so schön: »Du, Uli, mir ist auch weiterhin manches fremd in der katholischen Kirche. Aber wenn durch Alpha oder Jüngerschaftskurse

Menschen zum Glauben kommen, dann bekehren sie sich zu Jesus und wollen ihm folgen. Und da kann ich mich doch nur freuen!« Darum geht es! Wenn du nur auf die Unterschiede guckst, die Tradition, die Amtskirche, die Theologie mit ihrer Realpräsenz Jesu im Abendmahl und der apostolischen Sukzession, dann wird Einheit für beide Seiten schwer. Aber wenn du auf Jesus siehst, auf Jüngerschaft und missionarische Wirksamkeit, dann erlebst du etwas von Johannes 17: Einheit wagen, damit die Welt Christus erkennt!

Mein Eindruck ist, dass momentan etwas aufbricht, in dem Gott wirkt. Und da sage ich: Wer sind wir Evangelikale, dass wir uns hinstellen und diese Bewegung hindern? Jesus-Ökumene kann für mich nur heißen, unter dem Auftrag von Jesus gemeinsam hinter Jesus her zu gehen. Ich glaube nicht an große theologische Einigungskonferenzen oder einen Kampf um die Anerkennung des Abendmahls – die Unterschiede werden gewichtig bleiben. Doch die Gemeinsamkeit ist: biblisch orientierte Jesusnachfolge und missionarischer Auftrag.

Thomas: In dieser Überschneidung kann man sich treffen ...

Uli: Ja, und dort werden die Grenzunterschiede auf einmal weniger wichtig, weil man sich im Kern einig ist. Da ahne ich einen Weg in die Zukunft, das ist die Vision hinter meiner Begrifflichkeit von der »One mission«. Aber ganz klar: Das Ganze ist für mich begleitet von Sorge, mich theologisch zu verheben, und von einer Selbstermahnung, nicht naiv zu sein. Wir können uns an unseren kirchlichen Unterschieden und an unseren Lehren und Traditionen empfindlich blutig reißen und befremden. Und zugleich gibt es diese faszinierende Vision, sich bei Jesus zu treffen und ihm gemeinsam zu folgen.

Dieses Gespräch fand bei einer unserer Mahlzeiten in Fleeth, wo wir die zweite Hälfte unseres Dialogs führten, statt. Es ist offensichtlich, dass diese »One mission«-Idee aktuell ganz heiß im Herzen von Uli brennt. Er kann stundenlang darüber sprechen, die damit verbundenen Möglichkeiten für das Reich Gottes skizzieren. Ich sage ihm deshalb: »Du solltest das alles aufschreiben: die ganze Idee, deine Überlegungen, die Vision und die Begründung dafür. Das müsste man nachlesen und breiter diskutieren können!« Ich weiß nicht, ob er es tun wird ...

16

»DIE HABEN EINE KLARE VISION«

WILLOW CREEK – UND DIE EREIGNISSE RUND UM BILL HYBELS

Dass die »Willow Creek Community Church« und die Impulse von Bill Hybels im Leben von Uli eine wichtige Rolle spielen, haben bereits einige unserer früheren Gespräche gezeigt. Seit dem Sommer 2018 aber steht Beunruhigendes im Raum: starke Vorwürfe gegen Bill Hybels. Die Rede ist von Machtmissbrauch, von grenzüberschreitendem Verhalten gegenüber Frauen und von Ehebruch in der Frühzeit seines Dienstes bei Willow.

Noch im Frühjahr 2018 war Hybels aktiv beim Willow-Leitungskongress in Dortmund dabei. Heute ist er von der Bildfläche verschwunden. Wie geht Uli als Vorsitzender von »Willow Creek Deutschland« mit dessen Versagen um? Wie mit den Folgeschäden, die für die Gemeinde in Chicago und das weltweite Netzwerk entstanden sind? Darüber müssen wir unbedingt sprechen. Ich will mich aber nicht kopfüber in die Abgründe dieser jüngeren Entwicklungen stürzen, sondern noch mal verstehen, wie Uli Bill Hybels in der Zeit davor erlebt hat.

Was die Faszination ausmacht

Thomas: Du hast in einem unserer früheren Gespräche von deinen ersten Begegnungen mit der »Willow Creek Community Church« in Chicago gesprochen. Wie dich die Begegnung mit dieser Gemeinde fasziniert und die Impulse von Bill Hybels dein Herz berührt haben. Später hast du den Vorstandsvorsitz von »Willow Creek Deutschland« übernommen und bist bis heute in dieser Funktion. Kannst du skizzieren, was dich an dieser Gemeinde am stärksten überzeugt hat?

Uli: Es war die vertiefte Begegnung mit den Möglichkeiten, die eine gut durchdachte Gemeindegründung hat. Eine Gemeinde für Suchende, die in ihren Zielen nicht durch Tradition behindert ist, sondern total fokussiert auf den missionarischen Auftrag lebt. Dazu kommt die Ganzheitlichkeit: praktische Hilfsbereitschaft und tiefe Spiritualität. Mich hat der geistliche Impuls eines Hybels und seiner jungen Gruppe fasziniert, eine Gemeinde zu bauen, zu der man seine Kollegen und Studienfreunde ohne Bedenken mitnehmen kann. Eine Gemeinde mit Ausstrahlung für die Stadt, die von allen Wissensgebieten her Impulse aufnimmt, um das Beste geben zu können.

Thomas: Hier muss ich an Eugene Peterson denken, den kürzlich verstorbenen Gemeindegründer und Pastor aus den USA, von dem die bekannte *Message*-Bibel stammt. Er kritisierte Megakirchen scharf. Sein Vorwurf: Da werden Konsumenten herangezogen. Man serviert ihnen ein sorgfältig auf ihr Lebensgefühl zugeschnittenes religiöses Menü. Man unterhält sie, man bedient ihre egoistischen Bedürfnisse. Dies, so Peterson, habe wenig mit der wirklichen Gemeinde von Jesus Christus zu tun. Was sagst du dazu?

Uli: Das mag es in den USA geben – bei Willow ist das nicht der Fall. Natürlich: Alles, was groß wird, unterliegt besonderer Kritik. Kann es da mit rechten Dingen zugehen? Entscheidend ist für mich immer die Frage: Was wird gepredigt und mit welchem Ziel? Ist es etwas Kostspieliges oder Billiges? Und da bin ich sehr gelassen: Nirgendwo habe ich so radikal kostspielige Predigten gehört wie bei Willow Creek. Die wollten keine Zuschauer, sondern Leute, die sich einbringen. Ihr Claim ist ja, Areligiöse zu hingegebenen Nachfolgern von Jesus machen zu wollen. Und das heißt für sie: voller Einsatz des Lebens, der Leidenschaften, des Geldes für dieses missionarische Ziel. Das ist reichlich ambitioniert und anstrengend.

MICH HAT DER GEISTLICHE IMPULS EINES HYBELS UND SEINER JUNGEN GRUPPE FASZINIERT, EINE GEMEINDE ZU BAUEN, ZU DER MAN SEINE KOLLEGEN UND STUDIENFREUNDE OHNE BEDENKEN MITNEHMEN KANN.

Hybels war einer, der bis an die Grenze der Unverschämtheit Leute herausgebeten hat nach dem Motto: »Wenn du hier nur sitzt, um eine schöne Predigt zu hören, und dich nicht einbringen willst, dann geh! Es gibt genug andere Gemeinden, wo du das kannst!« Das fand ich oft zu hart – Gemeinde ist kein reiner Arbeitsplatz, sondern ein Zuhause für alle. Sie trägt Alte, lehrt Junge, fördert das Zusammenspiel der Generationen, achtet auf die Schwachen. Aber all das hat Willow nach meinem Empfinden sehr gut gemacht.

Es war superbewegend, die Geschichten zu hören, wie Menschen zu Jesus gefunden haben. Die Leute bei den sozialen Diensten zu sehen, diese Liebe und Hingabe. Das ist ja gerade das Problem vieler Gemeinden hierzulande: das Verhältnis und die Spannung zwischen dem Status quo und dem visionären Ziel. Wie viel Kraft fließt in die Leute, die schon da sind? Und wie viel in die, denen die missionarische Vision gilt – die aber erst noch gefunden sein wollen? Man muss sich mal ansehen, wie die reale Kraft in herkömmlichen Gemeinden zwischen Hirtendiensten und Rettungsbooteinsatz aufgeteilt ist. Einer der großen Gründe für die

Bei den Willow-Kongressen seit 1996 als 1. Vorsitzender nah dran an Bill Hybels

enorme Anziehungskraft von Willow war, dass man merkte: Die haben eine klare Vision und das gesamte Verhalten ist absichtsvoll darauf fokussiert.

Thomas: In deiner Leitungsrolle bei »Willow Creek Deutschland« hast du Bill Hybels persönlich kennengelernt. Wie hast du ihn in diesen Begegnungen erlebt?

Uli: Es war ein gegenseitiger Respekt da, man kannte sich, konnte sich aufeinander verlassen. Wir haben oft bei den Essen, die wir vor den Kongressen hatten, nebeneinandergesessen. Er war ein interessanter Gesprächspartner. Wann immer es um visionäre Themen rund um Gemeinde und christliche Szene ging, waren wir gut miteinander unterwegs. Er mochte keine Vielredner, kein Wort zu viel auf der Bühne. Auch da ging es immer um die Botschaft und die Leute, keine Ego-Show. Er konnte da extrem streng und kritisch sein, hatte wirklich jedes Detail im Blick.

Zugleich stimmt es nicht, dass Willow nur durch und mit ihm zu dem geworden ist, was es wurde. Ja, er war der Visionär, der absolute Leiter, ein enorm starker Kommunikator. Aber er hatte auch ein superstarkes Team um sich herum, hat die besten Leute für die Willow-Vision gebunden. Und das waren wiederum keine Weicheier, sondern echte Teilhaber an dieser großen Bewegung.

Wir waren sicher alle miteinander fasziniert von seinen Predigten, von diesem starken missionarischen Vorbild. Er hat eine einmalige Gabe, Menschen für Jesus zu gewinnen, sie auf existenzielle Fragen anzusprechen, sie zu gewinnen. Er nahm sie mit hinein in sein Leben, seine Erfahrungen, seinen Weg – so etwas ist mir ja sehr nah und bedeutet mir nach wie vor viel.

Thomas: Und auf der zwischenmenschlichen Ebene, von Mensch zu Mensch?

Uli: Er konnte sich auf der Bühne verströmen, konnte und wollte aber persönlich nicht so nahbar sein, wie es das Bühnenbild vermittelte. Er brauchte Rückzugsräume. Wenn einer so viel Vision und Hoffnung abstrahlt, dann kann er nicht die gefüllten Herzen von Hunderten von Besuchern hinterher ganz nah an sich heranlassen. Das verzehrt sonst. Er hat nach jeder Predigt Leuten ermöglicht, mit ihm zu sprechen. Zugleich kostete ihn das enorme Kraft und Geduld – zumal hier bei uns die Sprachbarriere dazukam.

Es gab einen spannenden Gegensatz: Er war supergeduldig und verständnisvoll gegenüber Ehrenamtlichen. Hat darauf geachtet, dass sie gefördert, gut behandelt und eingesetzt wurden. Gleichzeitig war er eckig und fordernd gegenüber Hauptamtlichen, die für ihre Sache bezahlt wurden. Es war sicher nicht einfach, unter ihm zu arbeiten. Davon haben wir auch in Deutschland während der über zwanzigjährigen Kongressarbeit etwas gemerkt: seine Ungeduld, seine steilen Forderungen. Unsere manchmal natürlich auch am Anfang unbeholfenen deutschen Bemühungen, irgendwas einzuwerfen oder zu ergänzen oder zu wollen. Da konnte er auch schroff sein, ablehnend, abwehrend. Eine eigenartige Mischung, die ahnen lässt, dass es da hinter den Kulissen auch mal geknallt hat ...

Und dann die Krise

Thomas: Vor etwas mehr als zwei Jahren hat sich der Wind gedreht. In der Presse gab es immer lautere Vorwürfe gegen Hybels: Machtmissbrauch, sexuelle Übergriffe. Wie sah deine erste Reaktion darauf aus?

Uli: Natürlich habe ich versucht, diese Vorwürfe in das einzubauen, was ich über diese Person wusste. Wir hatten im Lauf der Jahre ja auch die Ältesten der Gemeinde kennengelernt, starke Leute mit Ausstrahlung. Zugleich wurde im Nachhinein klar, dass sie wohl im Wesentlichen ein Unterstützerkreis für die Vision der Gemeinde und für das gute Tempo des Fortschritts waren. Sie hatten ein riesiges Grundvertrauen zu Hybels, der ja mit Fehlern und Irrtümern durchaus auch offen umging. Ihr strategischer Ansatz war: »Wir räumen diesem gesegneten Mann Gottes aus dem Weg, was es aus dem Weg zu räumen gilt. Wir schützen ihn und unsere Vision.« Ein echtes kritisches Gegenüber im Sinne einer kontrollierenden Verantwortung und gemeinsamen Leitung oder auch nur einer Endverantwortung eines Ältestenkreises gab es sicher zu wenig.

Thomas: Die Größe der Krise hat aus meiner Sicht auch damit zu tun, dass es bei Weitem nicht die einzige in den USA ist. In jüngerer Zeit sind eine ganze Reihe von Pastoren unter ähnlichen Vorzeichen von der Bildfläche verschwunden: Marc Driscoll von Mars Hill (der dann später woanders eine Gemeinde gründete), James MacDonald, Tullian Tchividjian, ein Enkel von Billy Graham. Und dann ja auch John Ortberg, der sich zuerst gegen Hybels stellte und restlose Aufklärung bei Willow forderte. Auch bei uns gibt es in allen Kirchen Versagen, dunkle Geschichten, Übergriffe und daraus resultierende Rücktritte. Dennoch überlege ich mir manchmal, ob es etwas mit amerikanischen Verhältnissen zu tun hat, dass man so hoch hinaufsteigen, aber auch so tief fallen kann. Menschen werden fast ins Übermenschliche gehoben und danach restlos abserviert. Wie siehst du das?

Uli: Ich glaube, hier kommen zwei Faktoren zusammen: Die amerikanische Kirche ist ungleich größer, vitaler, zugänglicher, offener, beweglicher als Kirche in Europa. Es gibt viel mehr Bekanntheitskultur, es sind viel größere Zahlen im Spiel. Da werden Stars geboren, die die größte Gemeinde haben, die besten Predigten machen, die tollste Musik. Das ist eine Sache, die positiv wie negativ stark wirkt. Ich glaube, das hat bei Bill Hybels mitgespielt – alles verstärkt sich, Lob wie Kritik.

Thomas: Ganz vereinfacht gesagt: Menschen wollen Helden. Sie wollen Helden sehen und sie wollen Helden fallen sehen. Das ist wohl auch etwas, was sich hier irgendwie abzeichnet. Und wenn sie schon fallen, dann sollen sie tief fallen …

Uli: Wir haben nicht gelernt, mit beidem umzugehen. Wir haben keine gute Theologie in Bezug auf Helden, die diese auch Menschen sein lässt. Ein David hat Menschen umgebracht, hat die Ehe gebrochen und dennoch verehren wir ihn heute fröhlich. Wie bewerten wir so etwas theologisch? Als billige Ausrede für Bill Hybels darf es nicht herhalten – aber eine Wahrheit wird hier dennoch deutlich: Gute tun Schlechtes und Schlechte tun Gutes – also arbeiten wir vielleicht mit den falschen Begriffen. Es gibt keine Schlechten und Guten, keine Helden und Versager, alle sind nur Menschen, die Potenzial zu beiden Seiten haben. Geniales wie Böses gehört zu ihrem Repertoire und wir werden niemals jemandem begegnen, bei dem es grundsätzlich anders wäre.

Wie bewerten wir das geistlich? Ist ein Mensch nur nach seiner allerletzten Sünde für uns verehrungswürdig oder stecken Sünde und böse Gedanken nicht noch in ihm, nachdem wir ihn schon verehren? Ich merke da eine Unwilligkeit, sich überhaupt mit so etwas Komplexem zu beschäftigen – wir wollen edle Helden oder müssen sie stürzen. Wir sehen das ja auch in der Politik heute, da werden schier übermenschliche Forderungen und Erwartungen erhoben.

WIR HABEN KEINE GUTE THEOLOGIE IN BEZUG AUF HELDEN, DIE DIESE AUCH MENSCHEN SEIN LÄSST.

Ich ärgere mich auch über unsere christliche Szene, wo die grundsätzliche Einsicht in diese Ambivalenz in Menschen zwar da ist, aber kaum Konsequenzen daraus gezogen werden. Wir laufen fröhlich pfeifend durch die Gegend und sagen klug, dass für Leitende und Menschen und Christen generell das Umgehen mit Geld, Sex und Macht das Schwierigste ist. Da passieren die großen Fehler, damit ist am schwersten umzugehen, da lauert die Sünde. Wir wissen das, aber wir predigen kaum darüber, wir lehren nicht den Umgang damit, wir sind nicht ehrlich und sind dann voll überrascht, wenn gerade da immer wieder etwas passiert. »Ach nein, das hätte ich jetzt nicht gedacht! So etwas passiert einem so tollen Menschen?«

Hier müssen wir barmherziger miteinander werden und uns gegenseitig klüger schützen: Wie gehen wir vernünftig mit Geld, Macht und Sexualität um? Wie kriegen wir eine Transparenz hinein, die nicht bloßstellt, aber zugleich brutal offen und hilfreich ist? Über die wirklichen Knackpunkte des Lebens, da wo es dunkel und eklig und gruselig wird, darüber reden wir zu wenig, da herrscht viel Einsamkeit. Ich glaube, dass wir in guten Beispielen und mit mehr Klartext über die Macht dieser Mächte reden müssen. Wir alle bleiben ganz einfach bedürftige Menschen – egal wie groß und mächtig oder reich wir sind.

Wie gehen wir mit all dem um, das uns da im Verborgenen bedrängen kann? Mit der Scham, der Selbstanklage? Ich glaube, dass es ein enormes Maß an Selbstverurteilung unter der Sünde gibt. Motto: Mag ja sein, dass Gott mir ver-

gibt, aber ich werde mir nie vergeben. Ich komme ja gar nicht davon los! Das gibt es sicher in weiblichen oder männlichen Varianten …

Thomas: Die ganze Entwicklung rund um Bill Hybels wurden durch das gesellschaftliche Klima sicher verstärkt.

Uli: Ganz klar. Es gibt die neue digitale Kultur der sozialen Medien, mit denen eine Gegenöffentlichkeit geschaffen werden kann. Es gibt die sehr intensive Diskussion um »Me too«. Und daran ist ja viel Positives: Was früher kirchenamtlich und leitungsmäßig unterdrückt und marginalisiert werden konnte, findet heute seine eigene Öffentlichkeit. Dabei kommen schlimme Sachen ans Licht – absolut wichtig und gut! Zugleich hat niemand bisher gelernt, mit dieser starken neuen Dynamik umzugehen. Man kriegt die Kommunikation nicht mehr in den Griff, man kann die Dimension von Dingen nicht mehr vernünftig einschätzen. Viel Richtiges fliegt da herum – aber auch Falsches und Schräges, das nicht mehr aus der Welt zu kriegen ist.

WIR MÜSSEN UNS EINFACH KLARMACHEN, DASS AUCH GROSSE LEITER SCHATTENSEITEN UND FEHLER HABEN.

Dazu kommt bei Hybels mit Sicherheit die Bedrohung durch mögliche juristische Schritte, die eine gute geistlich-seelsorgliche Behandlung superschwierig macht – manch einer kann da gar nicht mehr so einfach frei reden. Eigentlich sollen solche Vorgänge im Rahmen einer Gemeinde ja unter Vertraulichkeit passieren – und wenn die Strukturen stimmen, geschieht das zum Schutz beider Seiten. Hier hat der Ältestenkreis bei Willow versagt, deswegen war dann die Öffentlichkeit eine Art letztes Mittel – hatte aber zugleich schlimme Folgen für alle Beteiligten. Und darüber hinaus schlimme Kollateralschäden für alle anderen, die damit gar nichts zu tun haben, sich aber jetzt irgendwie dazu stellen müssen. Es zerreißt eine Gemeinde …

Thomas: Was heißt das für deinen heutigen Blick auf Hybels?

Uli: Da stehen zwei harte Wirklichkeiten unversöhnt nebeneinander. Ich bin nach wie vor inspiriert und dankbar für all das Gute, was Hybels gelebt, entdeckt und gesagt hat. Das bleibt für mich bestehen. Die deutschen Gemeinden haben ihm und den Konferenzen zu Recht viel zu verdanken. Gleichzeitig bin ich sicher, dass es bei ihm Machtmissbrauch gegenüber Frauen und Männern gegeben hat – das ist absolut nicht akzeptabel und muss klar benannt werden. Ich warte darauf, dass Bill dazu irgendwann einmal substanziell Stellung nimmt, und hoffe, dass das bald kommt. »Rede, sag was, Bill!« Die Frauen haben es verdient – und sein Lebenswerk genauso, dass er durch sein Schweigen selbst belastet.

Zugleich gibt es meines Erachtens nicht nur einen Schuldigen – auch wenn er klar der Auslöser des Konfliktes ist. Viele, die ihn kritisieren, waren Teil des Systems, haben mit ihm geleitet und standen ja direkt daneben. Und ich würde unterscheiden zwischen Machtmissbrauch, sexuellen Avancen und ehelicher Untreue, die ja auch im Spiel war. Lynne und Bill haben intensiv an ihrer Beziehung gearbeitet, die Dinge zwischen ihnen waren wieder in Ordnung, soweit ich das einschätzen kann. Auch da wurde jetzt natürlich manches wieder aufgerissen, was zum Teil aber auf einem anderen Blatt steht.

Wir müssen uns einfach klarmachen, dass auch große Leiter Schattenseiten und Fehler haben. Ihr großes Talent entschuldigt nichts davon – ihre Fehler machen aber auch nicht die guten Teile ungeschehen, die sie bewirkt haben. Ich habe die vielleicht naive Hoffnung, dass sich noch einmal Versöhnung einstellt. Alle Beteiligten leben ja in der Wirklichkeit Gottes, wollen eigentlich Gutes. Immer wieder einmal bete ich für die Situation – und müsste es eigentlich noch viel mehr tun. Das Ganze ist eine supertragische Entwicklung, die der missionarischen Gemeindebewegung weltweit einen enormen Dämpfer verpasst hat. Freuen kann sich da nur der Teufel.

Hätte man den Konflikt deswegen vermeiden müssen? Nein, keinesfalls, das wäre zynisch gegenüber all denen, die Unrecht erlitten haben. Aber es wäre von allen Seiten extrem weise gewesen, sich angesichts des hohen Preises ohne Medien und Öffentlichkeit zu verständigen. Dass das all diese klugen Leute nicht hinbekommen haben, ist eine Katastrophe …

Es gäbe zu diesem Thema noch viel zu sagen – und es wird nach wie vor viel dazu gesagt. Es gibt mittlerweile unzählige Artikel, Blogbeiträge und auch einige Bücher, die sich mit den schmerzlichen Ereignissen rund um das jähe Ende eines bis dahin so erfolgreichen christlichen Leiters beschäftigen. Ein Vorkommnis, dessen Aufarbeitung bis heute anhält und dessen Ausgang ungewiss ist.

17

»WAS ERWARTET MICH?«

ENDLICHKEIT, TOD UND STERBEN

Romano Guardini hat ein wertvolles Büchlein mit dem Titel »Die Lebensalter: Ihre ethische und pädagogische Bedeutung« geschrieben über wichtige Prozesse und innere Aufgaben in den unterschiedlichen Lebensphasen. Den Menschen um das 50. Lebensjahr bezeichnet er als den »ernüchterten Menschen«. Ihm eigen ist, dass ihm die vergangenen Jahre vermehrt Grenzerfahrungen zugemutet haben. Ist er darin gereift, lehnt er sich nicht mehr dagegen auf, sondern stellt sich den Wandlungen des Lebens. Das bedeutet, »dass der Mensch das, was Grenze heißt, die Eingeschränktheiten, Unzulänglichkeiten, Kümmerlichkeiten des Daseins sieht und annimmt. … In dieser Haltung liegt viel Zucht und Entsagung. Ein Mut, der nicht so sehr den Charakter der Kühnheit, vielmehr den der Entschlossenheit hat.«[1]

Bei Uli fällt in diese Lebensphase der Tod seiner Eltern und der von Martin Schramm, des nahen Freundes, der hier in Fleeth im Vilzsee verunglückt ist und über den wir uns vor zwei Tagen am Ufer nahe der Unglücksstelle unterhalten haben. Ereignisse also, die vieles von dem enthalten, was Guardini beschreibt, und uns zwingen, uns der Endlichkeit des Lebens zu stellen.

Tod der Eltern

Thomas: In die intensive Lebens- und Leitungsphase nach der Jahrtausendwende fällt der Tod deiner Eltern. Deine Mutter starb zuerst.

Uli: Unglücklicherweise …

Thomas: Weshalb unglücklicherweise?

Uli: Man sagt ja, dass Frauen alleine besser klarkommen als Männer. Zudem hätten wir uns für die Mutter gewünscht, dass sie noch ein paar unbelastete Jahre ge-

1 Romano Guardini, Die Lebensalter, 2001, S. 50-51.

habt hätte. Beide Eltern sind sehr alt geworden, 92, der Vater in den allerletzten Jahren am Rand einer Demenz mit manchen Aussetzern. Das hat meine Mutter mehr belastet, als wir es anfangs sahen. Sie hätte gerne noch manches unternommen. Wir hätten es ihr daher gegönnt, noch mal ein Stück Freiheit zu erleben, sich verwöhnen zu lassen, von der Last befreit zu sein.

Thomas: Wie hast du den Tod deiner Mutter erlebt? Warst du darauf vorbereitet?

Uli: Trotz ihres hohen Alters letztlich nicht, nein. Mein Bruder Dieter und ich, Otto wohnte nicht vor Ort, haben ein Stück kollektiv weggesehen von der Tatsache, dass die Eltern irgendwann sterben müssen. Sie selbst haben sich auch nicht groß darauf vorbereitet, nur Mutter hat mal über einen Platz im betreuten Wohnen nachgedacht.

Und dann passierte das, womit wir nicht gerechnet hatten, nämlich dass Mutter zuerst ins Krankenhaus kam. Sie hat in dem Moment als Einzige schmerzlich gewusst, dass es ihre letzte Station werden würde. Das war schwer für uns alle. Nach ein paar Tagen sah es so aus, als ob sie sterben würde. Sie hat sich von uns allen verabschiedet, von jedem Einzelnen auch persönlich. Danach hat sie dann aber überraschend noch sechs Wochen gelebt – und dieses Leben war nicht mehr schön. Wir waren unbeholfen. Die Ärzte gingen nicht gut mit der Situation um. Sie war verwirrt, weil sie Morphium bekam, obwohl sie keine Schmerzen hatte. Das erfuhren wir aber erst hinterher. Wir hätten sie gerne nach Hause geholt, aber haben nicht gewusst, ob das noch geht und wie. Ihre Krebserkrankung war im fortgeschrittenen Stadium. Keiner von uns hatte medizinische Kenntnisse. Wir haben sie tagsüber besucht, aber waren in den Nächten nicht bei ihr. Und so ist sie dann irgendwann allein gestorben. Sie hat noch nach uns gerufen, vielleicht sogar nach mir.

Diese Vorstellung, dass sie dort allein gestorben ist, tut mir immer noch sehr weh. Das ist so ganz anders, als man sich das wünscht und als sie es verdient hatte. Das war nicht einfach – und danach kam ein schweres Jahr mit meinem Vater.

Thomas: Hattest du Schuldgefühle, weil es so gelaufen war?

Uli: Ja. Wir hätten irgendwie flächendeckender bei ihr sein sollen. Aber ich hatte auch Fragen an Gott: Warum hat er sie nicht in dieser ersten Nacht sterben lassen, wo alles darauf hindeutete und sie wohl auch bereit war, sich verabschiedete?

Mutters 90. Geburtstag

Warum musste sie in einer Nacht sterben, in der am Ende keiner von uns da war? Das tut bis heute weh!

Thomas: Verlief es bei deinem Vater besser?

Uli: Auch bei ihm war es nicht wirklich gut. Zugleich: Wie schön, dass Gott den beiden nach der langen Zeit von Krieg und Gefangenschaft noch so viele gute Jahre gegeben hat! Trotz seiner beginnenden Demenz hat er noch anderthalb Jahre allein in ihrem Haus gewohnt und ist 92 geworden – wie sie auch. Es war einerseits richtig, ihn dort im Gewohnten zu lassen. Er hatte da seine Werkstatt, den geliebten Garten. Andererseits merkte man, dass er nicht gern allein war und natürlich seine Frau vermisste.

Er hat sich gewünscht, dass mein älterer Bruder zu ihm zieht, und natürlich haben wir auch immer wieder überlegt, ob er zu uns kommen kann. Doch es war ambivalent – was würde er bei uns abseits von seinem gewohnten Umfeld tun? In all diesen Fragen haben wir bemerkt: Wir waren unvorbereitet! Wir wussten nur, dass irgendwann der Tod ansteht.

Erst in den letzten Wochen ist er in ein Alten- und Pflegeheim gekommen, wo wir ihn besucht haben – Christel und mein Bruder Dieter waren viel intensiver dran, weil ich ja ständig unterwegs war. Auch ich habe mal bei ihm am Bett gesessen, seine Hand gehalten. Aber er war nicht mehr voll da, man konnte nicht mehr richtig Beziehung aufnehmen. Und so ist er dann in einer Pfingstnacht gestorben – während das Festival auf dem Dünenhof lief. Es war einerseits eine Erleichterung, aber man hätte es sich auch da schöner, würdiger, harmonischer vorstellen können.

ALS UNTERNEHMER UND VERLAGSLEITER BIST DU DOCH TATKRÄFTIG, ABER HIER BIST DU AUF EINMAL EIN STÜCK HILFLOS.

Im Nachhinein frage ich mich immer, ob ich mehr für ihn hätte tun können, mich hätte mehr engagieren müssen. Da ist dieses Gefühl: »Als Unternehmer und Verlagsleiter bist du doch tatkräftig, aber hier bist du auf einmal ein Stück hilflos.« Ich habe in dieser Situation auch Christel überlastet, die sich tapfer und mutig in die Bresche geworfen, mit Ärzten gesprochen, mit Dieter die Heime abgeklappert hat. Ich habe es dankbar hingenommen und sie vermutlich zu sehr alleingelassen.

Das eigene Lebensende

Thomas: Gibt es aus der Erfahrung mit deinen Eltern Schlussfolgerungen oder Vorsätze im Blick auf dein eigenes Lebensende?

Uli: Ich habe vor allem Fragen: Was erwartet mich – außer dem sicheren Tod? In Bezug auf mein Lebensende: Was möchte ich meinen Kindern und meiner Umwelt zumuten? Und da merke ich, dass dieses Thema Sterben mir ein sehr Fremdes ist. Dass mir der christliche Trost nicht wirklich ein Trost ist, weil er ja keine konkrete Antwort auf die Gestaltung dieser letzten Zeiten ist. Ich merke parallel, dass manche vollmundige fromme Gewissheit der 50- und 60-Jährigen dann doch auch bei manchen versickert, wenn sie 80 sind. Dass die Sicherheit und Überzeugungskraft abnimmt, was einmal sein wird.

Thomas: Inwiefern nimmt sie ab?

Uli: Die Fragen werden realer und konkret: Gibt es einen Himmel? Werde ich meinen Partner wiedererkennen? Wie wird es sein? Die Aussage: »Ich gehe getröstet in den Himmel und es wird alles gut«, entspricht dem literarischen Wissensstand vieler schöner frommer Erzählungen. Sie entspricht aber nicht dem, was ich wahrnehme, wenn ich genau hinhöre. Ich weiß, dass es auch sehr gute Geschichten gibt und dass es Gott auch gnädig macht. Aber ich glaube, dass das unmittelbare Sterben und das Umgehen mit dem möglichen Leiden der letzten Lebensphase immer eine schwere Erfahrung ist, weil wir sie nicht üben können, weil sie uns zutiefst fremd bleibt.

Thomas: Vor einem Jahr ist ein guter Bekannter von mir mit 60 Jahren beim Biken unerwartet gestorben: Herzstillstand, tot – die Frau hilflos daneben. Noch am selben Tag hatte er an einem Modell für eine Skulptur gearbeitet. Es sollte ein Kubus werden, in den von einer Seite unten eine schmale Treppe hineinführt. Mit dem Eintritt der Treppe in den Kubus verliert sie sich im dunklen Inneren. Oben ragt sie dann aus dem Kubus heraus und führt ins Helle.

Urs, mein Bekannter, wollte damit die Todeserfahrung darstellen. Sie führt uns in einen dunklen Gang. Dann aber, das sagte ihm sein christlicher Glaube, kommt oben eine Öffnung ins Helle, die man unten noch gar nicht sieht. Mich hat das deshalb beeindruckt, weil er nur wenige Stunden vor seinem unerwarteten Tod daran gearbeitet hat. Diese Skulptur steht heute auf seinem Grabstein und ich musste gerade daran denken. Der Tod ist ein dunkler Gang, und je näher er auf mich zukommt, umso ratloser werde ich: Wie ist es hier drin? Wie komme ich da durch? Gehe ich klaren Kopfes oder im Delirium? Kommt danach etwas und wenn ja, was? Wie wünschst du dir das Sterben für dich selbst?

Uli: Als eher zurückhaltender Mensch würde ich es mir so wünschen, dass es die Menschen um mich herum nicht zu sehr belastet. Zugleich weiß ich: Wenn du geliebt wirst, wird es sie belasten, weil es ihnen wehtut. Und allein das ist mir schon ein schmerzlicher Gedanke. Zugleich liegt darin natürlich auch wieder etwas Schönes.

Als vor Jahren eine Krebsdiagnose bei mir im Raum stand, weil man in meinem Magen Verwachsungen fand, waren wir ein paar Tage als Familie im Ungewissen, bis die Entlastung kam. Es hat mich damals sehr berührt, wie eines meiner Kinder eine tiefe Bestürzung und eine große Liebe zum Ausdruck brachte, wie man es im normalen Alltag eben oft gar nicht so wahrnimmt oder deutlich macht. Und zugleich merkte ich: Das alles kommt unausweichlich, ich werde anderen zur Last werden – und es kann nur mehr oder weniger schlimm sein. Ich möchte Gutes hinterlassen, möchte keine große Mühe machen, und so bete ich immer wieder auch: »Herr, bitte mach's gut!« Ich hoffe, dass er mir und Christel noch genug Jahre schenkt, um intensiv in Kinder und Enkel zu investieren und die Dinge zu ordnen. Ein paar Jahre, um Segen zu hinterlassen, um noch ein bisschen Kür laufen zu dürfen, nicht zu viele Pflichten zu haben und dennoch aus der gewonnenen Erkenntnis und Erfahrung noch manches machen zu können – und dann in Frieden zu gehen.

Thomas: Wie stellst du dir das Leben nach dem Tod vor?

Uli: Ich bin in meiner Glaubensgrundausstattung ein großer Zweifler. In all meinem Nachdenken über mich selbst, über die Gemeinde, über den Glauben, über Gott, über Jesus, über die Bibel kann ich durchaus in Betracht ziehen, dass Himmelsvorstellungen und konkrete Bilder ein religiöses Sehnsuchtskonstrukt sind. Wer nüchtern denkt, muss sich diese Möglichkeit eingestehen. Ich weiß ja nicht, ich glaube. Aber in diesem Glauben sehe ich zugleich eine gute Wahrscheinlichkeit für den Anspruch Jesu und die Wirklichkeit seiner Auferstehung. Darauf setze ich, diesem Weg und Ziel folge ich.

ICH BIN IN MEINER GLAUBENSGRUND-AUSSTATTUNG EIN GROSSER ZWEIFLER.

Ja, man kann an allem Zweifel haben, wir können nicht hinter die Grenze des Todes sehen. Aber man kann auch nicht das Gegenteil beweisen – und deswegen setze ich auf diese tiefere Wirklichkeit: Ich bin entschieden, Jesus zu folgen! Ich hänge mich an ihn und meine Hoffnung gilt ihm! Wenn es hart auf hart kommt, ist für mich sonnenklar, was in Psalm 73,23 steht: »Dennoch bleibe ich stets an dir!« Das gibt mir im Blick auf den Tod und die himmlische Wirklichkeit eine fast nüchterne Hoffnung. Ich weiß, woran ich mich halten werde, und ich bitte Gott von Herzen darum, dass er mir hilft, danach zu leben. Ich will darauf hoffen, dass es diesen Himmel gibt und dass ich meine Frau wiedersehe. Dass es ein wundervolles Jenseits gibt, wie ja schon diese superschöne Erde ein Erzeugnis der Liebe und Güte Gottes ist.

Thomas: Zugleich hast du mal gesagt, du befürchtest, dass die Schönheit des Himmels gar nicht dem entspricht, was du als schön empfindest …

Uli: Wenn du ein gewisses Alter erreicht hast, die Dinge gut sind, Gott gut zu dir war und dein Leben gesegnet ist, dann ist da ein Reichtum gewachsen, eine Individualität, Vorlieben und eine Anmutung von Schönheit im Leben. Ich bin mein Gewordensein, da ist gewachsene Persönlichkeit – soll ich das alles verlieren und als dauerglückliche 08/15-Version durch den Himmel flattern?

Ich bin ein absoluter Meeresmensch. Ich muss meine Stiefel anziehen und am Wasser entlanglaufen. Ich muss die Weite sehen, den Sturm und die Wolken. Und so sage ich manchmal: Was ist, wenn ich in der bayerischen Version des Himmels ankomme, mit Lederhosen und Bergen? Als Urlaub wäre das vermutlich prima, als Heimat und Zuhause nicht. Ich brauche Meer, Sand, Strand – und Christel. Wenn ich das nicht mindestens im Himmel finde, wie soll ich mich dann darauf freuen? Was soll ich da?

Aber Christel sagt mir immer sehr tröstlich: »Hey, das wird alles noch ganz anders und Gott ist viel größer und viel besser. Der, der hier so gut zu dir war und dem du dich so sehr verdankst, der kann doch den Himmel nur noch viel großartiger machen als die Erde!« Und es gibt in mir diese Dankbarkeit, die mir eine Brücke baut, sodass ich sagen kann: »Ja, diesem Gott, dem vertraue ich, dass es da noch viel besser ist.« Aber ich verstehe es nicht.

Thomas: Was du beschreibst, kann man als Rückseite eines gesegneten Lebens sehen: Wem es in diesem Leben gut ergeht, der möchte nicht sterben. Nicht, dass bei dir immer alles gut war, aber in der Summe hast du viel Gutes erlebt. Und so ist der Gedanke näher, davon etwas zu verlieren.

Uli: Auch in dem Sinn, dass ich mich frage, wie ich im Himmel Dankbarkeit empfinden kann, wenn diese große Spannung zwischen Gut und Schlecht, zwischen Gefahr und Bewahrung auf einmal fehlt. Du kannst es als intellektuelles Problem sehen und sagen, dass es bei Gott noch ganz andere Dimensionen gibt. Aber ich merke auch, dass wir in den Gemeinden und Beziehungen das Thema Himmel, Tod und Sterben ausblenden. Es wird nicht viel über unsere damit verbundenen Sorgen, Ängste und Erfahrungen geredet. Das ist nicht gut.

In einem meiner kleinen Freundeskreise hatten wir das neulich als Thema. Ich habe gemerkt: Dieses gemeinsame Beschäftigen damit tut jedem auf seine Weise gut. In unseren Gemeinden aber wird selten darüber gepredigt. Wir singen kaum Lieder darüber. Das war zur Zeit meiner Eltern noch anders. Ich erinnere mich an große Glaubenskonferenzen in Hamburg, bei denen ich als Kind dabei war. Da habe ich dann jeweils zwei Predigten pro Einheit abgesessen und die schönen alten »Reichslieder« aus dem Gnadauer Liederbuch gesungen. Es war oft auch langweilig für mich, aber ich habe diese Lieder sehr intensiv aufgesogen. »Wenn nach der Erde Leid, Arbeit und Pein ich in die goldenen Gassen zieh ein …« Und dann dieser mächtige Refrain, wo das Haus bebte unter dem Gesang: »Das wird allein

Herrlichkeit sein, wenn frei von Weh ich sein Angesicht seh!« Ich habe heute noch eine ganz enge Beziehung zu diesen Liedern. Sie haben mich geprägt! Das Besingen der Ewigkeit ist ein wichtiges Einspielen von Wirklichkeit in unser Leben, das wir nicht vergessen dürfen.

Ein viel zu früher Abschied

Thomas: 2016 starb ein enger Freund von dir, Martin Schramm. Was bedeutete er für dich?

Uli: Die Freundschaft zu ihm ist eine für mich schmerzliche Erfahrung, bei der ich viel gelernt habe. Martin war aus dem Dünenhof- und AUFATMEN-Umfeld, hat Artikel geschrieben, war bei Seminaren dabei. Eines Tages kam er auf mich zu und sagte: »Können wir euch mal besuchen?« Martin war ein ganz proaktiver Typ, das war typisch für ihn. Wie er geschrieben hat, das hat in mir Nähe und großen Respekt und Freude erzeugt. Wir haben einander viele Lesetipps gegeben, gemeinsame Interessen entdeckt. Intensiv geworden ist es dann, als wir als zwei Paare gemeinsam Wochenendtouren machten, rund um Lieblingsschriftsteller wie Hans Fallada oder später Erwin Strittmatter hier in Ostdeutschland, wo wir ja gerade sind. Da bist du dann ja auch mit reingekommen in diesen Denk- und Austausch-Zirkel.

Es hat sich daraus für mich eine großartige Freundschaft entwickelt, wobei wir nicht so häufig zusammen waren. Sie hat davon gelebt, dass wir intensiven Mailkontakt hatten. Wir haben einmal im Jahr eine gemeinsame Fahrt gemacht, uns darüber hinaus bei Seminaren oder Sitzungen gesehen.

Martin hat etwas in mein Leben reingebracht, was ich vorher so nicht kannte: Er hatte einen ähnlich dynamischen Motor wie ich, war enorm agil. Wenn du da eine Idee in den Topf geschmissen hast, war er derjenige, der sie sofort weiterdachte. Er hat sich im Internet schlaugemacht, Pläne geschmiedet, sodass du ihn manchmal bremsen musstest. Das war eine wunderbare Erfahrung für mich, weil sonst mir oft diese Rolle zufällt. Hier durfte ich mich auch mal zurücklehnen.

Wir sind ein paar Jahre lang zusammen als Paare unterwegs gewesen. Ich habe diese Freundschaft als eine Art Gottesgeschenk erfahren, auch zwischen unseren Frauen, und dann zu viert. Das Glückhafte daran war: Martin hatte so eine Re-

In Schulzenhof vor Strittmatters Anwesen (v. l. n. r.): Martin Schramm, Uli & Christel Eggers, Gisela Schramm

sonanzfähigkeit und einen Drive, dass wir uns gegenseitig beide zur Höchstform hochgespielt haben. Das ist einfach stark, wenn du jemanden hast, der dich immer noch wieder überholt und dir Bälle zuschmeißt und dem du aber auch Bälle zuwerfen kannst, die sicher aufgefangen und gern verarbeitet werden. Das empfinde ich bei Freundschaft als beglückend.

Thomas: In diesem Sinne definierte übrigens C. S. Lewis Freundschaft. In seinem Buch »Was man Liebe nennt« beschreibt er wunderschön, was eine Männerfreundschaft ausmacht: das Entdecken gemeinsamer Freuden und Interessen. Plötzlich findet man unter vielen einen, der dieselbe Leidenschaft teilt, sodass man erstaunt feststellt: »Ach, du auch? Du findest das auch spannend? Endlich kenne ich einen, der sich auch für diese komischen Dinge interessiert!«

Uli: Ja, genau – jemanden, der das wertschätzen kann, der auch ein Entdecker ist. Das war Martin ganz stark. Ich lasse mich gern in spannende Spuren hineintreiben und forsche – und er war auch so ein Typ. Meine Rolle ist eben oft die, dass man von mir Ideen und Inspiration erwartet. Ich gebe das gerne, mache aber auch gern mal bei der Begeisterung anderer für etwas mit.

Thomas: Ihr habt eure Freundschaft offen für andere gehalten, habt eure Entdeckungen geteilt. Ich erinnere mich an einen eindrücklichen Leseabend im Örtchen Schwarz, nicht weit von hier. Meine Frau Karin und ich waren auch gerade in der Gegend und so haben wir uns an einem Abend zu sechst in der Feriendatsche bei

Martin und Gisi, seiner Frau, getroffen. Dieser Leseabend war einfach nur wertvoll und schön. Jeder von uns hat Texte mitgebracht, die ihm etwas bedeuten. Alle haben vorgelesen und wir haben uns gefreut an dem, was der andere entdeckt hat.

Uli: Das war nicht intellektuell verstiegen. Wenn man das jetzt so hört, denkt man vielleicht: »Au Backe, was war denn das für ein intellektueller Diskutier-Club!« Aber das war es nicht, es ging um bodennahe Texte, um Tagebucheinträge etwa, wo du dich wiederentdeckt hast oder die dir auch mal fremd waren. Aber du konntest das dann offen sagen.

Martin war in Teilen ein durchaus anderer Typ als ich. Er hatte dieselbe Entdeckerfreude, dieselbe Hartnäckigkeit. Aber er hat manche Sachen gemacht, die ich nie gemacht hätte. Er sprach ohne Bedenken irgendwelche Leute an und hat sie ausgequetscht und brachte dann stolz ein, was er nun erfahren hatte. Er war ein großer Läufer und erforschte morgens schon ganz früh die Umgebung. »Da war ich schon, das hab ich alles schon geprüft, da gibt es ein nettes Restaurant, hier könnten wir noch hingehen, das habe ich mir angeguckt …« Das war super! Endlich hatte ich jemanden, der auch mal vorweglief!

Begegnung mit Jakob Strittmatter (Mitte), dem Sohn des Autoren – Christel (l.) und Martin (r.), Juni 2015

Als wir das erste Mal auf dem Friedhof von Erwin und Eva Strittmatter in Schulzenhof waren – sie die große Lyrikerin, er der große DDR-Autor –, hatte Martin ein Buch von ihm dabei. Auf dem Friedhof rückte er eine Bank vor das Grab und sagte: »Setzt euch alle mal hin, ich lese euch was vor!« Und dann haben wir da auf dem Friedhof Strittmatter-Geschichten gelesen. Ich fand es etwas komisch (»Wenn jetzt irgendwelche Leute kommen?!«). Gleichzeitig dachte ich: »Hey, der traut sich das einfach! das ist schön!« So hat sich eine Freundschaft gebildet, die sich durch die Zahl der Jahresringe vertieft hat. Er war einer, der sein Leben sehr offen und leidenschaftlich geteilt hat.

Thomas: Und dann ist er hier in Fleeth, wo wir gerade sind, unerwartet gestorben.

Uli: Ja, ein gemeines Drama! Hier, hundert Meter von diesem Häuschen entfernt, ist Martin im See ertrunken, weil er eine plötzliche Arterienverstopfung hatte. Gisi und er wussten um die latente Gefahr. Da ist noch heute ein Schmerz, wo ich Gott nicht verstehe – und ihm dennoch nicht böse sein kann, weil er diese schöne Beziehung letztlich überhaupt erst geschenkt hat. Außerdem geht es ja nicht zuerst um mich, sondern um seine Frau und die Kinder, das ist viel wichtiger.

Dennoch bleibt ein Stachel in mir zurück, auch ein Stück Respekt, eine Frage: »Warum musste das passieren? Gott, was hast du da gemacht? So was Tolles, so was Schönes, warum musste das aufhören?« Wir hatten gerade noch ein tolles Projekt vor uns mit Hermann Kant, einer anderen Schriftstellergröße aus der DDR, dem er auf den Spuren war. Er besuchte kurz vor seinem Tod als Wessi eine Gedenkveranstaltung für ihn und saß inmitten der alten DDR-Prominenz, begrüßte Egon Krenz, den Ex-DDR-Staatschef. Abgefahren! Er versuchte, Kontakt aufzunehmen. Da war ich einfach gespannt, wie es weitergegangen wäre. Und so bleibt dieser Stachel: »Gott, warum tust du das der Familie an? Seiner Frau?«

Es bleibt ein starker Respekt gegenüber der Unverfügbarkeit des Lebens. Und dann dieses »Carpe Diem«, nutze jeden Tag, nimm ihn als Geschenk Gottes, sei dir der wertvollen Zeit bewusst, die er dir anvertraut! Nimm, was du bekommst, mit großem Dank.

Ich erinnere mich, wie ich mich um das 50. Lebensjahr herum eines Tages wunderte, dass ich häufiger an Beerdigungen teilnahm. Immer mehr Leute aus dem nahen Umfeld sterben mit zunehmendem Alter. Freunde, die wie Martin vorzeitig und unerwartet gehen – nicht mehr jung, und doch zu früh. Von unheilbaren Krankheiten Betroffene. Geliebte Onkel und Tanten. Die eigenen Eltern. Und irgendwann eigene Geschwister. Als Jugendlicher habe ich Beerdigungen gemieden, wo ich nur konnte. Es war mir zu unheimlich. Unerträglich. Heute geht es mir anders. Auch das mag zu tun haben mit dem Annehmen neuer Lebensrealitäten, wovon Romano Guardini schreibt.

18

»ERST MAL IST ES EINE SUPERFREUDE!«

FAMILIE, ERWACHSENE, KINDER, ENKELKINDER

Je älter meine eigenen drei Töchter wurden, umso mehr kam ich ins Spiel. Ich liebe es, mit ihnen über alles Mögliche zu diskutieren. Doch ich muss mich auch immer mehr aus dem Spiel nehmen. Nicht mehr ständig Erzieher spielen wollen. Gelassen bleiben. Ihnen Eigenes zugestehen und zutrauen. Wie war das in der Familie Eggers? Welche Themen, Gemeinsamkeiten, Unterschiede im Miteinander von Eltern und erwachsen werdenden Kindern haben sich da gezeigt?

Familie mit größeren Kindern

Thomas: Wir haben über die junge Familie Eggers gesprochen. Inzwischen sind deine vier Kinder erwachsen und du bist mehrfacher Opa. Wenn ich vor etwa zehn Jahren eine Homestory zur Familie Eggers mit ihren schon größeren Kindern und Teenagern gemacht hätte, was hätte ich da gesehen und erlebt?

Uli: Es gab und gibt bei uns neben dem ganz normalen Alltag ein paar besondere Jahreshöhepunkte und Zeiten. Das ist einmal die Advents- und Weihnachtszeit, die ich in meiner Ursprungsfamilie sehr glücklich erlebt habe und die wir auch für unsere Kinder immer besonders gestaltet haben: Haus schmücken, Kekse backen, Kerzen anzünden, vielleicht auch mal Lieder singen (das hat nicht so gut geklappt, wie ich mir das gewünscht hätte, da war ich wohl nicht geduldig genug …).

Ein großartiges, tolles, auch sehr traditionell gestaltetes Weihnachtsfest mit gemeinsam geschnibbeltem Kartoffel- und Heringssalat zu Bullerbü-Video. Es gab wie in meiner eigenen Kindheit einen üppigen Bescherungstisch. Weihnachten war, plattdeutsch gesagt, »Vull buuks«-Abend, also »Voller Bauch«-Abend, sprich: Es durfte üppig sein. Die Kinder kriegten viel geschenkt – großzügig und gerecht verteilt, das war immer ein Meisterplanungsprojekt meiner Frau. Ein großer Gabentisch, die Weihnachtsgeschichte aus Lukas 2, ein paar Lieder. Und dann war man in den Weihnachtstagen einfach intensiv zusammen, hat einen netten Film zusammen gesehen wie »Ist das Leben nicht schön«, hat die Gemeinschaft genossen.

Thomas: Spiele?

Uli: Spiele gab es weniger, weil ich, wenn ich mit Leuten zusammen bin, lieber erzählen möchte. Meine Kinder haben da früher auch mal die Augen verdreht und gesagt: »Boah, Papa will mal wieder über irgendwas sprechen!« Dann haben sie sich leidend angeguckt und meinten: »Jetzt kommt die Z-Frage!«

Die Z-Frage ist die Zukunftsfrage. Ich habe gerne so was gefragt wie: »Wo willst du in fünf Jahren sein?« Die WegGemeinschaft fürchtet solche Fragen auch, aber für mich ist es etwas Reizvolles, mit Menschen über Träume und Hoffnungen ins Gespräch zu kommen und sie mit meinen Vorstellungen abzugleichen.

Thomas: Und Silvester?

Uli: Da gab es auch immer eine schöne Tradition, aber die wechselte mit dem jeweiligen Alter der Kinder. Eine Zeit lang waren wir alle als WegGemeinschaft bei Pagels zu Gast und haben mit der großen Gruppe der 15 Kinder gefeiert – das war dann wirklich so ein bisschen Bullerbü.

Auch die Urlaube waren für uns als Familie wichtig. Wir sind im Grunde dreimal im Jahr in den Urlaub gefahren. Im Frühjahr immer gemeinsam auf die WegGemeinschafts-Klausur. Das waren auch für die Kinder großartige Zeiten. Oft waren wir in Dänemark an der Küste in einer Ferienhaussiedlung, die ein Schwimmbad hatte. Dort haben die Kinder vormittags ihr eigenes Programm gehabt, sind durch die Dünen gedüst, schwimmen gewesen. Auch im Sommer haben wir oft an der Küste Urlaub gemacht. Wir sind halt Küstenmenschen. Und im Herbst: zur Abwechslung mal an der Küste, meist oben in Dänemark an einem Ort ziemlich im Norden, der wild und rau ist, wo es auch schon mal sehr stürmisch wird, große Wellen kommen.

Wir haben da eine schöne Tradition entwickelt: Bei stürmischem Wetter sind wir mit dem VW-Bus auf die Mole in Hirtshals gefahren, wo die Riesenwellen drüberspritzten und die Fischkutter sich durch die Wogen kämpften. Da saßen wir dann gemütlich im Bus, sturmumtost, eine Thermoskanne mit heißem Wasser dabei, und haben dänische Hotdogs mit süßem Senf gegessen, Pölser. Sicher eine sehr prägende Erfahrung, an die sich unsere Kinder gern erinnern.

Thomas: Wie haben dich deine heranwachsenden Kinder in deiner Rolle in der christlichen Szene erlebt? Kamen sie damit zurecht oder war das auch belastend?

Uli: Jeder und jede reagiert da unterschiedlich. Ganz klar ist es manchmal eine Hypothek, immer auf den Vater angesprochen zu werden, potenziell verglichen oder identifiziert zu werden, besonderes Interesse oder besondere Zurückhaltung zu spüren. Das macht was mit einem und ist auch für mich belastend – eine gewisse Bekanntheit hat ambivalente Wirkungen, von denen ich ihnen manche gern erspart hätte. Sie müssen das Thema halt immer mitdenken und sich irgendwie dazu stellen – allein das ist eine Last.

DA IST MANCHMAL AUCH EIN KLEINES UNGLÄUBIGES STAUNEN: WOW, WIRKLICH?

Aber sie finden meine Arbeit durchaus gut und identifizieren sich damit oder sind dankbar für gute Impulse und Ideen. Und dann haben sie sicher auch einen Preis für unser Leben am Rande der Republik gezahlt – Papa war halt öfter mal weg. Andererseits hat das aber auch einen Fokus auf Familie und Ehe ermöglicht. Denn wenn Papa zu Hause war, dann war er auch mittags beim Essen greifbar und tagsüber mal erreichbar. Meine größte Freude ist, dass sie durch unsere selbstverständliche Lebensmitte rund um den Glauben, die Gemeinde und den Dünenhof selbst einen je ganz eigenen Zugang dazu gefunden haben. Das ist ein Segen, freut uns natürlich sehr und ist alles andere als selbstverständlich. Insofern ist da manchmal auch ein kleines ungläubiges Staunen: Wow, wirklich?

Thomas: Weshalb?

Uli: Du hast es ja nicht in der Hand. Und wir haben das nicht nach Standard und Schema F versucht: Hausandacht, starre Regeln. Sondern der Glaube war einfach selbstverständlich Teil des Lebens. Wir gaben unser Bestes, wählten den Weg, der uns selbst wichtig war, Ehrlichkeit über alles. Uns war Gemeinde wichtig, uns war Mitarbeit wichtig, besonders in der Phase, wo die Kinder noch klein waren. Sie hatten ihre Freunde hier, haben das Vorbild der Eltern für Engagement gehabt und sich auf je eigene Weise darin entwickelt. Wenn es ein Rezept gibt, dann ist es Natürlichkeit, Ehrlichkeit und selbstverständliches Vorbild – sie waren nah dran an dem, was uns gemeinsam wichtig ist. Letztlich bleibt es unverfügbares Geschenk.

Loslöseprozesse

Thomas: Nun sind deine Kinder erwachsen, die Rollen ändern sich. Wie geht es dir dabei?

Uli: Es ist in der Tat etwas ganz Neues, ein Verhältnis zu den erwachsenen Kindern zu bekommen, ich taste mich voran und mache Erfahrungen. Ich merke, wie sehr ich verlernen muss, was ich mir früher sorgsam angeeignet habe: immer Verantwortung tragen, immer fürsorglich sein, immer im Auge behalten. Jetzt ist es ein ganz neues Verhältnis. Die Kinder müssen sich abnabeln, distanzieren, müssen ihren eigenen Weg gehen. Man kommt auf einer erwachsenen Ebene zusammen, fällt manchmal zurück, schwankt zwischen den Ebenen. Das ist ein Lernprozess, gerade für Eltern, die es gut meinen: loslassen, sich raushalten, nicht ständig Rat geben wollen, sich ein Wort verbieten …

Hanspeter Wolfsberger hat mir mal lächelnd zugerufen: »Klappe halten, Klappe halten, Klappe halten!« Aber das ist ein Lernprozess und tut manchmal auch weh. Heute sehe ich bei den Kindern, dass das tatsächlich zu einem neuen Niveau führt. Und ich bin stolz auf jedes einzelne Kind und Schwiegerkind, wie sie ihren Weg finden, sich in spannenden Berufen engagieren, eigene Impulse setzen! Ich lerne, damit umzugehen, dass jeder total unterschiedlich ist und den eigenen Weg gehen muss. Wir freuen uns einfach mit und tasten uns da so durch …

Thomas: Eine schwierige Lernkurve für mich als Vater war, zu realisieren, dass ich trotz bester Absichten im Umgang mit meinen Kindern Fehler mache, da und dort auch dicke. Als junger Vater habe ich mir eingebildet, dass nichts schieflaufen kann, wenn ich mein Kind einfach nur abgrundtief liebe und jeden Tag ein paar Mal knuddele. So würde sich schon alles gut einrenken. Heute weiß ich, dass ich trotzdem einiges falsch gemacht habe. Gemäß den Rückmeldungen meiner drei erwachsenen Töchter auch an Stellen, wo ich es nicht mal gemerkt habe. Dafür entlasten sie mich heute im Blick auf Vorkommnisse, bei denen ich mir noch lange Vorwürfe für ein bestimmtes Handeln meinerseits machte.

Uli: Ja, trotz bester Absichten wird es uns immer wieder passieren, dass wir eine Wirkung erzielen oder eine Nebenwirkung mitliefern oder selbst so sehr an unsere Grenzen stoßen, dass dann doch Böses hängen bleibt. Wie gut, wenn man dann irgendwann drüber reden kann, es auch merkt, bereinigen kann.

Ich sehe auch: Wenn die eigenen Kinder selbst Kinder bekommen, dann wächst auch tieferes Verständnis dafür, wie komplex die Herausforderung an Eltern ist und dass nicht immer alles gut geht.

Thomas: Auf meinem Weg mit meinen eigenen Eltern habe ich die schöne Erfahrung gemacht, dass es nach einer längeren Phase der Entfremdung um die 40 herum zu einer neuen, tiefen und herzlichen Annäherung kam. Kennst du so etwas bei den eigenen Kindern, die jetzt alle erwachsen sind? Kennst du Phasen der Entfremdung oder wo du merktest, da komm ich nicht mehr an sie ran?

Uli: Es gibt eine Geschichte meiner Frau an der Stelle, die das bei einem unserer Kinder während der Pubertät so empfunden hat. Heute ist sie beglückt, dass es sich wieder anders darstellt. Ich glaube, es gibt einfach Phasen und Persönlichkeitsunterschiede oder bestimmte Kommunikationsmuster.

Ich erlebe mit meinen Kindern manches anders als mit meinen Eltern. Als ich studierte, habe ich einmal in der Woche zu Hause angerufen, ich wusste, dass Mutter vitales Interesse hatte, sich auch mal ängstigte. Auch als ich verheiratet war, habe ich mindestens telefoniert. Heute gibt es WhatsApp und Signal und da läuft mal was Kurzes und ist dann mehr oder weniger intensiv. Solange nichts kommt, gilt, dass alles gut ist. Man muss immer wieder Erwartungen loslassen. Aber auch da ist uns zuerst wichtig, einander freizugeben und sich an dem großen Grundvertrauen zu freuen, das man empfindet. Das ist auch für mich und uns eine Lernkurve, weil ja Interesse und Nachfragen auch wieder nicht als Einmischen und »Im Nacken«-Sitzen verstanden werden soll. Das gelingt nicht immer und muss immer wieder neu und einzeln erprobt werden. Aber es ist große Liebe und Wertschätzung da und ein echter Respekt für jede und jeden Einzelnen.

Thomas: Alle deine Kinder haben auf je eigene Weise Theologie studiert. Ich könnte mir vorstellen, dass sie an mancher Stelle andere Haltungen und Meinungen haben, als ihr Eltern es ihnen vorgelegt habt. Gibt es heute in eurer Familie kontrovers geführte theologische oder gesellschaftspolitische Diskussionen?

Uli: Zwei Söhne und eine Schwiegertochter sind Pastoren – und die Töchter haben ihr Theologiestudium auf andere Weise umgesetzt, als Lehrerin, im Medienbereich und in der Gemeinde. Es gibt wunderbare theologische Diskussionen, durchaus auch Kontroversen – ist ja logisch, dass die Kindergeneration manches offener und weniger angepasst sieht als ihre Eltern. Aber es gab bisher kein Grundhinterfragen im Sinne von: »Was wir bei euch gelernt haben, wie ihr den Glauben gelebt habt, das sehe ich jetzt ganz anders …«

WIR TEILEN EINE WELT, DIE UNS GEMEINSAM WICHTIG IST – ABER WIR BEWERTEN NICHT ALLES GLEICH.

Wir teilen eine Welt, die uns gemeinsam wichtig ist – aber wir bewerten nicht alles gleich. Gut so, das ist ja auch ein dynamischer Prozess, da kann man einander nur freigeben. Wir haben immer hohen Wert auf Ehrlichkeit, Transparenz und Wahrhaftigkeit gelegt. Haben selbst nur das getan, was uns überzeugt hat. Und da können wir schlecht sauer sein, wenn das eben jeder auf seine Weise auch so macht. Wir sind froh, dass wir in den Grunddingen des Glaubens wie Beten, mit Gott rechnen, ihn in den Alltag einbeziehen, viel Übereinstimmung haben. Und über Theologie und Einzelfragen kann man sich ja fröhlich fetzen. Da lerne ich auch wieder von den Kindern und all dem, was sie sich erobern – ist ja unglaublich, was die alles können und welche Gaben sie jeweils ganz unterschiedlich haben!

Was mich selbst richtig irritiert hat, war, dass unsere beiden Jungs Theologie studiert haben und Pastoren geworden sind. Man könnte meinen, dass wir das ge-

Die Familie wird größer, 2019

wollt und darauf hingewirkt hätten. Tatsache ist, dass wir bei beiden zu 0,0 Prozent darauf hingearbeitet haben!

Thomas: Weshalb hat dich ihre Entscheidung irritiert? Hättest du dir für sie etwas anderes gewünscht?

Uli: Neben der Freude hat es mich auch ein Stück erschrocken, weil ich weiß, wie herausfordernd die Rolle eines Pastors heute ist: wie groß die Erwartungen einer Gemeinde sind. Wie viele Gaben er braucht, wie viel Frustrationstoleranz, und wie viel Arbeit es ist. Man muss viele sehr unterschiedliche Menschen mit guter Kommunikation binden. Ich finde die Pastorenrolle in heutigen Gemeinden bei so vielen Veränderungen und immer weniger ehrenamtlichen Mitarbeitern und immer höheren Anforderungen richtig heftig. Da wird es in Zukunft häufiger schrammen und rütteln, da müssen neue Muster des Miteinanders gefunden werden.

Von daher wünschte man sich manchmal leichter verdientes Geld für sie und denkt: »Au Backe! Da haben sie sich aber echt was vorgenommen!« Aber, hey: »Die Gemeinde ist die Hoffnung der Welt – wenn sie ihre Rolle gut macht!« Puh …

Unterschiedliche Sichtweisen

Thomas: Es gibt ein schönes Zitat des amerikanischen Erweckungspredigers Dwight Lyman Moody (1837–1899), das sinngemäß lautet: »Wenn wir tun, was die Alten taten, dann tun wir gerade nicht, was die Alten taten!« Damit wollte er sagen: Keine neue Generation geht geradeaus denselben Weg wie ihre Vorfahren. Kannst du das an der Generation deiner Kinder beobachten? Inwiefern leben und denken sie anders als deine Generation?

Uli: Ich glaube, dass sich da deutlich etwas geändert hat. Bei unseren Diskussionen habe ich manchmal auch ein bisschen Schiss und denke: »Die sind supergut ausgebildet und haben eine gute intellektuelle Prägung erfahren, da bin ich stolz drauf. Und zugleich ist ein Theologiestudium ein Weg, wo man in eine gewisse Freiheit des Denkens geführt wird und nicht automatisch jede Frage gleich bewertet wie Papa und Mama …«

In solchen Gesprächen versuche ich argumentativ mein Bestes zu geben, aber auch mit Respekt zu achten, wenn jemand etwas anders sieht. Das ist ein Lernprozess, dass man dann nicht aus sportlichem Ehrgeiz zu viel redet, da bin ich ja immer in Gefahr, weil ich so ein Vielredner sein kann. Aber klar, eine neue Generation sieht manches lockerer, manches auch ambitionierter.

Thomas: Bezieht sich das auf dogmatische oder auf ethische Themen?

Uli: Sicher potenziell auf beides. Gleichzeitig haben sie sich nicht so sehr mit der Prägung ihrer Eltern auseinandersetzen müssen, wie ich es musste, vor allem mit der Gemeindewelt und den darin vorhandenen Meinungen und Gegebenheiten. Ich habe früh versucht, den Glauben anderer nicht festzuhalten. Ich kann es sowieso nicht und ich bin auch nicht dafür verantwortlich. Sie müssen ihren Weg mit Gott finden. Ich will mein Bestes als Gegenüber geben. Ich muss meine Stimme einbringen, es ist gut, dass sie sich auch mal an mir reiben können. Ich versuche durchaus, da eine Eiche zu sein. Das kann natürlich gar nicht immer gut gelingen und ist ein dynamischer Prozess, bei dem ich hoffe, dass ich's irgendwie vernünftig hinkriege. Das Ding ist ja noch nicht zu Ende …

ICH HABE FRÜH VERSUCHT, DEN GLAUBEN ANDERER NICHT FESTZUHALTEN. ICH KANN ES SOWIESO NICHT UND ICH BIN AUCH NICHT DAFÜR VERANTWORTLICH.

Thomas: Was konkret heißt es für dich, eine Eiche zu sein?

Uli: In Beziehungen eine Eiche sein heißt: sich zumuten und vertrauen. Zumuten heißt, für etwas einzustehen und sich auch mal in den Weg zu stellen. Dabei angerempelt zu werden, umkämpft zu sein. Nicht gleich zurückzuzucken. Die Zumutung nicht aus dem falschen Wunsch, geliebt zu werden, zurückzunehmen, denn einfach aufgeben kann ja auch eine Form von Liebesentzug sein. Das wäre Gleichgültigkeit – das Gegenteil von Liebe. Liebe mutet sich zu. Man muss dabei nur aufpassen, dass es am Ende nicht um einen selbst geht und nicht ein Egokampf ums Rechthaben ausbricht. Hier ist Familie, nicht Vorstand, Firma oder Kollegenkreis …

Thomas: Ich muss dabei auch achtgeben, dass meine Zumutung das Gegenüber nicht überfordert.

Uli: Ja, dass sie nicht zu hart ist. Eine Eiche ist nicht aus Beton. Sie ist lebendig. Zugleich geht es um das Vertrauen, dass dein Gegenüber diese Zumutung verkraften und lesen kann. Dass es unterm Strich mitbekommt und spürt: Ich bin geliebt! Der andere ist hier gerade eckig und schwierig, und ich ärgere mich, aber ich muss dadurch nicht an seiner Liebe zweifeln. Und ich versuche, es durch die Brille der Liebe zu lesen und nachzudeuten.

Thomas: Für mich bedeutet das auch, in Schlüsselsituationen einen Riecher dafür zu entwickeln, was jetzt gerade für mein Kind, auch ein schon erwachsenes, eine Vergewisserung meiner Liebe sein könnte. Gerade heute ging es mir so: Wir waren in Neustrelitz in einem riesigen Antiquariat und haben zusammen gestöbert. Auf einmal klingelt mein Handy und ich habe es intuitiv weggedrückt. Dann merke ich, dass es meine Tochter ist. Sie ruft selten an, wenn ich weg bin. Ich denke: »Das ist ein blöder Moment, ich will hier nicht telefonieren, das nervt die anderen Leute.« Eine Sekunde später der nächste Gedanke: »Doch, diesen Anruf nimmst du jetzt ernst, rufst zurück und hörst zu. Vielleicht ist es wichtig.« Und genau so war es. Sie hat meinen Rat gebraucht. Früher war ich in solchen Momenten oft unsensibel.

Uli: Das ist etwas Superwichtiges, was wir unseren Kindern bieten müssen: alles tun, um verlässliche Signale zu geben, um verlässlich Liebe abzustrahlen, um Geborgenheit, Nest, Rückkehrort zu sein. Das würde ich für die Ehe genauso sagen. Partner, Kinder und Schwiegerkinder oder Enkel gehen immer vor – und klar, auch da macht man nicht immer alles richtig und jedes leichtsinnige Wort und jede unbedachte Tat tun einem total leid. Man merkt halt oft nicht rechtzeitig, dass man Mist gebaut oder jemandem eine Last auferlegt hat …

Die nächste Generation

Thomas: Heute sind deine Kinder verheiratet, ihr seid beim Zwischenstand von fünf Enkeln. Wie verändert das euer Zusammensein als Familie?

Uli: Na ja, erst mal ist es eine Superfreude! Was für tolle kleine Persönlichkeiten da aus dem Nichts von Liebe entstehen! Was für ein Wunder sich da neu vor dir entfaltet, wo du staunend danebenstehst! Klar, du hast nicht mehr so eine idyllische Gesprächsatmosphäre, wie das vielleicht mit älteren Kindern war. Im Gegenteil, es geht immer turbulent zu.

Eine richtig große Freude haben wir als Eltern, dass sich die Kinder untereinander verstehen. Sie besuchen einander, machen auch mal zusammen Urlaub, haben ihr ganz eigenes Ding miteinander, das wir unverschämter Weise oft noch nicht mal mitkriegen! Und man freut sich total darüber und ist so froh, dass unser Leben auf ihre Art und Weise weitergeht …

Thomas: Findest du einen Zugang zu deinen Enkelkindern oder ist das ein Stück fremde Welt für dich?

Uli: Mir wird ganz warm ums Herz, wenn ich nur an sie denke! Es ist ein großes Staunen von Gott her: Wow, was für ein ganz eigener kleiner Mensch ist da entstanden – was würde uns fehlen, wenn er nicht da wäre! Du hast so ein kleines, zerbrechliches Wesen auf dem Arm und staunst einfach über die Größe der Schöpfung und die Liebe Gottes. Das rührt mich total an.

Ich finde es auch faszinierend, wie schnell die Enkel eine eigene Persönlichkeit werden. Wir haben einen Siebenjährigen, einen Fünfjährigen, einen Vierjährigen und zwei Kleinkinder – und wer weiß, was gerade noch in der Pipeline ist! Das ist für mich wieder so ein Gotteszeugnis, wo ich einfach einen Wahnsinnsrespekt kriege und denke: Wie unglaublich toll ist der Mensch gemacht! Und wie stark blüht er unter der Liebe seiner Eltern und der Wärme von Beziehungen!

AHOY MATE
WO KOMMT UNSER ESSEN HER?

Thomas: Gibt es bestimmte Dinge, die du mit deinen Enkeln unternimmst?

Uli: Ja: Mit dem einen der Jungs waren wir schon hier in Fleeth zum Faltbootfahren. Da hast du ein kleines Gegenüber mit ganz eigenen Ambitionen. Christel kann im Moment schon ein bisschen mehr Zeit einsetzen und ist als Oma der absolute Star, weil sie einfach toll mit den Kindern umgeht. Aber ich spiele meine eigene Rolle und komme nicht zu kurz – Oma und Opa sind beide wichtig und setzen eigene Impulse. Ich bin dann schon mal für die etwas verrückten Ideen zuständig und merke, dass ich diesen kleinen Menschen etwas bedeute. Das berührt mich natürlich sehr …

Zukunftsmusik – mehr Enkelspiele

Thomas: Das erinnert mich an Erwin Strittmatter, der erstaunlich viele Geschichten erzählt, in denen sein Großvater eine enorm wichtige Rolle spielt. Und es führt mich zur Z-Frage: Wenn du fünf Jahre vorausblickst, was für einen Opa sollen deine Enkel dann erleben?

Uli: Ich stehe natürlich schon jetzt unter ordentlich Forderungsdruck meiner Kinder: »Hey, es wird mal Zeit, dass du dich richtig engagierst, die Enkel wollen was von dir haben!« Ich hoffe, dass sie einen Großvater erleben, der wirklich genug Zeit für sie hat und für sie nahbar ist, weil ich natürlich andererseits nicht der Typ bin, der im Ruhestand nur die Beine hochlegt. Ich freue mich sehr darauf, dass ich die Pflichtlast loswerde und manches, was ich als geistlich notwendig empfinde oder als kreative Idee bewege, noch mal spielen kann. Aber die Enkel sind eine Toppriorität und ich träume von allem Möglichen. Ich werde mir also viel Mühe geben und ich weiß auch, dass meine Frau mir Prügel geben wird, wenn ich da zu sehr …

Thomas: … sie wird dir womöglich dieses Buch mit diesen Zeilen vor die Nase halten: »Lies mal, was du da gesagt hast!«

Uli: Hoffentlich! Dahinter steckt ja auch die Frage, welche geistliche Rolle Großeltern für ihre Enkel spielen können. Es ist faszinierend, dass man immer wieder hört, dass sie eine große, wichtige Rolle haben, weil sie jenseits der Pflichtebene der Eltern Kür spielen können. Das ergänzt sich ja prima – und ich bibbere natürlich auch etwas unter dieser Verantwortung, will es gut machen und mir Mühe geben.

Ich habe mit Begeisterung von Reinhard Holmer gehört, dass die Großfamilie Holmer Enkelfreizeiten macht, um Gutes weiterzugeben. Super Idee, weil die Enkelkinder ja oft an verschiedenen Orten des Landes verstreut sind und sich untereinander gar nicht automatisch kennen! Und Glaube wird am besten in der eigenen Generation erlebt, Kinder brauchen Kinder, Teens Teens, die ihnen Vorbild sind. Es ist eine Riesenchance, so was als Gruppe zu erleben, darin Geborgenheit zu finden. Also, so etwas steht fest auf meinem Z-Plan … Ob es klappen wird oder ob das jetzt schon wieder eine romantisch-idealistische Idee ist, weiß ich nicht. Aber lieber eine gute Idee als keine Idee …

LIEBER EINE GUTE IDEE ALS KEINE IDEE.

Sommer 2021. Unser Gespräch liegt schon fast ein Jahr zurück. Gerade erst bekam ich eine Nachricht auf mein Handy mit ein paar Fotos. Darauf zu sehen: Christel, Uli und zwei Enkel beim Ausflug mit dem neuen Fährschiff auf die andere Elbseite. Windzerzauste Haare. Staunen an der Reling. Ausschauhalten nach den Frachtern. Gemütlich auf einer Bank: Essenspause. Es scheint zu klappen mit der Enkelzeit …

19

UNSER »BONUS-TRACK«, DIE ZUGABE: »DAS BIN JA ICH!«

LEIDENSCHAFT LESEN

Das Gespräch über Bücher gehört zu denen, auf die ich mich im Rahmen dieses Biografieprojekts besonders gefreut habe. Der Grund: Seit Jahren tauschen wir uns über verschiedenste Autoren und deren Werke aus. Wir lieben es, stundenlang durch Antiquariate zu streifen, sind ständig auf Bücherjagd. Wir führen viele Gespräche zu Themen, die sich für uns aus der Auseinandersetzung damit ergeben. Manche dieser Bücher haben keinen christlichen Hintergrund – und bereichern dennoch unseren Glauben.

Wir haben überlegt, ob wir ein derart spezielles und für Sie vielleicht fremdartiges Kapitel an das Ende dieses Buches stellen können. Aber wir wollen es bewusst wagen – zum einen, weil es in unseren Gesprächen schlicht so war. Zum anderen, weil in ihm blitzlichtartig etwas Typisches unserer Freundschaft auftaucht, das uns auch in Zukunft begleiten wird: das Suchen von Analogien zwischen Literatur und Leben und die vielen archaischen Grundthemen des Lebens, die zwischen Nichtchristen und Christen bei näherem Hinsehen viel ähnlicher sind, als wir es gedacht hätten. Hinzu kommt: Das hier Beschriebene macht einen beträchtlichen Teil des privaten Uli aus. Er sammelt Bücher bis ins Unermessliche. Und liest und liest und liest. An der Stelle sind wir uns ähnlich – Gott sei Dank unsere beiden Ehefrauen ebenfalls. Vielleicht gelingt es uns, von dieser Leidenschaft ein paar Funken überspringen zu lassen …

Mit Literatur das Leben erobern

Thomas: Dass dir Bücher so viel bedeuten, ist insofern verwunderlich, als du in der Schule mit dem Fach »Literatur« nicht viel anfangen konntest. Warum?

Uli: Ich habe unter der Schullektüre eher gelitten, im Sinne von »der Löwe muss durch den brennenden Reifen springen«. Ich hatte keine Ahnung, warum eigentlich, aber ich musste eben durch. Die Schule hat mir nicht geholfen zu verstehen, dass Literatur extrem vital mit meinem Leben zu tun hat. Die Sachen wirkten verstaubt, mühsam, schwer verständlich.

Thomas: In einem früheren Gespräch aber hast du davon erzählt, wie endlos viel du als Kind gelesen hast. Wie passt das zusammen?

Uli: Genau, und das ist eben das Ding: Ich habe gern gelesen, weil mich meine Eltern früh dazu ermutigt haben. Durch das viele Kranksein war ich auch wirklich eine Leseratte und hab wahllos alles verschlungen. Mein Geschmack hat sich erst nach und nach entwickelt. Heute finde ich Literatur spannend, wenn es zentral um Lebensfragen geht, um die Bewältigung des Lebens. Gute Literatur ist Eroberung des Lebens. Was gibt es Interessanteres als das? Nur eben: Durch die Schule habe ich das nicht gelernt …

GUTE LITERATUR IST EROBERUNG DES LEBENS.

Thomas: Damit sprichst du etwas Wichtiges an, das auch für andere Bereiche gilt. Nehmen wir Mathematik oder Biologie: Wenn du in der Schule eine Lehrperson hast, die dieses Fach vermitteln muss, weil es das Curriculum vorgibt, dann liest sie sich ein, schaut, was man im Unterricht durchnehmen könnte, und bereitet die Lektionen vor. Aber es ist verschult. Wenn du stattdessen eine Lehrerin oder einen Lehrer hast, die oder der bei diesem Fach brennt, dann passiert etwas ganz anderes. Eine meiner Töchter wurde von ihrem Philosophielehrer derart in Brand gesetzt, dass sie danach Philosophie studierte. Dasselbe gilt ja auch für Predigten, für jede Art von Inhaltsvermittlung und eben auch bei Büchern. Wenn du jemanden hast, der oder die dir mit Leidenschaft eine Tür zu seiner Leidenschaft öffnet, dann nimmt es dich auch dann mit, wenn du sonst gleichgültig mit der Schulter zuckst.

Uli: Da bin ich voll bei dir! Bei mir haben Bücher dort etwas bewegt, wo sie mir eine Identifikationsfläche gaben. Bei mir schlagen die Flammen hoch, wenn ich merke: »Das bin ja ich! Das kann ich mir als Vorbild nehmen!« Da versucht zum Beispiel einer, mit Kanu und zu Fuß die kanadische Eiswüste zu erobern. Auf diese Weise lerne ich etwas über Resilienz, über Durchhaltevermögen. Über Idealismus und Müdigkeit, über Geduld und Ungeduld. Und denke: »Ich will auch durchhalten. Ich bin zwar gerade nicht in Kanada, aber ich will durchhalten! Ich bin müde und verzweifelt – und schaffe es doch!« Das ist das, was mich heute an Literatur total fasziniert.

Thomas: Es gibt diesen Satz von Friso Melzer, dessen Bücher ich als junger Erwachsener verschlungen habe, wo er genau davon spricht. Er bezieht es auf das Bibellesen und sagt sinngemäß: Nur was dich im Inneren trifft und was aus diesem Inneren kommt, trifft andere im Innersten und vermag sie zu formen. Was nicht aus der Mitte deiner Person kommt, erreicht auch nicht die Mitte eines anderen.

Das wurde für mich zu einem Mantra für alles Predigen, Lehren und Schreiben. Ich kann mich inhaltlich und methodisch noch so sauber vorbereiten und lehren – es mag den anderen informieren, aber es wird ihn kaum transformieren. Damals habe ich mir Melzers Worte groß rauskopiert und mir gesagt: »Thomas, das darfst du nie vergessen! So muss es sein, auch um Gottes willen muss es so sein, sonst redest du dich leer und redest Leeres.«

Uli: Genau so begegnet es einem eben auch bei guten Büchern. Auf ein für mich wichtiges Buch bin ich durchs Fernsehen gestoßen. Da gab es eine tolle Verfilmung von »Tadellöser und Wolff« mit guten Schauspielern. So habe ich den Autor Walter Kempowski entdeckt. Seine Bücher sind letztlich Entwicklungsromane, aber ein Stück politischer: Rostock, der Krieg, die Nachkriegszeit, verhaftet als Spion, die Zeit im Gefängnis. Gut geschriebene Bewältigungsbücher deutscher Geschichte, aber nahbar. Ich habe Kempowski später mit Christel in seinem Haus bei Bremen besucht, wo er Lesungen gab. Ein Haus wie ein Museum mit einer riesigen Büchersammlung. Diese Art zu leben habe ich für mich als inspirierend empfunden, sich so zu umgeben mit schönen alten Dingen.

Auch Manfred Hausmann war und ist mir mit seinen Büchern wichtig, zum Beispiel sein »Lampioon«-Buch: ein Vagabund, der durch die norddeutsche Landschaft wandert, tiefe Reflektion über das Leben, starke Naturstimmungen. Das hat etwas von Knut Hamsun.

Thomas: Ich finde es stark, dass Bücher uns irritieren können, uns auf ein neues Gleis heben und bewirken, dass wir ab jetzt auf einer neuen Lebensstrecke fahren! Das Alte ist nicht einfach weg, aber mit neuen Überzeugungen und Erkenntnissen durchzogen. Dass ein Bündel Papier mit ein paar schwarzen Ziffern so etwas schafft, das ist schon gewaltig!

Uli: Mir geht es bis heute manchmal so, dass ich Bücher lese und dann denke: Diese Gegend, diesen Ort, den würde ich gerne mal sehen. Man stellt ihn sich lebendig vor. Ich habe zum Beispiel im Rahmen meines Interesses an der DDR-Geschichte »Der Turm« von Uwe Tellkamp gelesen. Eine literarisch enorm dichte Beschreibung vom Verfall der DDR-Gesellschaft vor der Wende, Dresden, Weißer Hirsch,

Elbabhang, das Schneetreiben um den Schrägaufzug. Du fühlst das beim Lesen extrem intensiv nach, sitzt mit in der Bahn ... Wir sind dann später hingefahren und haben uns das angeguckt – spannend und zugleich enttäuschend, weil die extreme Dichte der Literatur fehlt – das Schneetreiben und Mondlicht und die Gerüche. Dieses Fantasie Weckende, dieses Mitgehende, was Literatur bieten kann, ist enorm stark.

Hans Fallada und Erwin Strittmatter

Thomas: Wir waren gestern gemeinsam in Neustrelitz im Bücher-Speicher, einem riesigen, wunderbaren Antiquariat. Am Ende sind wir beide mit vollen Taschen rausgekommen und haben am Abend unsere Stapel gemeinsam durchgesehen und uns wie kleine Jungs an den Schätzen gefreut. Da sind viele DDR-Autoren dabei. Und vorgestern waren wir einmal mehr auf dem Schulzenhof, dem Gelände, auf dem der große DDR-Autor Erwin Strittmatter und seine Frau Eva gelebt haben. Man nannte ihn den »Tolstoi der DDR«.

Das ist ja eine Sache, die uns beide verbindet: die Liebe, Leidenschaft und Entdeckerfreude an Literatur, die häufig aus dieser Gegend hier stammt – und das Besuchen ihrer Orte. Das begann bei dir früher als bei mir. Der Anfahrtsweg dazu verläuft über den Autor Hans Fallada, ein höchst komplexer, irgendwie auch schräger Mensch, der noch vor der DDR-Zeit lebte. Ein Getriebener, Ruheloser, der immer wieder einer seiner Süchte verfiel. Warum konntest du als braver Christ an diesem Hans Fallada Gefallen finden?

Uli: Ich habe wegen meiner Liebe zur Ostsee und dem Baltischen schon immer Biografien gelesen. Hans Brandenburg, baltischer Christ. Else Hueck-Dehio mit »Liebe Renata« oder ihrem »Indianersommer«. Dann »Die Stunde der Frauen« von Christian Graf von Krockow, dramatisch und bewegend, gut analog zu Hans Graf Lehndorffs »Ostpreußisches Tagebuch« zu lesen. Auch »Namen, die keiner mehr nennt« von der ehemaligen ZEIT-Herausgeberin Marion Gräfin Dönhoff, die ihre Fluchtgeschichte erzählt, wo du einfach denkst: »Mensch, das ist deutsche Geschichte im Leben einer Frau, literarisch hochstehend und lebensintensiv.«

Von daher hatte ich schon immer eine Ostbeziehung, aber bei Hans Fallada gab's noch mal einen anderen Zugang. Ich bin irgendwann auf seine beiden biografischen Bücher gestoßen – reine Familienidylle à la Bullerbü! »Damals bei uns daheim« ist seine Kindheitsgeschichte als Sohn eines Reichsgerichtsrats, großbürgerlich. Darin schreibt er viel über sein Leiden in der Kindheit, er war ein Unglücksrabe, viel krank. Das hat mich angesprochen, Krankheitsbewältigung passt ja zu mir. Irgendwann ist er dann durch Rauschgiftsucht und Gefängnisaufenthalte hindurch zum Bestsellerautor geworden.

»Heute bei uns zu Haus« war das zweite Buch. Darin beschreibt er sein Leben als Schriftsteller hier in der Mecklenburgischen Schweiz. Wieder ein Entwicklungsroman, aber der eines Schriftstellers. Wie er ein Haus an einem See findet, wie er anfängt, das Land darum zu bebauen, das Haus zu renovieren, eine Familie zu gründen, zu schreiben versucht. Wie er ein Bienenhaus kauft und einen Apfelgarten anlegt. Er ist ein unglaublich guter Erzähler – und man ahnt etwas von den Tiefen dahinter.

Thomas: Du wolltest dann diesen Ort besuchen?

Uli: Ja, aber er lag halt in der DDR. Und dann fand ich nach der Wende eine kleine Broschüre vom Kinderbuchverlag mit »Carwitzer Notizen« von verschiedenen Autoren über seinen Lebensort und die berührende Geschichte seiner Frau Suse. Nach der Wende bin ich 1993 oder 1994 mit einer Videokamera bewaffnet dorthin aufgebrochen und habe mir sein Haus angeguckt. Das hat mich noch mehr entflammt und so habe ich mir das Leben Hans Falladas tiefer erschlossen. Er ist ein unglaublich geschickter Erzähler, hatte ein extrem spannendes und zerrissenes Leben zwischen purer Familienidylle und schwerster Sucht.

Man sagt, er hätte wahrscheinlich den Literatur-Nobelpreis bekommen, wenn der Zweite Weltkrieg nicht gekommen wäre. Sein Buch »Kleiner Mann, was nun?« war ein Welterfolg. Er schwamm auf einmal im Geld. Du siehst, wie in manchen Menschen Licht und Schatten offensichtlich sehr nah nebeneinander existieren. Seine Bücher über seine Alkohol- und Drogensucht lesen sich wie Filme, extrem ehrlich, absolut meisterlich. Und je älter du wirst, umso mehr merkst du, dass in jedem Leben neben dem Licht auch Abgründe existieren.

Ich habe mich durch alle seine Bücher gewühlt und irgendwann auch meinen Freund Martin Schramm damit angesteckt. Dann sind wir ein erstes Mal vor vielleicht zehn, zwölf Jahren gemeinsam nach Carwitz gefahren, haben entdeckt, dass das Museum in seinem Dichterhaus freitags regelmäßige Lesungen veranstaltet. So haben wir auch den jüngsten Sohn Falladas kennengelernt und gesehen, wie engagiert das literarische Erbe dieses Mannes gepflegt wird. Auch die Briefwechsel mit seinem älteren Sohn oder seiner Frau liegen heute als Buch vor – sehr anrührend, so wie seine Kinderbücher, die er für sie geschrieben hat und die noch unsere Kinder begeistert haben.

Thomas: Diese Entdeckungsreise auf dem Boden der damaligen DDR führte euch dann zu einem weiteren Namen, zu Erwin Strittmatter, der in unseren Gesprächen schon erwähnt wurde. Wie bist du auf ihn gestoßen?

Uli: Wir waren mit der WegGemeinschaft auf unserer jährlichen Klausur in Warnemünde an der Ostsee. Wie immer an fremden Orten habe ich dort durch eine Buchhandlung gestöbert. In der Grabbelkiste lag eine große Fotobiografie über diesen Erwin Strittmatter. Sehr schön gemacht – und zum Schleuderpreis. Also Risiko: einfach mal kaufen!

Ich hatte den Namen schon gehört und sah nun: Ach, interessant, der lebte in Berlin und hatte zugleich eine Schreibexistenz auf dem Land. Auch an einem

See mitten in den Wäldern, mecklenburgische Seenplatte – gar nicht weit von Fallada. Ich merkte, der war offensichtlich Kommunist, fast eine nationale Ikone der DDR, ein Staatsschriftsteller – Schullektüre, mit Weihnachtslesung im Radio. Zugleich war er einer – extrem spannend! –, der durch drei Systeme lebte: enttäuschter verirrter Nazi mit harten Kriegserfahrungen und verschwiegener SS-Geschichte, reumütiger Sozialist, der nun alles besser machen wollte – und schließlich ein innerer Emigrant, der weg vom Sozialismus wollte, den er als quasi religiöse Ideologie entlarvte.

Thomas: Er wurde Sozialist, weil er für seine Nazirolle büßen wollte?

Uli: Ja – und auf einmal hast du etwas verstanden vom Leben vieler Idealisten in der jungen DDR: »Nie wieder Krieg! Nie wieder Faschismus! Wir müssen es komplett anders machen! Diesmal bin ich auf der richtigen Seite der Geschichte! Ich habe einen hohen Glauben daran. Ich fange ein neues Leben an.« All das hat auch wieder fast religiöse Züge – so etwas steckt tief in uns Menschen!

Ich bin ja einfach nur antikommunistisch erzogen, in gewisser Weise unbedarftes Opfer des Kalten Krieges. Wer die DDR-Geschichte von Beginn an versteht, findet natürlich längst nicht alles gut, aber der fängt an, diese Prägungen zu verstehen.

Er hat vom Schreiben gelebt und nebenbei Ponys gezüchtet – zwei Stunden nördlich von Berlin, eine Schutzzone vor dem System. Auch da wieder diese Existenz an zwei Orten – hey, kenne ich doch, draußen und drinnen!

Thomas: Ich erinnere mich daran, wie du mir das erste Mal von Fallada und Strittmatter erzählt hast. Der DDR-Hintergrund interessierte mich spontan. Auch deshalb, weil ich als Schweizer ein sehr einseitiges, auf Abwehr bedachtes Verhältnis zum Sozialismus hatte. Geprägt durch Erziehung, Schule und Militärdienst, wo es bei unseren Gefechtsübungen meistens um den »roten Feind aus dem Osten« ging – eben um all die bösen Kommunisten, die uns überfallen wollten. Dann las ich bei Fallada rein und stellte fest, was für ein schräger Vogel das war. Oft süchtig und rücksichtslos. Versuchte sich mit seinem Freund im Duell zu erschießen. Ich dachte: »Was sind das für kranke Typen? Wie kann der Uli an so was Gefallen finden?«

Dann Strittmatter: Ja, durchaus schöne Beschreibungen vom Landleben als Schriftsteller. Aber auch viel Irritierendes. Treibt im DDR-System mit, stellt sich irgendwann innerlich dagegen, sagt es aber nicht laut, weil er sonst seine Privilegien verliert. Ist oft jähzornig, will ein guter Vater sein, verprügelt aber immer wieder seine Söhne, geht fremd. Und wieder dachte ich: »Mensch, Uli, was fasziniert dich an diesen kaputten Kerlen?« Kannst du es mir erklären?

Uli: Für mich ist der Knoten beim Lesen der Tagebücher von Strittmatter geplatzt, mit den Romanen kann ich gar nicht so viel anfangen. Was sind Tagebücher? Es sind Entwicklungsromane. Wie bewältige ich das Leben? Was macht mich aus? Wie geht eine Ehe? Wie geht eine Berufskarriere – was ist die ehrliche Innenansicht der Außenseite?

Martin Schramm und ich haben ein glückhaftes Erlebnis gehabt, wir haben Schulzenhof gesucht, sechs Häuser auf einer Lichtung zwischen Seen, an einer staubigen Straße. Du fährst kilometerweit durch einsamen Wald bei Rheinsberg, es ist verwunschen und romantisch. Wir standen vor verschlossenen Türen, aber wir sahen den Friedhof, wo er mit seiner Frau Eva Strittmatter begraben liegt, die die bekannteste Lyrikerin der DDR war – auch sie Schulliteratur, extrem beliebt, eine Art Mutter der Nation, sie veröffentlichte mehrere Bücher mit »Briefen aus Schulzenhof«, die manchmal fast seelsorgerlichen Inhalt haben. Lyrik in Millionenauflage? So was gibt es doch gar nicht – gab es aber in der DDR. Und sie hat

Gemeinsames Freizeitprogramm bei unseren Buchgesprächen – Bücherspeicher Neustrelitz

gute Lyrik geschrieben, auch da wieder mitten im Leben. Klug, tief, superehrlich. Sie empfand starke Konkurrenz zu ihrem Erwin, ist deswegen auf Lyrik ausgewichen, hat später viele geheime Gedichte geschrieben über die Spannungen in ihrer Ehe, die zu ihrer Lebzeit nie veröffentlicht wurden. Voller Liebe, Hass und tiefem Schmerz.

Ein Jahr später sind wir wiedergekommen, weil – typisch! – Martin festgestellt hatte, dass man manchmal rein kann in Schulzenhof. Er hatte Kontakt zu Jakob Strittmatter aufgenommen, dem jüngsten Sohn, und der hat uns vier empfangen und durch den Stall und den Hof und das Dichterhaus geführt, wo jedes Ding noch so liegt, wie es war, als die beiden nach der Wende gestorben sind. Auf einmal siehst du all das, worüber der Mann in seinen Tagebüchern geschrieben hat. Du siehst seine Wiese, seine Ställe, und das ist berührend und bewegend, weil du dieses Leben in zwei Versionen besser verstehst: ein offizielles gegenüber dem System. Das findet in Berlin statt mit Edelwohnung im Zentrum, erste Sahne für den Nationalpreisträger. Und dann sein Rückzugsort, seine sichere Burg, wo er leben kann, was längst Tatsache ist: innerlich aus dem System ausgewandert, im engen Zusammenhalt mit anderen Autoren, die in der DDR ein intimes Netzwerk bildeten, ausgerichtet auf seine Familie, seine Ponys, das Schreiben, mit dem er seine Seele befreite …

Parallelen zu Leben und Glauben

Thomas: Weshalb hat dich gerade das interessiert und fasziniert?

Uli: Es sind im Grunde zwei Sachen. Fallada und Strittmatter zeigen, dass das Leben eine literarisch beschriebene Außenseite hat, in der viele Sehnsüchte, Wünsche und biografische Erfahrungen auf gute Weise sichtbar werden. Und es hat diese Innenseite, in der viel Zerbruch, Abgrund und Tiefe ist, was Menschen quer durch alle Systeme verbindet. Besonders massiv bei Strittmatter: Wie sehr schmiegst du dich dem System DDR an, auf das du dich mit Haut und Haar eingelassen hast? Und nun entlarvt sich dir vieles davon als Illusion. Was machst du jetzt? Gehst du in die Opposition? Dann verlierst du alles: Du darfst nicht mehr schreiben, du wirst nicht mehr veröffentlicht. Gehst du in die innere Opposition? Ja, offensichtlich. Und so gibt es bei ihm eine Art innere Auswanderung …

Thomas: So wie bei Günter de Bruyn, einem anderen DDR-Schriftsteller, den wir später gemeinsam entdeckt haben. Auch er wählte die innere Emigration.

Uli: Genau, ein Literaturstar, Liebling von Angela Merkel. Er hat eine fantastische Biografie geschrieben, »Zwischenbilanz« – als gläubiger Katholik in der DDR – mit tapferem Stand gegen das System. Und dann die anderen großen Namen, die wir durch diese Leute kennengelernt haben. Christa Wolf, Helga Schubert, die wir noch diese Woche besuchen wollen.

Das Spannende: Du merkst auf einmal, dass sich die Konfrontation mit einem ideologischen System auf jedes Glaubenssystem übertragen lässt. Da sind viele Analogien zu uns Christen drin! Schau doch mal auf die hochidealistischen Evangelikalen oder Charismatiker, die auch alles besser machen wollen – da leuchtet doch etwas auf! Starke orthodoxe Außenseite, innen Emigration und Zweifel? Wie gehen wir mit der offiziellen Lehre um? Wie gehen wir damit um, wenn wir etwas nicht so glauben können, wie es gesagt wird? Sind wir eher Fundis – oder Realos?

Thomas: Nehmen wir das Beispiel eines normalen Gottesdienstes. Du sitzt da, einer spricht, alle hören zu, scheinen völlig einverstanden und erbaut zu sein, aber ganz viele denken im Stillen: »Nee, sehe ich so nicht! Nee, meine Wirklichkeit …, ach, wenn du wüsstest!« Aber du sagst nichts. Bist nett und freundlich zum Pastor und zu allen. Dieselben Reflexe findet man bei Systemen mit hohen Idealen und Ansprüchen.

Uli: Ja, denn du willst ja in dieser Welt der Gemeinde bleiben – und stehst sogar überzeugt dazu. Du bist vielleicht sogar leitender Mitarbeiter. Und jetzt glaubst du aber vielleicht nicht zu hundert Prozent konform oder entwickelst Zweifel oder leidest an deinen Widersprüchen und deiner Gebrochenheit. Du hast also eine Gemeindewirklichkeit (… Wohnsitz von Strittmatter in Berlin) und eine andere, eine heimische Wirklichkeit (… Schulzenhof, zurückgezogen in den Wäldern). Ganz wirklich und ehrlich und zu Hause bist du bei dir in den Wäldern, wo dich keiner sieht, wo deine Lieben sind. Wo du lebst, was du leben willst. Wie nahe sind sich diese Wirklichkeiten?

Auf einmal merkst du – und das betrifft uns natürlich als christliche Funktionäre noch mal besonders: Es gibt eine offiziell verkündete Lehrmeinung, eine ideologische Sicht der Dinge in einem System, das bestimmte Werte propagiert.

Es gibt eine kirchliche Lehrmeinung deines Verbandes, deiner Denomination, deines Pastors, deiner Gemeinde. Oder anders: Es gibt ein biblisches Ideal – und dazu stehst du, das willst du doch leben! Und es gibt aber auch deine Wirklichkeit, dein Unterwegssein zum Ziel. Du bist noch nicht angekommen.

Wo immer du dich verortest, beides verlangt einen Preis! Die große Übereinstimmung verlangt, dass du dich hier oder da einer Meinung beugst, die du vielleicht heimlich auch befragst. Die innere Auswanderung verlangt, dass du in gewisser Weise ein Maskenspiel mitgehst, dass du hier ein anderer bist als da, dass es dich auch ein Stück weit zerreißt! Wie weit machst du einen Kompromiss oder nicht? Bleibst du oder nicht? Welchen Preis zahlst du für das eine oder das andere?

Thomas: Zudem ist es auch in manchen Kirchen so, dass diejenigen, die das System hinterfragen, auf irgendeine Weise abgestraft werden – ähnlich wie es in der DDR der Fall war. Oder im Westen, wenn du mit Kommunisten sympathisiertest. Es sind ähnliche Mechanismen.

Uli: Absolut, wenn man an den Stalinismus in Russland denkt und dieses verbrecherische System, Menschen zu beugen, zu töten, einzukerkern um ihres in Nuancen verkehrten trotzkistischen »Glaubens« willen. Und dann siehst du wieder sofort: Oh, um des Glaubens willen, das kennen wir doch aus der Inquisition, das kennen wir doch aber auch dort, wo Menschen entlassen wurden wie mein ältester Bruder. Und kenne ich nicht selbst heftige Angriffe von Kritikern, die mich auch gerne aus meiner Rolle rausgeschmissen hätten?

Thomas: Also bleibe ich lieber still und mucke nicht auf.

Uli: Du merkst auf einmal, wie spannend es ist, diesen Spuren zu folgen. Gerade auch in der DDR-Verarbeitungsliteratur stecken viele Analogien zu uns Christen. Etwa das Ding mit den Generationen. Wir sagen ja immer: »Gott hat keine Enkelkinder« – Glaube setzt sich nicht einfach fort durch die Generationen einer Familie. Und genau dieses Phänomen steht auch hinter dem Verfall der DDR. Nimm Bücher wie Maxim Leos »Haltet euer Herz bereit« oder auch »In Zeiten des abnehmenden Lichts« von Eugen Ruge. Das sind Familiengeschichten, die eine überzeugte Gründungsgeneration der DDR zeigen – die Großväter, oft im Exil gewesen, erlitten großes Leid wegen ihrer politischen Haltung – ihres »Glaubens«.

Dann wurden sie zur Gründungselite der DDR, mit Privilegien versehen. Ihre Kinder: Nutznießer des Systems mit vererbter sozialistischer Überzeugung, aber oft nur noch Verwalter des revolutionären Erbes. Und dann die Enkelgeneration, die das Feuer des Anfangs nicht mehr verstand, gar nicht einsah, warum man verzichten sollte, das System verteidigen oder die ewigen Kompromisse rechtfertigen musste – abnehmendes Licht! Glaube überträgt sich nicht!

Bill Hybels würde sagen: »Vision leaks« – Vision verdunstet. Ohne bewusstes Engagement setzt sich erweckliches Feuer nicht einfach durch die Generationen fort. Und tatsächlich: Von ihrem sozialistischen Ideal her war die DDR ja für viele Leitende eine »Erweckungsbewegung« gegenüber der Nazizeit, eine Bußbewegung – alles besser machen! Und auf einmal siehst du: Diese menschliche Dynamik kennst du – das ist gar nicht glaubens- oder kirchenspezifisch!

Und dann merkst du: Zwischen solchen Buchdeckeln, hinter der Fassade irgendwelcher Namen – steckt das pralle Leben. Wirst du selbst sichtbar! Ich bin ganz glücklich, Thomas, dass wir beide da ein ähnliches Erkundungsinteresse haben. Wir beide wollen inmitten von Versuchlichkeit Rückgrat behalten. Ringen um Integrität in der Frage, wo man nachgeben darf und wo nicht. Wo man an seinen Idealen festhalten muss oder zulässt, dass sie sich beugen.

Du hast heute Morgen beim Frühstück die Idee bewegt, dass man Menschen mit 50 Jahren eine Art Lebensrevision zumuten sollte. Man sollte sich fragen: »Will ich eigentlich noch alles, was ich mal wollte? Bleibe ich auf der Spur?« Spannende Frage – und sofort wieder ein Thema, wo du sagen kannst: Jeder dieser Menschen, über die wir gerade geredet haben, hat solche inneren Prozesse durchlaufen. Jeder, der Idealen folgt, steht dem Realzustand oder vielleicht dem Verfall seiner Ideale gegen über – oder ihrer Erneuerung und dem bewussten Festhalten daran. Wir alle müssen uns das überlegen: Umgebe ich mich mit Freunden, die mich ermutigen, meine Ideale gegen die harten Realitäten des Lebens zu leben? Oder lasse ich mich eher runterziehen?

JEDER, DER IDEALEN FOLGT, STEHT DEM REALZUSTAND ODER VIELLEICHT DEM VERFALL SEINER IDEALE GEGENÜBER – ODER IHRER ERNEUERUNG UND DEM BEWUSSTEN FESTHALTEN DARAN.

Thomas: Manchmal spiele ich mit dem Gedanken, ein Buch zu schreiben mit dem Titel: »Was ich nicht mehr glaube«. Einmal ehrlich zu benennen, wovon ich vor zwanzig, dreißig Jahren noch fest überzeugt war, wo ich heute aber eine andere Sicht gewonnen habe. Der Untertitel könnte lauten: »Woran ich aber umso mehr

festhalten will« – also auch das Gegenteil zu beschreiben: was mir an Lebensschatz und Glaubenssubstanz umso wichtiger geworden ist.

Ich sehe dieses Lebensmuster bei unterschiedlichen Themen: Man eignet sich manches an – und lässt es wieder los, ergreift dafür anderes umso mehr. Dass wir ausgehend von Literatur auf solche Themen kommen, heißt ja, dass es bei den Büchern, die uns etwas bedeuten, um weit mehr geht als um Geschichte oder Lebensvollzüge. Sie ermöglichen Querbezüge zu uns selbst, zu unserem Glauben. Und das, obwohl diese Autoren nicht als christlich gelten. Es zeigt, dass wir Menschen selbst in unterschiedlichsten Lebensentwürfen am Ende doch ähnliche Kämpfe kämpfen, ähnliche Fragen beantworten müssen. Und so kann ich von einem Fallada oder Strittmatter, von schwierigen Typen, die mir an mancher Stelle auch ein bisschen zuwider sind, etwas lernen.

Uli: Ja, und es zeigt: Jeder Mensch, egal in welchem System, egal welcher Hautfarbe, egal welchen Glaubens, ist immer erst auch mal sich selbst als Aufgabe gegeben. Das weiß man am Anfang des Lebens nicht, das begreift man erst nach und nach. Es gibt große archaische Lebensthemen, die kleiden sich vielleicht überall anders, sind sich aber zutiefst ähnlich …

Thomas: Bei Strittmatters Tagebüchern sieht man, wie sehr er sich seines Versagens in manchem bewusst war, etwa im Verhalten seinen Söhnen gegenüber. Das konnte ihn tagelang zermürben. Er schrieb Sätze wie: Eigentlich müsste ich mich umbringen, dass ich so ein schlechter Kerl bin!

Uli: Er hat geheult über seinen Jähzorn und seine Unbeugsamkeit …

Thomas: … konnte aber das, was ihm so leidtat, nach außen nicht zeigen, nicht ansprechen, sodass ich denke: »Ach, warum hast du deinem Sohn nicht gesagt, was du ins Tagebuch schreibst?« Aber das ist ja auch wieder etwas, was uns nicht immer gelingt: Wir empfinden Schuld, schämen uns dafür, schaffen es aber nicht, uns verletzlich zu machen und zum Fehler zu stehen. Das ist auch eine Realität.

Uli: Ja, auch da wieder, völlig anderes Glaubenssystem, völlig andere Herausforderung, aber ein Mensch will die Ambivalenz seines Wesens bewältigen. Er will die Tiefen erkennen und will mit seinen Widersprüchlichkeiten klarkommen. Er leidet daran, er sieht sie schon, aber er kriegt sie noch nicht weg. Da denkst du: Das

ist ja alles wie im Glauben! Ich will nicht sündigen und trotzdem tue ich es immer wieder. War das nicht schon bei Paulus so? Hat der in Römer 7 nicht auch geseufzt vor Gott? Es sind diese archaischen Strukturen des Lebens, die du in vielen Facetten wiederentdeckst. Das alles gibt dir eine Nähe, eine Anschlussfähigkeit an solche Personen, selbst wenn derjenige vermutlich nicht sympathisch war!

Und noch etwas: In diesen letzten zehn, fünfzehn Jahren habe ich fasziniert erkannt, wie viel es bedeutet, eine Person, einen Autor, auch durch seinen Lebensraum, seine Landschaft, sein Haus zu verstehen. Es ist berührend zu wissen: In diesem See hier hat Strittmatter immer geschwommen. Hier sind die Wiesen, hier haben seine Pferde gestanden, hier ist sein Haus, da oben hat er gesessen und geschrieben. Und dort stehen Falladas Bienenhäuser und hier liegt sein Garten – und dort war die Höhle von Friedolin, dem frechen Dachs …

Thomas: Wir durchstreifen diese Flecken mit offenen Augen. In den vergangenen Jahren sicher schon fünf-, sechsmal.

Uli: Und das berührt mich. Man spricht ja in der Literatur vom »Genius Loci«, vom Geist oder von der Ausstrahlung eines Ortes, sodass man Dinge noch mal tiefer versteht. In diesem Sinne verstehe ich die Leute, die nach Israel fahren wollen, um die Spuren Jesu zu entdecken und zu sagen: »Hier war er!« Sich Literatur durch den Ort zu erschließen, ist eine starke Erfahrung. Orte machen etwas mit uns – es ist ein Unterschied, eine Predigt als Video zu sehen oder den Willow-Kongress zu erfahren.

Thomas: Deshalb sind wir vor ein paar Jahren in das Waldstück in Brandenburg gefahren, wo Günter de Bruyn wohnte, der erst kürzlich verstorben ist. In seiner Autobiografie beschreibt er ebenfalls seine innere Emigration. Er verließ die DDR nicht wie andere, sondern zog sich aufs Land zurück, um in Freiheit an seinen Themen arbeiten zu können – auch wieder in Doppelexistenz mit Berlin. Wenn du dann siehst, dass der Mann tatsächlich mitten in einem riesigen Kiefernwald wohnte, den man mit viel Aufwand suchen muss, dann versteht man diesen Menschen schon nur von dem Ort her, an dem er lebte.

Uli: Vor Kurzem haben wir beide ja zusammen spontan die DDR-Autorin Helga Schubert besucht, die gerade mit 80 Jahren den Ingeborg-Bachmann-Preis bekommen hat und von den Medien entdeckt wurde – eine beeindruckend bescheidene Frau, die jetzt in einen Riesenhype rund um ihren SPIEGEL-Bestseller »Vom Aufstehen« eintaucht. Sie ist Christin und hat sich mit ihrer Mutter und auch der Repression der DDR-Geschichte versöhnt – ein mühsamer, lebenslanger Prozess. In ihr begegneten wir dem Gegentyp zum angepassten DDR-Autor: sehr kritisch gegenüber der Vergangenheit, knallhart in der Abgrenzung – und auch das gehört zum Blick auf dieses Phänomen DDR und Literatur: Unrecht darf nicht verharmlost werden! Wir saßen einen ganzen Tag bei ihr und haben gestaunt, sie interviewt, uns mitgefreut an ihrem späten Erfolg.

Treffen mit der Bachmann-Preisträgerin Helga Schubert in Neu Meteln

All diese Blickwinkel machen es für uns beide so spannend, Biografien nachzugehen und in ihnen die Verknüpfung mit uns selbst zu entdecken und Honig zu saugen für die Bewältigung unseres eigenen Weges – oder für unser Schreiben. Und eben letztlich auch für Realismus, Augenmaß und Vision in all dem, was uns mit Blick auf unsere Rolle im Reich Gottes wichtig ist – wir wollen ja verändern und bewegen! Menschen suchen nach dem guten Leben – und wir können ein bisschen mitwirken dabei, Köpfe und Herzen zu öffnen und Anteil zu geben an dem, was uns selbst Freude und Hoffnung macht.

Jetzt würden wir gern mit Ihnen bei einer guten Tasse Kaffee oder Tee ins Gespräch kommen: Hat Sie unser kleiner Exkurs inspiriert und mitgenommen?

Unsere Gesprächsreise ist zu Ende. Wir haben ein Leben durchstreift, in die Tiefe und Weite eines Lebenswerks geschaut, Uli über die Schulter und ins Herz geblickt. Ich bin zuversichtlich, dass in der Zukunftsbiografie von Uli das Zusammenspiel zwischen dem Segen von Familie und Enkelkindern, spannenden neuen Ideen für die christliche Szene und unseren anhaltenden Entdeckungen rund um die verschiedensten Autorinnen und Autoren gut weitergeht. Sie werden sicher davon lesen – etwa im Magazin AUFATMEN, in dem wir beide regelmäßig schreiben.

Die Lebensgeschichte anderer kann uns inspirieren, innerhalb der uns gegebenen Möglichkeiten und Gaben auf vergleichbare Weise Gutes zu gestalten und Herausforderndes zu bewältigen. Mit Gott zu rechnen, zu vertrauen, etwas zu wagen, das andere für unmöglich halten. Mein Gebet ist, dass dieses Buch Sie inspiriert und ermutigt und dass Sie daraus wesentlichen Gewinn für Ihre eigene Lebensreise mitnehmen.

DANK DER AUTOREN

Dieses Buch wäre nicht ohne die tatkräftige Mithilfe anderer entstanden. Ihnen möchten wir an dieser Stelle herzlich danken:

Susanne Tobies hat sämtliche Gespräche, 21 insgesamt, abgetippt. Was für eine Riesenarbeit!

Silke Gabrisch hat dieses Buch lektoriert und mit ihren substanziellen Hinweisen wesentlich zu einer sinnvollen Ordnung und guten Lesbarkeit beigetragen.

Annalena Pabst hat dieses Projekt von allem Anfang an von Verlagsseite betreut. Ihre Hinweise, Vorschläge und Ermunterungen haben uns durch die ganze Entstehungszeit begleitet. Ihr Mann, Erik Pabst, hat als Grafiker für optische Spannung und ansehnliche Seiten gesorgt.

Das Team des SCM Verlags hat bei der Gestaltung und Produktion dieses Buches wiederum sein Bestes gegeben.

Christel Eggers hat dieses Projekt von Herzen mitgetragen, hat selbst Rede und Antwort gestanden und sich wunderbar eingebracht – als Gesprächspartnerin, aber auch in der Klärung mancher Details.

Die Transparenz und Ehrlichkeit dieses Buches soll ermöglichen, was uns selbst an Biografien inspiriert: Alle Personen, die ausführlicher erwähnt werden, kennen die sie betreffenden Texte und haben sie freigegeben. Vielen Dank!

Und schließlich möchte ich, Thomas, Uli selbst danken: Du hast dich auf das Abenteuer einer Interview-Biografie eingelassen. Unsere Gespräche waren voller Leben, voller Geschichten, Episoden und toller Tiefenbohrungen, die Wertvolles ans Tageslicht befördert haben. Es gab heitere Momente genauso wie Momente tiefer Ernsthaftigkeit. Es hat Spaß gemacht, dir auf den Zahn fühlen zu dürfen! Möge deine Lebensgeschichte Gottes Lob vermehren und vielen zum Segen werden!

Dem kann ich, Uli, mich nur mit meinem eigenen Dank, an dich, Thomas, anschließen: Was für eine Freude, dass dieses gemeinsame Freundschaftsprojekt Wirklichkeit geworden ist! Danke für deine guten Fragen, deine kritische Distanz und freundschaftliche Nähe und die intensive Arbeit, die du in dieses Buch investiert hast. Möge unsere Freundschaft, die darin deutlich wird, andere für eigene Schritte zueinander ermutigen!

Thomas Härry, Ulrich Eggers

Rombach bei Aarau/Cuxhaven, im September 2021

Ulrich Eggers und Thomas Härry
sind weiter im Dialog über Gott und
die Welt und das gute Leben:

www.EggersundHaerry.net